URBANOLOGICAL STUDIES

城市学研究

2022年第3辑

《城市学研究》编委会 编

ZHEJIANG UNIVERSITY PRESS
浙江大学出版社
·杭州·

图书在版编目(CIP)数据

城市学研究.2022年.第3辑/《城市学研究》编委
会编.— 杭州：浙江大学出版社，2023.9
ISBN 978-7-308-24160-1

Ⅰ.①城… Ⅱ.①城… Ⅲ.①城市学—研究 Ⅳ.
①C912.81

中国国家版本馆CIP数据核字(2023)第166705号

城市学研究 2022年第3辑

《城市学研究》编委会　编

策划编辑	吴伟伟
责任编辑	宁　檬
文字编辑	金　璐
责任校对	陈　翮
封面设计	雷建军
出版发行	浙江大学出版社
	（杭州市天目山路148号　邮政编码310007）
	（网址：http://www.zjupress.com）
排　　版	杭州晨特广告有限公司
印　　刷	杭州高腾印务有限公司
开　　本	889mm×1194mm　1/16
印　　张	17.25
插　　页	8
字　　数	400千
版 印 次	2023年9月第1版　2023年9月第1次印刷
书　　号	ISBN 978-7-308-24160-1
定　　价	128.00元

目 录

出行服务

区域发展

城市休闲

美丽中国建设的内涵特征与实践要求

王金南[1]　万　军[2]　秦昌波[3]　熊善高[4]　苏洁琼[5]

1 生态环境部环境规划院院长,中国工程院院士

2 生态环境部环境规划院总工程师

3 生态环境部环境规划院战略规划研究所所长

4 生态环境部环境规划院美丽中国研究中心副主任

5 生态环境部环境规划院美丽中国研究中心助理研究员

摘要:建设美丽中国既是全面建设社会主义现代化国家的宏伟目标,又是人民群众对优美生态环境的热切期盼,也是生态文明建设成效的集中体现。党的二十大提出,推动绿色发展,促进人与自然和谐共生,牢固树立和践行绿水青山就是金山银山的理念,站在人与自然和谐共生的高度谋划发展。本文在分析美丽中国建设的历史意义基础上,提出了美丽中国的本质内涵、基本要求、理论内涵和主要特征,并结合党的二十大战略部署提出了美丽中国建设对生态环境保护的实践要求,以期为相关决策管理提供参考。

关键词:美丽中国;生态环境保护;内涵;特征;实践

　　建设美丽中国,推动形成人与自然和谐共生的现代化,是全面建设社会主义现代化国家的基础前提与重要板块。党的十八大以来,习近平总书记准确研判我国生态系统脆弱、资源和环境容量有限的基本国情,直面经济粗放增长带来的环境污染、生态破坏等问题,顺应时代潮流和人民对美好生态环境的期待,提出了一系列新理念新思想新战略,深刻地回答了为什么建设生态文明、建设什么样的生态文明、怎样建设生态文明的重大理论和实践课题,系统提出了新时代中国特色社会主义生态文明建设的实践要求。在习近平生态文明思想引领下,中国共产党把生态文明建设摆在全局工作的突出位置,提出建设美丽中国的战略部署,领导和推进一系列具有根本性、开创性、长远性的工作,我国生态文明建设和生态环境保护从认识到实践发生了历史性、转折性、全局性变化,美丽中国建设迈出重要步伐。

其中,党的十八大首次提出"美丽中国"是生态文明建设的总体目标;党的十九大明确全面建设社会主义现代化国家及其"两步走"战略安排,并将"美丽"作为现代化强国目标之一,提出到2035年,生态环境根本好转,美丽中国目标基本实现;党的十九届五中全会提出到2035年广泛形成绿色生产生活方式,碳排放达峰后稳中有降、生态环境根本好转、美丽中国目标基本实现,明确了美丽中国建设的时间表、路线图;党的二十大提出促进人与自然和谐共生的现代化是中国式现代化的内在要求,并提出了推进美丽中国建设的基本路径,为推进绿色发展、建设美丽中国提供了根本指引、指明了实践方向。纵观10年,美丽中国建设的思想内涵逐步深化,美丽中国建设的要求逐步细化。鉴于此,本文分析了建设美丽中国的历史意义,在研究阐释美丽中国建设的内涵和特征后,提出了美丽中国建设对生态环境保护的实践要求,以期为相关决策管理提供参考。

一、建设美丽中国的历史意义

(一)美丽中国对我国现代化建设的意义

中国特色社会主义的发展战略是丰富完整的系统理论体系,从温饱到全面小康,再到社会主义现代化强国,中国特色社会主义发展战略格局脉络清晰、体系完整、目标明确,是新时代中国特色社会主义建设的根本遵循,其中美丽中国是中国特色社会主义现代化的重要战略目标,是社会主义现代化强国的重要板块。

美丽中国被提出并作为党的执政目标。2012年,党的十八大提出了"两个一百年"奋斗目标,即在中国共产党成立一百年时全面建成小康社会,在新中国成立一百年时建成富强民主文明和谐的社会主义现代化国家。党的十八大把"美丽中国"作为未来生态文明建设的宏伟目标,提出"把生态文明建设放在突出地位,融入经济建设、政治建设、文化建设、社会建设各方面和全过程,努力建设美丽中国,实现中华民族永续发展"。这是"美丽中国"首次作为执政理念被提出。2015年,党的十八届五中全会将"美丽中国"纳入"十三五"规划纲要建议。

美丽中国明确成为现代化强国战略目标。2017年,党的十九大将"两个一百年"奋斗目标实现过程中的两个阶段进一步细分。第一个阶段从2020年到2035年,要基本实现社会主义现代化,生态环境应实现根本好转,美丽中国目标基本实现。其中,美丽中国与经济水平、国家治理体系和治理能力、社会文明、人民生活、治理格局等五个领域共同作为第一阶段发展目标的战略目标。第二个阶段从2035年到21世纪中叶,要把我国建成富强民主文明和谐美丽的社会主义现代化强国。

美丽中国的目标要求丰富完善。2020年,党的十九届五中全会擘画了2035年基本实现社会主义现代化的远景目标,提出到2035年广泛形成绿色生产生活方式,碳排放达峰后稳中有降,生态环境根本好转,基本实现美丽中国的建设目标,并在"十四五"经济社会发展规划纲要中进一步明确目标要求。美丽中国作为社会主义现代化建设的主要内容,是新时期构建新发展格局、推进高质量发展的重要体现,也是不断增强人民群众获得感、幸福感、安全感的重要领域,为生态文明建设和人与自然和谐共生的现代化描绘了美好蓝图。面向2035年,我国要经过不懈奋斗,实现生态环境根本好转,满足人民日益增长的优美生态环境需要,基本实现美丽中国建设目标,让美丽成为中国特色社会主义现代化建设的亮丽底色,为共建清洁美丽世界贡献中国智慧和中国方案。

美丽中国建设内涵丰富提升。2022年,党的二十大提出要以中国式现代化全面推进中华民族伟大复兴,其中促进人与自然和谐共生的现代化,是中国式现代化的内在要求。美丽中国作为社会主义现代化强国目标实现的重要标志,就是将自然与人类文明结合起来,尊重自然、顺应自然、保护自然,站在人与自然和谐共生的高度谋划发展。同时,党的二十大报告进一步阐述了"美丽中国目标基本实现"是2035年我国总体目标之一,以及"城乡人居环境明显改善,美丽中国建设成效显著"是未来五年主要目标任务之一,并将"推动绿色发展,促进人与自然和谐共生"作为十二方面重点工作中的一项,同时对未来五年乃至更长时期的美丽中国建设做出系统部署,指明了具体路径。

(二)建设美丽中国对解决新时代社会主要矛盾的意义

我国社会的主要矛盾已经发生了变化,由人民日益增长的物质文化需要同落后的社会生产之间的矛盾,转化为人民日益增长的美好生活需要和不平衡不充分的发展之间的矛盾。优质生态产品供给能力不足,则是我国生态环境领域不充分不平衡发展的一个重要方面,这种矛盾主要根源于我国生态环境保护结构性、根源性、趋势性压力总体上尚未缓解。美丽中国建设正是破解当前社会主要矛盾的关键。对于美丽中国建设,实现生态环境根本好转,就是要着力解决我国突出的环境问题,提供更多优质生态产品,不断满足人民日益增长的美好生活需要。这不仅能够提高人民群众对生态环境的满意度、获得感、幸福感,还将直接影响中华民族永续发展和伟大复兴中国梦的实现。

(三)建设美丽中国对世界可持续发展的意义

建设绿色家园是人类的共同梦想。中国是最早参与可持续发展行动的国家之一,提出的"构建人类命运共同体""构建人与自然生命共同体""共建地球生命共同体"等重要理念与倡议获得了高度的国际认可,并在发展理念、制度建设、实践探索、交流合作等方面,推动减少贫困、节能减排、发展循环经济等均做出了实质性贡献,成为全球生态文明建设的重要参与者、贡献者、引领者。当今世界进入动荡变革期,逆全球化思潮上升,全球环境治理面临前所未有的困难,建设美丽中国则是在危机中育新机、于变局中开新局的重要抓手。通过讲好中国生态文明建设故事,充分反映美丽中国建设进展与成效,广泛宣介我国生态文明理念、主张、智慧、方案,进一步表明中国解决全球环境问题方面的责任与担当,为全世界可持续发展提供中国理念、中国道路、中国制度、中国模式。

二、美丽中国内涵与特征分析

(一)美丽中国的本质内涵

美丽中国不仅蕴含人与自然和谐共生规律的实践探索,同时也蕴含人民对美好生活的热切向往,以及中华民族永续发展的奋斗愿景,美丽中国的核心要义是人与自然和谐共生的现代化,就是要把自然与文明结合起来[2],使百姓在优美自然生态环境中享受极大丰富的物质文明和精神文明,同时也让自然生态在现代化的人类社会治理体系下,更加宁静、和谐、美丽。因此,美丽中国建设的两个基本要素是人与自然,落脚点在于二者和谐共生的要求[3]:一是高质量发展,即站在人与自然和谐共生的高度谋划发展,尊重自然、顺应自然、保护自然,推动经济社会发展建立在资源高效利用和绿色低碳循环发展的基础上,实现经济发展质的提升和量的合理增长,实现更高质量、更有效率、更可持续、更为安全的发展。二是高水平保护,即良好生态环境的价值是人所赋予的,要满足人民日益增长的优美生态环境需要。

(二)美丽中国的理论内涵

"美丽"的含义是外美内丽,即表象令人愉悦、内质健康。因此,美丽中国的表现特征首先应该美在祖国的秀美山川,具备天蓝、地绿、水清的外在美。更深层次的含义是支撑美丽中国建设的内在美,即机制健全、高效,实现环境、经济、社会系统中系统协调的美丽属性。具体来说,美丽中国由表及里表现为三个美丽层级,表象为生态环境健康优美、本质为发展的高质量、内在机制为制度的现代化,概括为外在美、内在美、制度美。

1. 外在美内涵

优美生态环境的自然之美是美丽中国的基本前提。习近平总书记多次就美丽中国建设发表重要讲话,指出"青山就是美丽、蓝天也是幸福""还给老百姓清水绿岸、鱼翔浅底的景象",生动形象地表达了美丽中国建设的理想图景,也正是百姓切实感受环境民生福祉、享受生态环境公共产品的重要体现。外在美突出表现为秀美山川、健康环境、美好人居三部分。其中,秀美山川是美丽中国建设的自然生态本底,基本要求为生态系统多样性、稳定性、持续性,表现为生态安全、格局稳定,生物多样性等生态系统服务功能得到有效保护,湿地、森林、海洋等生态系统质量提升,"让自然生态美景永驻人间"。"天蓝、地绿、水净"的健康环境是美丽中国建设的环境内核,基本要求为蓝天、碧水、净土,表现为人民群众能够呼吸到清新的空气、喝上干净的饮用水、吃上放心的粮食,公众健康和环境安全得到充分保障。美好人居是美丽中国建设的物化载体,基本要求为城乡环境优美、基础设施健全、建筑绿色等,表现为让城乡居民享受优质的生态产品,"让群众望得见山、看得见水、记得住乡愁"。

2. 内在美内涵

党的二十大报告指出,"推动绿色发展,促进人与自然和谐共生"。绿色是提升发展质量的关键要素,实现绿色发展则是推动高质量发展、推动美丽中国建设的必然要求。因此,透过美丽中国的外在美形象,其内生动力则表现在源头绿色发展的社会理念、生产方式与生活方式上。其中,社会理念是美丽中国建设的思想指引。绿色发展理念作为我国五大发展理念之一,是发展观的深刻变革,其对社会意识形态的绿色转变影响,侧重于文化、文明等精神层面,主要表现为以生态价值观念为准则的生态文化体系和绿色低碳意识。绿色生产方式是美丽中国建设的源头支撑,侧重于经济结构、经济发展方式与生产效率等因素,表现为形成产业布局均衡协调、经济结构合理、发展方式友好、资源集约高效、过程高效可持续、低碳环保的生态经济体系。绿色生活方式是美丽中国建设的共治基础,侧重于行为方式、公共服务等领域,侧重于适度、低碳、简约、定量以及可循环利用的生活意愿,表现为个人精神生活消费方式的绿色性、工作或劳动生活方式的绿色性、家庭生活方式的绿色性以及个人社会交际生活、个人政治生活中的绿色性等多种内容。

3. 制度美内涵

切实可行、运作良好、系统完整的生态文明制度体系能为美丽中国建设提供强有力的保障,为人们的行为提供指南,是美丽中国建设的内核,表现为生态环境治理体系与治理能力的现代化。具体表现在:环境治理领导责任体系健全,生态监管体系完备,环境质量管理制度严格;绿色生产生活导向的环境治理市场体系、环境经济政策体系和法治体系健全;环境现代化治理能力得到有效保障,建立健全党委领导、政府主导、企业主体、社会组织和公众参与的美丽中国建设大格局。

(三)美丽中国的主要特征

美丽中国既要美得系统、协调,也要美得各具特色,更要与中国特色社会主义现代化的建设目标相匹配。具体来说,美丽中国具有以下四个特征。

一是整体性。美丽中国建设是实现中华民族伟大复兴中国梦的重要内容,也是凝聚全体人民共同行动的内生动力,因此美丽中国是全国的"美丽共同体",要广泛形成绿色生产生活方式、碳排放达峰后稳中有降、生态环境根本好转,全国所有地区、所有要素应实现整体性的"美丽"提升,步入环境与发展良性循环的通道。

二是协调性。美丽中国的内涵是人与自然和谐共生,三个层次的美丽彼此之间良性循环、相互支撑,要改变以前社会经济发展和生态环境不协调的局面,扭转优质生态产品供给增速低于经济发展步伐的状况,解决生态环境保护不平衡不协调的问题,协调地实现美丽中国。

三是多样性。美丽中国建设是一项系统工程,最终的呈现也必然是一幅绚丽多彩的画卷,因此各地对于美丽中国的建设路径应是因地制宜地发展,是在整体协调的基础上,结合不同地区生态环境、经济发展、社会人文等特色优势,形成差异化的"美丽"气质。

四是现代性。党的二十大将"人与自然和谐共生"作为中国式现代化的重要特征,意味着中国式现代化绝不走西方工业化的老路,新时代的美丽中国是在中国特色社会主义现代化基础上所构建的,着眼于发展中国式现代化、创造人类文明新形态,用现代化的环境治理理念、制度与手段支撑建设美丽中国。

三、美丽中国建设对生态环境保护实践要求

(一)加快发展方式绿色转型

加快发展方式绿色转型,推动形成绿色生产生活方式,是建设人与自然和谐共生的美丽中国的根本途径。我国作为14亿多人口的发展中大国,要整体迈入现代化,高消耗、高污染的模式是行不通的,而是应把发展和保护、利用和修复有机统一起来,以生态环境高水平保护推动经济社会发展全面绿色转型,既要在我国高质量发展中创造更多财富以满足人民日益增长的美好生活需要,也要提供更多优质生

态产品,满足人民日益增长的优美生态环境需要。因此,只有尊重自然、顺应自然、保护自然,自觉地推进绿色发展、循环发展、低碳发展,才能解决好经济快速发展带来的生态矛盾,避免工业化进程中带来的环境创伤。

当前,我国仍处于工业化、城镇化深入发展的历史阶段,产业结构偏重、能源结构偏煤,重点区域、重点行业污染问题没有得到根本解决,一些地方还在盲目发展高耗能高排放项目,并且未来能源资源需求仍会保持刚性增长。对此,必须坚定不移走生产发展、生活富裕、生态良好的文明发展道路。一要改变大量生产、大量消耗、大量排放的粗放型生产模式,加快产业结构、能源结构、交通运输结构等调整优化,推动产业绿色化、高端化、智能化发展。二要实施全面节约战略,坚持把节约资源贯穿经济社会发展全过程、各领域,推进资源总量管理、科学配置、全面节约、循环利用,提高能源、水、粮食、土地、矿产、原材料等资源利用效率,加快资源利用方式根本转变。推进水资源、能源、土地、矿产资源等各类资源节约集约利用。三要完善支持绿色发展的财税金融投资、价格政策和标准体系,健全资源环境要素市场化配置体系。四要创新突破绿色环保共性关键技术,发展绿色低碳产业,构建工业领域从基础原材料到终端消费品全链条的绿色产品供给体系,创新绿色服务供给模式[4]。五要倡导绿色消费,积极营造全社会绿色、健康的消费氛围,推动形成简约适度、绿色低碳、文明健康的生活方式。

(二)深入推进环境污染防治

生态环境保护是美丽中国建设的主阵地,生态环境根本好转是建设人与自然和谐共生的美丽中国的重要标志。过去10年,随着污染防治攻坚向纵深推进,一大批关系民生的生态环境突出问题得到解决,全国地级及以上城市细颗粒物年均值由2015年的46微克/立方米降至2021年的30微克/立方米,中国成为全球大气质量改善速度最快的国家;全国地表水优良断面比例达到84.9%,已接近发达国家水平[5];全国土壤污染风险得到基本管控,人民群众生态环境的获得感、幸福感、安全感持续增强。

当前是我国生态环境质量改善由量变到质变的关键时期,生态环境质量稳中向好的基础还不稳固,生态环境状况同人民群众对美好生活的期盼相比,同建设美丽中国的目标相比,同构建新发展格局、推动高质量发展、全面建设社会主义现代化国家的要求相比,还有较大差距。此外,生态环境保护仍面临诸多压力,包括经济形势复杂严峻带来的压力,深入打好污染防治攻坚战、推动高质量发展更高要求带来的压力,治理能力不足带来的压力,以及疫情、灾情、突发环境事件带来的压力。对此,要坚持精准治污、科学治污、依法治污,在巩固污染治理成效基础上,既要坚持环境质量持续改善,更加注重生态环境治理的内涵发展和提质增效,因地制宜分区分类推进环境治理。此外,要加强污染物协同控制,在多元目标中实现动态平衡。以PM2.5和O_3协同控制为主线,强化大气多污染物协同控制和区域协同治理[6];突出流域上下游、左右岸、干支流协同治理,突出统筹水资源、水环境、水生态治理;突出统筹地上和地下、陆地和海洋、城市和农村,增强各项举措的关联性和耦合性,提高综合治理的系统性和整体性。

(三)提升生态系统多样性、稳定性和持续性

生态安全是国家安全的重要组成部分,是建设人与自然和谐共生的美丽中国的重要基石。党的十八大以来,我国实施生态保护红线制度,建立健全以国家公园为主体的自然保护地体系,生态系统保护修复力度不断加大。截至2021年,各级各类自然保护区的面积约占全国陆域国土面积的18%,设立了三江源、大熊猫等第一批五个国家公园。坚持山水林田湖草沙一体化保护和系统治理,实施了生物多样性保护重大工程,300多种珍稀濒危野生动植物野外种群数量得到恢复与增长,生物多样性保护取得了显著成效。

当前,我国优质的生态环境供给与发达国家和人民需求相比仍有一定差距。受资源禀赋、历史原因和发展阶段等限制,我国自然生态系统总体较为脆弱,生态承载力和环境容量较低,优质生态产品供给能力不足现象尚未得到根本扭转,生态方面历史欠账多、问题积累多、现实矛盾多。主要表现在全国人均森林面积和湿地面积只有世界平均水平的1/5,森林生态系统稳定性不高,部分河道、湿地、湖泊生态功能降低或丧失,部分区域生态系统受损退化问题依然突出,生态空间遭受挤占时有发生,生物多样性保护和生物安全风险防控压力加大,生态保护修复面临较为严峻的形势。生态环境修复和改善是一个需要长期艰苦努力的过程,不可能一蹴而就。对此,要实施整体保护战略,按照生态系统的整体性、系统性及内在规律,推进山水林田湖草沙一体化保护和治理。一要优化国土空间开发保护格局,完善自然保护地、生态保护红线监管制度,促进生产空间集约高效、生活空间宜居适度、生态空间山清水秀。二要实施生物多样性保护重大工程,解决生物多样性保护的突出问题和薄弱环节,扎实做好野生动植物资源保护,保护我国独特的生物资源,确保生物安全。三是实施重要生态系统保护和修复重大工程,推动全国森林、草原、荒漠、河湖、湿地、海洋等自然生态系统状况实现根本好转。四要建立健全生态产品价值实现机制,完善生态产品价值核算、评价与考核机制[7];完善生态保护补偿制度,构建多层次生态保护补偿制度体系。

（四）积极稳妥推进碳达峰碳中和

扎实做好碳达峰碳中和工作,是建设人与自然和谐共生的美丽中国的重要驱动。我国充分发挥生态环境保护引领、优化和倒逼作用,把碳达峰、碳中和纳入生态文明建设整体布局和经济社会发展全局,不断提高碳排放强度、削减幅度,强化自主贡献目标,以减污降碳协同增效促进经济社会发展全面绿色转型[8]。2021年,单位国内生产总值二氧化碳排放量比2012年下降34.4%,煤炭在一次能源消费中的占比从68.5%下降到56.0%,可再生能源开发利用规模居世界第一,成为全球能耗强度降低最快的国家之一,基本扭转了二氧化碳排放快速增长的局面。

党的二十大报告指出,"协同推进降碳、减污、扩绿、增长,推进生态优先、节约集约、绿色低碳发展"。这是对统筹做好碳达峰碳中和工作提出的明确要求,也是实现"双碳"目标的战略路径和重点任务。我国作为世界上最大的发展中国家,要完成全球最高碳排放强度降幅,用全球历史上最短的时间实现从碳达峰到碳中和,则要比发达国家应对更多挑战、付出更大努力[9]。对此,一是坚持实事求是、一切从实际出发,尊重规律、把握节奏,有计划分步骤推动实施碳达峰行动,将碳达峰碳中和目标愿景贯穿生态文明建设和经济社会发展各方面和全过程[10],理好发展和减排、整体和局部、长远目标和短期目标、政府和市场等重大关系,有力有序推动重塑我国经济结构、能源结构,转变生产生活方式。二是完善能源消耗总量和强度调控,推动能源、工业、建筑、交通领域的清洁低碳转型。三是强化底线思维,坚持先立后破,处理好减污降碳和能源安全、产业链供应链安全、粮食安全和群众正常生活的关系,有效应对绿色低碳转型过程中可能伴生的经济、金融、社会风险,确保安全降碳。四是完善应对气候变化管理体系,完善碳排放统计核算制度,建立双碳综合评价考核制度,逐步建立实施碳排放总量和强度"双控"制度等。五是提升生态系统碳汇能力,加强生态碳汇计量监测体系建设,完善生态碳汇定价和交易机制。此外还需积极参与应对气候变化全球治理,推动构建公平合理、合作共赢的全球气候治理体系。

（五）增强生态环境风险防范能力

习近平总书记在全国生态环境保护大会上指出,"生态环境安全是国家安全的重要组成部分,是经济社会持续健康发展的重要保障。要把生态环境风险纳入常态化管理,系统构建全过程、多层级生态环境风险防范体系"[11]。强化生态环境风险防控、保障人民身体健康和生态环境安全是实现美丽中国建设目标的重要因素。当前,我国生态环境事件多发频发的高风险态势没有根本改变,需坚持以人为本、风险防范、优先管控的基本原则,构建全过程、多层次生态环境风险防范体系。

对此,一是健全有毒有害污染物风险管理体系,开展环境健康和生态风险评估,持续发布有毒有害污染物名录,实施重点区域、重点行业、重点污染物优先管理和差异化管理,探索环境风险可接受的排放、质量标准和评价体系。二是实施新污染物治理行动,聚焦重点物质,进行从源头到末端的全生命周期精准管控,保障公众健康。三是健全生态环境风险管理制度体系,建立以预案、预警、处置、损害赔偿为重点的全过程管理体系,提高风险防控的系统性、精准性、稳定性。

（六）统筹加强区域和城市美丽建设

区域和城市是推动绿色发展、建设美丽中国的重要载体。党的十八大以来,中国深入实施区域协调发展战略,京津冀协同发展、长江经济带共抓大保护、粤港澳大湾区建设、长三角一体化发展、黄河流域生态保护和高质量发展等重大区域战略相继推出。这些重大战略区域涵盖了中国23个省份和香港、澳门特别行政区,陆域面积占全国的50%,常住人口约占全国的80%,地区生产总值约占全国的90%。这些区域是中国经济、产业和人口集聚的重点区域,是中国生态文明和美丽中国建设的主战场。同时,城市作为我国经济社会环境协同发展的完整综合体,是美丽中国建设过程中最具活力、最具特色的载体,也是实现美丽中国目标过程中各具特色的基本单元。在重大区域战略和城市层面创新突破、探索经验、以点带面、率先示范,是建设美丽中国的有效路径。

统筹推进重大区域战略和城市美丽中国建设,促进区域和城市群绿色发展。一是创新区域绿色发展机制,优化绿色发展格局,促进结构调整升级,积极应对气候变化。二是创新深化生态环境保护合作发展模式,加强生态空间保护,强化污染联防联控联治,按单元精细化分区管控。三是提升区域整体环境基础设施建设水平,建设绿色低碳基础设施和环境基础设施一体化网络,强化超大城市、特大城市环境治理风险防控。四是完善生态环境协同保护体制机制,深化生态环境协同立法,统筹制定区域、城市绿色发展和环境治理相关规划和政策。五是因地制宜探索符合地方实际的生态文明建设路径,推动形成区域差异性、形式多样性的美丽中国建设实践模式,加强示范建设典型经验总结和宣传推广。

(七)推进生态环境治理体系现代化

生态环境治理体系是国家治理体系和治理能力现代化建设的重要内容,也是实现美丽中国目标的重要制度保障。习近平总书记在全国生态环境保护大会上强调,要加快建立健全以治理体系和治理能力现代化为保障的生态文明制度体系,确保到2035年,生态环境领域国家治理体系和治理能力现代化基本实现,美丽中国目标基本实现。面向2035年美丽中国建设目标,对照减污降碳协同增效、深入打好污染防治攻坚战的要求,环境治理体系建设仍然任重道远。

对此,一是推动构建最严明的领导责任体系,完善生态文明领域统筹协调机制,进一步压实地方生态环境保护责任。二是持续强化企业环境治理责任,依法实施排污许可管理制度。三是落实个人生态环境保护和绿色低碳生活责任,强化社会监督,充分发挥人民团体、社会组织、志愿者队伍作用,最大限度凝聚全社会共识和力量。四是强化市场体系建设,注重经济政策与生态环境政策融合,加强激励机制有效供给,提高市场主体参与的积极性。

(八)共建清洁美丽世界

美丽中国建设是适应国际话语体系的亮丽名片,是传播生态文明理念的平台载体。习近平主席在金砖国家领导人会议、亚太经合组织工商领导人峰会、《生物多样性公约》第十五次缔约方大会领导人峰会等重要国际场合,多次提到"建设天蓝、地绿、水清的美丽中国",这是对我国生态环境保护工作和生态文明建设成效和愿景目标的形象化表达,符合国际话语体系,有力彰显了我国的大国担当。

当前,我国生态环境保护成就得到国际社会广泛认可,成为全球生态文明建设的重要参与者、贡献者、引领者。建设美丽中国提供了处理人与自然关系、发展与保护关系的中国智慧和中国方案,同时搭建起习近平生态文明思想和生态文明建设实践的国际传播和机制平台,对全球可持续发展进程具有重大示范带动意义。按照坚持推动构建人类命运共同体思想,一是要积极推进全球环境治理等各类国际合作,不断提高国际交流和履约能力,引导构建政府、企业、社会组织和公众等主体多元共治、共同参与的全球环境治理格局。二是要推动绿色丝绸之路建设,以高质量、可持续、清洁低碳为导向,推动共建国家绿色基础设施建设,以及国际物流和贸易的绿色发展。三是要积极主动传播习近平生态文明思想,深化与联合国、国际政府间组织和非政府组织的交流与合作,努力推动构建公平合理、合作共赢的全球环境治理体系,凝聚全球环境治理合力。

参考文献：

[1]万军,王倩,李新,等.基于美丽中国的生态环境保护战略初步研究[J].环境保护,2018,46(22):7-11.

[2]王金南,蒋洪强,张惠远,等.迈向美丽中国的生态文明建设战略框架设计[J].环境保护,2012(23):14-18.

[3]万军,王金南,李新,等.2035年美丽中国建设目标及路径机制研究[J].中国环境管理,2021,13(5):29-36.

[4]孙金龙,黄润秋.以生态环境科技创新助力美丽中国建设[J].中国环保产业,2022(9):3-4.

[5]孙金龙.美丽中国建设迈出重大步伐[J].中国生态文明,2022(3):11-14.

[6]雷宇,严刚.关于"十四五"大气环境管理重点的思考[J].中国环境管理,2020,12(4):35-39.

[7]王金南,王志凯,刘桂环,等.生态产品第四产业理论与发展框架研究[J].中国环境管理,2021,13(4):5-13.

[8]严刚,郑逸璇,王雪松,等.基于重点行业/领域的我国碳排放达峰路径研究[J].环境科学研究,2022,35(2):309-319.

[9]苏利阳.碳达峰、碳中和纳入生态文明建设整体布局的战略设计研究[J].环境保护,2021,49(16):6-9.

[10]王金南,蔡博峰.打好碳达峰碳中和这场硬仗[J].中国信息化,2022(6):5-8.

[11]习近平.习近平出席全国生态环境保护大会并发表重要讲话[EB/OL].(2018-05-19)[2023-02-11].http://www.81.cn/jwtt/jlj/8036810.html.

生态文明视域下的城市土地自然资本利用研究

方 恺

浙江大学公共管理学院长聘教授、博士生导师,浙江生态文明研究院学术交流中心副主任

摘要:生态文明视域下的城市自然资本利用研究具有重要意义。本研究聚焦城镇化进程中的土地自然资本利用演变,从生产性视角定义了土地足迹和土地承载力的核算方法,在此基础上运用一个区分自然资本流量与存量、可以进行"产品—地类—区域"尺度转换的三维足迹模型,对全国生态文明示范城市——贵阳市的土地自然资本利用状况进行了系统分析。结果表明,过去15年贵阳市的土地自然资本流动性提高了39.4%,存量消耗强度降低了15.7%。耕地自然资本的流量占用规模和存量消耗强度均为最大,农业生产结构逐渐由粮食主导型向蔬果主导型转变;林地取代草地成为自然资本利用第二大地类,其生态盈余是区域自然资本流量增加的主要来源;草地自然资本的存量—流量利用比虽有大幅回落,但仍存在较大的反弹风险;建设地对自然资本流量的占用规模超越草地仅次于林地,并与城镇化率在1%的水平上显著正相关;水域的自然资本利用占比最小,且从以存量消耗为主过渡到以流量占用为主。本研究从区域和地类两个层面揭示了城乡土地利用变化与自然资本流量占用和存量消耗之间的关系,为提升足迹核算与分析方法的科学性和标准化提供了参考依据。

关键词:生态文明;自然资本;城镇化;土地足迹;三维模型

一、引 言

改革开放以来,中国的城镇化率从1978年的17.9%跃升到2014年的54.8%,速度之快世所罕见[1]。在"新型城镇化"上升为国家战略的背景下,如何走出一条符合生态文明与绿色发展理念的城镇化道路,成为各方热议的焦点[2]。国内外经验表明,快速城镇化过程往往伴随着生态系统格局与过程的剧烈改

变,而由此引发的生态系统产品与服务的变化反过来又会影响人们利用土地的方式,并对社会发展进程产生深远影响[3-4]。因此,城镇化与土地利用之间的关系已成为地球科学、资源科学、环境科学、生态学、经济学、管理学、社会学等学科共同关注的前沿课题[5]。

在学术界,一个广泛的共识是自然资本已取代人造资本成为人类福祉的首要限制性因素[6]。生态系统服务价值理论常被用于评估城乡土地利用变化所导致的自然资本损益[7],然而价值量评估不可避免地存在主观性、片面性、简单化、静态化等问题,这也是该理论备受诟病的主要原因[8]。而生态足迹理论则可在一定程度上避免货币化核算的弊端。从资本转换的角度来看,生态足迹的方法实质是将负载在不同土地利用类型上的自然资本供需状况,通过生产力因子重新投影到地球表面,成为确切的土地自然资本数量,本质上属于生物物理评估方法[9]。但是经典的生态足迹模型无法有效区分流量与存量,未能体现生态赤字在时间维度上的累积效应,故很少用于自然资本利用实例研究。为了解决这一问题,尼科卢奇(Niccolucci)等[10-11]提出了三维生态足迹的概念,通过足迹广度和足迹深度两项新指标,对过去数十年全球土地利用所引发的自然资本流量和存量变化进行了初步测度。方恺[9,12-14]最早将三维生态足迹研究引入中国,并针对不同地类间生态赤字与生态盈余可相互抵消的缺陷,提出了一个改进的三维足迹模型,用于分析省际、国家和国际等尺度的自然资本利用时空特征。这一改进模型已被一些学者所采纳,如杜悦悦等[15]用该模型比较了华北13个城市的人均区域足迹深度、足迹广度及其影响因素,揭示了京津冀城市群的自然资本利用格局;张星星等[16]用该模型分析了珠江三角洲城市群的自然资本利用变化,并基于偏最小二乘法探寻了经济社会驱动力。

上述研究均同时将土地利用对应的"实态"生态足迹(又称土地足迹)与能源碳排放对应的"虚态"生态足迹(又称能源足迹)[17]纳入核算账户,其本意是尽可能全面地涵盖支撑人类社会的关键自然资本类型。但后者没有对应承载力,故不得不并入前者计算足迹深度,这样一来往往导致土地足迹深度极高。事实上,实态足迹与虚态足迹之间存在诸多本质差异,将两者加总非但无助于反映区域自然资本利用的实际状况,反而会损害生态足迹的科学性与合理性[18]。因此,本研究聚焦实态的土地足迹,通过一个改进的三维足迹模型,对2000—2014年贵阳市土地利用所导致的自然资本流量与存量变化进行分析,以期为协调推进城镇化与可持续发展战略提供政策参考。

二、研究区与研究方法

(一)研究区概况

贵阳市地处黔中山原丘陵中部,长江与珠江分水岭地带,是贵州省省会和西南地区重要的枢纽城市,下辖6区1市3县,总面积8034km²,2015年人口4.62×10⁶人,地区生产总值(GDP)2.89×10¹¹元。贵阳市在环境保护和生态文明建设方面一直走在全国前列,2010年被列入全国首批低碳试点城市,2014年成为首批通过验收的国家循环经济试点示范单位之一,2016年又提出了建设全国生态文明示范城市的发展新目标。此外,贵阳生态文明国际论坛是中国唯一以生态文明为主题的国家级、国际性高端峰会。

然而长期以来,贵阳市过于依赖资源密集型产业拉动经济增长,形成了高投入、高消耗、高排放、低效率的资源型经济特征。随着城镇化持续推进,人口增长、城市膨胀与资源环境有限承载之间的矛盾日益尖锐,对经济社会发展的刚性约束作用逐渐显现。2000—2014年,贵阳市的人口城镇化率年均递增3.4%,按王洋等[19]的界定属于"低速"扩张;土地城镇化率年均递增16.0%,属于"极高速"扩张。在土地城镇化明显超前于人口城镇化的背景下,系统分析贵阳市土地足迹的动态变化趋势,对于明晰土地自然资本的损益和收支情况、合理规划城市的可持续发展路径具有重要意义。

(二)研究方法

全球足迹网络(GFN)最初给出的生态足迹和生物承载力核算方法过于简略,加之后来又对参数不断进行修正,从而导致不同版本并存的混乱局面[20],削弱了方法的标准化和结果的可比性。此外,生物承载力大小取决于区域实际的土地资源禀赋,属于"生产性"指标,与常规"消费性"生态足迹存在核算视角不一致的问题[21]。鉴于此,本研究基于生产性视角重新定义足迹和承载力指标,将扣除化石能源之后的生产性生态足迹称为土地足迹,将对应生物承载力称为土地承载力(土地承载力的量化方法有很多,本研究仅从与土地足迹对应的角度进行研究),在此基础上,推导出统一的土地足迹和土地承载力核算方法。针对尼科卢奇等的三维足迹模型只适用于单一地类或所有地类均呈现生态赤字的局限,通过明确"产品—地类—区域"之间的尺度转换原则,提出适用于三种尺度的足迹广度、深度计算公式。

1. 土地足迹核算

土地足迹定义为支撑区域生物产品(农产品、畜牧产品、林产品和水产品)生产和城镇用地扩张所需的生物生产性土地面积。计算公式如下:

$$LF = \sum_{j=1}^{n} \sum_{i=1}^{m} \frac{P_{ij}}{AP_{w,ij}} \cdot r_j \tag{1}$$

其中,

$$r_j = \frac{\left(\sum_{i=1}^{m} AP_{w,ij} \cdot A_{w,ij}\right) / A_{w,j}}{\left(\sum_{j=1}^{n} \sum_{i=1}^{m} AP_{w,ij} \cdot A_{w,ij}\right) / A_w} \tag{2}$$

式中:LF 为土地足迹(hm^2);n 为土地类型数;m 为产品类型数;P_{ij} 为 j 类土地的 i 类产品产量(t);$AP_{w,ij}$ 为 j 类土地的 i 类产品的全球平均产量($t \cdot hm^{-2}$);r_j 为 j 类土地的均衡因子,等于该类土地的全球平均生物生产力与各类土地的全球平均生物生产力之比;$A_{w,ij}$ 为生产 i 类产品的全球 j 类土地面积(hm^2);$A_{w,j}$ 为全球 j 类生产性土地面积(hm^2);A_w 为全球生产性土地总面积(hm^2)。

2. 土地承载力核算

土地承载力定义为区域实际可提供的生物生产性土地面积,且需要扣除12%用于生物多样性保护。计算公式如下:

$$LC = 0.88 \cdot \sum_{j=1}^{n} A_j \cdot r_j \cdot y_j \tag{3}$$

其中，

$$y_j = \frac{\left(\sum_{i=1}^{m} P_{ij} \cdot A_{ij}\right)/A_j}{\left(\sum_{i=1}^{m} AP_{n,ij} \cdot A_{n,ij}\right)/A_{n,j}} \tag{4}$$

式中：LC 为土地承载力（hm^2）；A_j 为 j 类生产性土地面积（hm^2）；y_j 为 j 类土地的产量因子，等于该类土地的区域平均生物生产力与全球或国家平均生物生产力之比（本研究采用区域与国家平均生物生产力之比计算产量因子）；A_{ij} 为生产 i 类产品的 j 类土地面积（hm^2）；$AP_{n,ij}$ 为 j 类土地的 i 产品的国家平均产量（$t \cdot hm^{-2}$）；$A_{n,ij}$ 为生产 i 类产品的国家 j 类土地面积（hm^2）；$A_{n,j}$ 为国家 j 类生产性土地面积（hm^2）。

3. 足迹广度核算

足迹广度定义为土地承载力限度内的生物生产性土地年际占用面积，用于表征人类利用自然资本流量的规模。足迹广度在地类和区域尺度的计算公式分别如下：

$$LF_{siz,j} = \min\{LF_j, LC_j\} \tag{5}$$

$$LF_{siz,reg} = \sum_{j=1}^{n} \min\{LF_j, LC_j\} \tag{6}$$

式中：$LF_{siz,j}$ 为 j 类土地的足迹广度（hm^2）；LF_j 为 j 类土地足迹（hm^2）；LC_j 为 j 类土地承载力（hm^2）；$LF_{siz,reg}$ 为各地类所组成区域的足迹广度（hm^2）。

4. 足迹深度核算

足迹深度定义为生态赤字情形下土地足迹相当于土地承载力的倍数，用于表征人类消耗自然资本存量的强度。足迹深度在地类和区域尺度的计算公式分别如下：

$$LF_{dep,j} = 1 + \frac{\max\{LF_j - LC_j, 0\}}{LC_j} \tag{7}$$

$$LF_{dep,reg} = 1 + \frac{\sum_{j=1}^{n} \max\{LF_j - LC_j, 0\}}{\sum_{j=1}^{n} LC_j} \tag{8}$$

式中：$LF_{dep,j}$ 为 j 类土地的足迹深度；$LF_{dep,reg}$ 为各地类所组成区域的足迹深度。

5. 自然资本流量收益率

当自然资本流量未被完全占用时，足迹深度处于原长1。引入自然资本流量收益率指标 UE_{flo}，以表征人类利用流量的实际效率。计算公式如下：

$$UE_{flo} = \frac{LF_{siz}}{LC} \times 100\% \quad (LF \leqslant LC) \tag{9}$$

6. 自然资本存量—流量利用比

当自然资本流量被完全占用时,资本存量也开始消耗。由于足迹广度与深度的维度和量纲不同,无法直接进行比较,引入资本存量—流量利用比指标 $UR_{\text{flo}}^{\text{sto}}$,以表征实际利用自然资本中的存量与流量比例关系。计算公式如下:

$$UR_{\text{flo}}^{\text{sto}} = \frac{LF - LF_{\text{siz}}}{LF_{\text{siz}}} LF_{\text{dep}} - 1 \quad (LF>LC)\qquad(10)$$

7. 自然资本利用多样性指数

自然资本在不同地类上分布的多样性对于生态系统的结构和功能具有重要意义,有助于提升土地利用的整体效益。借鉴 Shannon-Wiener 多样性指数[22],提出自然资本流量多样性指数和存量多样性指数。计算方法分别如下:

$$ID_{\text{siz}} = -\sum_{j=1}^{n} PLF_{\text{siz},j} \cdot \ln PLE_{\text{siz},j}\qquad(11)$$

$$ID_{\text{dep}} = -\sum_{j=1}^{n} PLF_{\text{dep},j} \cdot \ln PLF_{\text{dep},j}\qquad(12)$$

式中:ID_{siz} 为自然资本流量多样性指数;$PLF_{\text{siz},j}$ 为 j 类土地的足迹广度在区域足迹广度中的比例;ID_{dep} 为自然资本存量多样性指数;$PLF_{\text{dep},j}$ 为 j 类土地的足迹深度在各地类足迹深度之和中的比例。

(三)数据来源与处理

基于数据可得性和权威性等因素综合考虑,本研究选取的基础数据主要来自2001—2015年的《贵阳统计年鉴》和相关数据库:①土地利用类型包括耕地、草地、林地、水域和建设地,分别对应耕地足迹、草地足迹、林地足迹、水域足迹和建设地足迹;②生物产品包括农产品、畜牧产品、林产品和水产品等四大类数十小项,将其产量数据与土地利用数据构成产品—地类矩阵;③各类生物产品的全球平均产量来自联合国粮农组织数据库FAOSTAT[23];④产量因子根据代表性生物产品的实际产量与全国产量之比进行计算,均衡因子采用GFN提供的2016版最新数据[24],结果如表1所示。土地足迹、土地承载力、足迹广度和足迹深度的核算框架如图1所示。

表1 贵阳市主要土地利用类型的产量因子和均衡因子

地类	产量因子															均衡因子
	2000年	2001年	2002年	2003年	2004年	2005年	2006年	2007年	2008年	2009年	2010年	2011年	2012年	2013年	2014年	
耕地	0.77	0.84	0.76	0.86	0.82	0.84	0.79	0.77	0.77	0.77	0.75	0.60	0.71	0.67	0.73	2.52
林地	0.79	0.87	0.84	0.86	0.90	0.96	1.19	0.95	0.81	0.87	0.69	0.92	0.99	1.01	1.09	1.28
草地	0.88	0.88	0.88	0.93	0.87	0.99	1.00	0.92	0.92	0.92	0.98	1.04	1.05	1.07	1.05	0.43
水域	0.06	0.06	0.06	0.07	0.07	0.07	0.09	0.06	0.06	0.05	0.06	0.07	0.09	0.11	0.13	0.35

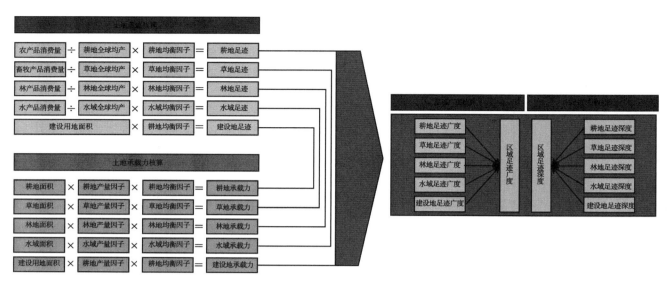

图1 土地足迹、土地承载力、足迹广度和足迹深度核算框架

注:根据数十种生物产品每种的实际产量和单位产量计算各自的足迹,而非按照农产品、林产品、畜牧产品等大类来分。也就是说,先基于产品尺度计算各类土地足迹,再基于地类尺度计算区域的土地足迹,从而实现"产品—地类—区域"的尺度转换。

三、结果与分析

(一)耕地自然资本利用状况

耕地是贵阳市居民食物供给的主要来源。2000—2014年,贵阳市的人均耕地足迹呈现波动变化,最高为2008年的0.440g·hm²,最低为2002年的0.326g·hm²,总体变化不大(见图2)。这15年间,贵阳市农业生产由粮食主导型向蔬果主导型转变,谷物类食物稻谷、玉米和小麦足迹分别从0.134g·hm²、0.073g·hm²、0.020g·hm²减少到0.060g·hm²、0.043g·hm²、0.005g·hm²,在耕地足迹中的占比合计由55.9%降至27.3%;而同期蔬菜和水果足迹分别增长了1.6倍和3.6倍,在耕地足迹中的占比合计由18.3%上升至51.5%,蔬菜取代稻谷成为耕地足迹的首要组分;油脂类食物油菜籽、大豆和花生足迹的占比合计由16.6%降至13.6%。贵阳市的耕地足迹深度呈现先降后升的变化趋势,最高为2013年的4.18,最低为2005年的2.89,均大幅超出原长1。由于贵阳市的人均耕地面积呈现下降趋势,加之新增耕地主要分布在山地丘陵区,因此耕地产量因子相对于全国均值始终处于较低水平(见表1)。在生态赤字的背景下,耕地足迹广度与耕地承载力两者始终相等,从2000年的0.106g·hm²减少到2014年的0.097g·hm²,仅为同期土地足迹的23.9%~34.6%,表明透支耕地自然资本存量已成为贵阳市农业发展的常态。

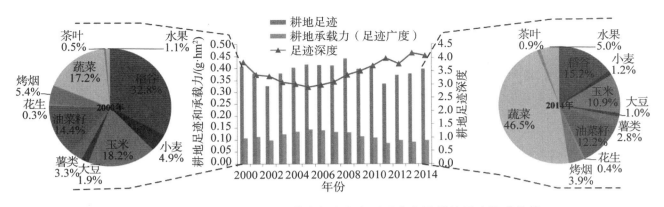

图2　2000—2014年贵阳市耕地自然资本利用变化及耕地足迹构成比较

（二）草地自然资本利用状况

草地产出的畜牧产品提供了大量的动物蛋白，是贵阳市居民食物消费的重要来源之一。2000—2014年，贵阳市的人均草地足迹呈现先升后降的变化趋势，2006年达到0.022g·hm²的历史高位，2007年由于猪、牛、羊肉和禽蛋产量大幅减少，导致当年草地足迹仅为0.013g·hm²，为15年间最低（见图3）。份额最大的猪肉足迹从0.012g·hm²减少到0.010g·hm²，占比由81.5%降至65.2%；除猪、羊肉，其他食物占比均有所提高，禽肉、禽蛋、奶制品和牛肉分别由7.4%、6.7%、2.3%、1.6%上升至15.4%、12.1%、5.2%、1.9%，反映出畜牧业生产向精细化、品质化方向发展的特点。贵阳市的草地足迹深度呈现先升后降再企稳的变化趋势，最高为2006年的7.69，最低为2011年的2.74。近年来，草地足迹处于0.015g·hm²左右的低位，而人均草地面积保持稳定，草地产量因子有所提高（见表1），导致草地足迹深度明显回落。同时也应看到，贵阳市的草地面积仅为耕地面积的1/5，人均草地承载力远低于全国平均水平，未来随着城乡居民对肉、蛋、奶等产品的需求进一步增大，草地足迹深度存在较大的反弹风险。

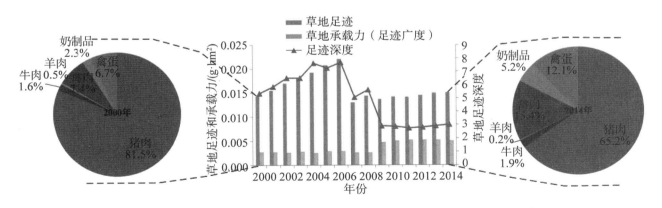

图3　2000—2014年贵阳市草地自然资本利用变化及草地足迹构成比较

（三）林地自然资本利用状况

林地除了供给板栗、核桃等食用林产品，还供给油桐籽、油茶籽和木材等原材料。2000—2014年，贵阳市的人均林地足迹呈现先升后降的变化趋势，最高为2009年的0.071g·hm²，最低为2000年的

0.013g·hm²[见图4(a)]。人均林地承载力呈现波动变化,先从2000年的0.049g·hm²快速增加到2006年的0.104g·hm²,再减少到2010年的0.061g·hm²,又缓慢回升到2014年的0.091g·hm²。林地承载力除了受人均林地面积变化影响,林产品产出率的贡献也不容小觑。林地承载力最高的2006年、2014年,对应的林地产量因子也达到历史高位(见表1)。贵阳市的林地始终处于生态盈余,林地足迹深度保持原长1。2000—2014年,贵阳市的森林覆盖率由34.8%增至45.0%,远高于2014年全国21.6%的平均水平,同期林地自然资本流量收益率由27.0%增至56.6%[见图4(b)],尚有一定的生态空间用于发展山地特色林产品。特别需要指出的是,如果按尼科卢奇等的做法将能源足迹并入林地计算足迹深度,2014年贵阳市林地足迹深度竟高达13.22,该数值显然过于悲观,无法反映当地森林生态系统的良好现状。

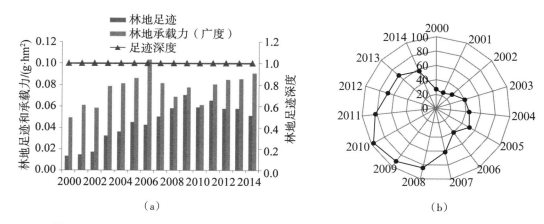

图4 2000—2014年贵阳市林地自然资本利用变化(a)及资本流量收益率(b)

(四)水域自然资本利用状况

水域自然资本利用主要通过淡水捕捞和养殖等水产品生产来实现。2000—2014年,贵阳市的人均水域足迹呈现先升后降的变化趋势,最高为2006年的0.028×10⁻²g·hm²,最低为2007年的0.018×10⁻²g·hm²,明显低于其他生物生产性土地足迹(见图5)。一方面,当地居民传统饮食习惯和地理位置导致水产品需求不旺;另一方面,贵阳市人均水资源占有量仅为991m³/a,属于临界重度缺水区域,水产品产量因子始终很低(见表1)。2000—2014年,贵阳市的人均水域承载力(足迹广度)从0.005×10⁻²g·hm²缓慢增加到0.016×10⁻²g·hm²,水域足迹深度从2000年的3.82逐渐回落到2014年的1.18,水域自然资本存量下降的势头得到遏制。由于喀斯特地貌的生态脆弱性和水资源短缺的刚性约束,今后贵阳市水域面积将难以扩大,因此要着重从提高渔业产出率入手,发展规模化水产养殖业和以稻田养鱼为代表的贵州山地特色生态农业,为优化城乡居民膳食结构提供物质基础。

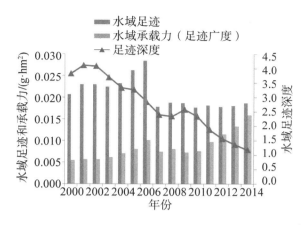

图5　2000—2014年贵阳市水域自然资本利用变化

（五）建设地自然资本利用状况

建设地包括城镇用地、工矿用地、交通运输用地等土地类型，与人们日常的生产和生活关系最为密切。2000—2014年，贵阳市的人均建设地足迹从0.007g·hm²大幅增加到0.043g·hm²，年均递增13.8%（见图6）。人均建设地承载力在2005年以前年均递增36.9%，2005以后基本稳定在0.025g·hm²左右。同期建设地足迹深度从1.49波动增加到1.56，最高为2011年的1.91，最低为2003年的1.32，通过消耗资本存量来弥补资本流量不足是贵阳市建设地自然资本利用的基本特征。相关分析表明（见表2），无论是人口还是土地城镇化率，都与人均和区域总建设地足迹、承载力在1%的水平上显著正相关，说明建设地自然资本流量占用规模与城镇化水平的关联度高。建设地足迹深度与两种城镇化率之间的R^2则小很多，说明建设地自然资本存量消耗强度与城镇化水平的关联度低。

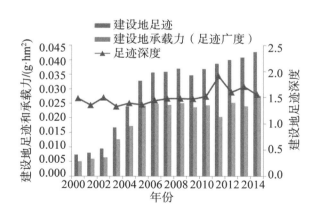

图6　2000—2014年贵阳市建设地自然资本利用变化

表2　贵阳市城镇化率与建设地足迹、承载力和足迹深度之间的相关性分析

城镇化率	建设地足迹		建设地承载力		建设地足迹深度
	人均	总量	人均	总量	
人口城镇化率	0.835*** （0.000）	0.869*** （0.000）	0.773*** （0.001）	0.847*** （0.000）	0.502* （0.056）

续表

城镇化率	建设地足迹		建设地承载力		建设地足迹深度
	人均	总量	人均	总量	
土地城镇化率	0.974*** (0.000)	1.000*** (0.000)	0.911*** (0.000)	0.980*** (0.000)	0.597** (0.019)

注:*、**和***分别表示在0.1、0.05和0.01的水平上显著,括号中数据为p值。

（六）贵阳市自然资本利用的总体状况

2000—2014年,贵阳市的人均土地足迹呈现先增后减再增的波动变化,趋势与耕地足迹较为一致,但后者占比从92.0%减少到78.4%(见表3),反映出农业"供给侧"结构正在发生深刻变化;2000—2011年,林地是土地足迹的第二大地类,占比3.0%~14.4%,总体保持增长;草地足迹占比2.6%~4.6%,变化不大;建设地足迹占比从1.7%增加到8.5%,取代草地成为第三大地类;水域在土地足迹中的份额极小,仅为0.03%~0.06%。2000—2014年,贵阳市的土地承载力小幅增长了0.058g·hm²,耕地和林地分别具有第一、第二的土地承载力,两者占比逐渐接近。土地承载力仅为同期土地足迹的36.9%~52.5%,且两者之间的绝对差距有所扩大,从而导致土地生态赤字从2000年的0.279g·hm²增加到2014年的0.285g·hm²。

表3 2000—2014年贵阳市土地足迹、承载力和足迹广度的地类构成

单位:%

项目	地类	2000年	2001年	2002年	2003年	2004年	2005年	2006年	2007年	2008年	2009年	2010年	2011年	2012年	2013年	2014年
土地足迹	耕地	92.0	90.8	88.2	85.0	83.5	80.8	80.5	80.5	80.1	76.9	78.4	73.9	76.8	76.8	78.4
	草地	3.3	3.7	4.6	4.0	4.0	4.0	4.3	2.6	2.6	2.7	2.8	3.2	3.0	3.0	3.0
	林地	3.0	3.5	4.6	7.2	7.5	8.8	8.3	9.9	10.6	13.7	11.6	14.4	11.9	11.8	10.2
	水域	0.0	0.1	0.1	0.1	0.0	0.1	0.1	0.0	0.0	0.0	0.0	0.0	0.0	0.0	0.0
	建设地	1.7	1.9	2.5	3.7	5.0	6.3	6.8	7.0	6.7	6.7	7.2	8.5	8.3	8.4	8.4
土地承载力	耕地	65.1	61.9	59.5	56.8	56.9	55.9	51.4	55.1	57.6	51.7	54.6	44.4	46.2	44.1	44.1
	草地	1.6	1.5	1.6	1.3	1.1	1.1	1.1	1.1	1.1	2.1	2.5	2.7	2.4	2.5	2.3
	林地	30.1	33.3	35.1	36.2	34.6	33.6	38.3	33.7	30.2	35.4	30.7	42.2	39.6	41.6	41.1
	水域	0.0	0.0	0.0	0.0	0.0	0.0	0.0	0.0	0.0	0.0	0.1	0.1	0.1	0.1	0.1
	建设地	3.2	3.3	3.8	5.7	7.4	9.4	9.2	10.1	11.1	10.8	12.2	10.6	11.7	11.7	12.4
土地足迹广度	耕地	83.5	83.0	79.1	72.1	70.5	66.6	66.4	63.2	60.5	53.4	55.1	48.1	52.8	51.0	53.7
	草地	2.1	1.9	2.1	1.6	1.3	1.3	1.4	1.2	1.2	2.2	2.5	2.9	2.7	2.9	2.7
	林地	10.4	10.6	13.7	18.9	19.1	20.9	20.4	23.9	26.8	33.3	30.0	37.3	30.9	32.6	28.3
	水域	0.0	0.0	0.0	0.0	0.0	0.0	0.0	0.0	0.0	0.0	0.1	0.1	0.1	0.1	0.1
	建设地	4.0	4.5	5.1	7.4	9.1	11.2	11.8	11.7	11.5	11.1	12.4	11.6	13.5	13.4	15.2

值得注意的是,前面分析的五种地类在研究期内一直稳定处于生态赤字(或盈余)状态,因此其足迹广度分别等于各自的土地承载力(或土地足迹)。而在加总计算区域指标时,地类之间生态盈亏状态的

不同会引发区域整体生态效率的折损,表现为土地足迹广度与土地足迹和承载力的背离。例如,贵阳市土地足迹广度最低为2002年的0.125g·hm²,最高为2008年的0.217g·hm²,均比同期土地足迹和承载力的较小值还要低。因此,2000—2014年,自然资本流量收益率实际为74.6%~99.1%,土地足迹深度从2.93减少到2.47,自然资本存量快速下降的趋势得到遏制。

得益于耕地占比下降、其他地类占比上升,贵阳市自然资本流量的多样性指数从0.60显著增加到1.08,各地类对区域足迹广度的贡献度更加均衡。与此同时,自然资本存量的多样性指数变化不大(保持在1.45左右),但仍高于自然资本流量的多样性指数。贵阳市及其各地类的自然资本存量—流量利用比的计算结果见图7。2000—2014年,区域及草地和水域的该项指标均呈现下降趋势,分别减少了23.8%、53.8%、93.6%;与此相反,耕地和建设地的该项指标分别增长了8.6%、14.5%;林地因为没有自然资本存量消耗而一直为0。如果以自然资本存量—流量利用比等于1为分界线(见图7),则除了建设地和2011—2014年的水域,其他地类乃至贵阳市的自然资本利用形式均以存量消耗为主,2014年耕地、草地和区域的存量消耗量分别达到流量占用量的3.1、2.0、1.5倍。

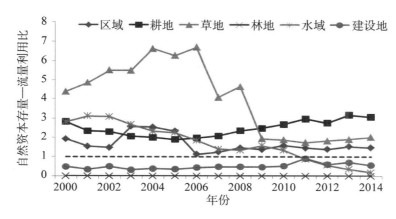

图7　2000—2014年贵阳市及其各地类自然资本的存量—流量利用比

四、结论与讨论

本研究运用改进的三维土地足迹模型,从地类和区域两个层面系统揭示了贵阳市在城镇化进程中的土地自然资本利用状况及其演变趋势。从区域层面看,2000—2014年贵阳市的土地足迹广度扩大了39.4%,自然资本的流动性不断增加;土地足迹深度从2.93减少到2.47,自然资本存量快速下降的趋势得到初步遏制。从地类层面看,土地自然资本利用结构发生了明显改变:耕地自然资本流量和存量利用均远超其他地类,但是随着贵阳市因地制宜推进农业"供给侧"改革,蔬菜逐渐取代稻谷成为耕地足迹的首要组分,这一领先优势有所缩小;位居第二的林地是唯一保持生态盈余的地类,对区域自然资本流量的贡献度不断增大;建设地对自然资本特别资本流量具有很强的吸引力,其占用规模已经超越草地位居第三,并与城镇化水平显著正相关($p<0.01$);草地自然资本的存量—流量利用比虽有大幅回落,但足迹深

度仍存在较大的反弹风险;水域自然资本的利用规模最小,流量占用取代存量消耗成为其自然资本利用的主要方式。

除了对足迹广度和深度两项计算指标进行改进,本研究还从生产性视角统一了土地足迹和土地承载力的核算方法。新方法采用了 GFN 2016版报告的均衡因子,同时纠正了该报告在诸如建设地的足迹恒等于承载力、产量因子缺乏本地化等缺陷[25],一定程度上提升了核算方法的科学性和标准化程度。核算得到的贵阳市人均土地足迹为 $0.369\sim0.550g\cdot hm^2$,从目前为数不多的研究文献来看,这一结果略低于全国同期 $0.430\sim0.680g\cdot hm^2$ 的平均水平[26],与贵阳市经济社会的发展实际较为一致。对此,建议将提高资本流量的流动性和收益率、降低资本存量的消耗速度、增加自然资本来源的多样性作为贵阳市实施可持续发展战略的优先方向。

土地足迹作为连接"土地利用变化"与"自然资本"两大研究领域的桥梁,如果只是呈现区域加总的最终结果,不仅不能反映各地类载体上的自然资本供需关系,忽视流量与存量之间的细微变化,反而对区域土地利用结构和产出效率是否合理等问题也难以做出判断。相比常规的区域生态足迹加总核算,本研究通过一系列衍生指标从不同侧面揭示了自然资本与土地利用之间的复杂关系,有助于克服生态足迹单一指标以偏概全的不足。诚然,本研究仍存在一些局限性,主要是未能从区县尺度进一步分析贵阳市自然资本的供给与消费格局、揭示不同地区发展潜力与生态定位差异。最后还应指出,只要合理确定对应承载力的核算方法,三维足迹模型理论上同样适用于包含各种环境议题的"足迹家族"研究[27],这将有助于在更大范围内评估和比较不同类型自然资本的利用状况,因而具有广阔的发展前景。

参考文献:

[1]陈明星,叶超,周义.城镇化速度曲线及其政策启示——对诺瑟姆曲线的讨论与发展[J].地理研究,2011,30(8):1499-1507.

[2]姚士谋,张平宇,余成,等.中国新型城镇化理论与实践问题[J].地理科学,2014,34(6):641-647.

[3]傅伯杰,张立伟.土地利用变化与生态系统服务:概念、方法与进展[J].地理科学进展,2014,33(4):441-446.

[4]Newbold T, Hudson L N, Hill S L, et al. Global Effects of Land Use on Local Terrestrial Biodiversity [J]. Nature, 2015, 520 (7545): 45-50.

[5]蒋仁开,张冰松,肖宇,等.土地利用规划要引导和促进新型城镇化的健康发展——"新型城镇化背景下的土地利用规划研讨会"综述[J].中国土地科学,2013,27(8):93-96.

[6]Farley J, Daly H E. Natural Capital: The Limiting Factor: A Reply to Aroso, Blignaut, Milton

and Clewell［J］. Ecological Engineering，2006，28（1）：6-10.

［7］Costanza R，de Groot R，Sutton P，et al. Changes in the Global Value of Ecosystem Services ［J］. Global Environmental Change，2014，26：152-158.

［8］张舟,吴次芳,谭荣.生态系统服务价值在土地利用变化研究中的应用:瓶颈和展望[J].应用生态学报,2013,24(2):556-562.

［9］方恺.基于改进生态足迹三维模型的自然资本利用特征分析——选取11个国家为数据源[J].生态学报,2015,35(11):3766-3777.

［10］Niccolucci V，Bastianoni S，Tiezzi E B P，et al. How Deep Is the Footprint? A 3D Representation ［J］. Ecological Modelling，2009，220（20）：2819-2823.

［11］Niccolucci V，Tiezzi E，Pulselli F M，et al. Biocapacity vs Ecological Footprint of World Regions：A Geopolitical Interpretation ［J］. Ecological Indicators，2012，16：23-30.

［12］方恺,李焕承.基于生态足迹深度和广度的中国自然资本利用省际格局[J].自然资源学报,2012,27（12）:1995-2005.

［13］方恺.生态足迹深度和广度:构建三维模型的新指标[J].生态学报,2013,33(1):267-274.

［14］方恺.1999—2008年G20国家自然资本利用空间格局变化[J].资源科学,2014,36(4):793-800.

［15］杜悦悦,彭建,高阳,等.基于三维生态足迹的京津冀城市群自然资本可持续利用分析[J].地理科学进展,2016,35(10):1186-1196.

［16］张星星,曾辉.珠江三角洲城市群三维生态足迹动态变化及驱动力分析[J].环境科学学报,2017,37（2）:771-778.

［17］谢高地,曹淑艳,鲁春霞,等.中国的生态服务消费与生态债务研究[J].自然资源学报,2015,25(1):43-51.

［18］方恺,董德明,沈万斌.生态足迹理论在能源消费评价中的缺陷与改进探讨[J].自然资源学报,2010,25(6):1013-1021.

［19］王洋,王少剑,秦静.中国城市土地城镇化水平与进程的空间评价[J].地理研究,2014,33(12):2228-2238.

［20］Wiedmann T，Barrett J. A Review of the Ecological Footprint Indicator—Perceptions and Methods ［J］. Sustainability，2010，2（6）：1645-1693.

［21］Fang K，Heijungs R，Duan Z，et al. The Environmental Sustainability of Nations：Benchmarking the Water，Carbon and Land Footprints with Allocated Planetary Boundaries ［J］. Sustainability，2015，7（8）：11285-11305.

［22］Shannon C E，Weaver W. The Mathematical Theory of Communication ［M］. Urbana，USA：University of Illinois Press，1949.

［23］Food and Agriculture Organization of the United Nations. FAOSTAT ［EB／OL］.［2023-02-07］. https：//www.fao.org/faostat/en/#home.

［24］Lin D，Hanscom L，Martindill J，et al. Working Guidebook to the National Footprint Accounts： 2016 Edition ［R］. Oakland，USA：Global Footprint Network，2016.

［25］樊胜岳,麻亮亮.中国大陆足迹家族的环境库兹涅茨曲线分析[J].自然资源学报,2016,31(9)： 1452-1462.

［26］方恺.足迹家族:概念、类型、理论框架与整合模式[J].生态学报,2015,35(6):1647-1659.

［27］Fang K，Song S，Heijungs R，et al. The Footprint's Fingerprint：On the Classification of the Footprint Family ［J］. Current Opinion in Environmental Sustainability，2016，23：54-62.

数字化赋能中国城市群生态文明体系建设的优化路径研究

曾　鹏[1]　程　寅[2]　唐婷婷[3]

1 广西民族大学民族学与社会学学院经济学教授、博士生导师,广西民族大学研究生院院长
2 广西民族大学经济学院硕士生
3 广西民族大学民族学与社会学学院博士生

摘要:本文以中国19个城市群为研究对象,构建了城市群数字化赋能生态文明体系建设的发展概念模型和综合评价体系,运用熵权TOPSIS法测算了城市的数字化及生态文明体系建设水平,分析了城市群数字化与生态文明体系建设的发展模式及时空演化规律;运用耦合协调度模型分析了城市群数字化赋能生态文明体系建设的时空分异格局与耦合协调类型,进而测算各子系统对耦合系统的影响力分解,并以此为依据提出了针对城市群不同问题状况的优化路径。上述研究结果表明:(1)城市群数字化及生态文明体系建设以中等及以下的发展模式为主;(2)城市群数字化赋能生态文明体系建设的协同水平整体向好但仍普遍处于基本失调阶段,且大多都处于系统均衡状态,未有明显上升趋势;(3)城市群的耦合协同发展受到数字化和生态文明体系建设两个系统的相互影响和制衡。

关键词:中国城市群;数字化赋能;时空分异格局;优化路径

一、引　言

习近平总书记在党的十九大报告中全面阐述了加快生态文明体制改革、推进绿色发展、建设美丽中国的战略部署,体现了生态环境保护与经济社会发展相统一的生态文明建设立场[1]。在习近平生态文明思想的科学指引下,《中华人民共和国国民经济和社会发展第十四个五年规划和2035年远景目标纲要》提出提升生态系统质量和稳定性、持续改善环境质量以及加快发展方式绿色转型三大重点任务[2]。

当前,数字化转型已成为新一轮科技革命和产业变革的核心引擎,数字化与生态化融合发展成为新时代高质量发展的战略选择[3-4]。同时,我国"十四五"规划提出要"加快发展方式绿色转型""推动绿色转型实现积极发展"[5]。然而,生态文明转型面临产业结构和经济发展方式的低碳转型艰难、生态环境信息流通不畅、数字资本垄断等数字化难题,需要强化科技创新数字化驱动、进行生态治理机制数字化创新,以促进数字化赋能生态文明体系协同建设[6]。此外,城市群作为能产生巨大集聚经济效益的区域空间形态,其作为主要抓手的城市发展已经成为我国未来城市数字化发展的主体模式,城市群正逐渐接过承载生产资源要素的重任,成为我国经济发展道路上的新模式[7]。其数字化和生态文明体系发展状况能较为客观地反映我国生态文明数字化转型与否,目前城市群区域内部仍存在数字生态资源分布不均和难以有效利用等问题[8]。因此,本文从城市群的角度研究数字化赋能生态文明体系建设的优化路径对于推动我国发展方式绿色转型具有重要现实意义。

目前,关于数字化赋能生态文明体系建设的研究主要集中于数字化对各行业生态的影响研究,数字化技术的发展为生态文明建设和转型发展提供了新的历史机遇。首先是地区数字经济的发展或数字化水平对农业生态文明的影响,樊胜岳等[9]关于农业生态文明数字化发展的研究显示,数字化程度与农业生态文明建设之间的关系并不是始终呈正相关,其存在一个数字化最佳值,一旦超过这个最佳值,则对农业生态文明的建设起抑制作用。其他学者在关于数字化对各方的影响研究结果显示与农业生态文明体系不同,例如程文先等[10]提出数字化对中国工业绿色全要素生产率起非线性的边际递增作用,其并非呈现出农业生态文明数字化发展的U型特征,中国工业行业发展规模越大,就越有动力建设数字化基础设施,其进一步促进了工业企业的数字化转型发展。绿色全要素生产率和绿色生态效率同样受到数字经济发展的影响,例如周晓辉等[11]提出绿色全要素生产率持续提升的关键在于数字产业化和产业数字化双管齐下,单一的数字经济"结构性"改善并不能为绿色全要素生产率提供持久充足动力,绿色生态效率同样也受数字经济发展的正向影响,何维达等[12]的研究充分体现了数字经济的发展对生态效率存在显著的正向影响,并存在空间异质性。在环境污染和治理方面,庞瑞芝等[13]通过更换变量和改变计量方法后证实了数字经济对环境治理起"增效"作用,并存在地区异质性,因此数字经济的发展不但能提升地区环境治理能力,而且在一定程度上减少了环境污染,例如邓荣荣等[14]通过固定效应、空间杜宾和中介效应多维度证实了数字经济发展能显著缓解地区环境污染情况,并且存在地区异质性。除此之外,郝晓燕[15]在关于数字化赋能生态文明转型方面的理论研究中提出生态文明数字转型需要数字化驱动、创新协作去解决数字化转型过程中遇到的生态信息不对称和数字技术壁垒等难题,同样在理论研究方面,顾金喜[16]结合地区经验深入分析探究了数字化赋能生态环境治理的底层逻辑和现实路径。由此可知,现有数字化与生态文明体系建设协同发展方面尚未有文章以城市群为研究对象,衡量比较其区域内各城市间数字化与生态文明体系建设水平,分析其耦合协调发展程度,并基于量化分析提出优化路径的研究。因此,现有研究难以满足新时期准确把握城市群为主要载体以及城市化发展与污染治理共同进步的理论需求,在本文研究的城市群角度下,数字化与生态文明体系建设的协同发展研究具有重要理论意义。

综上所述,本文拟通过以下三方面为新时代中国城市群数字化与生态文明体系建设的协同发展研究奠定理论与现实基础:第一,将中国城市群作为研究对象,构建城市群数字化赋能生态文明体系建设的协同发展的理论机制,并研究协同发展的时空分异格局;第二,建立数字化和生态文明体系的综合评价模型,对中国城市群内各城市数字化与生态文明体系建设综合指数以及区域内数字化与生态文明体系建设的协同发展水平进行测算,分析各城市协同发展模式,评估城市群协同发展整体与局部格局;第三,通过影响力测度模型,对中国城市群数字化赋能生态文明体系建设的优化路径进行分析,并提出针对性的优化建议。

二、理论机制

(一)数字化与生态文明体系建设的内涵

数字化的内涵分为狭义和广义的数字化,狭义的数字化指的是将任何连续变化的输入,如图画的线条转化为一串分离的单元,即将信息转换为数字(即计算机可读)格式的过程;而广义的数字化则指的是利用数字化技术,对企业、政府等各类组织的业务模式、运营方式,进行系统化、整体性的变革过程,更着重强调数字技术对各类组织的整体改变,因此本文所提及的数字化指的是广义的数字化。而生态文明体系是以人与自然、人与人、人与社会和谐共生、良性循环、全面发展、持续繁荣为基本宗旨的社会体系,其是人类文明发展的一个新的阶段,即工业文明之后的文明形态,贯穿了人类社会政治、经济、文化全过程。

对城市群数字化与生态文明体系建设水平分别进行分析评价,亦有助于探讨城市群数字化与生态文明体系建设的耦合协同机制并为其影响因素分析提供基础。

(二)数字化赋能生态文明体系建设的理论机制

从图1可知,数字化主要通过数字治理、数字社会、数字经济、数字技术四个方面与生态文明体系建立联系[17]。数字治理主要体现为能够把政府、社会和个人联系起来的过程,其对生态制度的建立及发展起着双重作用。一方面,数字治理为生态文明体系建设赋能,延展数字生态文明体系治理的实践空间,改进生态文明数据资源管理模式,其对于生态制度的建立形成无形压力;另一方面,生态制度的建立反过来会在一定程度上约束数字化治理进程。数字社会主要体现在生态、能源等关键领域在5G、物联网、人工智能、云计算等技术的推动下发生的社会变化,数字社会的发展推动居民生活环境的数字化改变,同时居民生活环境的宜居程度反过来也能给予数字社会相应的反馈[18]。数字经济主要体现在城市产业结构和生产规模的数字化变迁,数字经济的发展对生态经济具有推动作用,而生态经济的数字化发展状况也在一定程度上体现了数字经济的促进拉动作用。数字技术主要体现在区块链、大数据、云计算、人工智能等的发展变迁,其塑造了数字化的生态环境体系,相应地,生态环境的发展状况也将调节生态数字化过程,同时将其反馈给数字技术并促进其朝着推动生态环境健康稳定的方向发展。

同时,城市的数字治理与数字技术的发展推动了生态体系的数字化变迁,主要体现为城市生态环境保护的基础性工作之一——数字环保的实施,即生态数字化。在这一过程中,用好数字化、信息化这些基础支撑能够推动我国生态文明体系建设再上新台阶,同时,随着数字化程度逐步提高,生态文明体系建设也在一定程度上体现数字化所带来的各项影响。

因此,将数字化技术和手段赋能生态文明体系建设,将为提升生态文明建设现代化水平提供强有力的支撑。其间机制可总结为:生态数字化作为主要媒介,连接数字治理、数字社会、数字经济、数字技术与生态制度、生态人居、生态经济、生态环境,数字治理推动生态制度的建立,生态制度的建立反馈和约束数字治理,数字社会和数字经济推动生态人居的稳定健康状态和生态经济的持续向好,生态人居和经济的发展结果则给予数字社会和数字经济相应的反馈,数字技术的突破和发展塑造了良好的数字化生态环境,生态环境状况反过来调节生态数字化的融合发展,间接对数字技术的变迁产生影响。

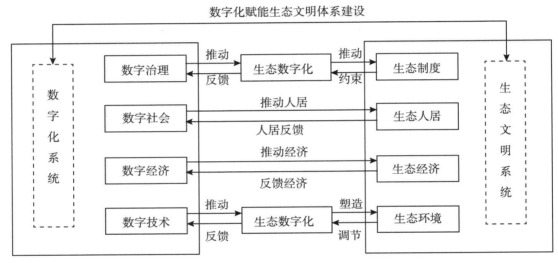

图1 城市群数字化赋能生态文明体系建设的概念模型

三、研究设计

(一)研究范围

本文的研究范围包含重点建设五大国家级城市群(长三角、珠三角、京津冀、长江中游、成渝),稳步建设八大区域级城市群(辽中南、山东半岛、粤闽浙沿海、哈长、中原、关中平原、北部湾、天山北坡),引导培育六大地区级城市群(山西中部、呼包鄂榆、滇中、黔中、兰西、宁夏沿黄)等227个城市进行研究,本文剔除数据缺失城市或地区,选取城市群样本区间包含的全国196个地级市的数据进行研究。

(二)研究方法

1. 指标预处理

(1)正向处理

本文首先将指标体系中所有负向指标以倒数法进行正向化处理。

$$Y_{ij} = \frac{C}{X_{ij}} \tag{1}$$

式中,正向化后的指数为Y_{ij},X_{ij}为负向指数,需正向化计算,C为正常数,且通常取值为1。

（2）标准化法

$$Z_{ij} = \frac{\left(X_{ij} - X_{min}\right)}{\left(X_{max} - X_{min}\right)} \tag{2}$$

式中,i为第i个城市,j为第j个指标,Z_{ij}为第i个城市第j个指标标准化后的数值,为便于后文运用耦合协调度模型计算城市群城市间的协同发展水平,对无量纲化后的数值整体加0.01进行非负处理。

2. 熵权 TOPSIS 模型

本文采用熵权法与TOPSIS法相结合的方式分别计算数字化以及生态文明体系各自子系统的评价指数,再计算整体综合指数。

（1）将各子系统评价的指标体系视为矩阵(X)。其中包含m个城市的n个指标:

$$X = \left(x_{ij}\right)_{m \times n} \quad \left(i = 1, 2, \cdots, m; j = 1, 2, \cdots, n\right) \tag{3}$$

（2）指标矩阵标准化:

$$R = \left(r_{ij}\right)_{m \times n} \quad \left(i = 1, 2, \cdots, m; j = 1, 2, \cdots, n\right) \tag{4}$$

其中,R为标准化之后的指标矩阵,r_{ij}表示第i个城市的第j个指标的标准化结果,m和n分别表示被评价的城市及指标的总数。

由此可得数字化和生态文明体系建设各子系统的标准化矩阵:

$$R_x = \left(r_{xij}\right)_{u \times v} \quad \left(i = 1, 2, \cdots, u; j = 1, 2, \cdots, v\right) \tag{5}$$

其中,r_{xij}表示数字化或生态文明体系建设的第x个子系统下设的第i个被评价城市的第j个指标的标准化结果,u和v分别表示每个子系统所包含的被评价城市个数以及相应的指标个数。

（3）信息熵计算:

$$e_{xj} = -K \sum_{i=1}^{v} P_{xij} \ln P_{xij} \tag{6}$$

$$P_{xij} = \frac{r_{xij}}{\sum_{i=1}^{u} r_{xij}}; K = \frac{1}{\ln u} \tag{7}$$

其中,e_{xj}表示数字化或生态文明体系建设的第x个子系统下设的第i个城市的第j个指标的熵值;P_{xij}则表示指标体系矩阵R_x中的第i个城市第j项指标占所有城市第j项指标之和的比重。

（4）定义各子系统指标j的权重:

$$w_{xj} = \frac{1 - e_{xj}}{\sum_{j=1}^{v}\left(1 - e_{xj}\right)} \tag{8}$$

其中，w_{xj}表示数字化或生态文明体系建设的第x个子系统中第i个被评价城市的第j个指标权重。

（5）对规范化后的加权矩阵(Z_x)进行计算：

$$Z_x = (z_{xij})u \times v, z_{xij} = w_{xj} \times r_{xij} \quad (i = 1, 2, \cdots, u; j = 1, 2, \cdots, v) \tag{9}$$

（6）明确最劣解z_{xi}^-和最优解z_{xi}^+：

$$\begin{cases} z_{xi}^+ = \max\limits_{xj}(z_{xij}) \quad (i = 1, 2, \cdots u; j = 1, 2, \cdots, v) \\ z_{xi}^- = \min\limits_{xj}(z_{xij}) \quad (i = 1, 2, \cdots u; j = 1, 2, \cdots, v) \end{cases} \tag{10}$$

（7）计算最优解(O_{xj}^+)与最劣解(O_{xj}^-)的欧氏距离：

$$sep_{xi}^+ = \sqrt{\sum_{i=1}^{u} w_{xj}(z_{xij} - z_{xi}^+)^2} \tag{11}$$

$$sep_{xi}^- = \sqrt{\sum_{i=1}^{u} w_{xj}(z_{xij} - z_{xi}^-)^2} \tag{12}$$

（8）计算各子系统评价指数C：

$$C = \frac{sep_{xi}^-}{sep_{xi}^+ + sep_{xi}^-} \tag{13}$$

式中，C数值越大则评价结果越优。基于此，城市化各子系统的评价指数为C_x，污染治理各子系统评价指数为C_y。

（9）计算数字化及生态文明体系建设综合指数。

在数字化及生态文明体系建设下设各子系统指数计算结果的基础上，运用线性加权法计算城市群各城市的城市化和污染治理综合指数：

$$G(x) = \sum_{i=x}^{n} W_x \times C_x \tag{14}$$

$$E(y) = \sum_{i=y}^{n} W_y \times C_y \tag{15}$$

其中，$G(x)$表示数字化综合指数，$E(y)$表示生态文明体系建设综合指数；W_x和W_y分别表示数字化及生态文明体系建设各子系统权重，n为各子系统个数。

3. 耦合协调模型

（1）耦合度公式如下：

$$C = \left[\frac{G(x) \times E(y)}{\left(\dfrac{(G(x) + E(y))^2}{2}\right)} \right]^{\frac{1}{2}} \tag{16}$$

式中,数字化与生态文明体系建设系统间的城市耦合度是 C,且 $0 \leq C \leq 1$,$G(x)$ 为数字化指数;$E(y)$ 表示城市群城市生态文明体系建设指数。

（2）建立城市耦合协调度模型,耦合协调度越高,则数字化赋能生态文明体系建设程度就越高。

$$D = \sqrt{C \times T}, T = \alpha \times G(x) + \beta \times E(y) \tag{17}$$

式中,D 指协调度,T 指数字化与生态文明体系建设综合指数,α、β 分别指数字化与生态文明体系建设的贡献份额。本文取 $\alpha = \beta = 0.5$。

（3）根据协调度 D、数字化指数 $G(x)$ 及生态文明体系建设指数 $E(y)$,将耦合类型按照数据的分布情况(见表1)进行类型划分。

表1　耦合协调类型划分原则

综合类别	协调度水平	亚类别	协调指数值对比	子类别	类型
协调发展	$0.3 < D \leq 1$	高级协调（Ⅳ）	$E(y) - G(x) > 0.1$	数字化滞后	Ⅳ1
			$\lvert E(y) - G(x) \leq 0.1 \rvert$	系统均衡发展	Ⅳ2
			$E(y) - G(x) < -0.1$	生态文明滞后	Ⅳ3
转型发展	$0.2 < D \leq 0.3$	基本协调（Ⅲ）	$E(y) - G(x) > 0.1$	数字化滞后	Ⅲ1
			$\lvert E(y) - G(x) \leq 0.1 \rvert$	系统均衡发展	Ⅲ2
			$E(y) - G(x) < -0.1$	生态文明滞后	Ⅲ3
待协调发展	$0.1 < D \leq 0.2$	基本失调（Ⅱ）	$E(y) - G(x) > 0.1$	数字化受阻	Ⅱ1
			$\lvert E(y) - G(x) \leq 0.1 \rvert$	系统均衡发展	Ⅱ2
			$E(y) - G(x) < -0.1$	生态文明受阻	Ⅱ3
	$0 < D \leq 0.1$	深度失调（Ⅰ）	$E(y) - G(x) > 0.1$	数字化受阻	Ⅰ1
			$\lvert E(y) - G(x) \leq 0.1 \rvert$	系统均衡发展	Ⅰ2
			$E(y) - G(x) < -0.1$	生态文明受阻	Ⅰ3

4. 子系统协调影响力测算模型

为分析数字化赋能生态文明体系建设的优化路径,本文借鉴王少剑[19]的测算方法,构建子系统协调影响力测算指标 CI,公式为:

$$CI_x = W_x (D_x - D) \tag{18}$$

$$CI_y = W_y (D_y - D) \tag{19}$$

式中,CI_x 与 CI_y 分别为数字化及生态文明体系建设各子系统对综合协调度的影响;D_x 表示数字化四个子系统与生态文明体系的耦合协调度,D_y 表示生态文明体系建设四个子系统与数字化的耦合协调度,D 表示数字化赋能生态文明体系建设的耦合协调度;W_x 与 W_y 分别为数字化及生态文明体系建设各子系统各自相对应的权重。协调影响力 CI 数值决定了各子系统的影响程度大小,该值若为正则表示该子系统对整体协同发展呈推动效应,若呈负则表示该子系统对整体协同发展呈阻滞效应。

（三）数据来源

社会经济数据：本文数据主要来源于《中国城市统计年鉴》（2012—2020年）和《中国区域经济统计年鉴》（2012—2020年），以及年份区间内研究区域各地级市的国民经济与社会发展统计公报。部分城市群中包含地级市代管或省直管的县级市，因考虑到数据样本或出现重叠，在统计中予以剔除，加之部分城市数据缺失严重同样需要剔除，因此选取城市群样本区间包含的全国196个地级市的数据。

（四）指标体系

目前主要将数字化归纳为相互影响和制约的数字治理、数字社会、数字经济和数字社会四个方面[20]，这其中的发展历程大致可归纳为数字技术的突破和崛起、数字技术对经济和社会的影响和数字技术参与政府治理的三个阶段[21]。因此，本文将在此基础上设立数字治理、数字社会、数字经济和数字社会四个子系统来分析数字化水平，如表2所示。

表2　数字化赋能生态文明体系建设的综合评价体系

A目标层	B系统层	B准则层	C指标层	D评价意义
数字化赋能生态文明体系建设	城市数字化综合指数	数字治理	人均移动电话年末用户数	反映数字基础设施建设的使用情况
			每万人互联网宽带接入用户数	
			财政支出中科学技术支出区位商	反映地区财政支出中影响数字化发展较大的科学技术支出情况
			科学技术支出占地方一般公共预算支出的比重	
		数字社会	人均电信业务收入	反映社会居民的数字化收入情况
			人口密度	反映数字化社会环境和城镇化程度
			每万人公园绿地面积	
			城镇化率	
			每万人在校大学生人数	反映数字社会发展的潜在动力源之一，即在校大学生人数
		数字经济	人均地区生产总值	反映整个社会的收入情况和影响数字经济发展较大的电信业收入情况
			电信业务收入增长率	
			数字经济主成分	参考赵涛（2020）的指标体系，反映整个经济社会中的数字化程度
			普惠金融指数	参考张勋（2019）的指标体系，反映数字经济的重要形式即普惠金融的发展程度
		数字技术	空间指数	反映推动数字技术变革的从业人员基本情况
			科学技术人员密度指数	
			人均科学技术支出	
			信息传输、计算机服务和软件业从业人数增长率	
			每万人发明专利授权量	反映技术发展成果情况

A目标层	B系统层	B准则层	C指标层	D评价意义
数字化赋能生态文明体系建设	城市生态文明体系建设综合指数	生态经济	人均地区生产总值	反映经济的整体情况
			第三产业占GDP的比重	
			一般工业固体废物综合利用率	参考徐晔等（2017年）的指标体系，反映循环经济的具体内容
		生态环境	人口密度	反映地区居民分布的密集程度
			人均工业废水排放量	反映废气、废水、废渣的排放量
			人均工业二氧化硫排放量	
			人均工业烟（粉）尘排放量	
		生态制度	污水处理厂集中处理率	反映相关部门污染治理效率
			每万人发明专利授权量	反映制度驱动下科学技术的发展
			每万人在校大学生人数	反映受政策影响下校大学生人数
		生态人居	人口自然增长率	反映居民生活环境和城镇化进程
			城镇化率	
			城市用地强度	
			建成区绿化覆盖率	反映地区居民所处环境的宜居程度
			每万人公园绿地面积	

本文在借鉴李艳芳等[22]和张欢等[23]构建的城市生态文明建设指标体系的基础上，创建了生态经济、生态环境、生态制度和生态人居四个子系统来分析城市生态文明体系建设水平，如表2所示。其中，生态经济反映了人类的经济活动及结果对生态文明体系建设的相对影响；生态环境反映了生态文明建设所面对的环境变化；生态制度反映了各级政府面对生态文明体系建设所做出的应对措施；生态人居反映了人类活动受到生态文明体系建设的相对影响。

四、城市群数字化与生态文明体系综合指数分析

根据公式（13）计算出数字化子系统指数值及生态文明体系建设子系统指数值，并以公式（14）及（15）得到城市群各城市生态文明体系综合指数值。基于数字化、生态文明体系建设子系统所得综合评价数值，本文划分城市群数字化、生态文明系统建设模式，并分析城市群各城市数字化、生态文明体系建设的时空演变格局。

（一）数字化与生态文明体系建设模式分类

1. 模式分类

为凸显不同时空尺度下城市数字化、生态文明体系建设综合指数值的多样性与差异性，在计算数字化、生态文明各子系统指数2011—2019年均值后，与其各子系统指数值进行比较，然后根据表3的划分标准对数字化、生态文明体系建设模式进行划分。

表3　城市群数字化与生态文明体系建设模式划分原则

数字化系统	模式类别	强数字化	较强数字化	中等数字化	一般数字化	弱数字化
	高于均值的子系统个数	4	3	2	1	0
生态文明系统	模式类别	强体系建设	较强体系建设	中等体系建设	一般体系建设	弱体系建设
	高于均值的子系统个数	4	3	2	1	0

2. 模式分析

基于表3的划分标准,得出2011—2019年各城市数字化及生态文明体系建设的不同发展模式的次数。

根据国家级、区域级和地区级城市群内各城市的数字化发展模式的统计结果,国家级城市群中,长三角和珠三角的数字化整体表现最好,处于所有城市群中的第一梯队,京津冀和长江中游次之,成渝的数字化发展较弱。其中,长三角内的上海、南京、无锡等城市的数字化程度在九年间持续处于强数字化阶段,其数字化发展能力较为强劲;珠三角内除江门、肇庆和惠州的数字化程度较低,其余城市的数字化发展均较强;成渝各城市在数字化发展上稍显逊色,仅成都九年均达到强数字化,为成渝城市群数字化发展唯一较强城市,与其余城市形成鲜明对比。

区域级城市群中,仅有个别中心城市或省会城市有较强数字化表现,如沈阳、大连、济南等,其余城市的数字化发展则表现不佳。其中,山东半岛的菏泽、枣庄、济宁等城市从2011—2019年始终处于弱数字化发展阶段;关中平原城市群中仅有西安的数字化表现较为强劲,其余城市更是始终处于数字化发展末端;北部湾城市群内无城市达到强数字化程度,其中心城市南宁在2011—2019年基本处于中等或较强数字化阶段;辽中南、中原、哈长和粤闽浙沿海城市群也仅有个别发展较好城市达到强城市化标准。

地区级城市群中,仅昆明、太原在2011—2019年始终处于强数字化水平,银川、呼和浩特、贵阳仅在个别年份达到了强数字化,其余城市的数字化发展较为薄弱。综上所述,国家级城市群的数字化发展普遍好于区域级和地区级城市群城市,同时城市群内中心城市的数字化程度普遍优于其余区域。

根据国家级、区域级和地区级城市群内各城市的生态文明体系建设模式的统计结果,国家级城市群中,表现最好的依旧是长三角和珠三角,其生态文明体系建设水平位于所有城市群中的第一梯队,京津冀和长江中游次之,成渝的生态文明体系建设较为薄弱。长三角和珠三角内依旧是上海、南京、苏州等城市的生态文明体系建设最强;京津冀城市群内的北京和天津在生态文明体系建设方面要明显优于其余城市;成渝城市群内仅成都多次达到强体系建设阶段,为成渝城市群生态文明体系建设发展唯一较强城市,领先于城市群内其余城市。

区域级城市群中,沈阳、大连、济南等中心城市的生态文明体系建设表现突出,在2011—2019年均保持在高水平,其余如青岛、烟台、福州等城市的生态文明体系建设也较为突出,剩余城市的生态文明体系建设则表现不佳。其中,山东半岛城市群的菏泽和枣庄等城市尚未突破弱体系阶段;关中平原城市群仅有西安五次达到了强体系建设阶段,其余城市发展较弱;北部湾城市群与关中平原城市群类似,仅有南宁五次达到了强体系建设阶段,其余城市发展处于体系建设末端;辽中南、中原、哈长和粤闽浙沿海城市群也仅有个别省会或中心城市的生态文明建设达到强体系建设标准。

地区级城市群中,尚未有城市持续稳定处于强体系建设阶段,兰州在地区级城市群内的生态文明建设处于领先水平,一次达到较强体系建设、九次达到强体系建设,太原和银川在个别年份也达到了强体系建设标准,其余城市的生态文明体系建设还比较薄弱。综上可知,国家级城市群的生态文明体系建设普遍强于区域级和地区级城市群,并且城市群区域内中心城市的体系建设情况普遍好于周边城市。

(二)数字化和生态文明体系建设的时空演化分析

为便于观察时空演变规律,本文选取2013年、2015年、2017年、2019年四个年份的城市数字化与生态文明体系建设综合指数,运用ArcGIS软件进行空间演变可视化分析。考虑到不同时间尺度下数字化与生态文明体系建设综合指数的标准性与可比性,根据数理倍数关系原理,将四个样本年份数字化与生态文明体系建设综合指数均值的0.5倍、1.0倍、1.5倍作为划分标准并进行分级。最终划分出数字化水平类型为高数字化区(>1.5倍)、偏高数字化区(1.0~1.5倍)、中等数字化区(0.5~1.0倍)、低数字化区(<0.5倍)四种类型;生态文明体系建设水平类型为优体系建设区(>1.5倍)、偏优体系建设区(1.0~1.5倍)、中等体系建设区(0.5~1.0倍)、劣体系建设区(<0.5倍)四种类型。

结果显示,我国城市群内大部分城市处于中等以下数字化区,并且在考察期内该部分城市大多未出现明显变动,演化趋势不明显。2015年我国一些城市群的中心城市或省会城市从中等数字化区提高至偏高或高数字化区,诸如山西中部、中原、山东半岛、成渝等;2017年大多城市群内城市基本都集中在中等以下数字化区,较2015年有所衰退,但各城市的中心或省会城市仍然在其所属城市群内处于领先水平;2019年全国高数字化区有所增加,尤其是长三角城市群内城市基本处于中等以上数字化区,高数字化区城市数量明显增加并有向周边城市扩散的趋势。同时,2011—2019年,除2015年部分城市数字化存在向下衰退现象,其余年份城市群内城市的数字化发展稳中向好。从全国各城市群内部城市数字化区域的分布情况来看,偏高数字化区一般为围绕中心城市发展的周边城市,其余城市群城市基本为低或中等数字化区,不少城市在2019年仍属于弱数字化区。此空间分布类型同样反映了我国城市群以区域中心城市为核心,各区域中小城市围绕其发展的基本发展格局。

城市群城市生态文明体系建设水平整体格局偏移现象不明显,生态文明体系建设状况较为平稳。城市群内各城市生态文明体系建设水平大多处于中等以上体系建设区,劣体系建设区大多位于长江中游和成渝城市群等西南及华南发展较滞后区域。部分发达城市群内的部分城市在时间序列下始终处于优体系建设区,诸如北京、天津、广州、上海等城市,其生态文明体系建设表现较为稳定。偏优体系建设区位于优体系建设城市的周边城市,同时集中分布于我国华东和华南地区的长三角、粤闽浙沿海、珠三角城市群以及中部的中原城市群,且上述城市群中的优以上体系建设城市数量占据了绝大部分,初步反映出上述城市群及城市的生态文明体系建设意识和力度。综上所述,城市群的生态文明体系建设水平在相当程度上与该城市群的经济发达程度相关联,即经济发达地区的城市群及其城市在生态文明体系建设方面的表现较为突出,反之则表现一般,在一定程度上呼应了"环境库兹涅茨曲线"。

五、城市群数字化赋能生态文明体系建设的时空演化及作用路径分析

(一)数字化赋能生态文明体系建设的协调类型分析

在已知城市群城市的数字化与生态文明体系建设的耦合协调度指数的情况下,根据各城市数字化与生态文明体系建设的耦合协调发展类型分类标准,对城市群各城市耦合协调类型进行划分。为更好显现发展格局的时序差异,现选取2013年、2015年、2017年、2019年各城市的数字化与生态文明体系建设的耦合协调类型进行分析。

结果显示,我国城市群大部分城市属基本失调类型,此类型区间绝大多数城市为系统均衡 II 2 状态,处于数字化受阻 II 1 和生态文明受阻 II 3 类型的城市较少;基本协调的城市中数字化滞后 III 1 和系统均衡发展 III 2 类型的城市数量大体相当,生态文明滞后 III 3 类型的城市较少;高级协调的城市中以系统均衡 IV 2 类型城市较多,2019年出现较多生态文明滞后 IV 3 类型的城市,仅有少数城市处于数字化滞后 IV 1 状态类型;深度失调的城市基本处于系统均衡 I 2 状态中,无数字化受阻 I 1 和生态文明受阻 I 3 类型的城市。其中2011—2019年,中原和长江中游城市群的变化最大,深度失调城市明显减少且基本稳定在基本失调—系统均衡区间。长三角城市群的整体协调度表现最为突出,其在2019年属于高级协调和基本协调类型的城市最多、占比最高。从分布演化情况来看,属于深度失调的城市数量明显减少,基本失调城市数量在逐年增多,基本协调城市数量在减少,高级协调城市数量明显增多,且基本协调城市多集中于区域中心城市及部分周边中小城市,城市群大部分区域仍处于基本失调类型区间。

(二)数字化赋能生态文明体系建设的子系统影响力分解

由图2可知,我国城市群2011—2019年数字技术的协调影响力均为负值,对城市群耦合协调度产生负向影响,且为最大的负向影响因素,多数城市群数字技术协调影响力在2011年和2015年的负向影响较强,其余年份的负向影响与之相比较弱;数字经济的协调影响力基本为负值,但其对于城市群的耦合协调度远低于数字技术,且仅有少数城市群个别年份出现正向影响,出现正向影响较为明显的是在2013年的京津冀、哈长、成渝、滇中城市群,其余城市群数字经济不论是正向还是负向,其对城市耦合协调度产生的影响都较微弱;数字社会的协调影响力均为正值,长三角和珠三角城市群的数字社会协调影响力虽对其耦合协调度产生较强的正向影响,但不及数字治理所带来的正向作用大,其余诸如京津冀、中原、粤闽浙沿海等城市群数字社会对耦合协调度产生最强的正向影响;数字治理的协调影响力均为正值,长三角和珠三角城市群的数字治理协调影响力对其耦合协调度产生的正向影响最大,其余城市群的数字治理协调影响力弱于数字社会对耦合协调度的正向影响。

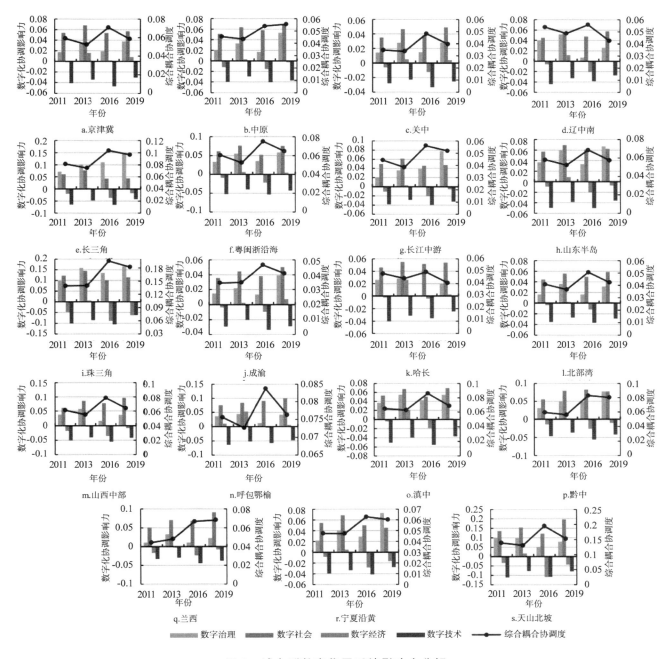

图2 城市群数字化子系统影响力分解

由图3可知,我国城市群2011—2019年生态环境子系统的协调影响力均为负值,对城市群耦合协调度产生负向影响,同时生态环境协调影响力所产生的负面作用是在逐年降低的;生态经济的协调影响力均为正值,对各城市群耦合协调度产生正向影响,同时是我国城市群对综合协调度的第一大正向影响因素,对耦合协调度的变化起主导作用;虽然生态制度子系统协调影响力基本上对城市群耦合协调度同样起正向作用,但其远没有达到生态经济子系统对于耦合协调度的影响程度,其中珠三角、天山北坡城市群的生态制度子系统对整体耦合协调度的影响力大于其余城市群;生态人居子系统的协调影响力在部分城市群内反映为2011—2016年为负值,对各城市群耦合协调度产生负向影响,2019年转为正值并对耦合协调度产生正向影响,其余城市群诸如珠三角、京津冀、辽中南、山东半岛、兰西、宁夏沿黄城市群的生态人居子系统对城市群耦合协调度在2011—2019年均产生正向影响,其中珠三角城市群的生态人居子系统协调影响力对耦合协调度的影响更是逐年提升。

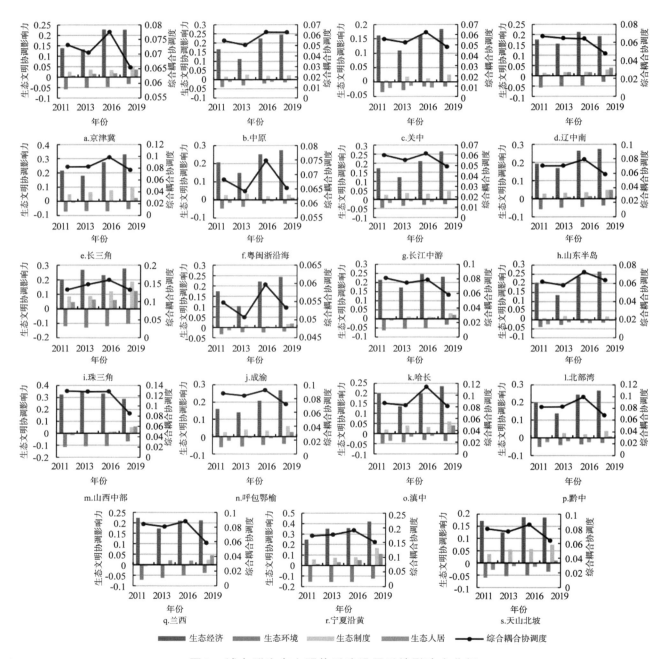

图3　城市群生态文明体系建设子系统影响力分析

（三）数字化赋能生态文明体系建设的子系统作用路径

为探索城市群数字化与生态文明体系建设协同发展的优化路径,本文将2011—2019年数字化与生态文明体系建设各子系统协调影响力取均值,作为各子系统对城市群数字化与生态文明体系建设协同发展影响的路径系数。

由表4结果可知,数字化四个子系统相加后所有城市群皆为正值,说明虽然城市群数字经济和数字技术呈负向作用,但其所带来的负向影响要小于数字治理和数字社会所带来的正向影响,在综合考量下仍处于可控范围内;生态文明体系建设四个子系统相加后所有城市群皆为正值,说明虽然生态环境和生态人居呈负向作用,但其所带来的负向影响要小于生态经济和生态制度所带来的正向影响,在综合考量下仍处于可控范围内。归纳总结后发现,我国城市群数字化除数字社会子系统均值高于子系统相加后的均值,其余数字化子系统均值均低于该子系统所有城市群均值;生态文明体系建设子系统除生态经济子系统均值高于子系统相加后的均值,其余生态文明体系建设子系统均值均低于该子系统所有城市群均值,把握这些低于均值的子系统,可以对每个城市群提出针对性的数字化及生态文明体系建设的协同发展优化路径。

表4　数字化赋能生态文明体系建设的子系统作用路径

城市群	数字治理	数字社会	数字经济	数字技术	数字合计	生态经济	生态环境	生态制度	生态人居	生态合计
长三角	0.10942	0.05568	−0.02093	−0.05113	0.09304	0.26139	−0.07072	0.07196	0.00266	0.26529
珠三角	0.14755	0.12214	−0.05723	−0.08391	0.12856	0.23154	−0.12711	0.11930	0.07656	0.30029
京津冀	0.02872	0.06008	0.00694	−0.03743	0.05831	0.19933	−0.05026	0.03438	0.01771	0.20117
长江中游	0.04452	0.05227	−0.00833	−0.03365	0.05481	0.20154	−0.03704	0.03336	−0.01001	0.18784
成渝	0.02434	0.04389	0.00146	−0.02758	0.04210	0.19410	−0.02565	0.00754	0.00006	0.17604
辽中南	0.03210	0.05277	−0.00460	−0.03365	0.04661	0.20113	−0.04825	0.01745	0.01903	0.18936
山东半岛	0.04891	0.06438	−0.00662	−0.04168	0.06498	0.24507	−0.05232	0.03503	0.01719	0.24497
粤闽浙沿海	0.04828	0.06750	−0.00518	−0.04469	0.06591	0.22989	−0.03412	0.02597	−0.00420	0.21754
哈长	0.01822	0.05371	0.00415	−0.03111	0.04496	0.23330	−0.05257	0.01264	0.00556	0.19893
中原	0.03251	0.06164	−0.00683	−0.03466	0.05266	0.20161	−0.02889	0.02202	−0.00855	0.18619
关中平原	0.02368	0.04295	−0.00142	−0.02642	0.03879	0.16429	−0.02502	0.01383	−0.01547	0.13763
北部湾	0.02677	0.05274	−0.00258	−0.03079	0.04614	0.22333	−0.02682	0.01322	−0.01619	0.19354
天山北坡	0.07908	0.15925	−0.04780	−0.08778	0.10275	0.33987	−0.15576	0.09229	0.05200	0.32839
晋中	0.03920	0.08261	−0.01651	−0.04508	0.06022	0.18171	−0.05370	0.05445	−0.01259	0.16987
呼包鄂榆	0.03366	0.09072	0.01308	−0.05392	0.08353	0.32678	−0.10416	0.00931	0.01361	0.24554
滇中	0.04911	0.06296	0.00113	−0.04413	0.06907	0.19849	−0.05519	0.03848	−0.00460	0.17718
黔中	0.05243	0.07745	−0.01170	−0.04467	0.07349	0.20347	−0.04248	0.03460	−0.00662	0.18896
兰西	0.02401	0.07069	−0.01050	−0.03595	0.04824	0.23133	−0.04349	0.01950	−0.01810	0.18923
宁夏沿黄	0.04500	0.05617	−0.01232	−0.03604	0.05282	0.20794	−0.06063	0.00195	0.02060	0.16986
均值	0.04776	0.06998	−0.00978	−0.04338	0.06458	0.22506	−0.05759	0.03459	0.00677	0.20883

六、研究发现、讨论与优化路径

(一)研究发现

本文通过构建数字化与生态文明体系建设水平综合评价体系,运用熵权TOPSIS法测算了数字化与生态文明体系建设水平,分析了数字化与生态文明体系建设的协同发展模式,数字化水平及生态文明体系建设水平的时空演化规律,运用耦合协调度模型分析了城市群数字化与生态文明体系建设耦合协调类型的时空分异格局,进而将各子系统对耦合系统的影响力进行测算,分析了各城市群数字化与生态文明体系建设耦合协调发展的优化路径,最终得出以下结论。

第一,城市群数字化及生态文明体系建设以中等及以下的发展模式为主。城市群内中等及以下数字化区域和中等及以下生态文明体系建设区域占比最大,且城市群内中心城市的数字化及生态文明体系建设发展模式强于其周边城市或地区。较强及以上数字化和生态文明体系建设发展模式的城市与地区经济发展水平具有密切联系,基本呈正相关关系,中等及以下数字化和生态文明体系建设发展模式的城市则多为经济待发达城市。同时整体来看,东部沿海区域城市群的城市数字化及生态文明体系建设发展模式普遍强于西部地区,秦岭淮河以北区域普遍弱于以南区域。

第二,城市群数字化赋能生态文明体系建设的协同水平整体向好但仍普遍处于基本失调阶段,且大多都处于系统均衡状态,未有明显上升趋势。从时间序列来看,我国城市群深度失调状态类型的城市数量逐年减少,基本失调状态类型的城市数量明显增多,且向城市群内中心城市及周边城市靠拢,但城市群内大部分城市仍处于基本失调类型区间,基本协调及以上的城市数量有逐年增多迹象但仍偏少,区域间发展不均衡问题仍存在但有缓慢改善趋势。这在一定程度上印证了城市群中心城市能有效带动周边地区和城市的发展[24]。

第三,城市群的耦合协同发展受到数字化和生态文明体系建设两个系统的相互影响和制衡。城市群的数字化及生态文明体系建设在考察期内的变化情况,一定程度上取决于这两类系统的发展情况,同时我国城市群数字化及生态文明体系建设各自存在至少一项子系统影响路径系数为负向影响。

(二)讨论

第一,本文所研究的城市群内中心城市的数字化及生态文明体系建设发展模式强于其周边城市或地区,这与庞瑞芝等[13]的研究结果不谋而合,该研究显示数字化对环境治理绩效有显著促进作用,且存在区域异质性。本文研究得出较强及以上数字化和生态文明体系建设发展模式的城市与地区经济发展水平具有密切联系,呼应了何维达等[12]提出的观点,即在经济发达的东部地区,数字化对绿色生态效率的影响较为显著,而在经济待发达的西部和中部地区的影响较小。同时,本文所研究区域从整体上来看,东部沿海区域城市群的城市数字化及生态文明体系建设发展模式普遍强于西部地区,秦岭淮河以北区域普遍弱于以南区域,在一定程度上与周亮等[25]测算的中国城市绿色发展效率呈现出的阶梯状递减的区域差异规律相吻合。

第二,本文所研究的我国城市群协调发展类型由高至低表现为从中心城市向周边城市,但城市群内大部分城市仍处于基本失调类型区间,这种中心城市在发展过程中逐步辐射周边城市或地区的现象,在曾鹏等[26-27]关于城市群发育成长规律的描述中得以佐证,基本协调及以上的城市数量有逐年增多迹象但仍偏少,区域间发展不均衡问题仍存在但有缓慢改善趋势,这在一定程度上印证了张青睿等[24]提出的城市群中心城市能有效带动周边地区和城市的发展情况。

第三,本文所研究城市群的数字化及生态文明体系建设在考察期内的变化情况一定程度上取决于这两类系统的发展情况,这与曾鹏等[28]所做的关于两系统的耦合协调发展研究结果类似,本文基于对数字化及生态文明体系建设各自的子系统影响路径的分析把握,提出耦合协同发展路径优化建议。

(三)优化路径

第一,针对城市群内中心城市的数字化及生态文明体系建设发展模式强于其周边城市或地区的情况,一是应关注数字和生态环保政府建设,其关键在于通过数字技术的应用,影响行政权力之间的互动关系,以期打破城市与城市间的行政壁垒,发挥中心城市对其周边城市或地区的辐射作用,真正做到城市群以中心城市为核心、周边城市围绕其发展,形成相互联系的城市群数字化生态文明发展格局[29-30]。二是要最大限度地发挥中心—副中心城市对城市群内其余城市数字化生态文明发展的引领带动作用,充分实现其对周边城市或地区的辐射效应,加快城市群内城市数字基础设施和生态文明建设向农村覆盖延伸,使城乡要素能双向有效自由流动,完善乡村地区及偏远地区的生态文明体系建设和数字基础设施建设,形成以城带乡、共建共享的数字化生态文明城乡融合发展新格局[31]。

第二,对于城市群数字化赋能生态文明体系建设的协同水平整体向好但仍普遍处于基本失调阶段的情况,一是应重点关注数字化的生态科技创新机制改革,放权项目负责人对经费使用、人员调配的全过程并使其拥有对科研方案的最终决定权和对科研人员的考核权,以此提高生态科研创新研究的积极性[32]。二是应重点关注对社会居民生活质量的提升,充分保障人民教育、医疗、交通等方面的完善,推动城市群中心城市及其余城市便民基础设施的建设,同时也需通过探索数字社会契合公共服务优质共享,打造人文素质良好、服务功能完善的城市群数字化生态文明体系[33]。

第三,对于城市群的耦合协同发展受到数字化和生态文明体系建设两个系统的相互影响和制衡的情况,一是应当用习近平法治思想指引生态环境法治建设,"用最严格制度最严密法治保护生态环境",同时,城市群内城市应当建立荣辱与共、共同承担数字化生态环境治理成本和治理压力以及共同享受良好健康的数字化生态环境的发展理念和共识[34-35]。二是应大力发展数字化生态经济,着力构建数字化生态产业升级和环境保护升级双管齐下的发展模式,实现数字化生态经济跨越式发展的可能性[36]。三是应着重健全并实行最严格的生态环境保护制度,建立数字化生态资源全面高效利用制度,促进数字化生态文明体系建设的成熟和定型,使制度优势更好地转化为生态环境治理效能,以期全面提升数字化赋能生态文明体系建设能力。

参考文献：

[1]薛伟贤,郑玉雯,王迪.基于循环经济的我国西部地区生态工业园区优化设计研究[J].中国软科学, 2018(6):82-96.

[2]黄奇帆.伟大复兴的关键阶段——学习《中华人民共和国国民经济和社会发展第十四个五年规划和2035年远景目标纲要》的认识和体会[J].人民论坛,2021(15):6-10.

[3]陈晓红,李杨扬,宋丽洁,等.数字经济理论体系与研究展望[J].管理世界,2022,38(2):13-16, 208-224.

[4]余东华,李云汉.数字经济时代的产业组织创新——以数字技术驱动的产业链群生态体系为例[J]. 改革,2021(7):24-43.

[5]许宪春,唐雅,胡亚茹."十四五"规划纲要经济社会发展主要指标研究[J].中共中央党校(国家行政学院)学报,2021,25(4):90-99.

[6]徐君,高厚宾,王育红.生态文明视域下资源型城市低碳转型战略框架及路径设计[J].管理世界, 2014(6):178-179.

[7]方创琳.新发展格局下的中国城市群与都市圈建设[J].经济地理,2021,41(4):1-7.

[8]郭炳南,王宇,张浩.数字经济发展水平的区域差异、分布动态及收敛性——基于中国十大城市群的实证研究[J].金融与经济,2022(1):35-44.

[9]樊胜岳,李耀龙,马晓杰,等.数字化水平对农业绿色发展影响的实证研究——基于中国30个省份的面板数据[J].世界农业,2021(12):4-16.

[10]程文先,钱学锋.数字经济与中国工业绿色全要素生产率增长[J].经济问题探索,2021(8):124-140.

[11]周晓辉,刘莹莹,彭留英.数字经济发展与绿色全要素生产率提高[J].上海经济研究,2021(12): 51-63.

[12]何维达,温家隆,张满银.数字经济发展对中国绿色生态效率的影响研究——基于双向固定效应模型[J].经济问题,2022(1):1-8,30.

[13]庞瑞芝,张帅,王群勇.数字化能提升环境治理绩效吗?——来自省际面板数据的经验证据[J].西安交通大学学报(社会科学版),2021,41(5):1-10.

[14]邓荣荣,张翱祥.中国城市数字经济发展对环境污染的影响及机理研究[J].南方经济,2022(2): 18-37.

[15]邬晓燕.数字化赋能生态文明转型的难题与路径[J].人民论坛,2022(6):60-62.

[16]顾金喜.生态治理数字化转型的理论逻辑与现实路径[J].治理研究,2020,36(3):33-41.

[17]翟云,蒋敏娟,王伟玲.中国数字化转型的理论阐释与运行机制[J].电子政务,2021(6):67-84.

[18]曾鹏,黄晶秋.创新型城市建设与发展的机制与路径[J].云南师范大学学报(哲学社会科学版), 2022,54(4):52-61.

[19]王少剑,崔子恬,林靖杰,等.珠三角地区城镇化与生态韧性的耦合协调研究[J].地理学报,2021,76(4):973-991.

[20]赵继娣,曲如杰,王蕾,等.城市数字化转型中的社会风险演化及防范对策研究[J].电子政务,2022(6):111-124.

[21] Vial G. Understanding Digital Transformation: A Review and A Research Agenda [J]. The Journal of Strategic Information Systems,2019,28(2):118-144.

[22]李艳芳,曲建武.城市生态文明建设评价指标体系设计与实证[J].统计与决策,2018,34(5):57-59.

[23]张欢,成金华,冯银,等.特大型城市生态文明建设评价指标体系及应用——以武汉市为例[J].生态学报,2015,35(2):547-556.

[24]张青睿,陈明宝.城市群发展规划对区域经济增长的带动效应——基于19个城市群的实证检验[J].工业技术经济,2022,41(5):153-160.

[25]周亮,车磊,周成虎.中国城市绿色发展效率时空演变特征及影响因素[J].地理学报,2019,74(10):2027-2044.

[26]曾鹏,程寅,魏旭.中国城市群科技脆弱性波浪收敛规律的定量模拟与验证[J].科技进步与对策,2022,39(19):1-10.

[27]曾鹏,魏旭,胡月,等.中国城市群发育与规划适配性的时空演变研究[J].人文地理,2022,37(3):88-98.

[28]曾鹏,刘一丝,魏旭.中国城市群循环经济与对外贸易耦合协调发展的时空演变研究[J].统计与信息论坛,2022,37(2):23-40.

[29]郑磊.数字治理的效度、温度和尺度[J].治理研究,2021,37(2):2,5-16.

[30]冯朝睿,徐宏宇.当前数字乡村建设的实践困境与突破路径[J].云南师范大学学报(哲学社会科学版),2021,53(5):93-102.

[31]陈文,吴赢.数字经济发展、数字鸿沟与城乡居民收入差距[J].南方经济,2021(11):1-17.

[32]邢小强,周平录,张竹,等.数字技术、BOP商业模式创新与包容性市场构建[J].管理世界,2019,35(12):116-136.

[33]王天夫.数字时代的社会变迁与社会研究[J].中国社会科学,2021(12):73-88,200-201.

[34]马慧强,杨俊,李哲.太原市城市复合生态系统调节服务时空格局演化及驱动机制研究[J].地理科学,2021,41(3):463-472.

[35]韩兆安,吴海珍,赵景峰.数字经济与高质量发展的耦合协调测度与评价研究[J].统计与信息论坛,2022,37(6):22-34.

[36]孙钰,姜宁宁,崔寅.京津冀生态文明与城市化协调发展的时序与空间演变[J].中国人口·资源与环境,2020,30(2):138-147.

城市群区域生态安全协同保障数字化
决策支持系统方法

方创琳[1]　鲍　超[2]　王振波[3]　李广东[3]

1 中国科学院地理科学与资源研究所研究员,国际欧亚科学院院士
2 中国科学院地理科学与资源研究所研究员
3 中国科学院地理科学与资源研究所副研究员

摘要:城市群是我国经济社会高质量发展的战略核心区,但城市群的快速发育带来了日益严重的生态环境安全威胁,成了生态环境问题集中治理的"重点区"。从区域协调联动角度构建科学合理的城市群生态安全格局,研发城市群区域协调联动与生态安全保障决策支持系统,对优化城市群地区国土开发空间格局,确保实现生产空间集约高效、生活空间宜居舒适、生态空间山清水秀都具有非常重要的战略意义。本文以京津冀城市群为例,从区域协调联动发展角度,研发了京津冀城市群区域生态安全协同会诊系统和生态安全格局优化系统,进一步研发了京津冀城市群区域协调联动与生态安全保障决策支持系统(EDSS),生成了多要素、多情景、多目标和多重约束的协同发展方案,为生态环境容量和生态安全保障双约束下的京津冀协同发展和生态型城市群建设提供了重要的技术支撑。

关键词:城市群;生态安全协同会诊系统;生态安全保障决策支持系统

一、城市群生态安全协同会诊技术指标体系及会诊结果分析

(一)城市群生态安全协同会诊技术指标体系与会诊模型

依据京津冀城市群实际情况、数据可得性和类似研究中使用频度较高的指标初步建立评价指标体系,并采用共线性检验及条件指数和方差膨胀因子检验,对初选评价指标进行筛选,最终构建"压力—状态—响应(PSR)"城市群生态安全协同会诊指标体系(见图1)。在协同会诊评价指标体系中,"压力"表

示人类活动给生态安全带来的负荷,包含人口承载、人口增长、城镇扩张、经济结构、社会发展、水资源保护、生态安全保护、经济强度、能源消费等"九大"生态安全压力;"状态"表示区域狭义的生态安全状态,包含能源消费、水资源、碳排放、生态破坏、城镇绿化、湿地水域、工业环境、大气环境等"八大"生态安全状态;"响应"表示人类面临生态安全问题时所采取的对策,包含产业、经济、生活、工业、社会、水资源、科技等"七大"生态安全响应,即形成"9+8+7"的"三层、三维"评价体系(见图1)。

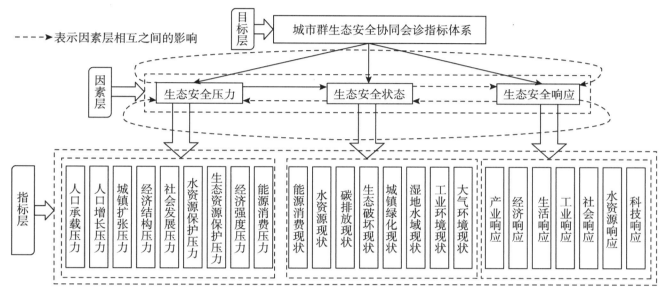

图1　城市群生态安全协同会诊评价PSR模型框架

城市群生态安全协同会诊技术方法采用层次分析法和熵值法计算权重。采用TOPSIS与灰色关联方法构建主体功能区生态安全协同会诊模型,通过欧氏距离与灰色关联度来反映不同主体功能区生态状态与该类区域理想状态的近似度。本文参考相关研究成果,将城市群生态安全协同会诊的分级标准划分为七个等级(见表1)。

表1　城市群生态安全协同会诊指数分级标准

安全指数	$0<C\leq0.25$	$0.25<C\leq0.35$	$0.35<C\leq0.45$	$0.45<C\leq0.55$	$0.55<C\leq0.65$	$0.65<C\leq0.75$	$0.75<C\leq1$
安全等级	I	II	III	IV	V	VI	VII
安全状态	恶化级	风险级	敏感级	临界安全级	一般安全级	比较安全级	非常安全级

注:灰色关联相对贴近度C表征城市群生态安全综合指数值。

(二)城市群生态安全协同会诊结果分析

2000—2015年京津冀城市群生态安全协同会诊指数呈波动式上升趋势(见图2)。2000—2003年生态安全指数呈下降趋势。不同城市生态安全协同会诊指数的演变趋势差异显著。2000—2015年京津冀城市群13个城市生态安全协同会诊指数的演变趋势同样具有波动性,其中八个城市呈上升趋势,五个城市呈下降趋势。

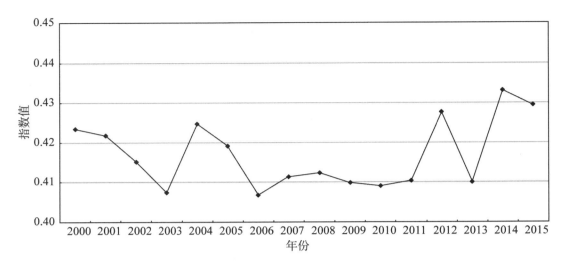

图2　2000—2015年京津冀城市群生态安全协同会诊指数均值变化趋势

生态安全协同会诊指数上升的八个城市中,首都北京在国家的宏观政策支撑下,呈持续上升趋势;秦皇岛、张家口和保定生态安全质量相对较好,呈现先提升再降低再提升的"N"型趋势,表明2005年之后工业化进程导致生态安全受损,2010年后逐渐好转。

二、城市群生态安全格局协调优化技术与优化方案

(一)城市群区域生态安全格局优化协调技术方法

依托获取的GIS数据研发城市群区域生态安全格局协调优化的技术方法和技术实现流程。首先评价区域生态系统服务重要性与生态环境敏感性,综合两者评价结果,识别生态源地;其次采用最小累计阻力模型测算源地间景观要素流通的相对阻力,建立生态源地扩张阻力面,判断景观与源地之间的连通性与可达性;最后通过评价土地利用生态适宜性构建区域生态安全格局,基于研究结果进行区域生态安全格局协调与优化。

依据生态系统服务功能与生态敏感性特征状况确定生态源地。生态系统服务重要性评价方面,选取物质生产功能、养分循环功能、气体调节功能、气候调节功能、水源涵养功能、净化环境功能、生物多样性功能七项生态系统功能。将七项生态系统服务功能价值进行等权叠加,对其结果划分为一般重要、较重要、中度重要、高度重要和极重要五个等级,获得生态服务重要性评价结果。生态敏感性评价方面,选取植被覆盖度、高程、坡度、土地利用类型、土壤侵蚀强度、地貌和湿润指数七种指标作为评价因子,按照不同阈值将敏感性划分为不敏感、较敏感、中度敏感、高度敏感、极度敏感五个等级。最后,将生态系统服务价值与生态系统敏感性评价结果加和,识别出区域生态源地。

从生态属性、生态胁迫两个方面构建阻力因子体系,生态源地的生态属性能够表征其抗干扰能力强弱,生态胁迫表示外部干扰强度。选择植被覆盖度、高程、坡度、距水体距离、土地利用类型、土壤侵蚀强度因子等六个因子作为京津冀城市群最重要的生态属性。生态胁迫则主要来源于各种人为活动的影

响,综合选取距城市建设用地距离、距农村居民点距离、距工矿用地距离、距铁路距离、距公路距离因子等五个因子。参考蒙吉军等的研究,确定生态安全阻力因子指标的分级标准。构建阻力指标体系后,基于ArcGIS 10.3中Cost-Distance模块,采用最小累积阻力模型(Minimum Cumulative Resistance,MCR),通过计算生态源地到其他景观单元所耗费的累积距离,以测算其向外扩张过程中各种景观要素流、生态流扩散的最小阻力值,进而判断景观单元与源地之间的连通性和可达性。

通过评价土地利用生态适宜性构建区域生态安全格局。在进行土地利用生态适宜性评价时,主要选择耕地、林地和草地三种用地类型。选取坡度、土壤类型、土壤有机质、水资源和土壤侵蚀性五个因子作为诊断指标建立评价标准。评价系统采用土地适宜类、土地适宜等和土地限制型三级制。将土地分为三个适宜类:宜耕、宜林和宜草;依据适宜性程度分为四等,即高度适宜、中度适宜、临界适宜和不适宜;在每一土地适宜等内按其限制因素和限制等级来进一步划分土地限制型。最终对耕地、林地和草地三种用地类型生态安全等级进行评价,分为安全、中度安全、临界安全、不安全四个等级。在生态源地扩张阻力面建立的基础上,通过分析其阻力曲线与空间分布特征,识别生态源地缓冲区、源间廊道、辐射道及关键生态战略节点等其他生态安全格局组分,构建城市群生态安全格局。基于区域生态安全格局的构建,识别主要生态安全格局组分并分析其空间分布特征。结合京津冀城市群生态系统特征,计算耕地—林地—草地—建设用地的生态安全等级。

选择区域生态安全格局的协调优化方案。景观格局指数可以反映景观结构组成和空间配置的特征。借鉴相关研究,从景观尺度上选取景观指数,通过对比优化格局及土地利用现状格局的景观格局指数,来判断所构建的区域生态安全格局的安全性及方法的适用条件。选择的景观格局指数包括:斑块数量(NP)、斑块密度(PD)、最大斑块指数(LPI)、边缘密度(ED)、加权斑块面积(AREA_AM)、斑块形状指数(SHAPE_AM)、周长面积分维数(FRAC_MN)、斑块并列指数(IJI)、蔓延度(CONTAG)、连通度指数(COHESION)、香农多样性指数(SHDI)和香农均匀度指数(SHEI)。

(二)京津冀城市群区域生态安全格局协调优化方案

以城市群区域生态安全格局优化协调技术方法为基础,运用京津冀城市群区域生态安全格局协调优化系统对京津冀城市群生态安全格局进行协调优化并提出相应的协调优化方案。首先,识别京津冀城市群区域生态源地,再根据生态源地计算京津冀城市群生态源地扩张的最小累积阻力面,同时结合京津冀城市群土地利用生态适宜性评价,评估京津冀城市群区域耕地—林地—草地—建设用地生态安全等级,根据安全等级,设置强约束情景和一般约束情景,并提出京津冀城市群区域生态安全格局调整优化方案,最后运用景观指数方法对不同情景下的景观格局变化进行系统评价,确定优选方案。

对不同情景下京津冀城市群区域生态安全格局协调优化方案不同地类的调整面积进行了统计(见表2)。强约束情境下,未利用地调整面积相差不大,最多为工矿及其他建设用地。不安全耕地调整面积以林地最多为966km²,占整体面积61.3%;其次为未利用地,为554km²,占整体面积35.2%。调整为草地的面积为56km²,仅占整体面积3.5%。一般约束情境下,临界安全耕地调整的三个土地利用类型面积相对均衡,差异主要体现在空间分布上。

表2 不同情景下京津冀城市群区域生态安全格局协调优化方案统计

协调优化情景	优化调整方向		面积/km²
强约束	未利用地调为	城市建设用地	212.31
		农村居民点	104.77
		工矿及其他建设用地	310.32
	小计		627.40
	不安全耕地调为	林地	966.00
		草地	56.00
		未利用地	554.00
	小计		1576.00
一般约束	临界安全耕地调为	城市建设用地	1357.54
		农村居民点	1429.01
		工矿及其他建设用地	1151.26
	小计		3937.81

三、城市群区域协调联动与生态安全保障决策支持系统

构建了京津冀城市群区域协调联动与生态安全保障决策支持系统(EDSS),在此基础上研发了系统软件,并采用该系统设置不同情景,对京津冀城市群区域协调联动下的生态安全保障度进行了情景模拟。京津冀城市群区域生态安全格局协调数字化优化系统是一个桌面系统,系统目标是实现对京津冀城市群区域多来源、多类型、多学科数据进行整合,开发具有完整区域生态安全格局协调优化过程的分析研究平台,包括生态系统服务评价、生态环境敏感性评价、土地利用生态适宜性评价、生态源地识别、现状生态安全格局评价和格局优化方案优选等功能,系统全面实现京津冀城市群区域生态安全格局协调与优化功能。该系统主要在城市群生态环境数据、社会经济统计数据的基础上,基于GIS空间分析平台,综合管理2000—2015年京津冀城市群生态环境等要素,并对相关结果进行综合分析,为城市群生态安全格局协调优化提供科学依据。系统包含三个核心子系统,即生态系统服务重要性评价、生态环境敏感性评价和生态安全格局协调优化等功能模块。该系统于2018年7月获得国家计算机软件著作权登记证书,登记号为2018SR754441,于2020年8月30日通过国家信息中心的软件测试,测试号为SICSTC/TR-CL20200011。

(一)EDSS的功能模块与模拟方法

以京津冀城市群为研究对象,以生态空间、生态系统服务价值、生态风险病理程度、生态用水为主控

因素,建构生态空间受损度、植被覆盖度、湿地覆盖度、生态系统服务价值、生态风险病理程度、生态用水保障程度、人口、经济等系统功能模块,构建城市群区域协调联动与生态安全保障决策支持系统(EDSS)。根据京津冀城市群的生态状况,将 EDSS 划分为生态空间保障子模块、生态系统服务子模块、生态风险病理程度子模块、生态用水保障子模块、人口子模块、经济子模块,通过各类变量和方程进行对接,运用 Vensim 5.11 软件,构建系统动力学(SD)模型进行综合模拟。模拟基期为 2000 年,模拟终期为 2030 年,并将经济总量等换算为 2000 年不变价进行模拟。其系统反馈流程图如图 3 所示。

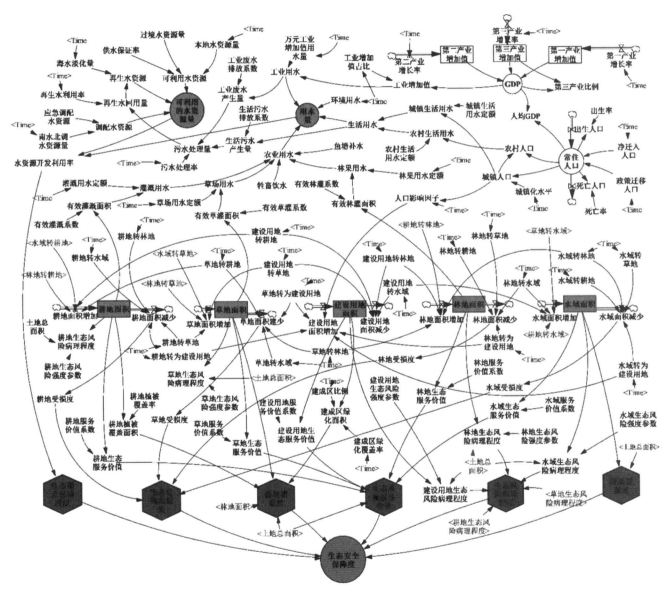

图3 京津冀城市群区域协调联动与生态安全保障决策支持系统(EDSS)流程

(二)EDSS 的系统研发

基于 EDSS 的功能模块与模拟方法,采用 GIS 空间分析平台,研发了京津冀城市群区域协调联动与生态安全保障决策支持系统。利用EDSS系统,可以综合管理、预测、调控2000—2030年京津冀城市群区域发展和生态安全等要素,通过京津冀13个地级以上城市不同参数的设置,不仅可以实现区域协调联动,还能可视化输出生态安全保障程度的结果。根据情景模拟结果的综合分析,可以为京津冀城市群健康发展提供科学决策依据。

在系统启动时,首先显示登录界面(见图4),提示用户输入登录用户名,点击"登录",系统将启动并运行所选择的相应模块供用户使用。

图4　EDSS系统登录主界面

点击区域协调联动与生态安全保障基础数据菜单,系统会显示功能菜单的二级菜单。基础数据功能菜单主要包括生态空间保障、生态系统服务、生态风险病理程度、生态用水保障、人口、经济等六个子系统二级菜单(见图5)。基础数据管理界面按功能共分为四个功能区:工具条区、数据显示区、数据控制区以及数据状态栏。其中,工具条区主要包括添加、编辑、删除、保存、导入、导出、打印、刷新、合并等功能;数据显示区是将数据以表格形式进行展示,用户可以在表格中对数据进行修改、排序、筛选等功能;数据控制区可以控制数据的分组筛选情况,用户可以把某一列的标题拖动到数据控制区,数据显示区的数据可自动按照该列进行分组展示;数据状态栏显示数据的记录条数,用户可以对数据集进行一定的操作,包括上一条记录、下一条记录、第一条记录、最后一条记录、上一页、下一页等功能。

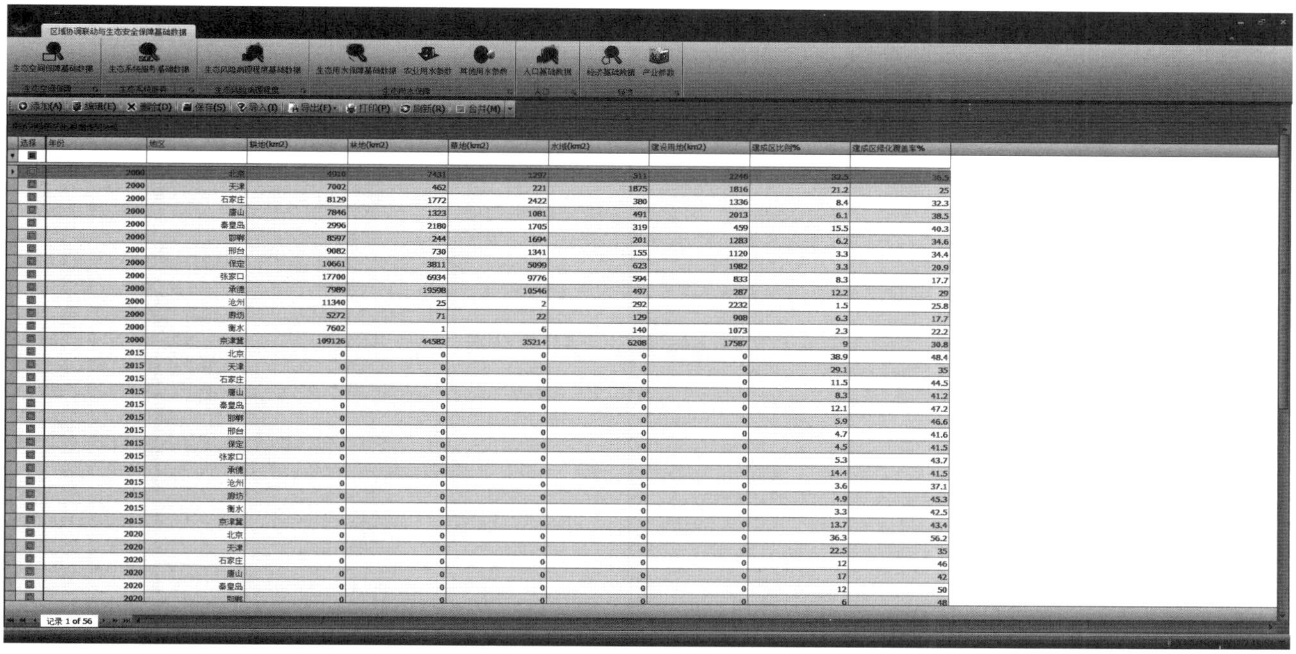

图5 EDSS系统主界面及主菜单

（三）EDSS的模拟结果分析

采用京津冀城市群EDSS系统,对模拟结果中的2000—2015年13个地级以上城市的常住人口、生产总值、水资源总量、用水量、耕地面积、草地面积、建设用地面积、林地面积、水域面积等进行结构检验。结果发现,多数城市人口模拟结果与实际值的平均误差率在5%以内,偶尔超过5%,但都在10%以内;多数城市生产总值、水资源总量、用水量、耕地面积、草地面积、建设用地面积、林地面积、水域面积等模拟结果与实际值的平均误差率在10%以内;真实值与模拟值的趋势线基本吻合,说明京津冀城市群13个地级以上城市的模拟值能够代替城市群未来的发展方向,模型能够通过检验。在此基础上设置基准情景,即京津冀城市群及其13个地级以上城市的主要参数按历史趋势发展,并对模拟结果进行初步分析,最后通过模拟不同的耗水方式和发展方式,设置六种模拟情景,探索京津冀城市群各地级以上城市适合的生态安全保障发展情景。

京津冀城市群生态安全保障度由模拟计算出的生态用水保障程度、生态空间受损度、生态系统服务价值、植被覆盖度、生态风险病理程度、湿地覆盖度等综合计算,这些指标均有不同的量纲,因此首先进行指标分级并设置阈值,利用多目标模糊隶属度函数将不同量纲标准化至0~1之间,最后根据各具体指标的熵化权重和标准化值,利用加权法分别计算准则层、目标层的综合指数,集成生态安全保障度综合指数。从生态用水保障程度、生态空间受损度、生态系统服务价值、植被覆盖度、生态风险病理程度、湿地覆盖度六个方面选取21个指标构成生态安全保障度的综合评价指标体系(见表4)。其中,生态空间受损度越低、生态系统服务价值越高、植被覆盖度越高、生态风险病理程度越低、湿地覆盖度越高,生态安全保障度越高。本文以京津冀城市群13个地级以上城市为研究单元,并将主要研究时段定为2000—2015年,预测期限为2016—2030年。

表4 生态安全保障度的综合评价指标体系

目标层	准则层	指标层
生态安全保障度	生态用水保障程度	水资源开发利用率
	生态空间受损度	耕地受损度
		林地受损度
		草地受损度
		水域受损度
	生态系统服务价值	耕地生态系统服务价值
		林地生态系统服务价值
		草地生态系统服务价值
		水域生态系统服务价值
		建设用地生态系统服务价值
	植被覆盖度	林地面积
		草地面积
		耕地植被覆盖面积
		建成区绿化面积
	生态风险病理程度	耕地生态风险病理程度
		林地生态风险病理程度
		草地生态风险病理程度
		水域生态风险病理程度
		建设用地生态风险病理程度
	湿地覆盖度	水域面积

为了能够对生态安全保障的子模块及集成模块进行合理分级,以0.2为极差将各类综合指数分为极不安全、不安全、临界安全、较安全、非常安全。为了使评价结果在时间、空间尺度上均具有可比性并且具有现实指导意义,通过参考国内外相关文献、国内外发达国家和地区的发展经验、国内平均水平,同时根据样本数据分布特点及经验值,最终确定了八个具体指标对应生态安全保障度综合指数分级标准的阈值(见表5)。

表5 生态安全保障度指标的分级标准及阈值

指标排序	具体指标	阈值极差	安全类型				
			极不安全	不安全	临界安全	较安全	非常安全
1	生态安全保障度	0	0.2	0.4	0.6	0.8	1
2	生态用水保障程度	0	0.2	0.4	0.6	0.8	1
3	水资源开发利用率	1.5	1.2	0.9	0.6	0.3	0
4	生态空间受损度	0.2	0.15	0.1	0.075	0.05	0
5	植被覆盖度	0	0.2	0.45	0.6	0.7	1
6	生态系统服务价值	0	10000	15000	20000	25000	30000
7	生态风险病理程度	0.2	0.15	0.1	0.075	0.05	0
8	湿地覆盖度	0	0.005	0.01	0.02	0.04	0.06

根据生态安全保障度计算结果及分级标准,基准情景下,2000—2030年京津冀城市群生态安全保障度一直在0.6~0.7之间不断变化,总体上属于较安全类型,北部及沿海地区城市的生态安全保障程度较高,南部城市生态安全保障程度较低。

京津冀城市群生态安全保障度由13个地级以上城市的生态安全保障度决定,地级以上城市的生态安全保障度主要受到生态空间受损度、植被覆盖度、湿地覆盖度、生态系统服务价值、生态风险病理程度、生态用水保障度的影响,而上述指标又都跟人类活动密切相关。因此,通过模拟不同的耗水方式和发展方式,分为六种模拟情景预测分析,分析对比六种模拟情景下的生态安全保障度、生态用水保障程度、生态空间受损度、生态系统服务价值、生态风险病理程度、植被覆盖度、湿地覆盖度,探索其规律性。在既保障经济效益又尽量提高生态安全保障度的前提下,探索京津冀城市群各地级以上城市适合的发展情景。

采用EDSS,分别预测出六种情景下2020年、2025年、2030年13个地级以上城市及京津冀城市群的状态指标。将京津冀城市群各地级以上城市六种情景下的生态安全保障度绘制成柱状图,可以直观地看到:无论在哪种情景下,北京、天津、秦皇岛、张家口、承德、沧州的生态安全保障度都较高,京津冀整体的生态安全保障度也较高,但石家庄、唐山、保定处于中等水平,而邯郸、邢台、廊坊、衡水始终处于低保障水平。从发展趋势来看,2020—2030年,绝大多数城市的生态安全保障度保持平稳状态,少数城市波动较大。北京、石家庄、廊坊、衡水的下降趋势显著,需要引起关注,而沧州生态安全保障度显著上升。

在实际分析中,并非生态安全保障度越高越好。一味强调生态效益,忽视经济发展是不可取的;实行高度节水的生产生活方式,会给生产效率以及生活水平带来一定的挑战。因此,不同发展情景方案的综合选择,需要考虑效益、技术、生活水平等多方面,达到均衡、高效、集约发展。

参考文献:

[1]鲍超,邹建军.基于人水关系的京津冀城市群水资源安全格局评价[J].生态学报,2018,38(12):4180-4191.

[2]方创琳,鲍超,王振波,等.城市群区域生态安全协同保障决策支持系统方法[M].北京:科学出版社,2021.

[3]方创琳,鲍超.黑河流域水—生态—经济协调发展耦合模型及应用[J].地理学报,2004,59(4):781-790.

[4]方创琳.中国城市群研究取得的重要进展与未来发展方向[J].地理学报,2014,69(8):1130-1144.

[5]蒙吉军,燕群,向芸芸.鄂尔多斯土地利用生态安全格局优化及方案评价[J].中国沙漠,2014,34(2):590-596.

[6]任志远,黄青,李晶.陕西省生态安全及空间差异定量分析[J].地理学报,2005,60(4):597-606.

"物联网+"资源循环利用

温宗国

清华大学环境学院长聘教授、博士生导师

摘要：资源循环利用不仅是消纳固体废物的有效途径，还能缓解资源、能源和环境的压力，增加国民经济收入，创造就业机会，因此深受大多数国家的高度重视。然而，随着信息化、绿色化发展的深入推进，传统资源循环利用体系已不适应新时代发展的需求。"物联网+"为资源循环利用产业的持续健康发展注入了新活力，带来了新的经济增长点。如何充分应用各种现代化信息技术，推动物联网与资源循环利用的深度融合，加速传统再生资源产业的转型升级，促进行业数据共享和监督管理，是推进生产系统和生活系统循环连接，以及加快构建资源循环利用体系的重要手段。本文重点阐述了资源循环利用的内涵，分析了"物联网+"对资源循环利用产业转型升级的作用，详细介绍了六个典型的应用场景，讨论了影响"物联网+"资源循环利用未来发展的关键因素和实施路径。

关键词："物联网+"；资源循环利用

一、资源循环利用

(一)资源循环利用的定义

资源循环利用是指根据资源的成分、特性和赋存形式对自然资源综合开发、能源原材料充分加工利用和废弃物回收再生利用，通过各环节的反复回收利用，发挥资源的多种功能，使其转化为社会所需物品的生产经营行为。资源循环利用也是改变传统的"资源—产品—废物"的线性经济流动模式，形成"资源—产品—再生资源"的物质闭环流动型增长模式，将人们生产和生活过程中产生的废物重新纳入人类生产、生活的循环利用过程，并转化为有用的物质产品，也就是循环经济发展模式。资源循环利用的基本特征有以下几点。

资源循环利用是客观的，是人类社会经济发展过程中不可避免的一种社会生产和再生产形式，是人类社会在发展到一定程度后,面对有限的资源和环境承载力做出的必然选择[1]。

资源循环利用是科技的,产生和发展依赖先进的科学技术。只有通过技术的不断进步,才能实现更广泛、更有效的资源循环利用,不断扩大可供人类使用的资源范围,解决人类面临的资源短缺和生态环境保护问题。

资源循环利用是系统的,是社会再生产领域涉及多个部门的系统性、整体性的经济运行方式。虽然不同的社会再生产环节有不同的表现形式,但只有对整个社会再生产系统进行系统的协调,才能实现资源的有效循环利用。

资源循环利用与社会经济发展、生态环境保护是统一的。资源循环利用的社会再生产模式不仅可以解决资源环境危机,而且可以实现社会经济的可持续发展。另外,物质生产和产品流通的实现形式,从社会再生产的宏观层面到工业企业的微观层面都反映在资源循环利用中。

资源循环利用是能动的,是人类理性面对资源环境危机,进一步深化人类对客观世界认识的产物。

(二)循环经济的内涵

资源循环利用是循环经济的核心内涵。循环经济是"人类为应对自身发展进程中的资源与环境难题而提出的一种新的资源循环利用型经济运行形态"。循环经济是由可持续发展理念指导的,需要由清洁生产这种形式来实现,并应用到环保和污染治理活动中。循环经济的基本特征是节约资源及循环利用,循环经济是一种物质闭环流动型经济。循环经济是为了解决因经济发展而引发的日益严重的污染问题而提出的,因而最早出现在一些发达的工业国家中。循环经济倡导在不断循环利用材料的基础上发展经济,其目的是实现可持续发展,解决社会经济发展与生态环境保护之间的矛盾。如今,循环经济的概念在西方已普遍达成社会共识,并有良好的发展趋势。

我国的基本国情是人口众多,资源相对短缺,生产过程中不乏资源的破坏和浪费现象。为了保证经济的快速增长,我国采取了消耗资源的增长方式,这使我国经济发展与资源供给短缺之间的矛盾日益突出。循环经济理念作为解决问题的关键,能够指导合理开发利用自然资源,大力推进资源循环利用产业的发展[2]。党的十九大报告明确指出,加快生态文明体制改革,建设美丽中国。人与自然是生命共同体,人类必须尊重自然、顺应自然、保护自然。我们要建设的现代化是人与自然和谐共生的现代化,既要创造更多物质财富和精神财富以满足人民日益增长的美好生活需要,也要提供更多优质生态产品以满足人民日益增长的优美生态环境需要。必须坚持节约优先、保护优先、自然恢复为主的方针,形成节约资源和保护环境的空间格局、产业结构、生产方式、生活方式,还自然以宁静、和谐、美丽。因此,必须大力发展循环经济,而循环经济的核心是资源循环利用。通过这一循环将经济活动具体化为资源—生产—分配—交换消费—再生资源,从全社会角度开辟解决资源供给与使用的新型途径,以实现资源的持续合理利用,从而达到经济发展与环境资源的协调、人与自然的和谐,保障经济社会的可持续发展。

(三)资源循环利用产业

资源循环利用产业是节能环保产业的重要组成部分。"十二五"期间,我国资源循环利用产业规模稳步扩大,技术装备水平不断提高,废物利用量逐年增加,政策机制不断完善,商业模式不断创新,产业集中度明显提高,为改变传统的"批量生产,大量消费,大量浪费"的增长方式和消费方式探索了一条可行的道路,在缓解资源紧张、保护生态环境、应对气候变化、稳定扩大就业和促进绿色转型方面发挥重要作用。"十三五"期间,我国全面贯彻落实创新、协调、绿色、开放、共享的新发展理念,推动发展方式转变,提升发展质量和效益,引领形成绿色生产方式和生活方式,促进经济绿色转型,进一步壮大资源循环利用产业。

我国资源循环利用产业规模增长迅速,在"十二五"期间,年均增长12%左右;2015年底,产值突破15000亿元,约占国内生产总值的3%。其中,工业固体废物产生量36.8亿吨,综合利用率将近50%,综合利用产值达8500亿元,比2010年的产生量增加近7亿吨,综合利用率提高近8%。主要回收资源约2.4亿吨,占回收总量的70%,回收利用产值6500亿元,回收率提高6%,回收利用产值增加2000亿元。2017年,我国资源循环利用产业产值超过2.6万亿元,解决就业约3700万人,大宗工业固体废物综合利用率达到65%,主要再生资源回收利用率达到70%,成为节能环保产业的重要支撑。2017年,我国十大品种再生资源回收总值为7550.7亿元,再生资源回收企业数量逼近10万家,从业人员达到1200万人。根据国家层面的规划,2020年我国主要资源产出率比2015年提高15%,主要废弃物循环利用率达到54.6%左右。2017年国家发展改革委等14个部委联合发布的《循环发展引领行动》中提到,资源循环利用产业产值实现3万亿元的大突破。随着可再生资源回收企业的变化,市场交易频率大大增加,可再生资源回收量和市场规模增长缓慢的状况发生了变化,资源循环利用产业已经走过低谷期,迎来持续稳定发展的高峰期。

资源循环利用产业的快速发展使其战略地位日益凸显,技术装备水平也不断提高。近年来,我国逐渐形成较为完整的资源循环利用技术体系,并在重点领域取得突破。例如,开发了高铝粉煤灰提取氧化铝、废杂金属清洁再生处理、汽车和重型机械关键零部件再制造、生活垃圾焚烧发电、城市与工业污泥高含固厌氧消化生物制气等一批具有自主知识产权的核心技术与装备,实现了大规模产业化应用。当前,资源循环利用技术水平不断提升,产业化应用取得突破。在资源循环利用领域,国家科技支撑计划及相关公司逐年加大对该领域的研究预算,培育了许多具有自主知识产权的先进技术,逐步形成了资源循环利用技术创新体系。仅单个资源化领域,中国申请的专利总数就过万件。资源循环利用产业的崛起,不仅因为产业自身受人关注,还有后天的苦心经营发展。资源循环利用产业自身的情况注定了它不可能永远默默无闻。生态文明建设上升至国家战略高度,绿色低碳发展的循环经济体系成为必然要求。回收作为资源循环利用过程中重要的一环,备受关注。

资源循环利用产业规划引领作用逐渐增强的同时,资源循环利用示范取得了显著成效。国家发展和改革委员会支持建设49个国家"城市矿产"示范基地、118个循环利用转化园区、100个厨余资源利用和污水处理试点城市,推动了再制造的建设试点示范基地和循环经济示范城市;工业和信息化部推动工业固体废物的综合利用基地试点工程建设和可再生资源综合利用重大示范工程等试点建设,每年可利用各种废物约 5 亿吨。示范试点的建设,广泛传播了循环利用理念,不断完善和创新政策机制、商业模式,深入发展各行业和领域的循环利用模式,使产业的循环组合更加合理、资源消耗最少、环境风险最小,达到经济效益最大化。

除了行业内部环境的变化,外部环境也日益优化。在中央环保督察与地方环保督察的双重夹击下,许多"小散乱"污型的再生资源回收企业或作坊被大量关闭,这大大驱动了行业的转型升级,进而刺激新模式与新技术的产生与普及。自 2018 年,我国资源循环利用产业一个显著的变化就是:从小散乱粗放型的发展模式向集约化、规范化、标准化迈进。经过 2018—2020 年的迅速发酵酝酿,从"十四五"时期开始,我国资源循环利用产业的年复合增长率将达到 15% ~ 20%,赶上甚至超过整个环保产业的增长速度。在此过程中,具备丰富健康的现金流、政府补贴、全备的资质及多重销售渠道的资源循环利用企业,将成为最大的受益者,并发展成未来行业的佼佼者。

另外,资源循环利用产业法规体系已初步建立。2008 年颁布的《中华人民共和国循环经济促进法》明确指出,发展循环经济是国家经济社会发展的一项重大战略,《中华人民共和国循环经济促进法》在 2018 年进行了修正。随后,我国又先后发布了一系列相关法律法规,地方政府也相继颁布实施了法律条例或地方性法规,初步形成了由国家法律、行政法规、部门规章和地方性法规组成的循环经济法律法规体系。

从配套政策体系维度来看,资源循环利用政策机制也在不断完善。在财政政策方面,我国设立循环经济发展专项资金,投入 100 多亿元支持循环经济重点项目,投入 300 多亿元支持循环经济和资源节约项目;我国还建立基金,对列入目录的产品回收处理活动给予一定补贴。在价格和收费政策方面,我国实行了惩罚性电价、差别电价、生物质发电上网优惠电价、阶梯式水价等政策。在税收政策方面,我国实行减免增值税和企业所得税优惠等。在金融政策方面,资源循环利用列入绿色信贷、绿色证券、绿色债券、绿色保险的支持范围。在产业政策方面,我国从产业布局、准入制度、技术标准等多个方面,制定了一系列促进产业结构调整的政策,不断深化改革,以加快形成资源综合利用产业市场化机制。

二、"物联网+"与产业转型升级

(一)资源循环利用产业发展的短板

资源循环利用产业是为节约资源和循环利用废物而提供物质基础和技术保障的产业,包括可再生能源产业、环境修复产业、再生资源产业及其相关服务业,通常包含回收、处理(拆解、分选、破碎等)、循环利用、再生品销售等环节。资源循环利用产业是循环经济体系的末端环节,也是决定循环经济能否完成闭环周转的关键环节[3]。资源循环利用具有极高的经济价值,对废物的资源化,可增加直接经济价值,达到废物减量、减少环境污染、间接增加生态效益的目的。同时,减少对自然资源的直接消耗,可推动可持续性发展,并间接增加资源化的社会收益。但是,目前我国资源循环利用的程度较低,还面临一些发展短板,亟须转型升级。

第一，回收不规范。资源循环利用产业大多依赖分散式的回收网络，在灵活高效的同时，也存在很多不规范的地方。一方面，在收集站点、运输环节等存在环境污染问题；另一方面，交易环节大多是现金交易，造成国家税收流失，对物品的来源也缺乏核查。此外，一些特定领域，如铅蓄电池等危险废物，报废汽车、废家电等高值废物缺乏全生命的追溯体系，导致资源回收与利用的数据缺失，无法对来源、用途、去向等加以管控，造成了相当数量的再生资源流向不规范的拆解处理企业，产生了新的污染问题。

第二，标准不统一。资源循环利用产业目前正处于快速发展阶段，工艺技术和装备水平参差不齐，虽然已经有少部分工艺技术比较先进，但多数仍处于企业生产的试验探索阶段，产品技术标准难以统一。此外，技术标准分布不均、发展不及时等问题也十分突出。由于制定标准需要长时间的准备，国家标准或者行业标准的修订（制定）过程很长，从申请提交到最终报备颁布，有些需要五年甚至更长[4]。在此过程中需要经过多个环节，投入大量的人力、物力、财力，否则企业很难长期规范工作。因此，回收利用体系尚未规范与完善，这成为制约行业发展的瓶颈，也影响了产业的转型升级。

第三，利用不环保。再生资源加工处理环节很容易产生二次污染。我国疆土辽阔，再生资源的分布较为分散，集中统一规模生产的难度较大，有些个体户受经济利益驱使处理不规范，甚至将一些不适合再次回收利用的资源进行二次加工后作为商品卖出以谋取利益，或者为节省加工费用而未做好二次污染的防护措施，从而造成环境污染和生态破坏。目前，我国再生资源行业大部分经营规模较小，加工利用技术不先进，容易导致严重的二次污染和资源浪费。一些规模较大的企业不具备深度加工能力，与国外先进理念和成功经验仍存在较大差距。

第四，产品不高端。多数企业对于优质再生资源的回收利用水平低，缺乏深加工，分拣加工后的产品附加值低、结构单一、同质化现象明显，废旧物资整体利用水平不高，企业盈利空间小、生存压力大。近年来，循环经济虽然发展较快，但是缺乏技术带动力强的战略项目，加之地方政府财力有限、企业自身资金和技术性人才结构性缺乏，绝大部分企业以生产原材料为主，产品附加值低，整个行业正处于由粗加工向精加工转轨阶段，但目前仍然是低端产品占大多数。

（二）"物联网+"促进产业转型升级

在产业化发展到信息化、绿色化的今天，传统的模式已经难以满足资源循环利用产业的发展和升级。拥抱物联网时代，拥抱互联网、大数据，用信息优势改造传统模式，将物联网融入渗透到传统产业中，发挥其强大的技术创新、商业模式创新及应用创新能力的优势，从资本、市场、资源等方面破除行业壁垒、突破瓶颈，促进产业结构优化升级。同时，政府也在积极推动、大力推广利用物联网和互联网技术配合回收的新模式和两网协同发展的新机制等。商务部联合国家发展和改革委员会、工业和信息化部等出台的《关于推进再生资源回收行业转型升级的意见》，进一步促进了"物联网+"与资源循环的快速健康发展。

"物联网+"对资源循环利用产业的促进作用体现在以下四个方面。

第一，"物联网+"提升了规范化水平。通过对产业内传统回收模式的分析可以发现，即使经过正规的回收流程,仍有很大一部分资源不能运送到回收公司,而是流入非法商贩手里。传统的回收模式会导致一部分的环境污染,并且很大程度提高了资源回收成本。物联网和互联网等先进技术的出现,正是重新布局回收网络、创新回收方式的一个大好机会。利用物联网、互联网、大数据等新技术建立一个逆向回收网络系统,能够减少传统回收模式中的多余环节,降低回收成本,减少环境污染,并且能够保证资源在监管范围内、环境安全可控,还能够有效引导资源的流向,促进资源的聚集,这对于整个产业的升级改造都具有非常重要的意义。

第二,"物联网+"有助于建立追溯体系。物联网是将各种信息传感设备与互联网相结合的网络。通过物联网,可进一步完成物体之间的信息交互,最终实现对物体的识别、定位、跟踪和分析,因此物联网是智能化的综合网络。将物联网技术应用于资源回收过程中,可以通过收集和分析信息,实现对信息的实时监控和追溯,并进行数据挖掘分析,为科学决策提供依据。一个基于物联网技术的信息平台能够有效地收集、回收和处理可回收资源,对过程信息进行监控、跟踪和管理,最终实现高质量的智能资源回收,这将改变原有的回收模式,提高回收效率。物联网、互联网等技术使得建立监控追踪体系成为现实,实现网点回收、物流中心仓储分拣等全程监控追踪。物联网增加了追溯技术实现的可行性,让追溯信息大数据平台的建立成为可能。综合运用数据挖掘技术、数据分析技术、信息追溯技术等信息技术进行技术集成与应用;从数据来源、数据质量、数据规模等角度,建立数据采信规则,形成多方交叉反馈验证方案,建设分品种的信息大数据平台。平台将通过视频监控技术、GPS/北斗定位跟踪技术、RFID技术等物联网技术,将资源循环利用的过程,如废物产生、转移、处理、存储等全生命周期的各环节串联起来,实现资源循环过程的可视化监管。平台通过信息采集、业务数据比对实现预测预警,提高监管效率,降低环境风险,最大限度地保证资源循环过程的效率和安全性。在商品流通过程中,利用RFID技术建立统一的产品标识体系,实现产品的追根溯源,从而使商品信息透明化,使消费者可有效规避商品的信息盲区,为市场价格和服务体系的标准化管理创造了条件。废物溯源的实现促使废旧产品质量鉴定体系更完善,使商品的流通全过程处于完善的监控体系内,强化了对商户的监督能力,促进了市场的规范和服务质量的提升。完备的可回收资源循环利用市场的资质认定制度,规范了废旧产品交易行为,遏制了欺诈、销赃等非法市场行为,提高了废旧产品市场的信誉,为理顺整个逆向物流奠定了基础。

第三,"物联网+"能够监控全过程回收利用方式。当前,缺乏政府和社会监督及进行后续的有效监督是我国废旧物回收行业最大的问题和瓶颈。"物联网+"资源回收模式不仅可以将非正式的回收者(拾荒者等)整合到正规的流程中,而且可以通过公开各类信息,包括不同废旧物的回收价格、回收品类、回收网点、回收人员信息等,实现信息透明化,方便国家和地方政府及时了解和监督整个回收过程和回收行为。同时,这种方式可以减少回收的中间环节,既能够提高整个资源循环利用环节的效率,又能够促进政府的监督管理。通过制定推行规范行业秩序的政策措施,建立以绿色、低碳、环保为基础的开放透明的行业准入和退出机制,并借助互联网平台实现资源回收。在源头回收方面,政府可制定统一的再生资源网络回收运营标准,对开展网络回收的回收商进行资质考核、信息监管、回收过程监督等,对末端处理环节也可以通过实时调控和定期检查的方式进行监督。这有助于改变在传统回收模式下企业混乱的经营组织秩序,实现其经营模式规范化,其监管相对多样化的传统回收模式难度较小。

第四,"物联网+"促进高价值产品销售。近年来,物联网、互联网技术介入再生资源回收领域,装备技术升级改造加快,《中华人民共和国环境保护法》于2015年1月1日起实施,对再生资源回收行业的要求不断提高,经营范围拓展到了废弃电器电子产品、废钢铁、报废汽车、废家电等高价值产品及一些附加值高的废旧产品。

三、典型应用场景

"物联网+"在资源循环领域扮演着越来越重要的角色,其典型应用场景包括促进资源回收、实现废物在线交易、加强追溯识别功能、助力产业共生、典型品类再制造和实现信息共享等方面。

(一)"物联网+"促进资源回收

随着社会的发展,废物数量剧增,导致环境污染加剧。我国为解决这一难题,大力促进有效的资源回收利用。资源回收,主要是对一些低价值废物的回收。当前,再生资源回收利用面临不少问题,对于再生资源的回收利用,顾名思义,回收是关键。近年来,废物回收处理行业面临许多挑战和难以解决的矛盾。县级以下地区存在竞争无序、垃圾分类进展缓慢、运输体系不完善等问题,而为解决现有问题,最重要的是解决"两网融合"这个关键点。"两网融合"即"城市环卫系统与再生资源系统两个网络有效衔接、融合发展,突破两个网络有效协同发展不配套的短板,实现垃圾分类后的减量化和资源化"。未来,大力推进"两网融合"的发展,是解决当前资源回收难题的重点工作,而高新技术则是实现"两网融合"的工具和手段。

随着社会的发展进步,信息网络技术特别是物联网技术开始广泛应用于可再生资源回收领域。许多公司已经开始创建"物联网+"产业,大大提升了可再生资源的回收能力和效率,也为促进我国再生资源回收利用行业的发展提供了一种新的解决途径。随着互联网、大数据和物联网等工具的应用,传统回收行业面临转型升级的重大机遇,众多创新型回收企业也获得了宝贵的发展机会。智慧城市建设是当前的发展趋势,在"物联网+"可再生资源回收相关业务系统和模式的支持下,采用业务咨询与信息系统相结合的方式,创建可以落地且真正有利于城市进行垃圾分类的解决方案。通过对各类资源生命周期的分析,预计未来许多以前使用过的资源物质将逐步达到报废高峰,可再生资源废弃量增长速度将不断加快。传统的买卖商业模式将会被取代,可再生资源回收与社区服务相结合、"两网融合"等新型回收模式将层出不穷,企业间兼并重组加剧,行业集中度进一步提高。互联网、大数据和二维码等信息技术被可再生资源回收公司广泛应用。

(二)"物联网+"实现废物在线交易

随着生活水平的提高,废物产生的速度也在加快。废物回收体系建设虽然已有很大进步,但公众意识没跟上,回收操作的便利性也不够,仍有大量废旧物品无法进入正规回收渠道。另外,如果对废物处置不规范、不科学,不仅容易造成资源的浪费,更有可能给环境造成一定影响。目前,我国推进各类废物信息平台建设,并鼓励互联网企业积极参与,促进现有可再生资源交易市场向线上线下一体化的方向转型升级,打造全国性可再生资源在线交易系统和平台,并逐步产业化、行业化、区域化;继续完善在线信用评估和供应链融资体系,开展在线招标并发布价格交易指数,提高稳定供应能力,增强主要可再生资源的定价能力。

未来,企业可以依靠物联网等现代信息技术实现系统化的可再生资源产业布局,积极构建线上线下信息交互平台。该平台应当具备多种功能,可以收集各类可再生资源的详细数据,集约调配物流回收半径的各项数据,对数据进行挖掘计算和分析,在商城进行交易结算、提供供应链金融等。这可以加快可再生资源的回收利用,利用物联网等工具提高回收利用效率,完善循环利用过程,实现回收产业规模化、信息化,以及回收链条合理化、规范化。交易平台凭借物联网的技术优势,能够完成固体废物生产企业和相关企业之间的信息自动分析和动态匹配,更好地提高交易效率,减少不必要的环节,大大降低了交易成本。此外,有效管理回收从业人员,有利于减少因处理不当而对环境产生的二次污染,有助于加强政府对可再生资源回收市场的监管和指导。

(三)"物联网+"加强追溯识别功能

物联网结合RFID、EPC、5G、互联网等技术可以实现资源信息的实时高效、自动非接触式处理,通过网络实现信息共享,对资源信息进行高效管理和跟踪。对资源信息实现自动、快速、并行、实时、非接触式的处理,并通过网络实现信息共享,从而达到对资源信息高效管理和追踪的目的[5]。物联网可以准确跟踪收集到资源信息,并实时掌握资源回收市场的变化动态,突破传统信息传播模式的障碍,解决信息传播途中的延误问题,及时、迅速地将资源信息传送到网络数据库中,以为资源循环利用提供一套完整的解决方案。其中,应用场景最普遍、最典型的应该是对危险废物的追溯和识别。

危险废物管理是一个多目标、多层次、多因素互相影响的复杂过程。如果利用传统的模式,很难实现对危险废物的全方位管理。利用物联网平台是环保行业的一个新型探索,也是未来的发展趋势。物联网能够进行信息增值业务的拓展,通过获取准确、全面、及时的信息提供独一无二的服务,并通过合理应用物联网思维和大数据技术,达到最优环境效益和效率。在物联网技术的帮助下,逐步提高危险废物风险防范水平和应急处理能力,提升危险废物管理水平,并通过完善生产者责任延伸的资源信息采集系统,与全国资源信息共享平台对接,提高企业获取和采集资源信息的能力。物联网集合了编码技术、网络技术、射频识别技术等,突破了以往收集信息模式的瓶颈,并通过信息共享使环保机构、部门能够准确、全面地获取资源信息。继而对这些采集到的资源信息进行监控,利用网络数据库技术对采集到的信息进行分析,以便日后更好地为资源循环利用作贡献。

目前,由于回收体系不完善、回收渠道有限,危险废弃物的交易双方存在信息不畅、沟通受阻等现象,尤其是危险废弃物的回收处置环节一直存在不少问题。回收处置环节是处理危险废物供应链的核心,其他各环节均围绕该环节展开。目前,我国的危险废物回收模式比较传统,回收效率低,难以形成规模效益,并且很容易在处置过程中因为处理不当而导致环境污染。

"十二五"时期,我国提出了大力支持物联网等先进技术的应用,物联网发展取得了显著成效。"十三五"时期,我国经济发展进入新常态,创新是引领发展的第一动力,促进物联网、大数据等新技术、新业态广泛应用,培育壮大新动能成为国家战略。我国特别提出了要推动物联网在污染源监控和生态环境监测领域的应用,开展废物监管等应用。当前,物联网正在进入跨境整合、创新优化、集成落地和规模发展的新历程,既是挑战,也是重大的发展机遇[6]。在我国政府大力提倡物联网的战略背景下,在危险废物回收模式中应用物联网思维,有利于激发公众参与回收的热情,有助于政府规范回收标准,促进供应链上各参与者之间加强合作,共同参与到社会回收活动中。将互联网思维应用在回收处理模式中,有利于激发公众参与回收的热情,提高回收规范程度,促进供应链上各成员加强与社会的回收合作,也有利于规模系统化的逆向物流回收系统从理论逐渐走向实践[7]。一直以来,由于危险废物的来源复杂多样、成分危险,危险废物想要实现规模化、环保化的逆向回收模式有些困难。运用物联网技术,加强集中管理,可以引导循环绿色生活理念的形成,有效化解复杂来源问题,实现危险废物逆向物流全过程的规模化、精细化和可视化管理。这不仅有利于形成危险废物循环利用和处理产业链,还能够有效降低生产企业的成本,推动对循环经济的实践及对物联网等技术的探索。针对危险废物的逆向物流回收系统包含四个流程,分别是危险废物回收、检测分类、中转运输和拆解交易。

(四)"物联网+"助力产业共生

产业共生是模仿自然生态系统提出的新概念。从经济学角度看,共生是指经济主体之间的物质关系;从抽象角度看,它代表了根据某种共生模型在一定共生环境中由共生单元形成的关系。最被大众接受的产业共生概念是丹麦卡伦堡公司出版的《产业共生》一书中的定义:产业共生是指通过不同企业间的合作,共同提高企业的生存能力和获利能力,同时,通过这种共识实现对资源的节约和环境保护[8]。在资源回收行业,物联网的发展使得信息实现共享,把传统的回收产业和新兴的互联网、物联网等高技术含量企业联系起来,所以未来的万物感知、万物互联产生的联动将会带来全新的产业,这个产业在整个产业大变革、思维大发展、信息大爆炸的过程中,将会推动新一轮的产业群体出现。

"物联网+"将各种新型信息创新成果与经济社会各领域深度融合,推动技术进步、效率提升和组织变革,提升实体经济创新力和生产力。"物联网+"资源循环利用产业旨在促进物联网与资源循环利用产业的深度融合,探索建立规范的"物联网+"资源循环利用体系,创新商业模式,推动产业转型升级,提升产业竞争力。新时代赋予了"物联网+"资源循环利用产业新的战略地位,也提出了新的要求,需要探索新路径、提出新举措、创新新模式、形成新动能,需要各方齐心协力,共同为推动资源循环利用产业健康有序发展做出贡献。鼓励回收企业与各种废物产生企业建立产业集群战略合作关系,建立适合产业特点的回收方式。同时,借助物联网技术,通过分析大数据,组建数字地图,创建地理方位和其他相关信息,有助于实现大城市工业的多样性,工业共生及废物的资源化。

（五）"物联网+"典型品类再制造

循环利用的发展催生出一个新的产业——再制造产业,发展再制造是实现循环经济和资源循环利用的必然选择。中国是全球制造业大国,随着经济的快速增长,中国机械装备的保有量也有了大幅增加,大量的机电产品和设备等达到了报废的高峰期,为再制造产业发展提供了大量的"原材料",再制造产业已经步入全面加速阶段。再制造的品类丰富多样,最常见的再制造产业主要包括零部件再制造和机电产品再制造,企业总数已超过500家,年均产值达500亿~800亿元。

再制造是一个相对较新的生产活动,能够实现资源高效循环利用,通过再制造能够让废旧的机械或零部件等拥有新的生命。再制造所需要的"原材料"即毛坯,如废旧机械设备等,采用特殊的专业技术工艺,对毛坯进行新的"制造",这样再制造出来的产品在性能或质量上均不逊色于原始产品。再制造既可以实现大量报废产品的再利用,也可以降低成本。与传统制造业相比,再制造产业可节省50%的成本、60%的能源、70%的材料,降低80%的排放,实现近乎"零废物"产生,经济、社会和生态效益显著。作为循环经济的高级形式,再制造产品的质量和性能可以达到甚至超过新品的水平,并实现了规模化生产,因此再制造不仅是后市场转型的重要方向,而且是重要的战略举措,将极大地促进传统后市场的维修业务。

我国绿色再制造产业在发展过程中机遇良多:我国有巨大的市场和需求,能够为再制造产业提供强大的动力;有力的政策支持为再制造产业发展提供了坚强的保障;不断深化的国家重大战略为再制造产业发展提供了广阔的空间;日新月异的新技术突破为再制造产业发展提供了重要的支撑[9]。但是,绿色再制造产业同时也面临许多挑战:我国再制造产业整体规模和发展环境落后;再制造配套政策法规和产业链条不够完善;技术发展难以满足再制造产品的多元化需求;社会各界尤其是用户对再制造产品认可度不高。尤其是在再制造供应链的整个环节中,一直存在信息不对称的问题。即便回收商、再制造商及零售商之间逐渐加深了信息共享,但其与消费者、其他参与者之间的信息不对称情况仍比较严重,这就导致了再制造产品在我国的市场接受度不高。未来,再制造产业的发展将逐渐向智能化方向发展。智能再制造是"以产品全生命周期设计和管理为指导,将物联网、大数据等新一代信息技术与再制造回收、生产、销售、管理、服务等各环节融合,通过人技结合、人机交互等集成方式,开展分析、策划、控制、决策等"。在关键再制造环节以智能化再制造技术为核心,借助物联网等先进技术,能够减少生产能耗和污染、调高制造效率、降低成本、提升产品质量,推动再制造产业升级和发展。路迈网就是再制造产业中借助物联网、互联网、大数据等技术的发展,迎来了另一个创新增长点的优秀专业再制造零部件供给平台。

（六）"物联网+"实现信息共享

目前,我国资源循环利用面临来自多方的挑战,以危险废物处理为例进行说明。根据危险废物转移联单现行管理要求,如果需要转移危险废物,企业需要填写五张表格,由不同的管理部门进行审核和确认。如果业务跨省、市转移,还需要获得各地区环境管理部门的审核和批准确认。整个转移流程非常复杂且麻烦,需要的时间长且效率低下,无形中增加了企业的成本和相关部门的压力。另外,现有的管理模式不够完善,缺乏对危险废物转移运输路线、路线周围环境的敏感目标、运输车辆的实时位置等信息的实时掌控,如果发生了危险废物突发事故,难以进行事前预警及快速开展应急救援等工作。目前,我国能够收集到的危险废物相关数据较少,信息平台建设不完善,也无法实现数据开放和共享,无法进行大数据分析并为决策提供支撑。

随着信息技术的发展,我国对物联网、大数据技术支持的力度加大,传统的管理模式正逐步转向大数据管理模式。这是从被动管理向主动和智慧管理的转变。作为继计算机、互联网之后,世界信息产业的第三次浪潮,利用物联网能够减少生产和经营成本,提高经济效益,还能够为产业提供先进技术支撑,是企业快速发展的关键战略[10]。目前,资源回收行业也构建了自己的数据中心,未来要实现各部门和企业的信息及时互通、信息共享,建立面向服务的信息共享平台,必须大力发展物联网。政府可以借助物联网、互联网技术建立全国性的废物信息交流平台,所有产废企业都可以通过平台进行自主报价,废物资源化利用企业也可以通过平台进行线上询问。借助废物交易信息系统,各方都能够及时交流获取信息,极大地促进废物的回收利用;甚至可以进一步将废物信息交流平台扩大,涵盖资源循环的所有维度。

对于危险废物产业来说,随着信息技术的发展和对危险废物管理要求的提高,物联网已经成为收集数据和分析监控的重要工具。物联网能够全面感知、传输数据并进行智能化操控,可对危险废物从产生、收集、存储、运输到处理处置的全过程进行实时动态监控和管理。通过物联网大数据平台,管理部门可以实时掌握危险废物的基本情况,包括数量、安全性、存储情况、运输路线、处置情况、资源化情况等。目前,我国政府也采取了一些行动。为加强我国固体废物环境管理能力建设,生态环境部建成了"全国固体废物管理信息系统"。该系统覆盖全国各级固体废物管理部门,用户可通过系统进行废物进口核准、危险废物申报登记等业务工作。同时,部分省份为提高固体废物环境管理的信息化水平,结合本地实际情况,建成了固体废物管理信息系统和数据库。

不仅是危险废物行业,资源循环利用整个产业都面临相似的情况,生态环境部建成了废弃电器电子产品回收处理信息管理网站,可以为行业内各类管理信息系统和数据库提供建设经验。未来,作为支持环境管理科学决策的重要技术手段,物联网可以将已完成移动执法系统建设省份的环境大数据有机连接起来,汇总各省的环境本地数据、环境质量情况、污染监测情况、环保监察数据及环境应急等全方位数据,搭建监察大数据平台,并与卫星遥感、污染天气、应急等数据形成互动,形成三位一体的环境移动执法大数据平台。同时,对大数据进行深入分析和研究,对环境形势进行全局性和综合性的研究和判断,依据此制定环境政策,做出环境风险预测和应急措施处理等。政府通过物联网、互联网手段实现信息共享是推进我国环保事业的必经之路。

四、关键的影响因素和实现路径

（一）政策因素

整体来说，"十二五"时期，我国便开始对促进资源循环利用给予政策支持。国家发展和改革委员会联合工业和信息化部、住房和城乡建设部、财政部和商务部等相继实施了"再制造""城市矿产示范基地""园区循环化改造"等重大工程，修订了相关法律法规和政策措施，加大了对可再生资源回收利用和管理的支持力度。在此期间，我国也出台了一系列的财政优惠政策，给予企业财政补贴或优惠支持，降低企业成本，激发政府积极性，鼓励地方和企业开展与可再生资源回收利用相关的活动，促进资源循环利用产业发展。

"十三五"时期，部分领域还继续这么做，但不再是主流。财政奖励和补贴虽然激发了企业和政府的投资积极性，但也很可能引起企业盲目投资，导致产能过剩。因此，"十三五"时期，一方面是实施财政奖励和补贴政策；另一方面是继续探索新的方式，如PPP模式。PPP模式的优势在于能够减少企业投资成本，激发企业创新能力，搭建企业和政府之间的桥梁，建立一种社会与政府合作的持久模式，从而为可再生资源行业的持续蓬勃发展注入新鲜活力、提供保障。

"十三五"时期，特别是2017年国家发展和改革委员会、财政部等14部委联合发布的《循环发展引领行动》，明确了未来我国资源利用产业的发展目标，即到2020年，我国绿色循环低碳产业体系初步形成，城镇循环发展体系基本建立，新的资源战略保障体系基本构建，绿色生活方式基本形成。到2020年，我国资源循环利用产业产值达3万亿元，循环发展成为建设生态文明、推动绿色发展的重要途径。

"十四五"时期是实现美丽中国奋斗目标的承前启后阶段。可再生资源回收行业作为支撑经济与社会发展的基础性、战略性产业，其回收体系建设无论从世界范围还是从国内情况来看，都面临重要的发展机遇和挑战。促进可再生资源工作向产业化经营、资源化利用和无害化处理方向加快发展，在让垃圾"变废为宝"的同时，必将产生良好的社会效益与环境效益，这不仅是产业发展的目标方向，也是实现生态文明建设任务的重要内容。

在物联网和互联网方面，我国也发布了很多政策指导性文件，以加强生态环境的保护。《中共中央国务院关于全面加强生态环境保护 坚决打好污染防治攻坚战的意见》等相关纲领政策，在中国高质量发展面临的资源环境问题、固体污染防治政策的新发展、地方资源循环利用产业化的试点等方面都体现了互联网条件下的政策变化。相比传统大规模、中心式、同质化、单向度的回收模式，在"互联网+"背景下的回收模式呈现了小批量、网络化、个性化、精准化、各方参与互动型、管理更精准、成本更低、效率更高的新特点。《关于推进再生资源回收行业转型升级的意见》明确了推进再生资源回收行业利用信息技术从松散粗放型向集约型、规模型、产业型、效益型方向转变。物联网从2009年被列入国家五大新兴战略性产业之一后，其市场发展速度逐渐加快，产业规模已经超过9000亿元，年复合增长率高达25%。2011年11月28日，工业和信息化部发布了《物联网"十二五"发展规划》，提出要推进重点领域应用示范工程,加强公共服务平台工程的建设,包括智能环保领域。2013年9月,国家发展和改革委员会等14部委发布了《物联网发展专项行动计划》,提出了要推动污染源监控和生态环境监测应用,重点支持环保领域应用示范及推广。2017年1月,工业和信息化部发布了《信息通信行业发展规划物联网分册(2016—2020年)》,提出要坚持绿色发展,加快信息技术在经济社会各领域应用,助力传统产业绿色化转型。加强行业生态文明制度建设,深入推进基础设施共建共享,大力支持使用绿色节能技术和设备,建立节能环保评估机制,促进节能环保评估技术和平台的发展和建设。在污染源监控和生态环境监测领域,通过开展废物监管、环境(水质、空气质量等)监测、综合性环保治理、污染源治污设施工况监控等建设,大力推动物联网的应用。推动物联网在提升能源管理智能化和精细化水平领域的应用,实现智能控制和精细管理,推动能源管理平台的建设,为大型工业园区提供合同能源管理服务。

(二)市场因素

国内物联网产业已初步形成环渤海地区、长江三角洲、珠江三角洲和中西部地区四大区域集聚发展的产业空间格局,其中长江三角洲产业规模最大。未来,中国物联网产业空间演变将呈现产业发展"多点开花"的趋势。可以预见,未来物联网与资源循环利用产业的结合将会越来越密切。

受到政策及上游行业经营状况良好等因素的影响,"物联网+"资源循环利用的市场增长迅速,产业规模进一步扩大,产业集中度不断提升,并且不同领域的市场也出现了明显的分化。但是,市场存在的一些问题也制约了行业的发展和竞争力。第一,创新能力不强,技术创新能力有限。第二,投资回报机制不健全,市场竞争秩序混乱。这影响了企业的创新驱动力,导致企业交易成本超标。第三,市场信息严重不对称,缺乏公平、公正、客观的技术、市场、信用等信息渠道,信息发布主体混乱,环境治理需求方极容易被各种错误的信息所误导,从而阻碍先进技术的推广和优质企业的发展。第四,企业想走国际化也存在不少困难。一些企业依靠自身实力参与国际市场的竞争能力还未达标,并且国际竞争激烈,海外不发达国家市场环境较差,在境外融资困难,难以享受国家政策支持。

因此,应该从四个方面着手。第一,要提升产业的创新能力,在资金、政策方面加强基础研究和应用示范的支持力度,提升环境科技水平,超前部署具有未来市场需求和市场竞争力的研发任务,培育产业新的经济增长点。第二,要健全和创新投资回报机制。完善资源环境产品价格形成机制,推进资源组合开发模式,推行资源化处理技术,鼓励企业积极进行模式创新,以应对市场的变化。第三,要改善外部环境,治理市场混乱秩序,加快建立行业信用体系,对诚信行为实行联合激励,对不诚信行为实行失信惩戒,并鼓励信用信息公开化、透明化,规范行业信息发布。第四,要完善企业服务体系,发展服务经济,企业以提供服务的形式满足消费需求,并确保其所使用的产品能够有效回收和循环利用,以提高物质的回收利用效率。同时,建立完善的城市新型可再生资源回收利用体系,加强废物资源分布和流向信息采集,推动资源循环利用全产业链受益。整合传统回收渠道,推动"两网融合",实现可再生资源交易市场向线上线下结合转型升级,并建设重点品种全生命周期追踪平台。提高物联网在资源循环产业的市场份额,在新时代万物互联趋势的背景下,对资源循环产业进行产业升级。

（三）技术因素

随着理念转变及物联网、互联网等创新思维的影响,资源循环利用产业的内涵向产业链中端进行不断延展、深化,已发展出众多资源循环利用创新模式和技术,以提高可再生资源的利用效率、实现资源的循环利用。在物联网应用方面需要重点关注和突破的关键技术和工程,主要包括传感器技术,如核心敏感元件,以及传感器集成化、微型化、低功耗等一些重点应用领域,还包括体系构架共性技术及物联网与移动互联网、大数据融合的关键技术。

"物联网+"资源循环利用产业也面临很多技术问题,其中最为突出的就是低价值废物的追溯体系建设。建立一个监管平台,能够从全过程实现对资源产品的信息化和可追溯化监管。利用物联网等先进技术建设监管平台,将低价值废物全生命周期的各环节连接起来,突破低价值废物无人监管、难以监管的瓶颈,实现资源全过程智能化、可视化监管。

另外,在技术政策指导技术发展方向的过程中,可以取长补短,学习和研究国外发达国家在技术发展和突破上的进展,以及在资源循环利用领域技术发展的趋势。目前,资源循环利用技术研究和开发的重点领域应包括"三废"综合利用技术、共伴生矿产资源综合回收利用技术、可再生资源回收利用技术,以及它们与物联网技术的融合等。同时,要加强资源循环利用的技术转让与转化服务,推动资源循环利用技术可以合理转化及应用。鼓励引入国外先进的可以直接应用于资源循环利用产业的技术装备,推动国内自主知识产权和技术研发的发展,积极将现有科研成果向生产力转化。在条件允许的情况下,可建立技术转化和资源回收利用基地,为技术的转让和服务提供贸易渠道。

（四）实现路径

资源循环利用应贯穿于资源源头开发、生产加工、消费、回收利用的各方面,从全生命周期的角度进行全方位整体性规划调控,以实现资源的合理开发和利用、清洁生产,推动新兴消费方式。通过多渠道综合提高资源利用效率,保障资源循环利用链的紧密衔接。同时,应该和当代先进的物联网技术结合,实现我国资源的永续利用。其主要实现路径可分为以下步骤。

一是立足国内。实现路径首先要立足国内,加强资源的管理与保护,要在资源全球化的基础上实施全球配置,从全球资源配置的高度研究资源战略问题。将封闭的、自给自足的孤立市场改变为开放的、利用国内国际两种资源和国内国际的两个市场。地球资源分布不均衡,具有多样性和复杂性等特征,造成世界各国资源状况也具有极大的差异性。到目前为止,世界上还没有一个国家能够完全依靠本国资源来发展经济。经过多年的实践,在全球经济一体化的今天,只有建立开放的、充分利用国内国际两种资源的资源供应体系,实施两种资源、两个市场的全球资源战略,才能真正保证我国建设与发展所需要的资源供应。

二是梳理现状,开展试点。要完善政策措施,梳理现有优惠政策,给予"物联网+"资源循环更好的政策发展空间,充分发挥可再生资源回收利用体系中物联网的平台作用,促进可再生资源交易更加方便快捷、更加透明、更加绿色。鉴于物联网和资源循环的融合刚刚起步,现有的实践和案例还不够成熟,探索

"物联网+"资源循环发展路径还有很长的路要走,需要先从典型品类和关键品类做起,评估已有实践经验,总结成功做法,剖析实际问题,从市场和政府两方面入手有针对性地引导模式创新。要大力开展区域试点先行,再扩大区域应用。

三是加强技术统筹。通过统筹协调、技术融合和模式创新加强资源环境动态监测。目前,行业技术体系不完善,制约了环境监测层次的迈进,因此要突破技术上的瓶颈。据欧洲智能系统集成联盟预测,全球物联网在2015—2020年开始进入半智能化阶段,RFID技术、传感器技术、返程通信技术等相对成熟。因此,现在正是实现物联网和环境领域深度融合的好时机。目前,我国对绿色生态的研究和应用大多数还处于感知层面,缺乏对环境污染进行深入分析的能力,以及对突发性环境问题进行提前预警及事后处理的能力。物联网和大数据技术有助于提升污染监测的预警时间范围,减少环境污染治理的决策时间,制定合理的决策方案并降低决策的风险。然而,当前公众参与程度还比较低,物联网和环保相结合的应用以政府部门、相关机构和企业的环保信息发布为主。虽然一些环保类App已经尝试推出了一些功能来提高用户的参与度,但是远不能达到需求,应继续扩展公众对此的需求。未来,基于物联网的环保感知技术应更多地向微型化、生活化方向发展,进而改善人们的生存环境。为此,通过统筹协调,共同开辟出一条新路径是行业继续发展的基础和持续进步的动力。

参考文献:

[1]陈德敏.资源循环利用论[M].北京:新华出版社,2006.

[2]王崇梅.中国经济增长与能源消耗脱钩分析[J].中国人口·资源与环境,2010(3):35-37.

[3]杜欢政,张芳.中国资源循环利用产业发展模式研究[J].生态经济,2013(7):33-37.

[4]杜欢政,王岩,彭光晶.浅谈资源循环利用产业技术标准创新路径[J].再生资源与循环经济,2015（2）:10-12.

[5]潘金生.基于物联网的物流信息增值服务[J].经济师,2007(9):241,243.

[6]本刊评论员.创新引领新常态[J].国家电网,2016(2):3.

[7]鹿斌.基于EPR制度的电子废弃物"互联网+"回收模式研究[D].青岛:青岛大学,2017.

[8]黄河,李思莹,肖艳玲,等.构建集群共生网络产业集群发展新思维[J].商业经济研究,2011(5):121-122.

[9]徐滨士,李恩重,郑汉东,等.我国再制造产业及其发展战略[J].中国工程科学,2017(3):61-65.

[10]凌江,王波,温雪峰.以大数据驱动固体废物管理创新的思考[J].资源再生,2016(10):19-23.

国土空间总体规划"双碳"计算仿真模块研究

罗文静[1]   汪   勰[2]   熊   伟[3]

1 武汉市规划研究院高级规划师
2 武汉市自然资源与规划局空间规划处处长
3 武汉市自然资源和规划信息中心副主任

摘要: 碳达峰碳中和工作与国土空间规划具有内在一致的核心价值观、系统治理观及施策动态观特点,然而由于两者缺乏数字化联系,尚无法实现"双碳"工作的空间统筹。为将"双碳"目标纳入国土空间规划体系,有必要面向自然资源全要素,构建"双碳"空间计算的工具模块,以评估规划方案的碳模拟值,传导国土空间的碳管控值,并实时监督碳实施值,从而贯穿规划的全生命周期,构建集"碳模拟""碳管控"及"碳监测"的数字化跟踪闭环。围绕"碳模拟"空间计算模块,为实现能源活动碳核算向空间活动碳计算的逻辑转换,按照识别"双碳"要素、摸清"双碳"底数、搭建"双碳"算术的"三步走"技术路线,构建市级国土空间总体规划"碳模拟"计算框架,并以武汉为例进行计算验证。研究发现减排增汇的关键因子包括工业用地面积、工业用地地均产值、单位GDP生产能耗降幅、能源结构调整、新建建筑规模、出行次数、出行结构等,并以碳达峰增速、增量及总量拐点为关键时点,提出关键因子的分阶段导控要求,在此基础上围绕城市规模、用地管控、空间结构—交通模式、底线约束、基础设施、实时监督等方面提出规划优化建议。

关键词: 碳达峰碳中和;国土空间规划;计算仿真;碳核算

党的十八大以来,生态文明建设从认识到实践不仅取得了历史性成就,也实现了全局性变革[1]。2020年9月,实现碳达峰碳中和作为党和国家做出的重大战略决策,已纳入生态文明建设整体布局。面对"双碳"目标,中国不仅面临着城镇化、工业化进程下半场的发展压力,而且相比发达国家的减碳起点更高、达峰时间更短,需要更加精准把握发展与保护的关系,实现从绿色低碳发展到"双碳"目标约束下高质量发展的升级。"双碳"与"低碳"仅一字之差,但体现了更加确定、理性的目标逻辑,需要在生态文明建设的方式、方法及路径上做出有效响应、实现系列变革。近年来国家出台的相关政策文件,均提出将"双碳"目标全面纳入国土空间规划体系,构建有利于碳达峰碳中和的国土空间开发保护新格局①。从纽约、伦敦、巴黎、东京等城市的实践来看,利用规划工具实现"双碳"目标的空间统筹已成为各国的主流政策[2]。因此,基于国土空间规划开展"双碳"工作,并发挥规划的引领作用是实现碳达峰碳中和目标的关键路径。

实际上,国土空间规划长期以来将绿色低碳发展作为基本原则理念,但由于缺乏空间要素与"双碳"目标的量化关系,造成空间规划的目标传导性与"双碳"工作的空间统筹性不足。一方面,当前国土空间规划针对绿色低碳发展的内容以原则性要求及指导性政策为主,由于缺乏明确定量的减碳增汇目标,无法在系统层面进行空间安排,相关工作更多聚焦于中微观空间尺度的城乡建设领域[2];另一方面,目前"双碳"工作尚存在领域碎片化及空间脱节化等问题,减碳任务往往被分解为能源、产业、交通、建筑、金融等若干领域,各领域由于缺乏对于自身在城市整体碳排中的贡献比、代价比等全局性认知,难以在空间上整体统筹各个领域专项措施的主与次、远与近[3-4]。上述问题产生的本质原因在于缺乏各项国土空间活动与碳影响水平之间的数字关系,无法定量评价各类自然资源要素影响碳循环过程的作用机制。因此,有必要搭建国土空间规划与"双碳"工作的数字化联系,在技术层面探索方式方法的革新。

近年来,学界对"双碳"目标与国土空间规划的数字化关系有不少探讨:一是在体系架构层面,强调将"双碳"目标纳入国土空间规划"五级三类四体系"的总体框架统筹考虑,尤其需要利用数字技术赋能,在规划方案的碳定量模拟等方面进行创新探索,从而"建立适应本地特色的碳源碳汇核算、规划情景碳效应评估等关键技术体系"[3-6]。研究已达成的共识是"双碳"目标下的国土空间规划体系应建构在碳空间核算等基础工作上,但对于技术层面的相关路径及实践探索有待深入。二是在技术方法层面,国内外早有学者聚焦碳核算方法在各层级国土空间规划中的应用,分别针对总体规划、详细规划及社区规划等规划类型,研究构建现状碳核算、规划碳估算的计算框架[7-12]。相关研究在国土空间规划碳定量评估领域已建立了较为扎实的理论及实践基础,但由于缺乏"双碳"工作融入国土空间规划体系的整体考虑,对于评估结论的应用,尤其是如何发挥规划的空间统筹作用欠考虑。

围绕如何将"双碳"目标纳入国土空间规划体系,从"双碳"工作与国土空间规划体系的内在逻辑关系出发,提出构建现状"碳监测"、规划"碳模拟"及实施"碳管控"的数字化跟踪闭环。在此基础上,选取规划"碳模拟"模块为先行先试,重点围绕市级国土空间总体规划搭建碳影响评估计算框架。以武汉为例,在模拟计算2035年碳达峰碳中和曲线的基础上,分析实现"双碳"目标的关键因子及关键时点,最后围绕国土空间规划重要领域及数字化跟踪闭环构建提出优化建议,以期为其他地方的实践提供借鉴思路。

---

① 详见《中共中央 国务院关于完整准确全面贯彻新发展理念做好碳达峰碳中和工作的意见》《国务院关于印发2030年前碳达峰行动方案的通知》等。

一、"双碳"纳入国土空间规划体系的框架思路

国土空间规划与"双碳"工作虽身处不同的语境体系,但在目标、过程、路径等方面存在深刻的内在逻辑关联[13]。站在国土空间规划的视角,从两项工作的底层逻辑出发,研究构建将"双碳"纳入规划体系的框架思路。

(一)"双碳"工作与国土空间规划体系的逻辑关联

一是平衡保护与发展的核心价值观。规划诞生的本源就是保护人居环境。作为生态文明体制改革的重要部分,国土空间规划以生态文明理念为核心价值观,是统筹了社会、经济、生态等多目标,形成的保护与发展最优解[14]。将"双碳"目标纳入国土空间规划体系,不仅可进一步强化规划的核心价值观,而且可建立更加科学理性的目标逻辑。对于"双碳"工作而言,碳达峰碳中和并非单一目标,而是需要在综合社会、经济及空间多方诉求下,实现发展效率与代价的最大平衡。因此,有必要发挥"双碳"对于国土空间规划的目标约束作用,通过科学量化分析各项空间安排的碳影响水平,构建有利于碳达峰碳中和的国土空间开发保护最优方案。

二是统筹整体与局部的系统治理观。规划是重要的空间治理工具,关键是将国家战略目标转化为面向全域全要素的多主体行动方略,其中涉及多空间层次、多专业领域的系统统筹,需要以整体效用最大化为原则,在各个局部找到最关键的发力点。碳达峰碳中和作为国家战略,是空间治理的重要任务。其中涉及不同空间尺度的目标分解以及各个专业领域的任务分配,需要系统统筹整体与局部的关系。目前,"双碳"目标的分配原则大多着眼于地市人口规模、经济发展水平等自身条件[15],"双碳"任务也往往是各部门结合自身专业领域予以制定,缺乏对于各个空间层次及专业领域的整体统筹考虑。因此,有必要将"双碳"纳入国土空间治理体系,不仅实现空间碳排效率整体最大化,而且通过明确各专业领域的关键路径实现"牵一发而动全身"的整体最优。

三是应对确定与不确定性的动态施策观。规划本身就是动态过程。为应对城市发展的不确定性,国土空间规划已构建了持续监测评估并及时反馈调校的动态机制。"双碳"目标下,城市面临的不确定性更为复杂。碳达峰碳中和的过程既要考虑气候变化、科技发展等不可预见因素,也受到城市系统复杂性、减排阶段差异性等多因素的交叉影响[4]。对于"双碳"工作而言,碳达峰碳中和目标的实现也并非一劳永逸,需谨防碳排反弹。因此,"双碳"工作的推进,应综合考虑近期举措的确定性与长期发展的不确定性,有必要基于国土空间规划,建立"双碳"目标、行动及环境的动态监测机制,既是加强国土空间规划对于城市复杂系统的适应性,也可长期持续发挥"双碳"行动的效果。

(二)"双碳"纳入国土空间规划体系的框架

国土空间规划与"双碳"工作的逻辑关联决定了两者的融合可相互借力,并发挥"1+1>2"的协同效应。其关键是解决三大核心问题:一是如何形成有利于碳达峰碳中和的国土空间规划最优方案;二是如何设计科学合理的"双碳"目标分解与任务分配的空间统筹机制;三是如何构建"双碳"目标、行动及环境

的监测评估与预警机制。

解决上述问题的关键在于构建"双碳"目标与国土空间规划的数字关联关系。有必要面向自然资源全要素,建立国土空间规划的"双碳"计算逻辑,通过构建集"碳模拟""碳管控"及"碳监测"的数字化跟踪闭环,模拟计算规划方案的碳影响水平,科学构建自然资源要素的碳管控方式,并全面实现国土空间活动的碳预警机制,从而将"双碳"目标纳入规划的全生命周期过程。

1. "碳模拟":仿真计算规划方案的碳影响水平

制定有利于碳达峰碳中和的国土空间开发保护最优方案,既需落实碳配额目标,也需要实现碳排效率及减碳潜能的最大化。其关键在于客观评价各类空间要素碳影响水平,即通过识别自然资源要素中的碳排、碳汇类型,细化分解相关影响因子,找到对应的空间计算逻辑,从而构建国土空间规划"碳模拟"的计算框架。该模块可用于评判国土空间规划方案能否满足社会、经济与生态尤其是"双碳"目标的多重要求,并从中找到关键影响因子,以此分析各项规划要素与碳排、碳汇的作用机制,从而结合自然资源本底条件最大程度激发减排增汇潜力。

"碳模拟"可在区域、市域及街区等尺度展开计算:在区域尺度,基于自然资源基底条件及规划空间格局,分析城市协同减排增汇的潜力与关联效应;在市域尺度,基于总体规划方案,剖析城市尺度开展"双碳"工作的关键因子及关键时点,多情景预测规划方案的"碳模拟"曲线,分析"双碳"目标的分阶段空间要求;在街区尺度,基于地块级模拟预测,校核城市级计算结果,分析减排增汇潜力,提炼中微观尺度的关键因子及关键时点。

2. "碳管控":构建自然资源要素的碳管控方式

设计科学合理的"双碳"目标分解与任务分配的空间统筹机制,可以"碳模拟"为基础,在以下两个层次实现"碳管控":一是为实现区域层面的减碳增汇协同效应,基于区域及市域尺度的"碳模拟"计算,将国家及省级层面的"双碳"目标分解落实到各地市规划指标调配、底线管控及名录管理中;二是为实现各类空间建设活动与城市"双碳"目标的匹配,基于市域及街区尺度的"碳模拟"计算,通过指标、边界及名录等方式,将城市的碳配额总量转化为规划实施过程中的专项行动计划及用地管控要求[5]。

为实现上述两个层次的"碳管控",有必要基于市级国土空间规划体系,构建数字化传导路径:针对总体规划,基于城市级"碳模拟"结果,围绕城市规模、底线管控、功能格局、空间结构及设施布局等,提出规划优化策略;结合专项规划,基于各关键因子贡献度分析,确定重点领域的近期行动指标及责任部门;针对详细规划,基于街区层面的"碳模拟"计算结果,划分重点及一般减碳增汇单元,围绕功能用途、建设强度、设施配置、环境形态等方面,提出差异化的地块碳管控要求,并纳入用地审批条件[4]。

3. "碳监测":实现国土空间规划的碳预警机制

在"碳模拟"及"碳管控"模块基础上,可通过构建"碳监测"模块,实现"双碳"目标、行动及环境的监测评估与预警机制。其关键在于打通三大模块之间的数字关联关系,即针对规划的"碳管控"值建立"碳监测"模块,将实际的"碳监测"值实时传导至"碳模拟"模块,通过过程监测及实时监督,形成国土空间规划的碳预警机制,从而保证各项国土空间开发保护活动既能充分落实刚性的"双碳"目标,又能柔性适应空间活动中各种内在及外界不确定性因素。

国土空间规划监测评估预警管理系统可作为构建"碳监测"模块的基础。首先,面向自然资源全域全要素,监测各类空间要素的实际碳排碳汇规模,并纳入国土空间规划基础信息平台;其次,将"碳管控"值纳入国土空间规划体检评估体系,结合实际"碳监测"值,围绕关键时点与关键因子,评价国土空间规划"碳管控"值的实现程度;在此基础上,将上述参数实时带入"碳模拟"模块,用于计算城市"双碳"目标的完成度,根据"碳监测"值与"碳管控"值、"碳模拟"值的偏离程度设定预警反馈机制。

4. 小结

在上述三大模块中,"碳模拟"是构建数字化治理闭环的前提。城市是分解落实国家"双碳"目标、统筹调配各项资源、制定减碳增汇举措的关键治理单元。因此,有必要以城市级"碳模拟"模块为先行先试。以武汉市为例,基于"双碳"纳入市级国土空间规划体系的总体构想(见图1),在搭建"碳模拟"计算模块的基础上,对《武汉市国土空间总体规划(2021—2035年)》进行碳影响评估。

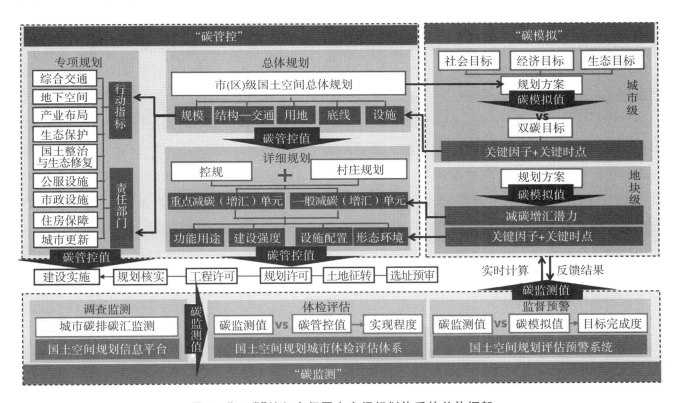

图1 "双碳"纳入市级国土空间规划体系的总体框架

二、城市"碳模拟"模块搭建思路

搭建城市"碳模拟"模块的关键在于构建与市级国土空间规划紧密结合的碳核算方法与框架。

（一）当前碳核算方法应用于市级国土空间规划的难点

国家及省域层面的碳核算主要依据政府间气候变化专门委员会（IPCC）发布的温室气体清单，城市碳核算工作由于边界确定等技术难点，尚未形成广泛认可的技术标准[16-17]。至今，已有相关社会组织及研究机构先后发布了 IEAP、ISDGC、GPC（包括国际及国内版）、PAS 等城市碳核算标准①，其中，GPC 在全球的使用范围最广[18]。国内城市大多利用 IPCC 方法，依据《2006年 IPCC 国家温室气体清单指南》和《省级温室气体清单编制指南》（简称《省级指南》），开展碳核算工作[17]。上述各类标准在核算边界、核算内容及核算方法上尚未达成共识[18]，若直接应用于市级国土空间规划，还存在以下三方面问题。

一是核算对象难以落实到空间，未覆盖自然资源全要素。上述各类温室气体清单的核算对象分类基本一致，均包括能源活动、工业生产过程、农业活动、土地利用变化和林业、废弃物处理等五大门类。但由于其核算逻辑来源于温室气体的产生过程，与生产生活活动未建立直接联系，难以落实到各类国土空间上。在五大门类下，各核算标准对相应的涵盖内容进行了不同程度的细化，但对于耕地的碳排、碳汇双重属性以及湿地、海洋、内陆水域等水系的碳核算考虑欠缺[18]。如 GPC 对于"农业活动"重点考虑农林牧渔等各类活动的碳排，针对"土地利用变化和林业"则着重考虑各类型林地的碳吸收以及林地转换为非林地过程中的碳汇变化，难以全面反映自然资源全要素的碳影响过程。

二是核算边界缺乏共识，难以反映国土空间活动全貌。城市空间活动的跨边界性较国家及省域层面更强。GPC 根据温室气体排放产生地不同，划分为直接排放（范围一）及间接排放（范围二和范围三）②[19]（见图2）。其中，范围一和范围二为基本核算内容，范围三可结合城市自身情况单独报告。然而，对于范围三中的跨境交通部分，目前该如何纳入城市碳排计算尚未达成共识。如《省级指南》提出仅按运营主体注册地原则，核算跨境客货运公铁水交通[20]；《广东省市县（区）温室气体清单编制指南（试行）》提出需计算境内的跨界航空、水运、陆运碳排[21]。而城市实际碳核算工作，大多仅涵盖行政区划边界内与自身经济活动有关的温室气体排放[18]，难以完全反映国土空间活动的全貌。

①IEAP 即由全球地方环境理事会（ICLEI）制定的《国际地方政府温室气体排放分析协议（International Local Government GHG Emissions Analysis Protocol，IEAP）》；ISDGC 是联合国环境规划署、联合国人类住区规划署和世界银行联合制定的《城市温室气体排放的国际标准（International Standard for Determining Greenhouse Gas Emissions for Cities，ISDGC）》；GPC 是由全球地方环境理事会和世界资源研究所共同发布的《城市温室气体核算国际标准（Global Protocol for Community-Scale Greenhouse Gas Inventories）》；PAS 是英国标准协会发布的全球城市温室气体评价规范《PAS2070标准》。
②"范围一"是发生在城市边界内的直接温室气体排放；"范围二"是在城市边界内消耗的电网电力、区域供暖冷等二次能源而产生的间接温室气体排放；"范围三"是城市活动产生在城市地理边界外的其他排放，包括上游（即原材料异地生产、跨边界交通以及购买的产品和服务产生的排放）及下游（跨边界交通、跨边界废弃物处理和产品使用）。

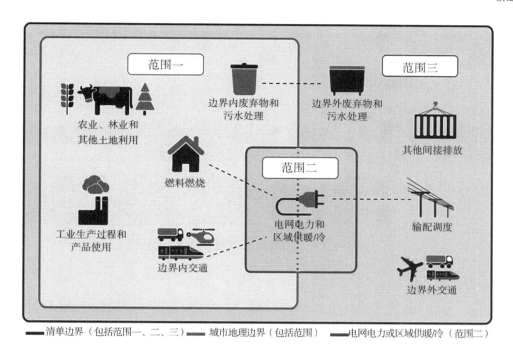

图2 温室气体排放源及范围

来源:《城市温室气体核算工具指南》。

三是核算方法强调统计,难以实现规划方案的空间计算。现有碳排计算方法分为"自上而下法"和"自下而上法",前者以城市能源表观消费量为依据,后者逐一分析各部门的能源消费量或活动数据,累加后综合计算[11]。上述两种方法的核心计算逻辑均是碳排放量等于活动水平与活动因子的乘积,其中活动水平反映的是能源活动规模,多采用城市统计年鉴或部门统计数据,与空间活动规模无关;活动因子代表单位活动量的现状碳排强度,一般采用技术规范经验值或实测值,并未考虑未来变化。因此,现有的碳核算逻辑是基于现状能源消耗的统计思维,对未来的测算也是依据现状能源消费,再结合未来社会经济环境政策带入后分析的综合结果,无法直接用于规划方案的碳影响计算[23]。

综上,有必要在现有城市碳核算工作基础上,结合国土空间规划的相关要求,进一步明确界定核算对象、边界及方法的规则与标准。

(二)城市"碳模拟"模块

基于上述分析,"碳模拟"模块搭建的关键是将能源活动的碳核算转化为空间活动的碳计算。在此过程中,既需要将现有碳核算的对象转化为空间要素,即识别空间规划中的"双碳"要素,也需充分对接现有碳核算工作,即摸清"双碳"底数,最后结合未来影响因子分析做出多情景判断,即构建"双碳"算术(见图3)。

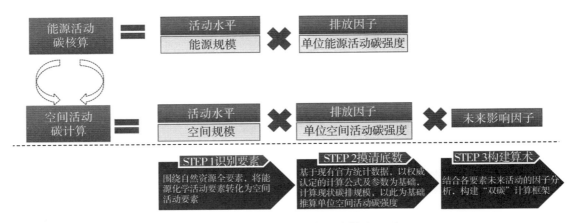

图3 城市"碳模拟"计算模块搭建思路

1. 识别"双碳"要素,构建自然资源全要素碳核算清单

将碳核算工作中的能源活动要素转译为空间活动要素是构建国土空间规划"碳模拟"模块的前提。首先,应以目标为导向确定空间计算的范围。为充分支持城市行政边界内的各项空间活动决策,考虑到市级国土空间规划的事权不包括机场、铁路、港口等重大基础设施,因此,在范围一及范围二的基础上,将范围三中的客货运公路运输也纳入计算。

基于此,面向自然资源全域全要素,按照可空间落位、可规划管控的原则,建立温室气体清单五大门类与国土空间各项活动的一一对应关系,转译形成工业、建筑、交通、市政、农业、农林及生态空间碳汇等六大类"双碳"空间要素,共计22小类(见图4)。

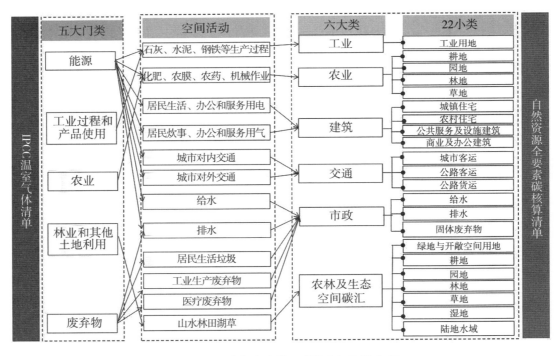

图4 国土空间规划"双碳"要素识别分析

2. 摸清"双碳"底数,明确各类空间要素碳计算依据

为合理推算各类"双碳"空间要素的单位活动碳排强度,有必要以现有碳核算底数为基础,结合空间要素规模进行反推。在系统梳理各类空间要素碳核算方法的基础上,按照"经验算法受认可、权威数据可获取"的原则,经过综合比选后确定各类要素的底数计算方法。

各要素的底数计算基本以能源消耗及能源活动数据为基础。第一类是工业、建筑及农业要素,可利用城市统计年鉴中的能源消耗数据,如现状工业碳排可直接利用规上工业能源消费数据,建筑碳排计算可结合全社会用电用气量、各行业用电量等数据进行折算;第二类是交通、市政要素,可利用城市统计年鉴中的能源活动数据,如交通碳排可采用各类交通工具保有量及周转量数据计算[①],市政要素的碳核算可利用各类废弃物规模、供水量及污水量等数据。以武汉为例,具体计算公式及数据来源见表1。

表1 武汉市国土空间总体规划"双碳"底数计算框架

计算类型	要素类型	计算公式	数据类型		数据来源
基于能源消耗的计算	工业	规上工业能源消耗量×能源碳排系数	能源消耗量	煤炭、燃料油、汽油、柴油、煤油、炼厂干气、液化石油气、天然气、外购热力、外购电力	《武汉市统计年鉴》
			能源碳排系数	煤炭、燃料油、汽油、柴油、煤油、炼厂干气、液化石油气、天然气、外购热力、外购电力碳排系数	《综合能耗计算通则》(GB/T 2589-2020)、《省级温室气体清单编制指南》、《2011年和2012年中国区域电网平均二氧化碳排放因子》
	建筑	建筑用电量×电力碳排系数+建筑天然气消耗量×天然气碳排系数	能源消耗量	全社会用电量、农林牧渔业用电量、工业用电量、交通运输仓储邮政用电量、居民家庭销售气量、销售气量	《武汉市统计年鉴》
			能源碳排系数	电力碳排系数、天然气碳排系数	《综合能耗计算通则》(GB/T 2589-2020)、《省级温室气体清单编制指南》、《2011年和2012年中国区域电网平均二氧化碳排放因子》、《建筑碳排放计算标准》(CB/T 51366-2019)
	农业	农用柴油×柴油碳排系数+农林牧渔用电×电力碳排系数	能源消耗量	农用柴油、农林牧渔用电量	《武汉市统计年鉴》
			能源碳排系数	柴油碳排系数、电力碳排系数	《综合能耗计算通则》(GB/T 2589-2020)、《省级温室气体清单编制指南》、《2011年和2012年中国区域电网平均二氧化碳排放因子》

①由于交通部门只统计运营车辆用油,缺乏其他部门及私人车辆油耗数据。

续表

计算类型	要素类型	计算公式	数据类型		数据来源
基于能源活动的计算	交通	车辆保有量×年行驶里程×单位里程碳排放系数＋公路客货运周转量×单位里程碳排放系数	保有量	私人小汽车、新能源小汽车、公共汽车、公共电车、出租车、轨道交通保有量	《武汉市交通发展年度报告》等
			周转量	公路客货运周转量	《武汉市统计年鉴》
			年行驶里程	私人小汽车、新能源小汽车、公共汽车、公共电车、出租车、轨道交通平均运距	《武汉市交通发展年度报告》
			单位里程碳排放系数	私人小汽车、新能源小汽车、公共汽车、公共电车、出租车、轨道交通、公路客运及公路货运单位里程碳排系数	《道路机动车大气污染物排放清单编制技术指南》等
	市政	废弃物及给排水处理量×单位废弃物、污水处理及供水碳排系数	废弃物及给排水处理量	工业危险废物处理量、医疗废物处理量、城市生活垃圾焚烧量、供水量、污水处理量	武汉市生态环境局《武汉市固体废物污染环境防治信息公告》、武汉市水务局《武汉市水资源公报》等
			单位废弃物、污水处理及供水碳排系数	废弃物碳含量、矿物碳在碳总量的百分比、燃烧效率、自来水供应碳排系数、市政中水供应碳排系数、污水排放碳排系数	《省级温室气体清单编制指南》《中国绿色生态城区规划建设碳排放评估方法、数据、评价指南》等

3. 构建"双碳"算术,建立国土空间规划碳影响评估框架

"双碳"算术的构建过程采取"三步走":首先是转换基本公式,将基于能源核算的"底数"公式转换为空间计算逻辑,根据各类"双碳"空间要素的底数值,结合现状空间要素规模,推算或验算各要素单位空间活动的碳排强度。其次是拆解影响因子,充分考虑各类空间要素的碳影响机制,选择在城市尺度可量化、可反映未来趋势的关键性因子,包括空间使用规模、空间使用行为、空间建设标准及能源结构变革等四类。最后是构建计算模型,以空间要素活动水平与单位空间活动碳强度的乘积为基础公式,叠加各类影响因子,以武汉为例,形成各类"双碳"空间要素的计算模型(见表2)。

(1)工业

现状工业碳排是基于规上工业能源消耗量进行核算的,考虑到其与工业产值密切相关,可转换为以工业用地面积及地均工业产值为基数的规划计算逻辑。根据现状"底数"值推算得到单位工业产值碳排强度。考虑到单位工业产值碳排受到工业用地能耗水平、集约节约水平及能源结构调整等因素影响,选取单位工业GDP能耗下降水平、绿电比例系数等城市层面可量化的因子,形成计算模型。

(2)建筑

建筑碳排的空间计算,应将活动水平由建筑能耗转化为建筑面积,单位建筑面积的排放因子可根据

现状"底数"进行推算。影响建筑碳排的因子既包括各类功能的建筑面积等空间规模类因子,也与空置率、新建(改造)建筑比例、能源结构转型息息相关。综合考虑城市层面各因子量化的难易程度,将空置率、超低能耗及零能耗建筑占比、能源结构转型等综合量化为建筑能耗强度降幅,形成建筑碳排的规划空间计算模型。

（3）交通

重点围绕城市客运及公路客货运交通开展交通碳排计算。针对城市客运交通,为体现空间规划方案对交通碳排的影响,宜建立以各类交通方式出行量为活动水平、以单位出行量碳排为排放因子的计算逻辑。相关影响因子既包括出行次数、出行距离等规模类因子,也包括出行结构、单辆交通工具载客量、能源结构转型、新能源车占比等;针对公路客货运交通,综合考虑未来客货运周转总量及公路运输占比的变化趋势,结合能源变革因子影响,形成计算模型。

（4）市政

市政碳排分为固体废弃物及城市给排水。除工业危险废弃物,生活垃圾、医疗危险废弃物、给排水规模均与人口规模呈正向关系。因此,为建立与空间规划方案的关联,可转化为以人口规模、人均固体废弃物及给排水规模为主要活动水平的计算逻辑。考虑到相关影响因子包括处理方式、再循环再利用使用率及能源结构转型等,选择回收利用率、焚烧处理率、雨污再利用率、生活污水处理率等可量化的因子,综合优化形成市政碳排的规划空间计算模型。

（5）农业

考虑到农业碳排主要来源于耕作过程中的能源消耗[1],因此在农业碳排的空间计算中,将播种面积及单位播种面积碳排系数设定为活动水平及排放因子。考虑到播种面积与耕地面积及复种指数相关,单位播种面积碳排系数则受到农作物机械化水平及能源结构转型等影响,综合得到农业碳排的规划空间计算模型。

（6）农林及生态空间碳汇

目前碳汇计算公式本就以各类型碳汇要素空间规模为活动水平,进一步拆解为独立占地及非独立占地碳汇:对于独立占地碳汇,以耕地、园地、林地、草地、湿地、陆地水域及绿地与开敞空间的占地面积为活动水平参数;非独立占地碳汇按照绿化投影面积与绿地面积的差值计算活动水平。综合考虑各类影响因子在城市层面的可量化程度[2],得到农林及生态空间碳汇的规划空间计算模型。

---

①牧渔等养殖业主要产生来自牲畜肠道的甲烷等气体,按照生态环境部2021年1月发布的《省级二氧化碳排放达峰行动方案编制指南》,温室气体清单仅计算二氧化碳一种温室气体,因此暂不考虑牧渔等养殖业。同时考虑到园地及林地的碳排总量占比较低,也暂不列入计算[26]。

②考虑到绿地与开敞空间的几何形态特征、植物配置特征、分布格局特征等在城市尺度难以量化,暂不纳入计算模型。

表2　武汉市国土空间总体规划"双碳"算术框架

要素	基本公式		影响因子				计算模型
	转换前	转换后	空间使用规模	空间使用行为	空间建设标准	能源变革	
工业	规上工业能源消耗量×单位能源碳排系数	工业产值×单位工业产值碳排系数	工业用地面积	地均工业产值	工业用地集约节约水平	能源结构调整、非化石能源使用	工业用地面积×地均工业产值×单位工业GDP能耗下降水平×单位工业产值碳排×化石能源消费结构系数×绿电比例系数
建筑	建筑用电量×单位用电碳排系数+建筑用气量×单位用气碳排系数	建筑面积×单位建筑面积碳排系数	城镇住宅、商业及办公建筑、公共服务及设施建筑、农村住宅建筑面积	空置率	新建、改造、保留建筑占比;超低能耗及零能耗建筑占比	能源结构转型、可再生能源使用	建筑面积(城镇住宅、公共服务及设施建筑、商业及办公建筑、农村住宅)×单位建筑面积碳排×新建、改造及保留建筑占比系数×能耗强度降幅
交通	各类交通工具保有量×年行驶里程×单位里程碳排系数+公路客货运周转量×单位里程碳排系数	各类交通工具出行量×单位出行量碳排系数+公路客货运周转量×单位里程碳排系数	出行人次、出行距离、客货运周转总量	出行方式、公路运输占比	单辆交通工具载客量	能源结构转型、新能源车占比	出行总量×各类交通出行占比系数×出行距离×单辆交通工具载客量×单位里程碳排×新能源车占比系数×绿电比例系数+客货运交通总量×公路运输占比×单位周转量碳排×新能源车占比系数×绿电比例系数
市政	废弃物处理量×单位废弃物处理碳排系数+给排水规模×单位给排水处理碳排系数	人口规模×人均废弃物及给排水规模×碳排系数	人口规模、人均固体生活垃圾量	处理方式、再循环再利用使用率	设施布局及建设标准	能源结构转型、可再生能源使用	(人口规模×人均生活垃圾处理量+工业危险废弃物处理量+医疗废弃物处理量)×回收利用系数×焚烧处理方式系数×单位固体废弃物处理碳排系数+人口规模×人均给排水处理量×再利用系数×处理方式系数×单位给排水碳排系数
农业	农用柴油量×单位用柴油碳排系数+农林牧渔用电量×单位用电碳排系数	播种面积×单位播种面积碳排系数	耕地面积	复种指数	农业机械化水平	能源结构转型	耕地面积×复种指数×单位播种面积碳排×综合机械化率×化石能源消费结构系数×绿电比例系数

要素	基本公式		影响因子				计算模型
	转换前	转换后	空间使用规模	空间使用行为	空间建设标准	能源变革	
农林及生态空间碳汇	碳汇面积×单位面积碳吸收系数	独立占地碳汇面积×单位面积碳吸收+非独立占地碳汇面积×单位面积碳吸收系数	耕地、园地、林地、草地、湿地、陆地水域及绿地与开敞空间	复种指数	几何形态特征、植物配置特征、分布格局特征	—	耕地面积×复种指数×单位播种面积碳吸收系数+林地、园地、湿地、绿地及水域面积×单位面积碳吸收系数+（绿化投影面积−绿地面积）×单位面积碳吸收系数

基于此,搭建完成市级国土空间总体规划"双碳"计算模块的要素层、底数层及算术层(见图5)。

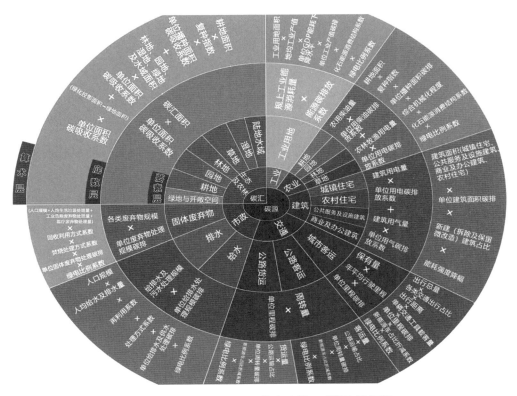

图5　市级国土空间总体规划"双碳"计算框架

三、武汉的规划验证

以《武汉市国土空间总体规划(2021—2035)》为例,对"碳模拟"计算模型进行测试验证。

(一)数据基础

本次"碳模拟"空间计算边界为武汉市市域范围(8569.15平方公里),考虑到2020—2021年受新冠疫情影响,以2019年为碳核算"底数"的基期年,对2035年碳影响水平进行模拟预测。相关数据分为以下三类。

一是空间要素活动水平类,即表征规划空间活动规模的数据,包括规划人口规模、规划用地规模、规划工业总产值、规划期出行总量等,主要来源于《武汉市国土空间总体规划(2021—2035)》及相关专项规划。

二是空间要素排放因子类,即规划空间活动的碳排系数,主要来源于国家、省市相关标准及国内外权威研究报告,并基于武汉市2019年碳排底数核算进行推导验证,从而保证了该数据与地方实际情况的贴合①。

三是未来相关影响因子类,主要依据武汉市各部门制定的各领域"十四五"发展规划,考虑到目标值多仅针对"十四五"期间,研究基于历史演变情况及"十四五"目标值对2035年进行了线性推演,并分别取高值及低值进行情景模拟。

(二)碳达峰碳中和曲线模拟预测

基于上述各类数据,结合城市"碳模拟"模块,首先对六大类要素进行碳影响水平的模拟计算,在空间计算基础上,同时采取多元数据进行校核,如交通及农业碳排分别同时利用交通保有量及农作物产量数据对计算结果进行校验。在此基础上,汇总形成武汉市碳达峰碳中和的情景模拟曲线(见图6)。

根据高碳排及低碳排方案的情景模拟计算结果,武汉市碳达峰时间均为2030年,峰值将达到12040.89万~13360.4万吨,碳排与碳汇规模的上下浮动值均达到总量的10%~15%,表明未来减排增汇的潜力较大。按照合理值对各计算参数进行取值,预计武汉市2030年峰值达到12893万吨,碳赤字水平约为89.85%,单位GDP碳排强度下降到2005年的84%,满足国家"双碳"目标要求。

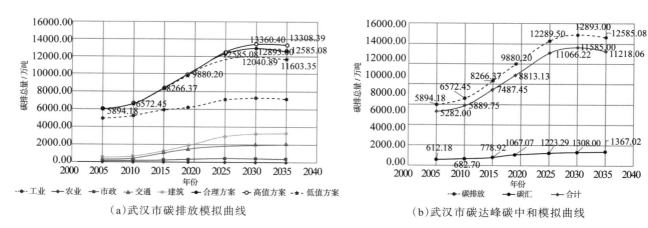

(a)武汉市碳排放模拟曲线　　　　　(b)武汉市碳达峰碳中和模拟曲线

图6　武汉市国土空间总体规划"碳模拟"分析

对达峰年各要素的碳影响水平进行比较分析,发现以下几点。

①根据"双碳"底数计算框架,计算得到武汉市2019年碳排总量为9880.2万吨,与武汉市生态环境局《武汉市二氧化碳排放达峰评估报告》发布的2019年碳排总量9538.9万吨数值相当。

一是工业碳排占比最大,达到2030年碳排总量的57%,是影响碳达峰时间及峰值的重点领域。尽管能源结构调整可降低10%左右的工业碳排增量,但减排效果仅达到单位GDP能耗降低举措的1/7。

二是建筑碳排情景模拟方案的浮动最大,接近峰值浮动水平的一半,是发挥减排潜力的关键领域。建筑碳排增量主要来源于新建建筑,尤其是城镇住宅建筑占新建建筑碳排比例达到75%,建筑节能仅能减少约7%~11%的新建建筑碳排。

三是交通碳排的增长速度最快,从2005—2030年,交通碳排放量增长6倍,远大于工业及建筑的1.5~3倍。出行总量上升是碳排增长的主要原因,出行结构优化的减排效果达到能源结构调整的0.9~1.2倍,减排潜力更大。

四是市政的减排措施效果最明显,市政碳排增量主要来源于废弃物及用水规模的增加,对于废弃物而言,回收利用、焚烧发电等使用行为方式的改变,可完全抵消人口增长带来的废弃物碳排;但对于给排水而言,雨污再利用的减排潜力仍有提升空间,原因在于目前中水处理过程的碳排增量还远大于给水工程。

五是农业碳排已跨过碳达峰拐点,但未来有逐步反弹的态势。农业碳排增量主要来源于综合机械化率及复种指数的提升,尽管能源结构调整可以抵消至少60%的碳排增量,但仍需谨防未来机械化率提升带来的碳排反弹。

六是碳汇增量主要与耕地复种指数、单位播种面积碳吸收强度及非独立占地绿化面积等相关,尤其是复种指数带来的碳吸收效益已达到碳排效应的15倍左右,未来有待通过提高农作物单产、复种指数激发耕地碳汇潜力,通过提升城市绿量来提高非独立占地碳汇潜力。

(三)关键因子及时点

基于上述"碳模拟"计算结果,结合我国"3060"碳达峰碳中和的总体目标要求,对其中的关键因子及关键时点进行分析,围绕实现经济、社会及生态多维目标、最大化发挥减排增汇潜力等方面,为自然资源的时空配置优化提供支撑。

1. 关键因子

以2019年碳排碳汇总量为基数,拟通过计算各项影响因子产生的碳影响值变化量及相对自身量值的变化程度,来衡量各项因子的贡献度及敏感度(见图7)。其中,贡献度可体现各类因子对于碳排碳汇变化量及变化速度的影响,敏感度可从侧面反映各类因子减排增汇的效益成本比。

分析发现,工业用地面积、工业用地地均产值、单位GDP生产能耗降幅、能源结构调整、新建建筑规模、出行次数、出行结构是对未来碳排规模贡献度及敏感度相对较高的关键因子。其中:空间使用规模类因子对碳排增量的贡献度普遍较高,如工业用地面积、出行次数、废弃物产生量、新建建筑规模等。这类因子的取值不仅直接决定了碳排的增量、增速及达峰时间,而且是表征城市发展规模的重要参数,因此也决定了碳排强度的高低;空间使用行为类因子对碳影响值的敏感度及贡献度均相对较高,如单位GDP生产能耗降幅、出行结构、平均出行距离、废弃物回收利用率等。作为表征城市发展质量的重要指标,这类因子的取值决定了碳排减量的规模与速度,对于降低碳排总量及强度可发挥"四两拨千斤"的效果;空间建设技术类因子的敏感度及贡献度相对较低,是表征城市空间品质的重要指标,如建筑节能系数、废弃物焚烧发电量等;能源结构调整类因子对工业碳排影响的敏感度相对贡献度更高,对其他要素的影响作用相较于工业偏低。

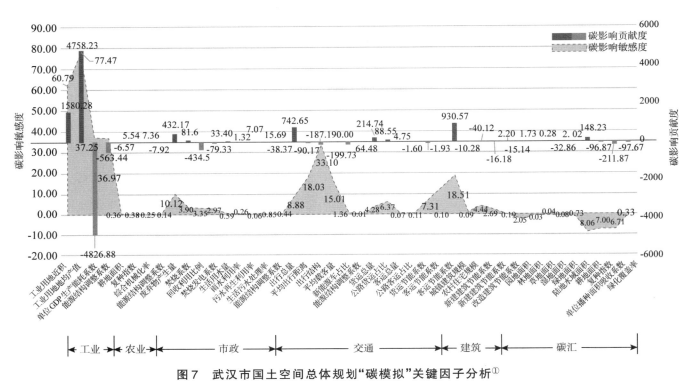

图7 武汉市国土空间总体规划"碳模拟"关键因子分析①

2. 关键时点

达峰年是评价"双碳"目标实现程度的重要指标,而碳达峰增速及增量拐点又是影响达峰时间的关键时点(见图8)。"碳模拟"计算结果表明,武汉市大约在2021年及2025年分别实现碳排放的增速及增量达峰。因此,有必要划分三个时段,针对各类关键因子进行分阶段导控。

一是加速增长期(2022—2025年):2025年碳排放增量达峰意味着增速已降至零,按照国家"3060""双碳"目标要求,此阶段应以碳排强度管控为主、总量管控为辅[27],因此应聚焦空间使用规模类因子的调控。从"碳模拟"计算结果来看,将工业用地面积、新建建筑规模、出行次数等因子的增量集中投放在此阶段,并保证年度增量逐渐降低的总体趋势,可保证2030年如期实现碳达峰。因此,这一阶段是各类资源要素集中加速投放的重要窗口期。

二是系统优化期(2025—2030年):为实现2030年碳排放总量达峰,此阶段仍应强调碳排强度及总量双管控,不仅应逐步下调空间使用规模类因子的年度增量,而且应加强对于空间使用行为类因子的调控,从而为达峰后的碳排减量奠定基础。尤其是随着节能成本提高及节能潜力下降[28],节能减排的边际

---

①对于工业及农业要素,为综合分析能源结构调整的影响,将化石能源消费结构系数及绿电比例系数合并为能源结构调整系数。

效益逐步降低,宜加强对单位GDP生产能耗降幅、出行结构等因子的调整,通过系统层面的整体优化,实现空间碳排放影响机制的改变。

三是精细调优期(2030—2035年):此阶段的任务是抑制碳排总量反弹、逐步提高减排的速度及规模,应强调对碳排总量及降速的管控。因此,可在系统优化的基础上,以空间使用行为及空间建设技术类因子的调控为重点,进一步提升空间质量及空间品质,同时逐步缩紧各类资源要素的投放规模,根据功能调校需求,精准投放各类用地。

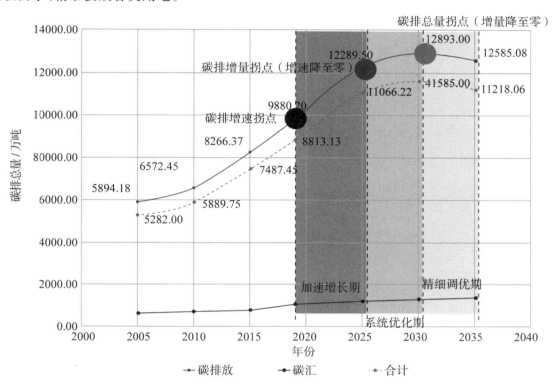

图8　武汉市国土空间总体规划"碳模拟"关键时点分析

(四)国土空间规划优化建议

基于上述分析,围绕规模、底线、结构、用地、设施以及"碳管控"与"碳监测"闭环的构建等方面,对国土空间规划提出优化建议。

1. 城市规模:建立分时、分区的精细化管控制度

研究表明,大城市和中等规模城市较小城镇的能源利用效率更高、节能减排效果更好[29]。然而,随着城镇化率的提高,城市边际减碳成本也随之增加[30]。从"碳模拟"计算结果来看,应结合城市发展的阶段,强化对于工业用地规模、新建建筑规模的分时调控,尤其是从二维用地升级为三维强度管控。武汉目前刚刚出台了居住用地强度管理新规,建议在此基础上,进一步加强强度分区的精细化管控,如可借鉴北京建筑规模流量指标池的做法,针对节能减排重点区域,将建筑规模指标与碳排增量挂钩,根据城市减排阶段及区域碳排规模,设置差异化的建筑规模流量预警红线。

2. 底线管控:建立碳汇强度管控及碳汇影响评估制度

永久基本农田及生态保护红线是保障碳汇空间规模的重要政策工具。考虑到未来农业及生态空间的用地规模增长潜力有限,有必要以提升碳汇能力为治理导向,建立碳汇强度管控及碳汇影响评估制度。如加强对于复种指数、单位播种面积碳吸收能力等反映碳汇强度指标的多维管控;将碳汇能力评估,作为识别和划定基本农田土地整治区及生态修复区的依据之一[2];将碳汇影响评估,作为生态区项目选址的前提性必要条件。武汉市目前建立了基本生态控制线制度,建议以此为基础,在生态区准入制度中增设碳排及碳汇影响评估,包括分析项目准入后的碳排及碳汇影响程度及制定相应的减排增汇措施。

3. 空间结构——交通模式:构建一体化的空间格局及建设机制

为发挥优化交通出行结构的减排潜力,有必要加强构建城市空间结构—交通模式的耦合机制,在功能格局及用地供给上强化与交通设施的协调一体化。在功能布局上,强化"大廊道、多模式、大复合、小混合"布局模式,一是强化构建多模式交通走廊,围绕廊道布局城镇和城市功能,优化交通出行结构;二是形成多中心组团化功能结构,各组团强化内部职住服功能复合,各地块在凸显主导功能基础上适当混合业态,减少出行强度及出行距离;在用地供给上,提升轨道交通建设与供地节奏的时序协调性,结合交通建设同步调整供地投放的节奏与区位,避免出行距离的过快增长。

4. 土地利用:构建工业用地分类及绿地分级的精细化管控体系

工业用地与绿地是城镇建设区中影响碳循环过程的核心空间载体,然而目前的用地管控方式与其碳影响机理尚未建立匹配关系,有必要构建以减排增汇为导向的精细化管控体系。针对工业用地,由于各类产业的能耗水平存在明显差异,同一小类工业用地的碳排放强度浮动范围较大,建议在现有工业用地分类基础上,按照不同产业门类的碳排放强度进行用地细分,构建工业用地精细化碳排管控及监测机制;针对绿地,考虑到在不同空间尺度下,绿地的规模、格局、形态及植物配置类型等能产生不同程度的减排增汇效果,因此有必要在不同层级的绿地专项规划中,增设反映碳汇强度的差异化管控指标,如市级层面增设绿地分布格局管控,街区层面强化绿地几何形态管控等[31]。

5. 基础设施:构建多层次的能源、固废及水资源处理设施管控体系

面向能源供应、固体废弃物及水资源处理设施,有必要构建多层次的规划管控体系。区域层面,需统筹重大基础设施的布局,尤其是考虑到武汉市周边区域新能源资源分布及消纳能力有一定差异,建议综合考虑能源需求、生态环境、空间规模、运输效率等因素,统筹布局各类可再生能源区域及设施;市域层面,一方面对未来能源基础设施的空间需求做好充分预留[2],另一方面对现有城市基础设施提出系统化改造升级的方案,如按照《污水处理厂低碳运行评价技术规范》,将低碳运行评价作为制定给排水设施改造升级方案的依据[32];街区层面,充分挖掘存量空间,为社区级的能源设施布局预留空间[33]。

6. 实时监督:构建"碳模拟—碳管控—碳监测"数字化传导闭环

基于国土空间规划体系,构建"碳模拟—碳管控—碳监测"数字化传导闭环。

针对"碳模拟—碳管控"的数字化传导,将碳模拟关键因子与关键时点转化为"碳管控"指标:一是行动层指标,结合各类专项规划编制工作,将近中期的关键因子管控要求转换为各部门的行动指南和任务清单;二是规划层指标,基于地块"碳模拟"计算,评估减碳增汇潜力,划定减碳增汇的重点单元与一般单元,围绕用地、设施、强度及环境等,构建差异化的详细规划管控指标体系(见图9)。

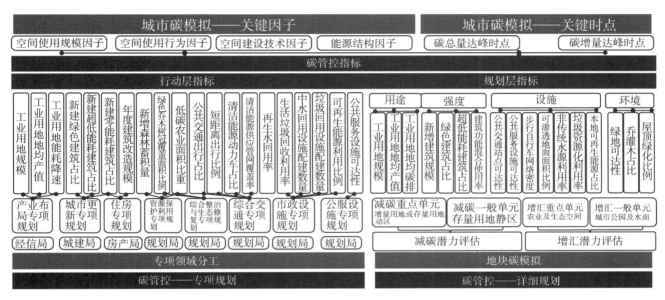

图9 "碳模拟—碳管控"数字化传导分析

针对"碳模拟—碳监测"的数字化传导,一方面分领域监测各类要素碳排及生态系统碳汇,依托国土空间规划基础信息平台对具体地块和建设项目的能源消耗、碳排放及碳汇数据进行精确监测,拓展自然资源调查和监测体系[5];另一方面将"碳管控"指标纳入城市体检评估指标体系,实时评价各项指标的实现度,并将实测值带入"碳模拟"模块,对关键时点进行实时仿真计算,根据"双碳"目标的完成度,形成实时预警机制(见图10)。

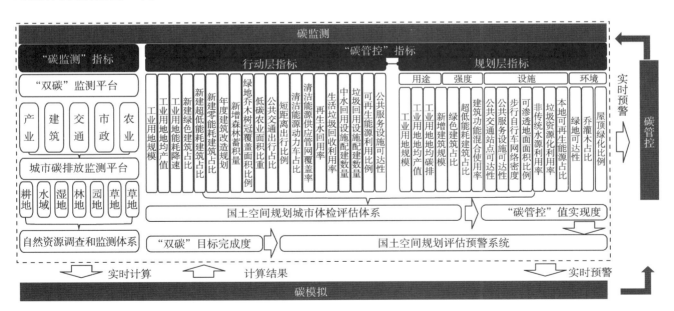

图10 "碳模拟—碳监测"数字化传导分析

四、结语及启示

国土是生态文明建设的空间载体,"双碳"是生态文明建设的关键目标。国土空间规划是推进生态文明建设的顶层设计,即实现"双碳"目标的关键路径。因此,将"双碳"纳入国土空间规划体系是实现高质量发展的应有之义,也是推动生态文明建设实现系统性变革的必然举措。于"双碳"工作,国土空间规划可优化资源配置、提升路径选择的效率;于国土空间规划,"双碳"目标可以为国土开发保护最优格局的形成,提供科学理性的逻辑支撑。尽管两者存在深刻的内在逻辑关联,但倘若仅仅做"加和"工作,不仅难以相互助力,更无法在系统层面推进生态文明建设变革。两项工作融合的难点,既来源于其自身面临的复杂性与不确定性,也来自融合后的"超学科性"。因此,有必要利用数字科学技术的赋能,发挥计算语言学的跨学科本质与强求解力[34],在"双碳"工作与国土空间规划之间建立系统层面的逻辑与规则转换共识。

基于"双碳"工作与国土空间规划之间的内在逻辑,在系统层面搭建涵盖"碳模拟""碳管控""碳监测"的整体框架,构建"碳空间"的数字化跟踪闭环。重点针对"碳模拟"模块,基于碳影响值等于活动水平与排放因子乘积的计算逻辑,按照能源活动碳核算转换为空间活动碳计算的整体思路,采取"认识—承接—建立"的层层递进式规则转换方法,搭建国土空间规划的"双碳"计算框架。首先是识别"双碳"空间要素,即在各项国土空间活动中识别产生碳排与碳吸收效应的各类空间要素,共计六大类22小类;其次是摸清"双碳"空间底数,即承接现有碳核算的逻辑与依据,为能源活动与空间活动的排放因子转换奠定基础;最后是构建"双碳"算术,将转换后的空间活动排放因子,叠加影响未来活动的各项因子,构建各类要素的规划计算模型。在此基础上,以《武汉市国土空间总体规划(2021—2035年)》为例进行模拟测试,基于各项影响因子的贡献度及敏感度分析,明确决定未来碳影响水平的关键因子及关键时点,从而确定各项空间举措的主与次、远与近,为国土空间规划体系优化提供支撑。

本次研究较现有的碳核算预测工作,在要素覆盖、目标预测和路径管控上更能发挥优势:既可全面反映自然资源全要素的现状碳排碳汇值,也可理性预测国土空间规划方案的碳影响水平,并可以此为依据实现"双碳"目标的过程管控。当然,现有研究还存在若干不足,如尚未考虑未来气候变化周期、各类要素之间的交叉影响机制以及各项因子取值的有限理性等,下一步既有必要进一步优化完善"碳模拟"的计算框架、启动开展"碳监测"及"碳管控"模块建设,尤其是通过地块级计算,实现"双碳"目标的精细化空间管理,同时也亟待借助不同气候条件、经济社会发展水平地区的实践,不断修正调校计算逻辑,依此构建国土空间规划的"双碳"治理闭环。更加值得深思的是,本研究依托数字科学技术的赋能,打破跨学科研究壁垒的基本逻辑思路,值得进一步加以提炼并推广,从而来解决更多超越传统学科界限的实际问题。

参考文献：

[1]陆昊.全面推动建设人与自然和谐共生的现代化[EB/OL].(2022-06-01)[2022-07-22].https://baijiahao.baidu.com/s?id=1734397233331460117&wfr=spider&for=pc.

[2]熊健,卢柯,姜紫莹,等."碳达峰、碳中和"目标下国土空间规划编制研究与思考[J].城市规划学刊,2021(4):74-80.

[3]冯长春,赵燕菁,王富海,等.城市规划面向碳中和的规划响应[J].城市规划,2022,46(2):25-31.

[4]石晓冬,赵丹,曹祺文."双碳"目标下国土空间规划响应路径[J].科技导报,2022,40(6):20-29.

[5]林坚,赵晔."双碳"目标下的国土空间规划及用途管控[J].科技导报,2022,40(6):12-19.

[6]王伟,邹伟,张国彪,等."双碳"目标下的城市群国土空间规划路径与治理机制[J].环境保护,2022,50(1):64-69.

[7]叶祖达,王静懿.中国绿色生态城区规划建设:碳排放评估方法、数据、评价指南[M].北京:中国建筑工业出版社,2015.

[8]李晓江,何舸,罗彦,等.粤港澳大湾区碳排放空间特征与碳中和策略[J].城市规划学刊,2022(1):27-34.

[9]李毅,任云英.上海市城市总体规划碳排放核算方法研究[C]//活力城乡美好人居——2019中国城市规划年会论文集.北京:中国建筑工业出版社,2019:166-175.

[10]郭洪旭,肖荣波,李晓晖,等.城市控制性详细规划的碳排放评估[J].城市规划,2019,43(9):86-94.

[11]姜洋,何永,毛其智,等.基于空间规划视角的城市温室气体清单研究[J].城市规划,2013,37(4):50-56,67.

[12]陈莎,李燚佩,程利平,等.基于LCA的北京市社区碳排放研究[J].中国人口·资源与环境,2013,23(S2):5-9.

[13]崔金丽,朱德宝."双碳"目标下的国土空间规划施策:逻辑关系与实现路径[J].规划师,2022,38(1):5-11.

[14]徐飞,沈迟,许景权.国土空间规划环境影响评价编制逻辑和构建要点[J].城市规划学刊,2022(2):35-40.

[15]田云,林子娟.巴黎协定下中国碳排放权省域分配及减排潜力评估研究[J].自然资源学报,2021,36(4):921-933.

[16]蔡博峰.中国城市温室气体清单研究[J].中国人口·资源与环境,2012,22(S1):21-27.

[17]刘竹,耿涌,薛冰,等.城市能源消费碳排放核算方法[J].资源科学,2011,33(7):1325-1330.

[18]高原,刘耕源,陈操操,等.面向对标的我国城市温室气体排放核算方法框架[J].资源与产业,2022,24(3):1-14.

[19]World Resources Institute, C40 Cities Climate Leadership Group, ICLEI-Local Governments for

Sustainability. Global Protocol for Community-Scale Greenhouse Gas Inventories[EB/OL].(2014-12-08)[2022-07-20].https://ghgprotocol.org/greenhouse-gas-protocol-accounting-reporting-standard-cities.

[20]国家发改委气候司.省级温室气体清单编制指南(试行)[S].2011.

[21]广东省生态环境厅.广东省市县(区)温室气体清单编制指南(试行)[S].2020.

[22]世界资源研究院,中国社会科学院城市发展与环境研究所,世界自然基金会.城市温室气体核算工具指南(测试版1.0)[Greenhouse Gas Accounting Tool for Chinese Cities(Pilot Version 1.0)][EB/OL].[2022-07-25]. https://ghgprotocol.org/chinese-city-tool.

[23]叶祖达.温室气体清单在城乡规划建设管理中的应用[J].城市规划,2011,35(11):35-41.

[24]朱方伟,张春枝,陈敏,等.武汉市城镇住宅建筑碳排放分析及总量核算研究[J].建筑节能,2021,49(2):25-29,35.

[25]朱方伟,张春枝,陈焰华,等.武汉市公共建筑运营阶段碳排放研究[J].暖通空调,2018,48(12):71-76.

[26]唐洪松.西北地区土地利用碳排放效率及减排潜力研究[D].新疆:新疆农业大学,2021.

[27]谭显春,郭雯,樊杰,等.碳达峰、碳中和政策框架与技术创新政策研究[J].中国科学院院刊,2022,37(4):435-443.

[28]林伯强,刘希颖.中国城市化阶段的碳排放:影响因素和减排策略[J].经济研究,2010,45(8):66-78.

[29]武俊奎.城市规模、结构与碳排放[D].上海:复旦大学,2013.

[30]魏楚.中国城市CO_2边际减排成本及其影响因素[J].世界经济,2014,37(7):115-141.

[31]王敏,宋昊洋.影响碳中和的城市绿地空间特征与精细化管控实施框架[J].风景园林,2022,29(5):17-23.

[32]中国环境保护产业协会.污水处理厂低碳运行评价技术规范(T/CAEPI49-2022)[S].2022.

[33]郑德高,吴浩,林辰辉,等.基于碳核算的城市减碳单元构建与规划技术集成研究[J].城市规划学刊,2021(5):43-50.

[34]李颖,冯志伟.计算语言学的超学科研究[J].现代外语,2015,38(3):407-415,439.

面向"双碳"目标的城市碳大脑系统构建研究

蒋洪强[1]　李　勃[2]　陈　冲[3]　左　渤[4]

1 国家环境保护环境规划与政策模拟重点实验室主任、研究员

2 国家环境保护环境规划与政策模拟重点实验室助理研究员

3 阿里云计算有限公司技术服务专家

4 阿里云计算有限公司高级架构师

摘要：实现碳达峰、碳中和，是以习近平同志为核心的党中央统筹国内国际两个大局做出的重大战略决策。城市"双碳"目标的实现需要从城市全局的角度统筹开展，深度触摸各要素、各行业、各领域之间的经济社会与碳排放耦合关系与共振效应，基于大脑的集"感知—核算—分析—决策"于一体的碳大脑系统建设成为重要手段。通过对城市碳大脑系统概念模型与架构体系的研究，搭建了以智能感知—跟踪分析—决策调控—运营服务为主体逻辑的城市碳大脑系统。城市碳大脑系统以"碳"为中心，旨在通过一系列新理念、新架构、新技术实现多要素、多行业、多利益主体的统筹与管理，为城市"双碳"工作定目标、定路径、绘施工图。同时城市碳大脑系统的构建也面临形式多变、规划不明、权责分歧和数据壁垒一系列挑战，落地过程中需要充分识别拟解决的关键问题和衔接好已有的其他数字化系统，以科技支撑做好决策与服务。

关键词：碳达峰碳中和；城市碳大脑；智能决策

一、研究开发城市碳大脑系统的重要意义

实现碳达峰、碳中和，是以习近平同志为核心的党中央统筹国内国际两个大局做出的重大战略决策。为做好碳达峰碳中和工作，党中央和国务院印发了《中共中央 国务院关于完整准确全面贯彻新发

展理念做好碳达峰碳中和工作的意见》《国务院关于印发2030年前碳达峰行动方案的通知》，作为我国"1+N"政策体系中的纲领性文件指导各级党委和政府、各行业和各领域的"双碳"工作。文件强调，要强化基础研究和前沿技术布局，加快先进适用技术研发和推广，要推动互联网、大数据、人工智能、第五代移动通信(5G)等新兴技术与绿色低碳产业深度融合。碳达峰碳中和是一场经济社会系统性变革，是一项复杂工程和长期任务，其深层次问题在于能源结构、产业结构、交通结构和用地结构的变革与重塑，实现"双碳"目标，推动经济社会绿色转型的关键驱动力来源于科技创新和技术进步，特别是高耗能、高排碳行业低碳、零碳、负碳先进技术的应用与实践是当务之急。

相关机构关于重点行业/领域的我国碳排放达峰路径研究显示，电力、钢铁、水泥、铝冶炼、石化化工、煤化工共六个重点行业以及建筑、交通两个重点领域合计贡献了我国碳排放的90%以上(不含港澳台地区数据)[1]，但目前六个重点行业能效优于国家标杆水平的产能约占2%~20%，能效低于基准水平的产能约占20%~40%，各行业绿色低碳、零碳、负碳技术推广与普及水平参差不齐，能效水平差异较大。现阶段我国传统行业的技术路线和生产实践与煤炭消费依旧深度挂钩，这也决定了碳排放高居不下的现状与事实。科技创新和技术进步旨在推动能源、产业、交通和建筑等行业领域逐步实现转型和升级，走向新的与高碳排放脱钩的技术路线与生产方式。具体深入到技术层面来看，做好基础研究是实现科技创新的前提，对于基础研究的实践转化主要从两个方面出发，一个是生产工艺技术的革新，另一个是数字技术的运用，如人工智能技术的应用可以推动工业生产能耗大幅降低，数字基础设施绿色化已经成为发展趋势等，数字技术能有效改进生产工艺流程、提高设备运转效率、提升生产过程管理的精准性，从而实现生产效率和碳减排的双提升，是实现"双碳"目标的重要助力。

同时，城市是国家治理体系中承上启下最重要的实体单元，其兼具空间性和行政性，既是一定地域或空间内小区、楼栋、公寓、院落集聚而自然形成的综合体，也是居委会、公社、单位和社区等行政职能部门构成的具有强制性、计划性和规划性的综合体[2]。不同的城市因其资源禀赋、地理位置、经济社会、战略定位等处于不同的发展阶段，其"双碳"工作的现状、路径也存在显著差异，相关研究将我国城市的达峰类型划分为低碳潜力型城市、低碳示范型城市、人口流失型城市、资源依赖型城市和传统工业转型期城市五类[3]。不同类型城市的达峰方案设计应根据其达峰趋势类型而侧重不同的规划重点，对于产业结构偏重且化石燃料依赖较重的城市，应推动其尽快明确达峰时间和路径；对于工业较少且可能已经达峰的城市，应推动其在交通、建筑领域着重发力；对于还处于高速发展中的城市，应推动其走高质量发展道路。

由于实现"双碳"目标的必要性和紧迫性，不同类型城市对于"双碳"工作的不同定位推动以城市为边界、以"碳"要素为核心的碳排放、碳资源和碳资产综合管理，成为当下城市发展和治理过程中的重要需求。相关文件也指出，选择具有典型代表性的城市开展碳达峰试点建设，在政策、资金、技术等方面对试点城市给予支持，加快实现绿色低碳转型，为全国提供可操作、可复制、可推广的经验做法。可以说，全国层面是否可以碳达峰和碳中和直接由城市层面所决定，如何通过数字技术和数字化手段统筹在城市生产生活中"碳"这个要素的方方面面,帮助决策者全面、深入地管理城市碳排放,平稳、有序地推动城市碳达峰,积极、有效地促进城市碳中和就显得十分必要。在城市"双碳"工作中,政府、企业和个人分别扮演管理者、责任者和参与者的角色,区域、行业和城市分别是落实"双碳"目标的不同维度。无论哪一方和哪一个维度,"双碳"目标的实现都需要从全局的角度统筹开展、系统推动,深度触摸各要素、各维度之间的耦合关系与共振效应。因此,一个基于大脑中枢的集感知—核算—处理—分析—决策于一体的碳大脑决策系统是响应这一重要需求的有效技术手段。城市碳大脑系统旨在实现多要素、多维度、多利益相关方的统筹与协调,为城市"双碳"工作定目标、定路径、绘施工图,以科技创新做好决策与服务,其可以成为国家、城市"双碳"工作落实的重要助力。

二、城市数字低碳治理研究的进展

数字化手段运用到管理治理中由来已久,李新根等人[4-5]通过聚类分析将国内数字化治理研究从总体上划分为三个阶段,数字化治理研究的萌芽期(2003—2010)、数字化治理研究的发展期(2011—2016)和数字化治理研究的深化期(2017—2021)。数字化转型也是实现城市治理体系和治理能力现代化的重要途径[6]。当前城市治理数字化转型的研究主要集中在概念模型搭建[6]、体系形态确立[7]、战略思路设计[8]、治理逻辑梳理[9]、方式方法构建[10]和公共价值塑造[11]等方面,这与《中共中央关于坚持和完善中国特色社会主义制度 推进国家治理体系和治理能力现代化若干重大问题的决定》等重要文件精神是相符的。

在我国数字化治理进程中,相继出现"数字城市(digital city)""智慧城市(smart city)""城市大脑(city brain)"等概念,"数字城市"在广义上指城市信息化,其侧重于将城市规划、建设与运行中的各项数据进行采集、整合和处理,构建虚拟与现实结合的城市新生态。"智慧城市"是"数字城市"的进阶与发展,其理念逐步转向通过信息化手段实现城市治理的更优解,不再只满足于实体向数据的信息化转变。"城市大脑"概念由阿里巴巴王坚院士提出,有着我国城市治理的鲜明特色[12],是我国数字化治理进程中的一个具象表达与实体印证。"城市大脑"定位为由中枢、系统与平台、数字驾驶舱和应用场景等要素组成,以数据、算力、算法等为基础和支撑,运用大数据、云计算、区块链等新技术,推动全面、全程、全域实现城市治理体系和治理能力现代化的数字系统和现代城市基础设施[13]。城市大脑旨在解决地方政府决策的有限理性和城市治理结构的碎片化两个传统治理手段和行政管理体系面临的困境。目前,城市大脑已经在杭州、郑州、宜昌、海口等地方落地,市场布局也逐渐加速向县域城市和新城新区等中小型城市下沉。

在运用数字化手段推动城市绿色低碳发展方面,陈晓红院士[14]等强调了数字技术在碳达峰碳中和中的重要作用,提出了大数据、数字孪生、人工智能、区块链等数字技术推动我国能源行业碳中和的总体思路和主要路径。齐晔[15]等指出我国碳达峰和碳中和目标的提出和实施,在很大程度上改变了城市政府经济社会发展的方向和动力,实现碳中和目标要求城市政府开展系统性和针对性的治理创新,供给侧数字技术要为减排提供重要的技术支撑,需求侧数字技术要为消费者提供有效的激励引导。中国科学院情报所[16]把数字技术贯穿"零碳能源体系构建""低碳产业转型"和"生态固碳增汇/碳捕获、利用与封存(CCUS)"三个维度中,提出国际碳中和行动关键技术体系。另外,数字化手段作为创新城市治理的重要手段,很多研究者对数字化手段助力"双碳"工作在产业[17]、能源[18]、工业[19]、交通[20]、建筑[21]、农林和碳汇[22]等行业和领域做了探索和研究。但目前对于构建以"碳"为核心的城市治理数字化体系的相关研究较少,主要原因:一是以往数字化治理领域的研究主要从公共管理的角度出发,视角集中在"为何管""管什么""如何管"等问题上,而以往"双碳"路径的研究主要从环境管理的角度出发,视角集中在具体的领域和技术上;二是"双碳"工作背后的核心逻辑是经济社会系统性的全面变革的突破口和切入点,并不只是能源替代和减少碳排放的问题,社会各界对于正确认识和把握"双碳"工作还存在一些误区和误解;三是进入"十四五"以来形势复杂多变,相关研究还未跟上转瞬即变的新形势。

三、城市碳管理面临的若干挑战

在传统城市治理逻辑中,现代技术治理手段不足,主要依靠具有一定滞后性的统计数据反馈和管理决策者的经验判断,碳达峰碳中和对于城市管理者、企业经营者、民众参与者是全新的命题,对城市碳管理技术的研究开发提出了更高的要求,现阶段城市碳管理主要面临以下挑战。

第一,城市碳管理面临复杂多变的内外形势。在地缘冲突的影响下,全球面临能源、粮食和商品供需的波动,进而造成全球应对气候变化和气候治理的进程受阻,在此背景下,我国也面临经济下行的压力,"双碳"工作的实施困难重重,特别是能源供需紧张对部分城市生产生活形成较大冲击,还有部分地区和城市对于"双碳"工作存在误区,要么用力过猛搞"碳冲锋"和运动式"减碳",要么消极对待不了了之。从我国"双碳"工作的部署与安排来看,城市是制定达峰方案的基本单元之一,对于城市管理决策者而言,如何处理好经济下行压力、碳达峰目标倒推的压力和生态环境持续改善的压力,认清短期—中期—长期经济发展的主要矛盾,在复杂多变的新形势中识别城市发展的问题与挑战,找准城市在国家战略中的定位,保障经济长期平稳和高质量发展。

第二,城市碳管理缺少清晰的权责边界。在我国现行空间治理单元体系中,城市主要指地级市行政区和县级市,其中地级市行政区有333个,县级市有387个。碳管理职能分布在发改委、能源局、生态环境局、工信局、交通局和住建局等部门,部分生态环境局设置有专门的气候处室,大多数县级市没有设置专门的气候科室,基础薄弱、人员紧缺、权责模糊。目前大多数城市依据国家"1+N"政策体系构建城市"双碳"政策体系,其中"1"作为指导意见基本已印发,"N"的进度较慢且具体包括哪些政策内容不明确,城市层面"1"和"N"之间的辩证与逻辑关系不清晰,造成部门之间各自为政的局面。

第三,城市碳管理缺乏精细化的规划技术。目前各省、各城市"双碳"工作进度不一,发布碳达峰方案的城市较少,碳中和工作更是无从谈起,存在"雷声大、雨点小"的问题,持观望态度。其原因一是"双碳"工作对于城市管理者、企业经营者、民众参与者是新事物,碳排放分布在城市生产生活的方方面面,但城市治理中碳管理工作基础薄弱,统计数据匮乏而滞后,精化细管理技术缺乏;二是"双碳"工作推动能源结构革新和产业结构调整一段时间内会对城市经济发展有一些负面冲击,落后产能的淘汰短期无法被新能源、新产业所替代。需要从中长期角度科学规划城市碳达峰碳中和的时间表、路线图和施工图,明确不同类型的城市不同发展阶段的目标、任务与社会经济影响,科学、有序、平稳碳达峰,积极探索碳中和路径。

第四,城市碳管理存在孤立滞后的数据壁垒。数据壁垒主要表现为:一是很多统计数据仍然停留在表格化和纸质化,由于数字化程度低极大降低了数据融合的效率;二是出于对信息安全、公民隐私和规避责任的考虑,一些职能部门把数据信息封存起来,不愿或不敢共享;三是数据质量参差不齐,缺乏城市层面相关数据质量标准;四是数据统计滞后且高度依赖各部门已有的活动水平数据统计体系,存在数据信息难以共通共融、管理方式不统一、兼容性差、"采集—分类—归档—处理"标准欠缺、整合与共享处理机制不完善等现象与问题[23],其主要原因是部门之间缺乏有效的协同联动机制,城市缺乏动机与动力治理数据壁垒。

四、城市碳大脑系统体系构建研究

城市碳大脑并不是独立的概念,其与城市大脑紧密相连,城市碳大脑整体架构的概念模型并没有脱离城市大脑、智慧城市,但碳大脑抛开了城市大脑以空间治理单元——城市为核心的理念,转向一个要素"碳",这在城市数字化治理体系中是第一次出现,围绕碳在城市运行过程中相关社会经济活动来进行构建,统筹城市管理中各部门、各行业和各领域相关的数据、业务和机制,并给出减排路径。城市碳大脑主要承担两个基本功能:一是对历史、现在和未来城市运行中涉及碳的经济社会活动数据及时、准确和完整地收集、传递和保存;二是通过对与碳排放的相关数据加以分析、预测和模拟,进而辅助决策、助力治理。城市碳大脑拟发挥三方面作用:一是助力政府提高碳决策管理水平;二是助力部门加快推动行业碳达峰;三是助力企业落实碳减排责任。

(一)城市碳大脑总体架构

1. 技术架构

城市碳大脑概念模型的技术框架可分为三层架构或四层架构。三层架构包括基础感知层、网络传输层和顶端应用层。感知层以传感器、摄像头、计算机以及智能移动终端等技术为基础,通过IOT+区块链的技术收集和存储数据,保证数据安全可信,结合碳排放计算标准,对各区县、各行业碳排放量进行核算,包括关键指标分析监控、重点行业企业监控、碳排放追踪等功能;通过移动互联网、Wi-Fi、蓝牙等技术构成传输层,将感知层的碳排放相关数据直接传输到碳大脑技术框架终端的应用层;通过应用层中AI+数字化技术和决策优化模型研判达峰时间、分析达峰路线与模拟政策措施,通过数字化沙盘推演,评估城市碳排放是否符合城市发展需求。四层架构是在传输层与应用层之间加入云计算平台、服务支持平台、信息处理平台、网络管理平台和数据安全平台等管理平台层,实现城市群、流域区域等虚体性治理单元留存布局空间。

2. 业务架构

城市碳大脑的功能架构主要分为三部分(见图1)。一是通过有关数据汇集将政府分散的多网、多云、多库等信息基础设施进行资源整合与统一管理,提高信息资源使用效率,降低运维难度与成本。二是以碳为核心要素,将分散的城市活动水平、行业应用数据和企业运行信息通过中枢协议融合到碳大脑的中枢系统中,进行统一的碳排放数据核算和跟踪分析。三是业务贯通,通过碳中枢系统支持数字低碳、碳排放交易、碳金融等业务开展,同时构建面向政府的碳监管应用与碳沙盘推演应用,帮助政府、企业和个人管理好碳资产。

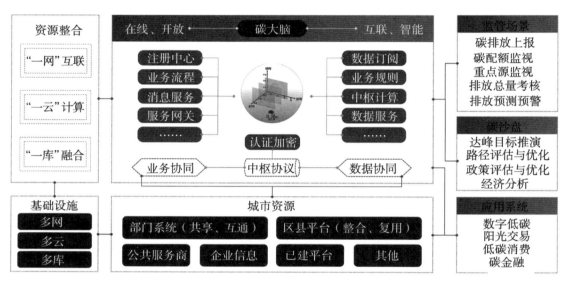

图1 城市碳大脑总体功能架构

城市碳大脑的业务架构主要包括四个子系统(见图2):数据感知采集系统、跟踪评估分析系统、智能决策调控系统、碳资产运营与公众服务系统。其中,数据感知主要包括原始表格数字化、业务系统接入、端口设备采集和大数据反演四种方式,通过多种采集方式完善碳排放相关生产生活基础数据,融合多源异构的数据,建立标准化数据库;跟踪评估主要包括多主体、多时空尺度的碳排放核算、基于投入产出的碳流跟踪和耦合社会经济指标的碳排放强度评估三个功能,实现城市碳排放的全景展示,准确把握碳排放与城市社会经济活动的关联关系;决策调控在碳排放核算的基础上使用EPS模型[24],按照行业分析、排放趋势分析、减排分析、减排成本、模型参数和目标确定六个步骤对政策进行量化分析,基于Kaya[25]的分解模型结合能源使用、经济产出及人口等因子解析碳排放来源,通过综合能源—碳排放集成模型[26](Integrated Carbon and Energy Model,ICEM),模拟不同能源和经济社会情景下碳排放的大小和不同路径的可行性。通过碳大脑把EPS-Kaya-ICEM模型集成,覆盖碳排放核算、排放驱动因素分析、未来排放路径分析、减排路径优选、多系统协同分析、投融资机制与风险评估等功能;碳大脑资产运营与公众服务系统旨在推动城市碳资源—资产—资本的转化,建立城市多主体(政府—企业—公众)碳账户管理体系,建设自愿减排方法学认证和申报体系,通过城市低碳运营,鼓励企业和公众参加自愿碳交易市场,带动低碳服务业的发展。

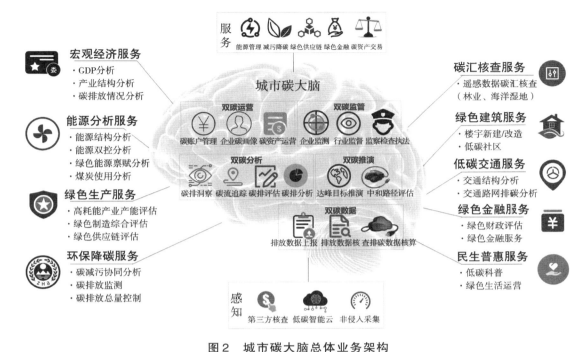

图2　城市碳大脑总体业务架构

(二)拟解决的关键问题

城市碳大脑的应用并不是先投入资源完成研究和开发再进行实践,而是在概念模型和架构的基础上面向对象,边研究边开发边应用,通过一定程度的实践反馈到概念模型和框架的修改,再进行目标化研究和定制化开发,城市碳大脑拟解决以下关键问题。

第一,明晰"先算再合"还是"先合再算"。现阶段主流的数字化信息化系统主要采用"先合再算"的方式统筹数据资源及利用多种网络传输技术、数字化技术把分散的多源异构数据进行收集整理标准化,建立数据库,在数据库的基础上进行数据加工和分析。另外一种方式"先算再合"则是基于分布式计算(distributed computing)思想,依托边缘计算(edge computing)设备在边缘节点完成数据的处理和计算,更适合大数据的快速处理和传输,在环境监测等领域已经有所应用。对于城市碳大脑来说,一方面需要整合各职能部门的统计数据,这部分数据更新频率不高,数据结构固定,适合进行统一采集处理;另一方面需要通过计量设备采集企业、机动车、个人行为等数据,这部分数据更新频率较高,特别企业层面是城市减排、控排最直接的受体单元,因此需采用"先算再合"和"先合再算"结合的方式。

第二,破除数据壁垒,强化数据安全。"数据壁垒"(data barrier)是城市数字化建设与治理过程中的顽疾和羁绊[23]。城市碳大脑并不是破除数据壁垒的完美答案,通过城市碳大脑的建设,一是可以推动建立城市多源异构数据采集、分类、整合、分析、发布、共用与共享的制度、标准和程序;二是通过城市碳大脑数据质量核查功能可以有效筛选无效、重复数据,提升进入碳大脑数据的质量;三是在保证部门利益和数据安全的情况下,碳大脑是推动梳理各业务部门之间的业务系统和数据,实现信息的融合共享,打通不同部门因地址标准不统一而形成的壁垒,逐步实现部门间的数据推送和结果互认。

第三,实现城市碳管理的功能分区。以往城市数字化平台的建设大多停留在某个职能部门的业务范围,做好"自扫门前雪"即可,即便城市大脑的建设仍然多从交通等有一定信息化基础的领域切入,概念很大,但实践很小。从政府职能的安排来看,应对气候变化职能2018年从发改部门调整至生态环境部门,落脚到城市的层面,一个科室或处室难以统筹全市"双碳"工作,从技术和工具层面碳大脑可以填补城市碳管理工作的虚体性。在此基础上,通过"碳"把城市治理中的多部门、多主体、多利益相关方串联起来,例如碳核算可以和能源、统计部门工作相结合,碳排放可以和生态环境部门污染治理相结合,碳资产可以和金融财政部门相结合,实现城市碳管理工作与城市其他管理治理的功能分区,扩大城市治理效能。

第四,实现精准、科学、有效管理。碳排放涉及城市的方方面面,往往"牵一发而动全身",例如通过控制煤炭消费降低城市碳排放可能打破城市能源供需的平衡,通过推动燃油车替换可能刺激城市消费水平提高,等等。城市碳大脑通过捕捉"双碳"工作下各部门之间的业务逻辑关联,与经济发展的关系、与生态环境管理的关系、与城市运行效率的关系、与人民生活幸福感的关系等,与成熟有效的网格化治理、清单化治理相结合,准确接收"双碳"工作中各项政策实施下部门、行业、企业、公众的反馈,及时调整政策措施,保障社会经济平稳运行。

(三)实践案例中的研究发现

目前城市碳大脑在省、市、区(县)三级行政区域都有落地实践的案例。在省级层面,城市碳大脑在某化石能源高度依赖的省份得到落地,从城市治理上升到城市群治理,面对城市群这一虚体性治理单元,需要面临城市群打破了传统行政权力约束、功能复合、边界弹性等挑战[2],还需要解决城市群治理能力滞后、分工协作不够、权责不清晰等问题;在城市层面,目前城市碳大脑在某工业型城市进行了实践探索,该城市钢铁、水泥、焦化、石化、有机化工等企业数量众多,遇到的困难主要有基础数据数字化程度极低,数据数字化成本高、效率低,工作量大,部分企业有工业大脑等企业管理信息化平台,若没有市政府的统一推动,平台的接入阻力较大;在区(县)层面,城市碳大脑在某依靠数字经济和互联网企业立足的区有所探索,该区产业结构简单,碳排放来源相对单一,但因为区(县)一级政府应对气候变化权责不清晰,观望上级的意愿较强,进程缓慢。总结研究目前国内的实践案例,有以下三点发现。

第一,城市碳大脑可有效助力城市碳管理,但并不是包治百"碳"的灵丹妙药。从技术层面来说,城市碳大脑可以助力城市管理者更高效、精准地管理城市碳排放和碳资源,但有一点需要注意,城市碳大脑系统并不是包治百"碳"的灵丹妙药,如果没有统一的执政思想、协同合作的部门氛围、长期稳定的资金支持和持续的优化迭代,城市碳大脑也无法长期发挥作用,可以说城市碳大脑发挥作用需要中长期建设规划的指导,并建立"规划—实施—调度—评估—考核"的机制,为城市碳大脑设计好建设路径。

第二,城市碳大脑是城市碳管理中的创新举措,但需要明确差异、找准定位和需求。从实践中发现,城市碳大脑在不同行政单元、城市、部门、行业、企业面对的情况千差万别,在不同城市部署碳大脑系统不是简单的复制,需要在前期开展深入的研究与分析,充分了解城市碳达峰的进程和碳中和的愿景,充分调研城市在国家、省、区域的战略定位、发展计划和空间规划,进而明确城市碳大脑核心功能与业务需求,找准政府、部门、行业、企业和公众在城市碳大脑系统建设中的定位,以解决城市当下碳管理面临的主要矛盾为出发点,有序建设城市碳大脑系统。

第三,城市碳大脑有助于政府决策,但在技术路径和方法上需要加强。如何在政府决策中起到作用一直是数字化系统面临的一个难题,很多数字化系统最后都沦为"展示平台"和"超大屏幕",其主要原因是除了数据汇总、分析和展示功能,并没有嵌入技术难度较高的机理模型,更没有实现机理模型和数据库的有机融合,产出具有决策参考价值的结果。对于城市碳大脑而言,专门构建了智能决策调控系统,系统目前嵌入了 ICEM 综合评估模型,使用决策优化模型设计了成本最优、碳减排效益最大和环境效益最大等目标函数,也拟合了机器学习和深度学习的算法,对日后增强系统自学能力保留潜力。但目前智能决策调控系统面临两个主要问题:一是实践落地的项目中建设进度较慢,智能决策调控系统开发成本较高,模型还未经过大规模接入数据的训练和测试;二是对于成本最优、碳减排效益最大和环境效益最大同时达成的协同目标函数开发进度较慢,多目标下的目标函数控制难度较大。但逐步从数据的数字化到决策的数字化是城市碳大脑长期发展需要走的必经路,也是未来城市碳大脑走向大规模推广的必要条件。

(四)与其他数字化系统的衔接

城市各部门、各企业的数字化、信息化系统主要分为两类,一类是行业解决方案,例如智慧交通、智慧金融、智慧制造和智慧水务等,这类数字化系统往往以某个行业为切入点,建设的逻辑更垂直化,以达到提高效率、节省资源等目的;另一类是通用解决方案,例如城市大脑、智慧城市等,这类数字化系统一方面希望把已有的行业数字化系统吸收和纳入,另一方面在统筹其他系统的基础上往往有辅助、参与、验证综合决策的愿景,达到深度和广度兼具,但因为城市的概念过于庞杂,通用解决方案往往投资巨大且建设周期长,容易半途而废。城市碳大脑也面对与其他数字化系统、信息化平台衔接的问题,根据实践经验,对与其他数字化系统的衔接有如下考虑。

一是与城市大脑的逻辑关系。城市碳大脑借鉴了城市大脑的概念模型与框架设计,但其根本的业务逻辑与城市大脑不同,即从以"城市"这一行政单元为治理对象转到以"城市+碳"的"行政区+要素"为对象。对于已经开展城市大脑建设的城市,碳大脑可以作为一个独立的模块纳入城市大脑,作为城市碳管理、能源管理、资源管理的工具发挥作用,两个系统还可以共用底层数据资源。对于"双碳"工作基础薄弱又有迫切需求的城市,特别是化石燃料依赖较重的城市,可以优先建设碳大脑,并以此为基础逐步迈向城市大脑建设。

二是与行业数字化系统的逻辑关系。交通、金融、公共安全和空间规划等领域的数字化程度较高,城市碳大脑建设可以在政府的统一协调下,在保证数据安全的情况下充分利用行业已有行业数字化系统的数据,共享交通流量、用地变化、用电量等数据,发挥数据作为生产要素的重要作用。生态环境、水资源、气象领域与城市碳管理密切相关,可以充分利用成熟的环境、水资源、气象监测预报网络,发挥高精度摄像头、传感器、边缘处理器的优势,监测预测碳排放。城市碳大脑中内嵌了决策优化模型,以成本最小、经济冲击最小、效益最大等作为约束条件推演不同政策情景下的碳减排路径,通过决策优化模型的优化结果可以反馈至其他数字化系统,从"碳"的视角提供政策措施的评估参考。

三是与生态环境数字化系统的逻辑关系。在我国现行"双碳"政策体系中,生态环境工作与其关系密切,碳排放与污染物排放有同根同源的关系,很多城市"双碳"工作也由发改部门和生态环境部门共同牵头开展。大气—气候、碳—污染物、减污降碳协同是城市碳大脑与生态环境管理数字化系统衔接的主要方向,一方面空气质量监测设备可以集成碳排放监测的功能,另一方面城市碳大脑可以分析碳排放和空气质量在时空、目标、对象、措施和政策上的协同[27]。城市碳大脑与生态环境管理数字化系统可以是平行的,也可以作为子系统纳入城市大脑,还可以共用一套环境监测硬件设备作为数据底座,两者之间的逻辑关系可根据城市需求和数字化基础设施进行合理调整。

五、结论与建议

(一)主要结论

根据城市在"双碳"工作中扮演的重要角色和需求,论文提出了城市碳大脑系统的概念模型与架构体系、业务体系,搭建了以"智能感知—跟踪分析—决策调控—运营服务"为主体逻辑的城市碳大脑系统,推动数字化与"双碳"工作在城市层面的融合,提升城市碳管理能力,实现城市低碳零碳化发展。在城市碳大脑概念模型的基础上,本文明确了城市碳大脑拟解决的关键问题,总结了实践案例中的发现,分析了城市碳大脑系统与其他数字化系统的逻辑关系。

与传统模式相比,碳大脑系统具有以下特点:(1)充分利用智慧感知监测技术和现有的数字化基础设施资源,实现"一数多用",充分发挥数据作为生产要素的潜力;(2)通过统一的数字化系统接入城市中部门、行业和企业部署的其他数字化系统,搭建以"碳"为核心的协同工作平台,实现碳排放现状核算更科学高效,避免滞后性;(3)对于数据分析与决策方法,通过人工智能、区块链、大数据、决策优化模型、推演沙盘等技术进行能流、物流、碳流的跟踪分析、评估预警、模拟推演,验证数据可靠性,给出城市碳达峰、碳减排和碳中和的路径;(4)在智能决策方面,包含自主开发EPS-Kaya-ICEM模型体系,以成本最优、减排最多、效益最大等为目标函数,对碳排放核算、排放驱动因素、排放路径情景、减排路径优选、多系统协同、成本效益风险评估等进行评估,进而辅助决策;(5)在碳资产运营方面,建立重点企业、公众碳账户管理体系,建设自愿减排方法学认证和申报体系,将自愿减排量纳入企业、公众的碳账户体系中,通过城市低碳运营等措施,鼓励企业、公众参加自愿碳交易市场,实施碳普惠,带动低碳服务产业的发展。城市碳大脑系统拟实现碳排放、碳汇的智慧感知、核算与全景认知,深度动态跟踪分析,智能决策管理,多元化服务等功能,帮助政府、企业、公众智能化地管理好碳资产。

（二）对策建议

为充分发挥科技创新在实现碳达峰、碳中和战略目标中的支撑引领作用,需要着力聚焦碳达峰碳中和国家战略目标,积极开展跨学科、跨领域科技合作,推动城市碳大脑系统的开发与落地应用。

一是针对不同城市特点加强碳大脑系统顶层设计。立足不同城市发展特点、信息化发展基础、各级各部门应用需求,以城市能源消费活动、经济社会活动和碳排放活动特征为基础,综合考虑国家和各级政府相关要求,制定城市碳大脑系统建设目标、建设内容、实施路径和建设运营模式等任务。有城市大脑建设经验、产业结构特征鲜明、能源消耗量大的城市可优先开展碳大脑系统建设,以2030年和2060年"双碳"目标为时间节点,碳大脑建设分阶段推进,与"十四五"规划密切结合,明确各阶段建设重点。需要注意的是,地方政府需要处理好碳大脑建设中"横向与纵向""存量与增量""共性与个性""技术与制度"的关系,针对城市碳排放治理中需要解决的问题,提出碳大脑建设的明确目标[20]。在顶层设计下,加强标准制定与安全防护,研究制定碳大脑建设相关标准规范,如技术规范、数据标准、建设指南、管理规范等。建立统一、完善、可靠的碳大脑数据架构、业务架构、功能架构、部署架构和安全架构。

二是加快推动碳大脑数字技术的研发与应用。以跨领域跨行业涉及碳排放与碳汇、降污降碳、碳资产管理与公众服务等协同应用场景为切入点,打造丰富的智慧应用场景,注重技术体系、数据体系和业务体系的有机融合和逻辑统一,加快推动碳大脑数据感知监测技术体系、跟踪评估分析体系、智能决策调控体系和资产运营服务体系等关键技术的突破。在技术体系中,关注城市大脑基础平台(中枢系统)与各类业务系统的互联互通,实现对原有"烟囱"和"孤岛"的贯穿,同时逐步将"探索建设数字孪生城市"、城市底图整合建设等纳入城市大脑建设范畴,以提升前瞻性与先进性。在数据体系中,关注数据资产管理体系、数据治理与服务体系,健全数据资源标准规范,实现各类数据资源的统一规范和无缝衔接,推动数据协同与共享。在业务体系中,要明确领导角色、管理者角色、技术保障角色、业务需求角色等,明确以应用场景为核心的业务流程重构,推进各业务、各条线与城市大脑的协同联动,解决跨系统、跨部门、跨业务的重大问题,促进碳运营管理全局优化。

三是优化组织管理机制,破解跨部门协同难题。对于拟建设碳大脑系统的城市,要成立由"一把手"挂帅的碳大脑工作领导小组,由其作为碳大脑决策机构,负责审议城市碳大脑建设的相关工作机制、规划、年度工作计划、相关工作部署和立项方案、重大项目建设方案和经费支出等重要事项。碳大脑建设领导小组应考虑到与智慧城市建设领导小组、数字政府建设领导小组等其他决策机构的整合与统一。明确碳大脑作为城市资产的权责归属和管办分离,由主管机构负责组织落实碳大脑建设领导小组决策事项,统筹推进城市大脑体系建设、机制创新、项目立项、招标、验收等工作,由主责机构负责监督主管机构建设、管理、运维城市碳大脑资产,碳大脑主责机构的选择可以结合城市实际进行设定。加强主管部门与业务部门的协同联动,健全部门之间、区域之间的协同联通衔接机制;强化项目和资金统筹监管机制,加强项目立项、项目审批、项目建设、项目后评估等全生命周期的监督;建立专家咨询机制,提供智力支持;建立绩效评估机制,开展定期考核评估,促进部门业务不断和碳大脑系统融合。

参考文献：

[1]严刚,郑逸璇,王雪松,等.基于重点行业/领域的我国碳排放达峰路径研究[J].环境科学研究,2022,35(2):309-319.

[2]何绍辉.治理单元重构与城市社区治理质量[J].思想战线,2020,46(5):119-126.

[3]郭芳,王灿,张诗卉.中国城市碳达峰趋势的聚类分析[J].中国环境管理,2021,13(1):40-48.

[4]李新根,魏淑艳,刘冬梅.国内数字化治理研究的热点主题与演进趋势——基于CiteSpace的知识图谱分析[J].东南学术,2022(2):61-71.

[5]孟天广.数字治理全方位赋能数字化转型[J].政策瞭望,2021(3):33-35.

[6]吴建南,陈子韬,李哲,等.基于"创新—理念"框架的城市治理数字化转型——以上海市为例[J].治理研究,2021,37(6):99-111.

[7]Komninos N,Kakderi C,Collado A,et al. Digital Transformation of City Ecosystems：Platforms Shaping Engagement and Externalities Across Vertical Markets[J]. Journal of Urban Technology,2020,28(1):93-114.

[8]Hu Q,Zheng Y. Smart City Initiatives：A Comparative Study of American and Chinese Cities[J]. Journal of Urban Affairs,2020(2):1-22.

[9]高恩新.技术嵌入城市治理体系的迭代逻辑——以S市为例[J].江苏行政学院学报,2020(6):99-106.

[10]李文钊.双层嵌套治理界面建构:城市治理数字化转型的方向与路径[J].电子政务,2020(7):32-42.

[11]Pereira G V,Luna-Reyes L F,Gil-Garcia J R. Governance Innovations,Digital Transformation and the Generation of Public Value in Smart City Initiatives[C]// ICEGOV 2020：Proceedings of the 13th International Conference on Theory and Practice of Electronic Governance. 2020.

[12]刘杰.厘清"城市大脑"与"智慧城市"的概念与认知误区[J].国家治理,2021(17):6-10.

[13]锁利铭."城市大脑"建设何以更加有序[J].国家治理,2021(17):11-15.

[14]陈晓红,胡东滨,曹文治,等.数字技术助推我国能源行业碳中和目标实现的路径探析[J].中国科学院院刊,2021,36(9):1019-1029.

[15]齐晔,蔡琴.碳中和背景下的城市治理创新[J].治理研究,2021,37(6):88-98.

[16]郭楷模,孙玉玲,裴惠娟,等.趋势观察:国际碳中和行动关键技术前沿热点与发展趋势[J].中国科学院院刊,2021,36(9):1111-1115.

[17]刘晓光.数字经济背景下的"双碳"政策对产业升级的影响分析[J].中国发展,2021,21(S1):67-71.

[18]童光毅.基于双碳目标的智慧能源体系构建[J].智慧电力,2021,49(5):1-6.

[19]徐钢,黎敏,徐金梧,等.基于函数型数字孪生模型的转炉炼钢终点碳控制技术[J].工程科学学报,2019,41(4):521-527.

[20]邓陈兴,张琼文,朱佩芸,等.多元交通信息于车速数据融合系统之节能减碳应用研究[J].交通信息

与安全,2014,32(6):166-170.

[21]宋朋波,刘伊生,郑旺.基于ISM的公共建筑大数据质量影响因素研究[J].河南科学,2021,39(6):
    1025-1032.

[22]佟明亮,曾定茜.数字林业平台建设及应用研究——评《数字林业平台技术基础》[J].林业经济,
    2021,43(1):100.

[23]陈文.城市治理中的信息壁垒与矫治路径[J].国家治理,2021(17):22-26.

[24]杨茜.我国电力系统碳排放研究——基于系统动力学模型[D].北京:中国社会科学院研究生
    院,2012.

[25]任晓松,赵涛.中国碳排放强度及其影响因素间动态因果关系研究——以扩展型KAYA公式为视角
    [J].干旱区资源与环境,2014(3):6-10.

[26]薛英岚,张静,刘宇,等."双碳"目标下钢铁行业控煤降碳路线图[J].环境科学,2022(10):4392-4400.

[27]郑逸璇,宋晓晖,周佳,等.减污降碳协同增效的关键路径与政策研究[J].中国环境管理,2021,13
    (5):45-51.

"杭州之答"

——以习近平生态文明思想为指导探索具有杭州特色的环境立市新路

王莉萍

杭州国际城市学研究中心（浙江省城市治理研究中心）助理研究员

摘要：习近平生态文明思想是我国社会主义生态文明建设的根本遵循，为建设美丽中国、实现中华民族永续发展提供了科学指南。"环境立市"战略是杭州迈入21世纪以来坚持的六大战略的核心战略，与坚持"八八战略"，发挥浙江生态优势，创建生态省，打造"绿色浙江"，建设"低碳城市"一脉相承。杭州环境立市战略是与习近平生态文明思想相适应的原创性城市发展战略，从理论上有效推动了"绿水青山就是金山银山"理论的转化落地。本文主要以习近平生态文明思想为指导，探讨在美丽城市建设中的生态文明建设途径，并结合杭州这一城市，指出杭州在此发展过程中的主要措施做法，为美丽杭州建设实践提供参考。

关键词：生态文明建设；环境立市；美丽杭州

党的二十大报告在总结10年来生态文明建设成就时指出，"生态环境保护发生历史性、转折性、全局性变化，我们的祖国天更蓝、山更绿、水更清"。党的二十大明确了新时代新征程中国共产党的中心任务，其中生态文明建设具有基础性和战略性地位。近年来，杭州坚持以习近平生态文明思想为指导，深入践行"绿水青山就是金山银山"理念，环境质量持续改善，人与自然和谐共生，美丽杭州、生态文明之都的画卷徐徐展开。

21世纪以来，杭州坚持"环境立市"战略不动摇，做了大量生态保护和建设工作，不仅极大地改善了城市的发展环境，而且有力地推动了整个城市的升值，为杭州城市发展做出了重要贡献。

一、杭州"环境立市"战略的理论内涵

杭州"环境立市"战略是21世纪以来杭州城市环境建设的重要指导。杭州是我国最早推行绿色转

型的城市之一,2001年被评为国家"环境保护模范城市",2002年确定"环境立市"战略,2003年正式提出建设"生态市"的总体构想。21世纪以来,杭州坚持环境就是生产力、环境就是竞争力,把环境看作杭州最大的优势、最重要的战略资源,确立了"环境重于政策""环境投入是回报率最高的生产性投入""以一流的环境吸引一流的人才,以一流的人才创造一流的业绩"等理念[①],坚持"环境立市"不动摇,不仅极大地改善了杭州的环境,而且有力地推动了整个城市的发展。

2009年杭州被列为全国唯一副省级城市的"生态文明建设试点市",2010年被确定为全国首批低碳试点城市,2011年又进一步出台了全面建设"生态型城市"的战略部署。杭州在全国省会城市中率先建成"国家生态市",荣获"国家生态园林城市""全国美丽山水城市"等称号。连续7年获美丽浙江考核优秀,连续6年获得省"五水共治"大禹鼎。成功创建国家生态文明建设示范区、县(市)5个,"绿水青山就是金山银山"实践创新基地1个,省级生态文明建设示范县(市、区)11个。2016年二十国集团领导峰会(简称G20)选址在杭州,不仅因为杭州"生态立市、绿色发展"的理念高度契合全球经济发展方向,也表明伴随着绿色转型发展,杭州的城市竞争力和国际影响力正在日益提升。

杭州成功的诀窍就在于杭州上下牢固确立"环境重于政策""环境投入是回报率最高的生产性投入"[②]的理念,始终坚持把"环境立市"作为杭州发展的核心战略,坚持"做环境吸引中国民资",打造"中国民营企业总部中心",不惜在做环境上花血本、付代价,努力营造一流的硬件、体制、法制、政策、政务、人文、人居、生态环境。

二、杭州"环境立市"的新路探索

(一)总体要求

以习近平生态文明思想为指导探索具有杭州特点的环境立市新路,更加注重突出生态文明建设理念地位,将生态文明建设理念融入城市环境建设的各方面和全过程,在这个过程中,应该坚持两大导向。

始终做到深入贯彻习近平生态文明思想,坚定践行"绿水青山就是金山银山"理念,坚定不移沿着"八八战略"指引的路子走下去,聚焦制度优越性,突出整体协同性,以更高的标准,深化生态文明示范创建,总结提升杭州生态文明建设的理论成果、实践成果、制度成果,深化国际交流合作,让世界透过杭州领略中国特色社会主义制度的显著优势和无穷魅力。

始终做到锚定"头雁"标准,以全球的视野,围绕建设美丽中国样本总要求,把保护好西湖和西溪湿地作为杭州城市发展和治理的鲜明导向,以生态美、生产美、生活美为主要内容,高水平建设新时代美丽杭州,努力打造新时代全面展示习近平生态文明思想的重要窗口。

(二)基本原则

坚持"生态优先"。深入践行"绿水青山就是金山银山"理念,坚定不移走生态优先、绿色发展之路,

①王国平.城市论[M].北京:人民出版社,2010.
②王国平.城市论[M].北京:人民出版社,2010.

让绿水青山和金山银山相互支撑、互促共进,努力实现生态效益、经济效益、社会效益相统一。谋求质量型发展道路,必须切实体现和坚持生态优先的基本导向,将生态建设打造成经济社会发展的重要引擎,依托生态修复工程,发展具有特色的生态经济,探索和建立融入生态和社会效益指标的可持续发展考核机制,将生态价值取向贯穿经济和社会发展全过程。

坚持"以人为本"。最根本的就是坚持以人为本,推进人的全面发展,尤其要大力培养和引进各类人才,把加快发展的着力点从主要依靠物质资源转移到主要依靠人力资源上来,走出一条知识驱动、资源节约、环境优美、生态良好的新型发展道路,促进经济社会和人的全面发展,不断提高社会文明水平。始终以投资创业者为中心,千方百计打造一个全方位、全天候、全过程的服务网络,营造"亲商、富商、安商"的创业环境,为市民提供最佳的生活环境,为企业提供最佳的发展环境。同时坚持把以人为本、可持续发展的理念贯穿城市发展全过程和建设管理各方面,努力实现人与社会的"和解"、和谐,兼顾当前与长远的关系,兼顾昨天、今天、明天的发展,实现经济社会环境的多赢。

坚持"突出特色"。坚持以"特"制胜,突出城市独特性、差异化发展模式,大力推进与城市特色相适应的投资创业,使环境建设与城市特色、投资创业相互促进。如杭州"和谐创业"作为自己的特色,以理念创新为先导、体制创新为动力、科技创新为核心、服务创新为保障,着力构建城市创新体系,全面推进创新型城市建设,使创新成为经济社会发展的内在动力,实现经济社会发展从资源依赖型、投资拉动型向人才支撑型、创新驱动型转变,努力走出一条具有自身特色的和谐创新发展之路。

坚持"整体协同"。坚持局部与整体协同、硬件与软件协同、重点与一般协同、政府与民众协同,形成上下联动、左右协调、共同推进投资创业环境建设的整体合力。通过建立资源整合、民主协商的平台,建立专家、企业、市民、城市管理者各层面的民主参与平台,促进生活与创业、文化与经济、政府与民间、个人创业与整体发展、对外开放与内生创新的和谐,进而推动城市的协调发展、和谐发展、科学发展。

坚持"注重细节"。确立细致入微的服务理念,时时处处替市民和投资创业者着想,从细小之处入手,完善细节,变一般化服务为精细型服务。打破制约人才市场发展的体制性、制度性障碍,完善各项市场机制,推动人才市场作为要素市场的产业化、规范化和法治化进程,搭建人才交流、沟通平台,满足人才的人际交往需求。

坚持"改革创新"。坚持用改革的思路、创新的思维推进投资创业环境建设,通过创新体制、机制,增创环境新优势,建设环境新高地。在产业结构调整上实现体制机制的新突破,体现统筹兼顾、创新驱动、绿色增长的要求,实现主要目标、战略重点、项目布局、政策手段等方面的有机统一,确保产业结构调整的各项工作有效推进。加强产业政策指导,充分运用投资、财税、价格、信贷、土地、环保、就业等政策,引导各类生产要素投入鼓励发展的产业领域,支持优势产业和新兴产业做大做强。推进要素配置市场化改革,建立健全反映市场供求关系、资源稀缺程度和环境损害成本的生产要素和资源价格形成机制。进一步拓宽民间投资的领域和范围,拆除妨碍民营经济发展的"藩篱"。鼓励和支持自主创新,进一步加大自主创新力度,不断提高科技进步对经济发展的贡献率,为转变经济发展方式提供科技支撑。

三、杭州"环境立市"的重点举措与对策

第一,以保护好西湖和西溪湿地为重点强化生态环境建设,筑牢绿色屏障。以生态市建设为抓手,以西湖、西溪湿地和千岛湖为重点,全面提升保护、管理、经营、研究水平。实施西湖全域综合提升行动,强化自然生态景观保护,进一步提升西湖水生态品质;实施西溪湿地原生态保护提升行动,打造世界湿地保护与利用的典范;加强千岛湖综合保护,推动新安江流域水生态环境共保,建成淳安特别生态功能区。积极倡导绿色生产生活方式,促进节能减排减碳,打造低碳经济、低碳城市、低碳生活,构建资源节约型和环境友好型社会。坚持山水林田湖草生命共同体理念,实施重点生态敏感地区生态系统保护修复重大工程。统筹湘湖、南湖、大江东江海湿地等湿地群建设,创建国际湿地城市,打造"万顷湿地、万里碧水"的"湿地水城"。以天目山、清凉峰国家级自然保护区为重点,建立杭州特色自然保护地体系。建立生物多样性保护调查、监测、评估、宣传等机制,对珍稀动植物实现应保尽保。严控外来物种引入,完善生物安全应急管理体系。

第二,以清洁、清静、亲水、绿色、无视觉污染为标准,打造国内最清洁城市。打造国内最清洁城市以"四化"即"洁化、绿化、亮化、序化"为标准,要做到"清洁、清静、亲水、绿色、无视觉污染"①。坚持从严、依法、人本、长效、精细管理,健全道路、街巷、社区、农村清扫保洁制度,实行道路分类保洁管理,推动清扫保洁从主要道路、支小路和"窗口"地段向背街小巷,从主城区向城郊结合部,从城郊结合部向农村延伸,从人工清扫向机械化清扫迈进,从地面保洁向立面、水面保洁拓展,实现城乡环境卫生清扫保洁全覆盖。治理企业噪声污染,控制道路交通噪声,降低施工作业噪声,控制社会生活噪声,营造清静的生活环境。加强水环境综合治理,加强滨水地带生态修复和开发建设,实现"水环境改善、水生态良好、水循环正常、水安全保证、水资源充足、水景观优美、水文化丰富",展示"五水共导"(湖、溪、河、江、海)城市特色,营造亲水的生活环境。以生态建设为抓手,"见缝插绿""包种包活",将绿色引入城市,将城市融入绿色,形成多样化、高品质的绿色生态系统,让老百姓"开门见绿",营造绿色的生活环境。实施强弱电杆线"上改下",提升"亮灯"品位,规范户外广告管理,完善城市标志标识,治理"五乱"现象,遏制违法搭建、倚门设摊、占道经营等现象,营造无视觉污染的生活环境。

第三,以生态补偿机制等制度环境优化为重点,创新绿色制度。加快自然资源及其产品价格改革,全面反映市场供求、资源稀缺程度、生态环境损害成本和修复效益。坚持使用资源付费和"谁污染环境、谁破坏生态、谁付费"原则,逐步将资源税扩展到占用各种自然生态空间。改变传统的无偿使用生态资源的习惯,促使区域在制定经济发展规划时充分考虑对资源环境的损耗成本,从源头上促进经济社会与资源环境的协调发展。

深入领会和贯彻党的二十大报告提出的生态文明建设,树立全新的生态价值观、生态责任观、生态消费观、生态政绩观。确立"绿化是城市的基础设施""绿色是城市的特色""绿化率就是生活品质""在改

---

① 王国平.城市怎么办(第五卷)[M].北京:人民出版社,2010.

善城市生态环境中赋予城市森林以首要地位、在建设城市基础设施中赋予城市森林以重要地位、在构建生活品质之城中赋予城市森林以基础地位""城市森林建设投入也是生产性投入,而且是回报率最高的生产性投入"[①]的理念。明确"让森林走进城市,让城市拥抱森林""城在林中,林在城中,人在绿中"的创森目标。坚持以人为本、和谐发展的原则,努力形成领导高度重视、部门齐抓共管、市民广泛参与"三力合一"的建设氛围;坚持生态优先、师法自然的原则,逐步实现生态林、产业林、景观林"三林共建"的城市森林体系;坚持工程带动、统筹发展的原则,努力打造林网、水网、路网"三网融合"的宜居城市;坚持科技兴林、依法治林的原则,努力实现城市森林建设、保护、利用"三位一体"的良性互动,在城市森林建设中探索出一条"生态经济共赢、人文景观相融、城市乡村互动"的模式。

第四,以生态产业化、产业生态化为重点,壮大绿色产业。以产业转型升级为手段,以建立现代产业体系为目标,大力发展生态产业,以最小的成本获取最大的经济效益和环境效益。从企业层面讲,首先做好节能减排工作,实现企业生产的生态化。围绕企业节能减排,分解落实任务、探索工作机制、实施减排项目、加大整治力度、严格环保监管。编制《全市主要污染物排放总量控制计划》,出台《关于切实加强污染减排工作的实施意见》,市政府与各县(市、区)政府签订《主要污染物总量削减目标责任书》。制订年度主要污染物削减计划,拟定主要污染物减排应急预案。淘汰落后产能,发展循环经济,推广"清洁生产"。控制高能耗、高污染、高排放企业的规模,加大对落后生产工艺企业的淘汰、关停力度。加大执法力度,以媒体曝光的形式督促企业进行整改。积极推进排污权交易工作,拟定《主要污染物排放权交易实施细则》,构建交易平台。

第五,以绿色生活、绿色消费等为重点,繁荣绿色文化。广泛开展环境宣传教育,多形式、多方位、多层面宣传环境保护知识、政策和法律法规,弘扬环境文化,倡导生态文明,营造全社会关心、支持、参与环境保护的良好氛围。维护公众的环境知情权、参与权和监督权,对涉及公众环境权益的发展规划和建设项目,通过听证会、论证会或社会公示等形式,听取公众意见;健全公众参与机制,发挥社会团体的作用,为各种社会力量参与环境保护搭建平台;强化社会监督,公开环境质量、环境管理、企业环境行为等信息,鼓励公众检举揭发各种环境违法行为。改变传统消费观念,倡导节能环保、爱护生态、崇尚自然,倡导适度消费、绿色消费,形成"节约环保光荣、浪费污染可耻"的社会风尚,形成健康的生活方式和消费模式,培育简朴和谐的生态消费文化。

"环境立市"战略是适应新时代我国城市生态和人居环境发展形势和需求所提出的城市发展新方向。习近平生态文明思想为我国城市建设提供了系统的指引,同时也提出了新的要求。"环境立市"战略引领下的城市建设应进一步深入贯彻落实习近平生态文明思想,不断创新理念和思维,主动响应国家战略和人居生态环境发展需求,在价值观念、操作体系、空间体系、评价标准、传统文化和反馈机制等多方面不断完善城市建设体系,不断深化"环境立市"战略的内涵,这也必将为世界人居生态环境建设提供中国方案和中国智慧。

---

① 王国平.城市怎么办(第五卷)[M].北京:人民出版社,2010.

湿地保护与利用模式研究

——以杭州西溪湿地为例

商文芳

杭州国际城市学研究中心（浙江省城市治理研究中心）助理研究员

摘要： 湿地与森林、海洋并称全球三大生态系统，因其在保持水源、抵御洪水、控制污染、调节气候、维护生物多样性等方面的重要作用，被誉为"地球之肾"。健康的湿地生态系统，是国家生态安全体系的重要组成部分和经济社会可持续发展的重要基础。然而，由于自然因素和人类活动的影响，我国湿地面积减少、功能减退、水质污染、生物多样性下降等问题日益严重，湿地生态系统遭到严重破坏。本文通过总结我国湿地保护所取得的成效，分析湿地保护目前所存在的问题，并以杭州西溪湿地为研究案例，提出湿地保护利用模式和建设湿地公园的对策建议。

关键词： 湿地公园；湿地保护；湿地利用

党的二十大报告指出：尊重自然、顺应自然、保护自然，是全面建设社会主义现代化国家的内在要求。必须牢固树立和践行绿水青山就是金山银山的理念，站在人与自然和谐共生的高度谋划发展。湿地系统具有重要生态功能，在涵养水源、净化水质、调节气候、维护生物多样性等方面发挥了重要作用，探索湿地保护与利用模式是维护良好生态环境、建设人与自然和谐共生的现代化的必然要求。

一、我国湿地保护的概述

1992年，我国加入《湿地公约》，对湿地生态系统的研究逐渐深入，从此步入了加大湿地保护力度的新时期。早期湿地保护主要参照自然保护区的建设和管理相关条例，但是由于自然保护区机械地把保护与休闲游览、资源开发等活动割裂开来，没有为解决开发与保护的矛盾提供多样化的机会和方法，一定程度上制约了当地开发利用优势资源、发展经济的进程，导致保护与开发矛盾日益尖锐，也影响了地方建立自然保护区的积极性，进而影响保护效果。因此，2004年，国务院办公厅发布《关于加强湿地保护管理的通知》(国办发〔2004〕50号),规定:建立湿地自然保护区是保护湿地有效的措施。同时,对不具备条件划建自然保护区的,要因地制宜,采取建立湿地保护小区、各种类型湿地公园、湿地多用途管理区或划定野生动植物栖息地等多种形式加强保护管理。2005年,国家林业局发布的《关于做好湿地公园发展建设工作的通知》(林护发〔2005〕118号)指出,湿地公园是以具有显著或特殊生态、文化、美学和生物多样性价值的湿地景观为主体,具有一定规模和范围,以保护湿地生态系统完整性、维护湿地生态过程和生态服务功能,并在此基础上以充分发挥湿地的多种功能效益、开展湿地合理利用为宗旨,可供公众浏览、休闲或进行科学、文化和教育活动的特定湿地区域。

湿地公园的建设发展是抢救性保护湿地资源,落实国家湿地分级分类保护管理策略的一项具体措施,也是当前形势下维护和扩大湿地保护面积直接而行之有效的途径,同时也是解决保护与利用矛盾冲突的有效途径。根据第三次全国湿地资源调查,全国已指定64处国际重要湿地,认定29处国家重要湿地,建立602处湿地自然保护区、1693处湿地公园,湿地保护率达52.65%。据测算,国家湿地公园有效保护了240万公顷湿地,带动区域经济增长500多亿元,约90%的国家湿地公园向公众免费开放,成为人民群众共享的绿色空间和"绿水青山就是金山银山"理念的生动实践。

在建设实践探索中,我国在湿地公园建设、管理、保护及利用等方面已经积累了许多成功经验。在湿地公园建设设计理念上,"保护优先、科学修复、合理利用"作为最核心的价值观贯穿所有湿地公园的规划、建设、保护、管理及利用实践活动中。"生态优先,最小干预"已经达成共识,特别强调维护湿地公园区域内的生物多样性及生态系统结构和功能的完整性[1],这是湿地公园建设的初衷。又如"将自然引入城市"的生态建设理念也被应用到城市湿地公园的建设当中[2]。"EI"设计理念及"3R"设计理念也开始进入湿地公园设计研究领域。近期对设计理念的总结方面,国内对近自然设计、仿生设计、低碳设计、循环经济发展模式设计、生物链养殖技术设计和生态平衡设计与景观和谐设计等理念已经开始运用[3],表明我国对湿地公园设计已经逐步成熟,并开始与国际先进设计理念接轨。

二、湿地公园保护模式存在的问题

作为一种新兴的湿地保护模式和旅游目的地,湿地公园建设还处于试点摸索阶段,在具体的发展和运行过程中还存在不少问题,与建设湿地公园的初衷还有很大差距。

(一)湿地公园建设定位不清

湿地公园建设首先应以湿地保护为前提,对湿地资源在保护的基础上进行合理利用,湿地公园开展的各项活动,最终目的是更好地保护湿地生态系统及其生物多样性。湿地公园的建设应以尊重湿地自然生态过程为前提,科学合理地规划建设湿地公园。目前的湿地公园建设中存在盲目建设的现象,不能

---

①阮坚勇.关于镜湖国家城市湿地公园建设的几点思考[J].园林科技,2006(3):3-4,43.
②宋珂,樊正球,信欣,等.长治湿地公园生态旅游环境容量研究[J].复旦学报(自然科学版),2011(5):576-682.
③但新球,吴后建,但维宇,等.湿地公园生态设计:基本理念与应用[J].中南林业调查规划,2011(2):44-47.

合理布局建设项目,未体现生态优先的原则,致使湿地生态系统遭受破坏,湿地公园建设得不偿失。

(二)湿地公园建设管理水平不高

部分湿地公园的管理机构不健全,管理制度不完善,管理措施不到位,建设发展的总体规划不合理,或规划没有得到有效实施,水利、林业等多个部门交叉、权属及责任不清,还有部分湿地公园的规划和建设照搬城市公园、水景公园、人工园林建设模式,过分强调湿地公园的娱乐功能,淡化了湿地公园湿地保护和科普宣教等方面的重要功能,未凸显区域特色。部分地方政府在湿地经济利益的驱动下而建设湿地公园,将湿地公园的建设作为驱动房地产开发的一种手段,以拉动城市经济整体增长,必然导致湿地被现代建筑团团围困,生态效益大打折扣,失去其保育湿地生态系统的核心作用。

(三)湿地公园建设资金不足

一方面,湿地公园是社会公益事业,需要各级政府的支持和投入,而目前政府投入相对不足,国家投入有限,大多数湿地公园,尤其是西部国家湿地公园,地方政府完全没有财力投入,许多湿地保护、科研监测和科普宣教方面的基础工作难以进行,制约了湿地公园建设事业的发展。另一方面,由地方政府投入进行建设的湿地公园,其建设投入多半用于兴建土木工程,且耗资巨大,而真正用于生态环境修复保护的资金投入较少。湿地公园的建设,需要形成长期的保护投入机制,保证湿地公园生态建设可持续发展。

(四)湿地公园资源管理权属不清晰

我国的国家湿地公园虽属国家体系,但不同区域、不同湿地类型的湿地公园土地所有权形式不同,一些国家湿地公园的土地权属为国家所有,所有权完全归属政府,有的则是国有和集体并存,归属地方政府管理。在土地分类上,湿地一直作为"未利用地""废弃地"等类型,部分地方往往将湿地作为待开发的土地予以对待,湿地成为保障耕地、建设用地和林地的牺牲品,加快了湿地的消亡速度。

(五)湿地公园法律政策制度不健全

目前,我国尚没有一部关于湿地保护及合理利用的综合性专门法规,现有的法律法规将湿地各资源要素的管理权分别授予了水利部门、土地部门、林业部门、渔业部门等。但由于相关部门对湿地保护的认识不够统一,部门协调难度很大,导致国家立法处于停滞状态。由于国家湿地立法的缺失,也严重影响地方湿地立法的积极性,对已制定湿地立法的省份,也严重弱化其立法实施的力度[①]。

(六)湿地公园宣教作用发挥有限

宣教功能是湿地公园三大功能之一,但其在湿地公园建设中往往得不到重视,尤其是对周边群众的宣传教育功效,极其欠缺,相对于国外一些湿地公园的社区宣教活动开展情况,国内对科普内容的宣传极少涉及。另外,许多湿地公园在建设过程中,缺乏对湿地公园重要功能的把握,偏向旅游宣传,更多注重的是湿地的旅游功能,宣传标牌体系多侧重景点介绍,忽视了湿地公园生态环境、湿地科普知识等的普及宣传,部分湿地公园由于缺乏资金支持或技术支持,基本没有开展任何宣教工作,更谈不上宣教体系建设,导致湿地公园周边群众的湿地保护意识不强,不能有效发挥湿地公园关于湿地保护的示范意义。

①杨邦杰,姚昌恬,严承高,等.中国湿地保护的现状、问题与策略——湿地保护调查报告[J].中国发展,2011(1):-6.

三、杭州西溪湿地保护的对策分析

（一）概况

西溪湿地位于杭州市区西部，历史上的西溪湿地，东起松木场、古荡，西至留下小和山一带，面积达60平方公里，可谓地广人稀。随着工业化和城市化的推进，西溪湿地大量被侵占，湿地面积锐减。由于缺乏严格保护和系统管理，西湖湿地内乱用土地、侵占水面、违章建房现象普遍；民居杂乱，垃圾集积，污水肆意排放，脏乱差现象十分突出，造成河道淤塞、水质变劣，湿地生态功能遭到明显损伤。为保护西溪湿地，造福人民群众，从2003年9月开始，杭州实施西溪湿地综合保护工程，在国内率先采用"湿地公园"模式，坚持"积极保护"方针，以保护为目的，以利用为手段，通过适度利用实现真正的保护，努力实现生态效益、社会效益、经济效益三大效益的统一，成功探索了一条从"湿地公园"向"湿地公园型城市组团"转型的绿色发展之路，确立并打响了"游在西溪、学在西溪、住在西溪、创业在西溪"品牌。

（二）对策

2022年11月，习近平主席在《湿地公约》第十四届缔约方大会上指出，中国将建设人与自然和谐共生的现代化，推进湿地保护事业高质量发展。围绕这一目标，西溪湿地要继续发挥国家湿地公园"领头雁"的示范引领作用，改进和优化顶层设计、科学开展保护与修复、挖掘与传承湿地文化、创新和规范管理水平，为高水平推进人与自然和谐共生的现代化提供可复制、可推广的"西溪模式"。

1. 强化湿地公园建设理念

湿地公园是国家湿地保护体系的重要组成部分，与湿地自然保护区、保护小区、湿地野生动植物保护栖息地以及湿地多用途管理区等共同构成了湿地保护管理体系。西溪国家湿地公园应继续强化湿地公园的建设理念，坚持以秀丽的湿地生态自然景观、底蕴深厚的历史人文景观为特色，融保护、利用、研究、游览为一体的国家级湿地公园性质，遵循"保护优先、科学修复、适度开发、合理利用"的基本原则，探索湿地保护与资源可持续利用有效途径的新型模式，强调人与自然和谐，突出湿地生态特征和自然风貌、保护栖息地、防止湿地及其生物多样性衰退的基本要求，有效保护湿地生态系统和物种多样性，科学合理利用湿地资源，探索、总结、推广湿地保护与资源可持续利用"西溪模式"。

2. 加强湿地生物多样性保护

为了更好地保护和修复西溪国家湿地公园的生物多样性与良好的生态景观，再现"芦白柿红、桑青水碧、竹翠梅香、鹭舞燕翔、蛙鸣鱼跃"的生态西溪，除了在工程的规划和实施过程中始终严格遵循"保护第一、生态优先、最小干预"的基本原则，还应根据生态、社会和经济效益相统一的目标，在坚持真实性、完整性、延续性和可识别性的前提下，强化以下几方面的保护措施。一是严格控制旅游人数。这不但使湿地水体能自然降解游客在湿地公园活动中所产生的污染，更能较好地防止游客对植被的破坏。二是严格控制各种污染物直接进入水体。采取行政干预和技术措施，对珍稀鱼类和其他水生或陆生动物栖息、繁殖场所进行重点管理，确保其生态环境处于正常状态。三是加强生物安全管理。未经充分论证，严禁随意引入可能引起西溪湿地植被组成与结构改变的外来物种,严格防止外来生物如凤眼莲等的入侵。湿地范围内的几十种人工种植的植物需加强管理,因为这些新增加的物种,也可能破坏西溪的原生态环境。四是加强植被管理。由于生产力的下降或湖岸植物的枯萎等,有可能造成二次污染,应进行有计划的收割,以复壮湿地及林带的净化能力;收获利用湿地内的水生植物资源,只能在规定的季节进行收割,禁止使用铁耙等损伤植物根系的工具。五是评估西溪湿地生物多样性现状,建立生物多样性数据库。通过动态监测其时空变化,预测中长期的演化趋势,内容包括:建立卫星遥感信息接收处理系统、地理信息系统和全球定位系统的生物多样性关键地区遥感中心;设立半定位地面观测研究站,并结合典型区域路线考察进行地面信息监测和空间定位监测等[①]。

3. 加强湿地文化保护利用

西溪湿地文化底蕴深厚,是一块难得的"人文湿地"。西溪湿地以其独特优美的地理环境和数百年积累的人文资源吸引了众多帝王官宦、文人雅士、商贾艺人,大量乡贤名人也在此留下遗迹和佳话。着眼文化影响力,充分挖掘西溪文化内涵。目前,西溪湿地仍有一些需恢复重建的历史文化遗址,如对北派越剧首演地——蒋村陈万元古宅加以恢复利用,并建立越剧研究中心,让西溪成为越剧研究的重要阵地;恢复古福胜院遗址并立碑纪念,展示旧时文人雅士读书胜地的魅力。恢复重建名人纪念地和历史文化遗址,对展示西溪历史文化内涵及提升西溪人文知名度和影响力具有十分积极的意义。

着眼树立文化品牌,倾力做好西溪文化推广。西溪湿地的悠久历史、深厚人文底蕴为举办各类活动提供了良好条件。在继续办好每年一度的"花朝节""龙舟文化节""火柿节""听芦节"四大传统节庆活动的同时,每年可再举办一到两次的大型活动,如大型晚会、大型研讨会等,加大宣传西溪文化的力度。发挥西溪创意产业园的平台作用,利用名人资源优势打造文化推广品牌,通过举办"中国影视编剧论坛","中国西溪电影艺术节",赖声川戏剧导演高级研修班,朱德庸、蔡志忠漫画作品展等系列名人活动,进一步提高公众对西溪文化的关注度。

着眼焕发文化生命力,精心培育西溪文化延续的土壤。原住民是西溪文化尤其是西溪民俗文化得以延续的保障。在西溪文化的保护利用中,可以陆续选择部分世代居住于此的原住民,迁回西溪湿地内,进行春耕秋收、元宵舞龙、端午赛舟、立夏享炊、水上婚俗等传统民俗活动,既能让西溪文化得到延续传承,又能让游客深刻感受西溪文化之乐。西溪地区"非遗"较多,应加强对民间版画"纸马"工艺、灯笼工艺、花烛工艺、纸伞工艺、金银首饰铜锡工艺、哑目连剧、舞高跷、跳马灯、立肩阁、全装龙舟制作、陈聚兴染坊蓝印花布工艺、雕版印刷工艺等非物质文化遗产的保护和传承,使西溪文化在延续中焕发新的生命力[②]。

4. 加强湿地科研监测和科普教育

科研监测和科普教育是国家湿地公园的一项重要功能,科研活动和监测工作为西溪湿地建设提供

---

①孔杨勇,夏宜平.西溪湿地公园生物多样性保护与生态景观形成[J].现代园林,2006(2):11-13.

②叶亚仙.杭州西溪湿地文化保护利用的问题及对策探析[J].现代城市,2016(4):42-44.

了有力的技术支持和管理依据,科普教育则有利于湿地的保护与宣传,通过这些活动的开展也可以更有效地提升西溪湿地的知名度。

科研方面:对公园内动植物的种类、数量及分布进行定期的调查,研究湿地重点保护野生动植物种群数量、资源数量、生物习性、候鸟迁徙规律等,全面掌握主要生物资源现状,发现问题,采取相应的保护策略。开展湿地公园生态系统的结构和功能研究,从维护湿地生态系统结构和功能的完整性、保护野生动植物栖息地、防止湿地退化的基本要求出发,保护、修复或重建湿地景观,维护湿地生态,展示湿地的自然和人文景观,实现湿地的可持续发展。

监测方面:深入研究生态系统的变化、气候的影响,系统规划生态监测网络布局,建设集数据采集、分析、储存、展示、预警等功能于一体的生态监测信息大型数据库,实现对西溪湿地的湿地特征、生物指标、土壤和底泥指标、气象和大气指标、水文和水环境指标、破坏和受威胁状况、生态旅游情况等进行动态预估,并形成完善的模型分析系统、反演推算系统,为西溪湿地风险评估、管理决策和信息公开提供了强有力的数据支撑。

科普教育方面:规划建设湿地科普互动中心和公园内多种形式的室外科普场所,如观鸟点、生态农业示范点、人工湿地水质净化演示、湿地植物科普教育点等。有效利用西溪花朝节,汲取西溪人文资源,策划主题活动,例如亲子游、龙舟节、湿地模型展、湿地摄影展等;针对不同人群,规划不同的主题活动,例如针对青少年,可策划湿地知识定向越野跑、植物挂牌、植物认养、植物手工工艺品展等,针对老年人,可策划夕阳游园会、摄影大赛等;增加望远镜、观察微生物的显微镜等高科技互动产品。

5. 推动西溪湿地申报世界遗产

世界遗产对保护生态环境、促进地区发展具有重要意义,也是一个地区和国家文明的标志和象征。西溪湿地有着1800多年的悠久历史,起源于汉晋,发展于唐宋,兴盛于明清、民国初期,衰落于抗战时期。西溪文化底蕴丰厚,自古以来是文人墨客必经之处。"古荡西溪天下闻",这是明代著名散文家张岱所誉。西溪如苎萝美人,未入吴宫,澹冶出娴,自然绝世。晚清翰林朱祖谋曾以"溪水何缘也姓西?淡妆浓抹总相宜"誉之,可见西溪的文化底蕴与西湖同等丰厚,而又有别于西湖。21世纪以来,杭州开始实施西溪湿地综保工程,将其打造为国内唯一集城市湿地、农耕湿地、文化湿地于一体的国家湿地公园。2009年,经湿地公约组织秘书处批准,西溪湿地正式列入《国际重要湿地名录》,成为中国首座以城市湿地公园类型列入《国际重要湿地名录》的湿地[①]。

申报世界遗产具有巨大的世界品牌效应,通过申遗能极大地提高西溪湿地的形象地位和文化国际影响力,推动湿地人与环境和谐发展。建议西溪湿地以国际重要湿地为基础,参考西湖申遗方式,成立西溪湿地遗产申报工作小组,开展世界遗产申报。一要坚持保护第一。保护好西溪湿地历史的真实性、风貌的完整性、生活的延续性、文化的可识别性。在湿地历史建筑的保护修缮中,始终坚持"修旧如旧、似曾相识"的理念,历史建成部分保留传统特色风貌,新建部分充分吸收杭州传统建筑、地域文化的元素

---

① 张德强.烟锁雾迷西溪湿地:令人迷醉的人间天堂[J].绿色视野,2016(11):40-43.

和符号,做到"神似"而非"形似",坚决杜绝"假古董"。二要坚持规划引领。规划先行、系统谋划、有序推进,做到"规划一步到位,建设分步进行",制定"西溪湿地申遗五年行动计划",开展文本及规划编制、专项法规制定等,将西溪湿地列入中国世界文化遗产预备名单。三要坚持研究先行。抓好规划、保护、建设、管理、经营、研究"六篇文章",坚持研究先行,进一步加强对世界遗产申报的价值研究、经验模式研究,以研究带规划、带保护、带建设、带管理、带经营,依托西溪分支学科和《杭州全书》编纂工作,对西溪湿地地理、生态、地貌、民俗、人类、考古、历史、文物、景观、园林、建筑、美学、地质、植物、湖泊、环境等进行多方面的研究,开展资源总量、特色、结构、格局等方面的自然与文化遗产价值科学评价,编制《西溪湿地申请世界遗产研究报告》,为申报提供研究依据。

基于公园城市理念下的绿色枢纽规划研究

——以杭州西站为例

张 朵

杭州国际城市学研究中心(浙江省城市治理研究中心)助理研究员

摘要:本研究以杭州西站枢纽区域慢行系统场景为切入点,以公园城市倡导的生态优先、以人为本和场景营造为方向指引,分析人的所有活动中可以通过慢行承载的活动类型,挖掘在交通需求之外更多元的活动需求,对应的活动空间载体重构形成彰显公园城市以人为本理念特色的慢行功能体系,将人本理念落到实处,更好地提升城市人居环境品质,为促进"站、产、城、人"融合发展和提升创新活力提供支撑。

关键词:绿色生态;公园城市;慢行系统

党的二十大报告指出,促进人与自然和谐共生是中国式现代化的本质要求之一。我党首次从战略高度明确了生态文明建设是以中国式现代化全面推进中华民族伟大复兴的基本特征和本质要求,意义重大。党的十八大以来,在习近平生态文明思想指引下,我国把生态文明建设摆在治国理政的突出位置,2018年2月,习近平总书记在四川视察时提出,要突出公园城市特点,把生态价值考虑进去,努力打造新的增长极,建设内陆开放经济高地。公园城市是生态文明建设思想在城市规划和开发建设中落实的载体。绿色交通是建设绿色生态公园城市的"排头兵",构建绿色交通系统能大幅减少交通污染,同时缓解交通拥堵,提高出行效率。

杭州西站枢纽工程位于杭州城西科创大走廊,是"轨道上的长三角"重要节点工程,也是杭州亚运会的重要交通保障工程。依托高铁西站落地,该地区将成为长三角地区的超级枢纽,是新一代"大TOD"开发的实践区,旨在打造新一代TOD4.0标杆。杭州西站将高铁枢纽建设和城市发展、生态保护紧密结合,划定枢纽周边13平方公里作为科创新城的用地范围整体开发,高起点规划、高标准建设,着力打造"以人为本,站城一体,三生融合"的现代综合交通枢纽典范。杭州西站科创新城北侧利用吴山和寡山打造大尺度生态文化公园,枢纽核心区创新性地将机动车道入地,南北向规划约470米宽的无车区,与地面一层开放的城市廊道共同形成片区重要的人文景观轴。优越的自然山水基底和开创性的站城一体规划为高铁新城创造出稀缺的公共开放空间。随着以人民为中心的城市规划理念逐步深入人心、推广落实,承载丰富活动需求、涉及多种活动空间的慢行系统成为站与城一体化发展的纽带,也是科创新城创新与活力的源泉[①]。

一、公园城市的内涵及慢行系统思考

(一)公园城市的内涵

2018年2月,习近平总书记在四川成都天府新区视察时,首次提出了建设公园城市理念。公园城市作为全面体现新发展理念的城市发展高级形态,坚持以人民为中心、以生态文明为引领,是将公园形态与城市空间有机融合,生产生活生态空间相宜、自然经济社会人文相融的复合系统,是人、城、境、业高度和谐统一的现代化城市,是新时代可持续发展城市建设的新模式[②]。

公园城市建设强调自然资源的系统保护与可持续开发、以人为本的公共服务配置、结合城市功能的场景营造和依托田园美景实现城乡协调。对城市生态自然资源进行挖掘和保护,提倡生态修复;面对城市中有多样化需求的人群,需要提供多层次、全类型的设施及功能区;通过城市设计、景观塑造、活动组织、设施配套等方式营造公园城市场景;通过快速公路打通城乡之间的阻隔,互通各自产品,实现城乡生活生产共赢。

(二)慢行系统的内涵

本研究所讨论的慢行系统是指一种针对行人和骑车人的需求,以步行和自行车交通为基础,结合城市道路沿线土地利用及服务设施,给不同目的、不同类型的行人和骑车人提供安全、通畅、舒适、宜人的慢行环境,从而吸引更多人使用步行或自行车出行的交通模式。

从城市规划的角度为出发点来看,慢行系统承担的不单单是提供人们物理位置变化的通道功能,更应为人们提供一个与城市生活密切相关的活动场所。例如,简·雅各布斯(Jane Jacobs)在其著作中叙述道:街道与人行道,尤其是人行道,不仅可以丰富市民的公共生活,还具有保障邻里安全、方便人与人之间的交往和孩子同化(增进不同族群交流,防止族群隔离、对立)的功能[③]。

慢行系统不仅是人们出行不可或缺的重要交通载体,更是一个承担着增加人与人之间的交流,提供休闲、锻炼、购物和娱乐等多种功能的充满活力的空间场所,它在完善与改进城市交通与空间功能,提高市民生活品质,增加城市对人们的亲和力、吸引力等方面具有极其重要的作用[④]。

①汪小琦,李星,乔俊杰,等.公园城市理念下的成都特色慢行系统构建研究[J].规划师,2020(19):91-98.
②成都市公园城市建设领导小组.公园城市:城市建设新模式的理论探索[M].成都:四川人民出版社,2019.
③何格.高密度城市中的步行系统设计——以香港为例[J].建筑与文化,2018(1):188-189.
④林德强.城市开放空间视角下轨道交通综合体慢行系统设计研究[D].厦门:厦门大学,2018.

(三)公园城市理念下的慢行系统解读

生态优先和以人为本是公园城市理念的核心,其慢行系统的构建不是单一的交通物质空间,需要联系慢行空间及周边的公共空间,充分考虑丰富的人本需求和多元的活动空间,融入公园城市场景营造理念,将以往的道路设计引导转变为公园城市慢行场景引导,通过通勤差旅、散步慢行、运动健身、逛街娱乐、上下学等五类主要活动,结合住宅用地、行政办公用地、中小学用地、商业用地、商务办公用地、创新型产业用地、公园绿地、枢纽综合体用地等八类用地构建生活、商业、景观、产业、交通和特定类型等六大慢行场景,将科创新城慢行系统打造为站城融合与公园城市美丽宜居生活场景的重要载体。

二、基于公园城市理念的高铁新城区域慢行系统构建策略

(一)多元数据下的人行活动特征研究

人是使用并发展城市空间的主体力量,将城市慢行空间使用者的各种正常生活、工作、出行需求及其行为规律作为设计过程中的重要思考对象是构建"以人为本"的慢行系统的重要体现。在"人"的诸多特性之中,"行为规律"成为人与城市空间关联最密切的要素,通过人的行为将城市与交通联系起来,反映着人与城市之间的直接互动关系[①]。本研究对慢行空间中人的活动特征研究分为两阶段,一是关于人的行为规律研究,二是高铁新城区域的"人群画像"及人行特征归纳。

1. 人的行为规律研究

关于人的行为规律研究,主要参考褚冬竹、林雁宇、魏书祥所著《城市设计研究新动态:轨道交通站点影响域行人微观仿真方法和城市设计应用》一书中关于行人步行行为的微观特性研究。一般来说,步行行为的微观特性主要包括生理(如性别、年龄、肩宽、健康状况等)、运动(如步频、步幅、步速、加速度、空间需求等)、行为(如目标选择、路径选择、队列选择、障碍物避让、对其他行人行为的反应等)、心理(如好奇心、退让距离等)等特性。

2. 高铁新城区域"人群画像"及人行特征归纳

传统的人行活动特征调查一般通过调查问卷、访谈、跟踪记录等方法,样本数据有限且随机性较大,难以准确地推测总体特征。随着以互联网技术为代表的信息技术的发展,使得获取大量动态的、带有精准空间信息的个人数据成为可能[②]。与传统数据相比,大数据具有海量的数据规模、多元的数据类型、动态的时空属性、价值密度低和处理速度快等优势特点,其价值得到越来越多的重视,且已广泛运用到各个领域的研究和管理中。"人群画像"的概念来源于"用户画像"的概念,即通过收集与分析用户的基本属性、消费行为和生活习惯等主要数据后,抽象出用户的信息全貌,可以了解、跟踪用户的需求变化并探析其变化原因,从而达到精准营销的目的[③]。本研究通过广泛收集人们的行为动态数据,通过数据的不同

①林雁宇.基于行人微观仿真的轨道交通站点影响域适应性评价及优化研究[D].重庆:重庆大学,2015.

②钟炜菁,王德.基于手机信令数据的空间活动动态特征研究——以上海市张江高科技园区为例[C]//规划60年:成就与挑战——2016中国城市规划年会论文集.北京:中国建筑工业出版社,2016.

③胡子璇,鲍志坤.运用用户画像理论优化个人短视频自媒体的研究——以"Papi酱"为例[J].大众文艺,2019(10):174-175.

属性特征标签提取出人群的不同类型特征,进而对人群进行结构化处理,实现对人群活动分类,得出"人群画像"。由于杭州西站科创新城尚在规划建设之中,片区内人群活动较少且与规划用地承载的人群活动类型差异较大,无法通过现状调研和大数据获取得到较为理想的研究样本,本研究综合考虑国内已建成的高铁新城,选取面积规模和用地类型相似且已相对成熟的高铁新城区域——南京南站及其周边约5平方公里区域进行研究。与杭州西站科创新城相比,虽然南京南站及其周边区域的站城融合理念还存在一定差异,但其街区地块的分隔大小,北片区依托中兴通讯企业和明发商业广场,南片区以绿地之窗总部办公基地和正大喜马拉雅商办区域为中心,结合周围的居住小区等形成了人群的集聚,在活动人群的年龄、性别以及慢行活动目的上具备相当的可借鉴性。针对两个新城地域及业态之间的差异造成的特征差异,将通过杭州本地的人群研究进行拟合,以尽量保证研究结果的准确性。

　　本研究主要是基于南京某运营商提供的2018年连续半年的手机信令数据,依据手机信令数据产生的时空规律,连续半年中信令的出现天数,可以推算出本地居民和外地游客,以及在枢纽片区内的常住居民和工作人群。根据现状的南京市居民出行结构可以推算出南京南站枢纽片区的慢行总量为2.68万人,总体的慢行比例为36.4%。通过对信令数据的个体属性分析可得到人员职业属性分布、性别比例情况和年龄段分布(见图1)。

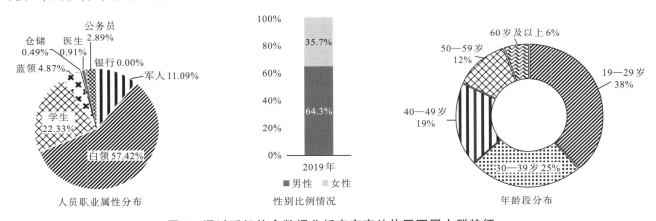

图1　通过手机信令数据分析南京南站片区不同人群特征

　　依据南京南站枢纽片区的现状用地特征,将枢纽片区分为10个交通小区,重点研究其中的以中兴通讯总部为代表的办公用地站西北小区,以明发广场为代表的商业用地站东北小区,以及以万科小区为代表的居住用地站东南小区。通过时间和空间阈值的设置,对出行链的停留点进行识别可以提取人行OD,根据人行OD结合百度POI兴趣点数据,可以分析得出通勤差旅、散步慢行、运动健身、逛街娱乐、上下学五类慢行人群。依据确定的片区日均慢行出行总量及内部出行OD,通过手机信令分析及识别三类小区特定人群在不同出行目的下的高峰小时慢行出行模式,并结合片区内的纯慢行出行比例,测算各小区的慢行出行量。并且可以根据驻留、职住关系,结合基站标识定位进行不同人群的出行距离计算分析。结合百度POI数据、知城数据平台、共享单车数据等与手机信令数据叠加分析可以进一步丰富"人群画像"和人行出行特征,以及与出行息息相关的购物消费、休闲活动等特征(见图2)。

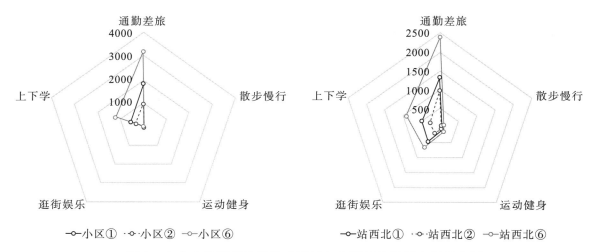

图2　南京南站枢纽片区早晚高峰各小区日均慢行出行量分析

以分析得出的南京南站及周边区域"人群画像"和人行特征研究数据,结合相关理论文献研究和杭州市19年的交通调查数据等拟合设定杭州西站科创新城的慢行出行参数。本研究结合上位规划中的街区划分,同时考虑西站综合交通体系规划中的圈层划分及"无车区"范围,综合考虑将研究范围内的慢行场景区域划分为11个交通小区。而后通过对出行总量、出行分布、出行方式与结构等进行预测分析,将慢行交通流量分配到片区路网上,为非机动车和步行空间测算提供量化支撑。本次研究创新性的结合空间句法中针对路网拓扑关系(路网深度、可达性)等参数进行了分析,最终选用NACH1000参数作为VISUM模型与空间句法模型之间的桥梁,进一步修正校核了五大场景下(通勤差旅、散步慢行、运动健身、逛街娱乐、上下学)的慢行交通分配结果,以此结果作为慢行街道场景构建的研究基础(见表1)。

表1　杭州西站科创新城道路各场景人流量分布

道路	通勤差旅	散步慢行	跑步健身	逛街购物	上下学
龙舟路(站南路以南)	31%	7%	8%	52%	2%
良亭港路	41%	12%	6%	36%	5%
大蔡园路	45%	7%	7%	33%	8%
钱神大街	43%	3%	4%	42%	8%
杭腾大道	31%	4%	3%	52%	10%
杭创大道	35%	5%	4%	50%	6%
无车区南北轴	37%	22%	8%	33%	0%
杭韵西路	39%	4%	3%	51%	3%
杭韵东路	30%	6%	5%	42%	17%
众成街	33%	9%	11%	40%	7%
画水大道	65%	3%	2%	27%	3%
庵前港路	42%	4%	2%	24%	28%
隆兴港街	28%	2%	1%	45%	24%
仓兴街	58%	2%	1%	32%	7%

（三）复合功能下的“慢行+”街道一体与场景引导

慢行交通与城市功能有机融合，结合绿地、公共服务、商业、旅游、产业、文化等，形成“慢行+”的场景模式。这里的场景模式并非简单的对慢行交通自身功能的完善，而是将慢行与城市的功能空间相融合，利用慢行交通的聚集和引导作用，结合周边城市用地空间，重新构建“人、物、场”的连接方式，优化城市空间组织，激发城市创新活力，提升城市整体空间形象。杭州西站科创新城根据研究区域的行人出行特征，结合慢行单元划分、慢行交通分配结果和慢行场景分布，将区域内的慢行系统分为交通型慢行街道、生活型慢行街道、产商型慢行街道、景观型慢行街道和综合型慢行街道等五种类型，并根据以上五种慢行街道所承载的人群活动需求的不同，分别提出场景营造指引策略。

1. 高效便捷的交通型慢行街道场景

交通型慢行街道主要包括依托城市道路布置的慢行系统，以及围绕轨道交通站点周边打造的慢行系统，主要服务以通勤差旅为主的慢行活动人群。传统的此类慢行街道是以优先保障车行为重点，在公园城市倡导的以人为本的理念下，城市道路应充分考虑到慢行使用人群的需求，针对通勤差旅慢行场景活动空间的营造重点，即立体转换空间型慢行载体资源及“最后一公里”城市道路空间型慢行载体资源，为出行者提供通达快捷、连续有序的出行路径。

龙舟路属于交通型慢行街道，周边用地类型丰富，围绕龙舟路地铁站沿线布置有居住、商业、办公等用地。尤其在早晚通勤高峰时段，龙舟路地铁站客流量集中且巨大，慢行系统规划设计上调自行车道路级别为一级自行车道，将2.5米自行车道提升至3.5米，将两侧建筑退距适当加宽3~4米，确保步行通行宽度≥6.5米，且慢行系统规划与地下空间规划相衔接，将部分人流引导至地下商业空间（见图3）。

图3　龙舟路交通型慢行街道场景引导

2. 安全有序的生活型慢行街道场景

生活型慢行街道场景是指城市道路两侧主要为居住用地和诸如中小学用地等与居住用地相关联的社区配套用地，其慢行系统主要的服务人群活动为上下学和日常生活。该类人群对慢行街道系统的核心诉求是安全舒适，因此其慢行系统的规划管控重点是人车分离，通过路权资源划分或交通管控等手段，适当提升慢行通道宽度，适度压缩机动车道，设置校门口和居住小区门口的过街专用信号灯。此外，生活型慢行街道应集中布置零售商业、餐饮、公共服务设施，在办公、居住等混合功能的街区应加强首层功能的公共性和界面的开放性,形成连续的积极界面。

众成街的两侧主要为居住用地和中小学用地,按主要服务人群分类属于生活型慢行街道。为保障上下学的安全性,针对通学道路交叉口加强过街设施的建设,如:控制交叉口路缘石转弯半径为10米,限制机动车车速低于15公里每小时;路面可视化"注意儿童"路面文字或图形标记。鼓励中小规模商业零售、餐饮、文化、社区服务等业态混合搭配,并且沿街建筑将主要建筑出入口直接临街设置等。

3. 活力创新的产商型慢行街道场景

产商型慢行街道在其慢行系统周边布局商业办公用地和研发用地,主要服务购物娱乐和创意交流等人群,慢行活动主要发生在建筑退距空间等公共开敞空间内。此类街道场景的控制与引导主要包括以下两个方面:一是增加多样化的公共开敞空间,例如适当增加建筑退距、扩大交叉口的建筑前区空间,以及采用"小街区,窄路网"的形式增加街区内部公共空间,见缝插针地增加口袋公园、街角绿地等。二是在公共空间内充分考虑到户外创意交流、创意展示等活动需求,通过增加商业外摆空间、共享办公空间和商业路演空间,并提供完善便捷的配套设施,打造高品质的、富有活力与创新的慢行场景。

杭韵西路作为片区中南北走向的重要道路,钱神大街以北的道路两侧用地以商业用地和文化设施用地为主,钱神大街以南的道路两侧用地以创新型产业用地为主,因此围绕杭韵西路及两侧的建筑退距形成的公共空间所形成的慢行系统为产商型慢行街道,主要服务以购物休闲、户外交流、创意展示为主要慢行活动的人群。在杭韵西路的慢行街道场景打造中,适当压缩道路红线宽度以加强两侧的商业对话,同时适当增加建筑退距形成较为宽敞的商业休憩空间和创意文化展示交流空间,并设置商业外摆设施、休憩活动设施以及小剧场等文化展示设施等,提升了杭韵西路的活力与品质(见图4)。

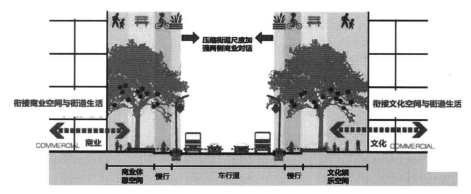

图4 杭韵西路产商型慢行街道场景引导

4. 自然舒适的景观型慢行街道场景

景观型慢行街道是指将慢行交通布置在道路或河道两侧的绿地内,主要服务以运动健身和休闲游憩为主的慢行活动人群。针对这一类型慢行系统的规划设计,应充分考虑慢行系统与公园绿地的融合与渗透,以城市公园、滨水空间和大型绿地等作为生态基底,有条件的地方将城市道路中的非机动车道和人行道迁移到绿地之内,并采用与公园绿地内部一致的绿道化铺装,营造"公园内外无差别的"慢行优先空间体验,并增加休憩类城市家具、驿站等满足慢行人群的活动需求。

杭州西站站南公园因其"还地面于行人"的交通规划理念,大尺度的绿地开敞空间使其成为景观中轴上重要的公共空间节点,既代表了西站的绿色生态门户形象,又是科创新城重要的地标景观和城市名片。在站南公园内的人群主要有运动健身、休闲游憩、户外交流、艺术展演、节日庆典等活动需求,其慢行系统的打造充分考虑以上人群活动,整体满足高度的可达性,北侧注重与站南广场的衔接;东西两侧注重与商业建筑、市政道路的衔接;南侧注重滨水游线的组织和衔接(见图5)。

图5 站南公园(无车区)慢行场景

5. 多元复合的综合型慢行街道场景

城市空间是复杂的,因此慢行街道场景也是复合的,在实际的规划设计中往往存在大量的复合功能的用地和城市道路,其形成了综合型慢行街道。在该类街道场景中,人们的出行活动需求也是多元的,其慢行街道场景营造应注重街道沿线土地复合开发和建筑首层功能的复合利用,提升街道活力。同时结合社区广场、街道小游园等开敞空间,构建可进入、可交流的社区活动场所,提升社区活力,凝聚社区精神。通过合理的交通组织,鼓励街道空间分时共享,营造多元街道活动场景。

(三)规划协同下的慢行街道场景实施路径

公园城市理念下的慢行系统并非单一线性的交通空间,"人"的丰富多样的活动需求使慢行交通向慢行街道转变,慢行空间向慢行场景转变。因此相较于传统的慢行系统规划与实施,人本需求下的慢行街道场景规划与实施需要与其他相关规划协同整合,以保障人的丰富多元的活动需求所需的慢行空间,并使慢行空间促进周边用地的开发与增值。规划的协同与整合是实现站城融合一体化的重要手段,例如慢行系统与控规的协同规划有利于优化用地布局与公共空间,与绿地系统规划的协同有利于景观绿化空间与慢行空间相融合,与地下空间规划的协同有利于实现慢行人流地上地下一体化。杭州西站科新城的慢行交通场景规划中,基于空间句法标定交通分配模型,以及建模仿真数据,将人的活动需求与慢行空间充分结合,打造出丰富多元的慢行街道场景,同时结合用地功能布局,配合相关规划,提出城市慢行空间提升建议和城市慢行空间功能运营建议,为慢行街道场景的实施提供了可操作性的路径。

三、结　语

随着城市发展建设逐步迈向高质量发展阶段,公园城市理念越来越得到专家学者和各地政府的关注,而通过公园城市理念倡导的生态优先、以人为本和场景营造为方向指引的慢行系统规划,利用大数据分析、空间句法分析以及交通仿真等先进技术,从人的活动需求的角度探索交通空间与城市空间的融合,实现从空间营造向场景营造的转变,以期为今后的高铁新城区域进一步探索"站、城、产、人"的融合提供借鉴与思路。

城市交通大脑的理念、技术与应用

阿里云城市交通大脑团队

（张建锋、蔡英华、曾震宇、张磊、刘湘雯、余亮、崔岸雍、张辉）

阿里云计算有限公司

摘要：交通是城市系统中的基础性环节，对于城市宜居性和市民生活体验至关重要。本文基于阿里云团队及其政企学界合作伙伴在数智交通方面的工作，并结合国家交通强国战略，全面分析我国交通行业数字化进程中面临的机遇与挑战，数字交通对于计算资源和数据智能技术的需求演进，以及云计算与交通行业融合创新的潜力。本文总结了城市交通大脑的核心理念、关键技术和典型案例，涵盖交通信息智能采集、深度分析、推演预测、智能决策、系统运营与普惠服务等方面，详细介绍相关的前沿技术以及数智交通在不同城市和交通细分领域的落地实践案例，并展望未来的技术发展方向。本文的核心议题聚焦云计算与数据智能技术如何能够更有效地助力交通运输行业转型升级，并成为交通运输"新基建"的数字化支撑。本文可为交通行业从业者提供方法与实践参考，也可为城市管理者和决策者解决城市/区域交通问题提供解题思路。

关键词：数智交通；云计算；智慧交通；大数据；数字孪生

一、绪　论

（一）交通运输发展面临的机遇与挑战

交通运输具有基础性、战略性、先导性、服务性的特点，是关系国计民生的命脉行业，是畅通国民经济循环的重要纽带，更是关乎民生的大事。各类交通基础设施的稳步增长是交通发展的基本保障，2019年国务院印发的《交通强国建设纲要》明确提出，到2035年建成现代化综合交通体系，包括快速网、干线网、基础网的建设，在全国形成1~3小时的出行圈，全球形成1~3天的快货物流圈，缓解城市交通拥堵，并提升科技创新体系，基本实现交通治理体系和治理能力现代化。同时，预期在21世纪中叶能够形成更加有国际竞争力和影响力的综合交通能力,全面实现交通强国。在此背景下,由政府牵头推动、民营企业踊跃参与的各类交通投资建设项目呈现一片欣欣向荣的景象。它们满足人民群众美好出行需求,使整体出行质量不断提升。

党的十八大以来,交通运输领域深入贯彻落实习近平总书记关于科技创新和交通运输工作的系列重要指示精神,在交通基础设施建设水平不断提升的同时,交通运输科技创新也取得了显著成效,各类智能感知设备、通信设备、大数据平台、分析应用等技术方案不断提升,智慧交通产业飞速发展。过去的10年是智慧交通产业发展最快的10年,即使最近几年受到新冠疫情的影响,年均市场规模都在2000亿元以上。这10年也可以分为两个阶段:2016年之前属于数字化基础设施的建设阶段,各类基础交通信息化设备设施逐步普及;从2016年开始,随着云计算、大数据、AI等新技术的发展,包括阿里巴巴集团(简称阿里)在内的新兴科技公司开始重点投入智慧交通的赛道,与传统交通行业技术相结合,不断地将新技术、新应用引入传统交通行业,从原有的单点信息化转向全面数字化,并在此基础上不断提升智能化服务水平。2019年当选中国工程院院士的阿里云创始人王坚博士,在2016年阿里启动"城市大脑"项目时,说了一句话:"世界上最遥远的距离是路侧交通摄像头与信号灯之间的距离。"这强调了之前单个信息系统之间需要互联互通,智慧交通系统需要从更大、更广的视角来了解整个交通系统的状况,从而产生全局最优的决策方案,并且能够直接作用于控制系统。

随着城市大脑的普及,交通行业对数字化的需求也不断升级,并积累了丰富的数据,研究机构和管理部门不断探索如何利用这些数据进行科学、智能的交通决策,同时,智能决策技术的应用和发展也驱动数字化向着更全、更精、更多元融合的方向发展。交通数字化和智能化相互推动、持续升级,这就是我们眼中的"数智交通"。

数智交通对于交通管理而言,是实现交通基础设施全要素、全周期数字化,构建精准感知、精确推演、精细治理、精心服务的数智交通运输体系,为加快建设交通强国提供坚实支撑和有力抓手;对于出行相关企业而言,是实现先进信息技术与交通运输领域的深度融合、以数据资源赋能行业的转型发展,以实际需求带动业务水平和服务能力的全面提升;对于出行者来讲,出行更加方便、安全、高效,更有"获得感"。

总的来说,数智交通对于数据、算法、算力的需求是巨大的。数据驱动(data driven)是人工智能落地的主要途径,数据的正确使用需要算法,算法的高效实施需要算力,这三者相结合,才是数据智能产业落地的关键逻辑。

从技术结合业务价值的角度来看,数智交通主要包含以下几个方向。

1. 城市拥堵治理

城市拥堵治理需要在城市规划／更新、道路建设、公共交通系统等层面综合统筹考虑。如何提升优化现有路网、路权分配的效率,并及时准确地掌握和处置拥堵事件,是数智交通技术主要的业务价值所在。

2．交通运输效率与安全

对于道路运输与航运企业，尤其是中小型企业，成本效率是非常重要的；对于政府和整个社会来讲，运输安全是摆在第一位的。效率和安全需要兼顾，新技术的使用在其中起到很大的作用。

3．绿色低碳与共享出行

全面推进交通运输绿色低碳转型，加快形成绿色低碳交通运输方式，是交通运输行业近期的重要任务之一。为此，应优化交通运输结构，形成完善、合理、便捷的城乡公共交通体系，发展绿色低碳出行方式。数智交通支持的出行即服务（MaaS）的核心就是要解决绿色出行问题，实现资源集约利用，打通多种系统，促进统一开放交通运输市场的形成。

4．自动驾驶与车路协同

探索自动驾驶、车路协同技术与交通运输深度融合相关的路径，推动相关技术落地应用，是近期行业关注的重点方向。要有"聪明的车"，也要有"智慧的路"，推动自动驾驶车辆的研发以及智慧公路数字化、网联化、人工智能化建设也是车路协同的重要任务之一。

数智交通行业在技术飞速发展、市场机会不断增长的同时，也遇到了不少挑战。首先，比较基础的挑战就是如何平衡交通的供需关系。应在城市规划和更新阶段就综合考虑交通系统供需平衡，之后通过各类经济性、行政性和信息服务类措施，有效地管理需求，从源头上对人的出行需求进行引导和调控，引导人们绿色、高效、安全出行，将供需始终保持在相互匹配的水平上，这是一个复杂的挑战。其次，如何平衡效率、安全与公平。城市里的交通信号灯设置往往主要考虑提升机动车辆出行效率，较少考虑弱势交通参与者，如行人、非机动车骑行者等。现在不少学者提出"人本信号控制"，就是为了解决这个矛盾。最后，如何解决建设与运营维护成本之间的矛盾。基础设施的巨大投入和技术的飞速发展让人们生活质量提升、出行范围扩大，但是我们无法无止境地满足一切交通需求，维护基础设施也在持续消耗资源，要持续不断地探索如何更高效、集约地利用现有的交通资源，这也是数智交通未来发展的主要目标之一。

（二）交通运输行业的数智化需求

交通运输是数字化的先行者。整个交通运输领域的数字化需求可以分为智能设备、智能平台、智能应用与服务三大类。总的来讲，交通数智化的需求一直在持续增长。增长不仅体现在量上的，质量上的提升更加明显。阿里云的城市大脑、智慧高速、智慧港航、数字规划、智慧机场等项目在全国各地落地，并且初步显示出效果，未来可期。

1．对智能设备的需求

交通智能设备种类繁多，整体来看这是市场的刚性需求，相对成熟，也有比较大的发展空间。已有智能设备除了具备基本信息化功能，也在不断地进行技术扩展与升级，同时许多场景需要将多种设备组合起来，因此也出现了一些用于特定场景的设备组合创新，可以算作"软件定义硬件"的尝试。此外，一些新型的智能设备也不断涌现。虽然目前很多新技术尚处于研发与实践的初期，但在未来有相当的发展前景。

2. 对智能平台的需求

在各类设备以及单个小系统积累到一定阶段之后,对于平台型软件的需求就凸显出来。对于平台的需求之一就是统一管理和操作,从这个需求向下推导,就是统一标准、统一接入、统一计算、统一接口、统一服务。城市大脑平台的建设基本上遵循这个逻辑,在包含交通在内的多个行业体现出了巨大价值。交通行业的信息化建设历史悠久,积累了很多系统和数据,职能上又覆盖多个跨行业的部门,从国家到省到地市都有联动的需要。因此可以预见,未来平台的建设需求将会不断增加。

3. 对智能应用与服务的需求

应用和服务是信息化建设实现价值的关键闭环。数智交通的应用是技术结合实际业务的创新,新应用往往会对应新的工作模式或者流程,所以应用不是简单的一个软件工具,必须要有实际的业务支撑。数智交通的服务分为两种:一种是针对政府(2G)和企业(2B)提供的各类咨询和运营服务;另一种是针对交通参与者(2C),通过数字化的手段最终服务于C端,让大家有获得感。MaaS服务平台提供典型的面向C端的服务,可以预见未来的需求会逐步增长。

(三)数智交通与云计算的融合互促

计算在未来会成为一种公共资源和必要的生产资料。云计算就是把计算资源像水电一样进行生产、统筹并提供给客户,客户按用量付费。基于此,阿里云投入大量的资源推动计算在交通运输业、制造业、农业等传统行业应用。数智交通是云计算应用的先行领域之一,云计算也助力数智交通全面、快速发展,不断提升综合服务能力。

与此同时,数智交通对于数据的处理逻辑和算法很复杂,对于计算的需求量大,反过来推动云计算技术进步,体现在以下三个方面:一是数智交通促进混合云技术的进一步完善,推动阿里云的操作系统升级;二是数智交通促进云技术更加开放,充分发挥对交通行业生态的带动作用;三是数智交通促进自主知识产权云技术的普及,提高科技创新能力。

阿里坚持自主研发,打造了拥有自主知识产权的飞天云平台。该平台获得由中国电子信息技术年会颁发的科技进步特等奖,这也是该奖项设立15年以来首次颁发特等奖。2016年,数智交通基于飞天系统,推出又一个拥有自主知识产权的品牌——"城市大脑",用数智开启了城市治理的全新时代。从2016年的杭州开始,现在全国有500多个城市,全球更是有1000多个城市建设了城市大脑。正如王坚博士所言:"城市大脑是'杭州献给世界的礼物'。"

(四)云上数智交通的价值

交通基础设施的建设投入及运营维护成本稳步增加,包括铁路、高速公路、城市道路、枢纽、港口、车站、隧道桥梁等设施的新建、改扩建和运营维护。这类工程投资成本巨大,因此需要完善的前期效果评估和规划设计、中期过程跟踪保障、后期运营维护,每一个阶段都能够从交通数智化中受益。云上数智交通的价值主要体现在以下几个方面。

(1)应用于交通规划和城市规划,可以实现大规模城市交通仿真,利用大数据充分挖掘当前需求,也可以预测未来发展态势。

（2）应用于交通建设，其作用体现在两个方面：一是通过高精建筑信息模型（BIM）进行建设全过程跟踪与评估；二是通过信息化手段保障施工期间的安全和交通通畅。

（3）应用于交通管理，可以实现对交警业务的智能化全方位全流程提升，从发现问题、分析问题、解决问题，到事前事后评估，做到了业务闭环；还可以助力实现智慧高速公路、智慧航空、智慧水运等，提升城域交通管理效能。

（4）应用于交通基础设施维护，可以通过数字化管理、高精度地图管理、动态化智能评价，整体提升行业管理水平，解决基础设施的全要素、全周期数字化问题，实现基础设施全生命周期的精细化和智慧化管理。

（5）应用于交通服务与运营，可以为出行者提供服务，为交通相关企业提供运营支持，让管理部门和企业在数智交通方面的投入能够有所回报，通过服务加强交通管理者与参与者之间的联系和互动，最终实现"人享其行，物优其流"。

二、云上数智交通的技术体系

（一）基本思路

一个系统的技术架构首先取决于系统的定位，而来自业务的需求是技术架构升级的驱动力。数智交通的主要用户为政府和大型交通企业，阿里云围绕其痛点和信息化现状来设计整体解决方案，针对解决方案对于技术的需求来优化技术架构设计、规划未来研发的方向，形成了一个以交通行业解决方案为中心的技术体系迭代模式。

考虑到技术体系未来数年内的先进性和扩展性，阿里云选择了天然可扩展的云技术，云原生是云上数智交通技术体系设计的基本原则。云原生有很多架构风格，数智交通选择的技术架构融合了众多风格的特点，应遵循平台型、高可用性、可扩展性、一致性和满足性能要求等原则。

阿里云考虑不同类型数智交通系统的业务需求，有针对性地架构技术体系。云原生系统为不同技术体系的共性需求提供了完整的支撑。而在此基础上，阿里云根据数智交通业务的特点进行细致的分析，完成从业务设计到技术架构设计的工作。

（二）业务架构

在我国从交通大国迈向交通强国的征途中，大数据、AI等新技术在交通领域应用的深度起到至关重要的作用。阿里云数智交通团队结合自己的技术平台优势，不断探究如何利用大数据技术、智能算法、密集算力创新性地解决交通系统中的实际问题，为行业管理者和交通参与者创造价值。

云上数智交通的本质是以阿里云计算为基础、以数据智能技术为核心的现代城市规划、运营、治理、优化的软件系统；发掘、融合、检索来自传感器和物联网端的多源异构数据形成对城市的全局感知；从宏观到微观多个层面上认知推演城市系统发展的各类情景;利用机器智能来调度和优化城市资源分配,并通过触手可及的人机交互让城市的决策者们能高效地与机器智能协同解决问题;其核心价值是降低各行各业数字化转型的门槛,利用数据智能和云计算将城市中的各类问题化繁为简,让决策更及时、更精准、更好地满足个体和整体的需求;交通数据智能平台具备多端触达的能力,不仅助力政府机构,赋能企业和商业,也为老百姓带来更多实惠和方便。

交通数据智能平台(见图1)围绕业务场景进行建设,面向交通基础建设、运营管理、运输监管、出行服务等核心业务方向,提供丰富行业应用、数据智能平台和云边协同的智能感知与基础设施管理能力,帮助客户实现基础设施数字化、交通治理现代化和出行运输服务一体化,激活数字化基础设施链接出行需求,促进数据驱动以人为本的低碳交通产业经济发展。

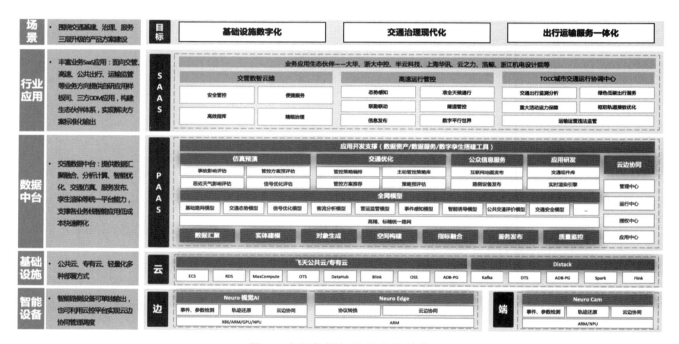

图1 交通数据智能平台的结构

交通数据智能平台以业务场景快速孵化为目标,为生态提供数据开发、孪生构建、智能分析、云边协同、渲染服务等核心能力,实现一站式的交通应用集成开发。平台主要包括智能感知层面、基础平台、PAAS层和行业SAAS引擎层。

(三)技术架构

基于前述业务分析,考虑平台性、可用性、安全性、扩展性、性能等设计系统技术架构,如图2所示,综合来看可分为数据技术架构和计算技术架构两个方面。

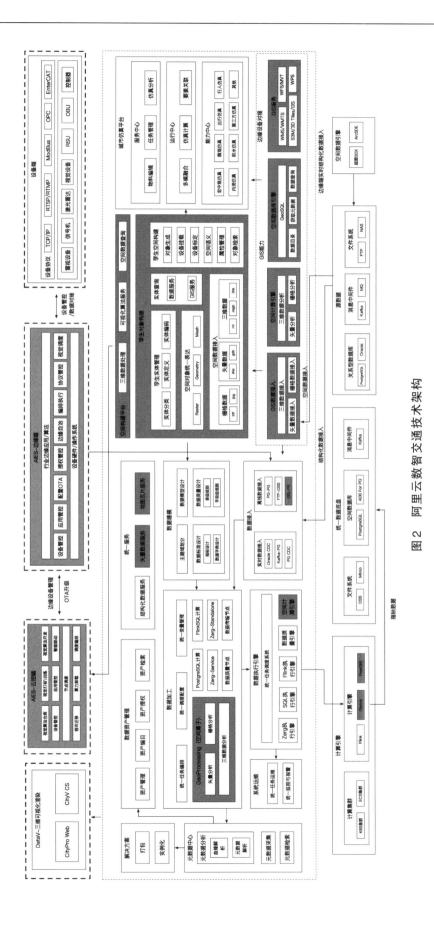

图 2 阿里云数智交通技术架构

1. 数据技术架构

数据技术架构的核心是本着数据驱动的模式,提供统一的"数据底座",连接大量数据源和设备,经过标准加工流程产出综合、高质量、面向应用的数据,满足海量异构数据的接入、处理、存储等需求。随着数据范围的不断扩大和业务类型的增加,我们现在称之为"数字孪生底座",为包含交通在内的各个行业提供基础的城市空间和动态信息的处理功能。

数据技术架构需要建立标准的数据模型以及统一的数据工程质量和安全机制。从领域建模的角度,数据融合技术架构需要涵盖"模型""质量""服务"三个业务域(见图3),其中"质量"与"服务"都是由"模型"驱动的,数据融合的基础也源于统一表达的"模型"。

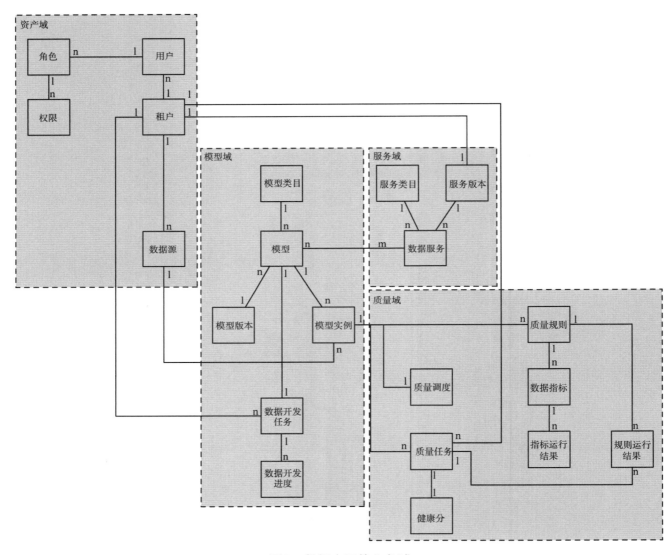

图3 数智交通的业务域

2. 计算技术架构

计算分为中心计算(云计算)和边缘计算两类,两者适用的场景不同。两者融合,即"云边一体"计算模型,对于系统的整体性能至关重要。

(1)中心计算部分面对不同数据结构(结构化/非结构化),不同计算效能(在线/实时/离线)需求,且需要打通多个层面交通数据的生产链路,由统一的计算架构来支撑庞大复杂的计算需求,进而满足业务场景需求。图4是阿里云城市大脑交管业务中的一个通用中心计算架构。

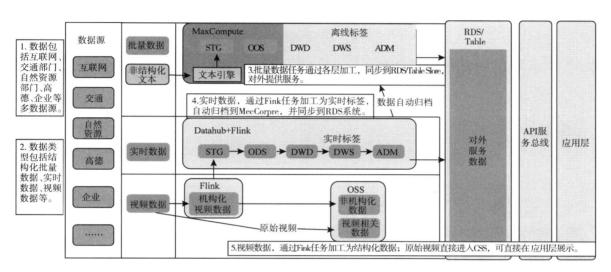

图4 数智交通在交管业务中的通用中心计算架构

(2)云边协同计算主要通过云边数据协同、算力调度协同,实现中心和边缘侧数据的双向打通和算力资源的智能调度协同。同时,通过设备边缘自治的架构设计来保障在中心网络连接中断的情况下,边缘设备盒子依然可以给业务提供持续服务能力。整体架构如图5所示。云边协同计算技术主要可以分为数据协同、算力调度协同、边缘自治三个方面。

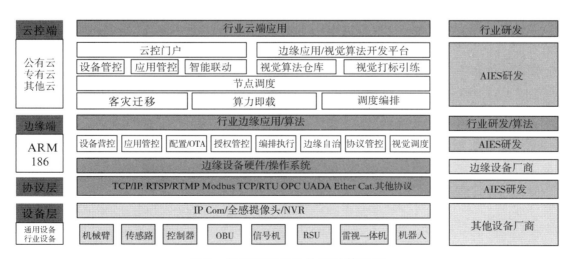

图5 数智交通云边协同计算架构

三、交通基础数据采集与处理技术

(一)数智交通中的感知技术

交通感知作为数智交通的重要基础技术,通过把不同感知设备采集到的交通数据在时空上进行还原,为上层的高速公路运营管控、数智交管、车路协同、数字孪生等数智化服务提供可计算的动态数据。

常见的交通感知设备包括摄像头、毫米波雷达、激光雷达等。对于作为交通参与者的车辆、飞行器、船舶而言,常见的感知设备还包括超声传感器、IMU、GNSS、ADS-B、AIS等,并在特定场景还会与ETC、RSU、基站、卫星等设备设施发生交互(见图6)。但单模态感知设备受限于其探测原理,各自具有天然的局限性,因此,多模态的融合感知成为交通感知的重要研究方向。

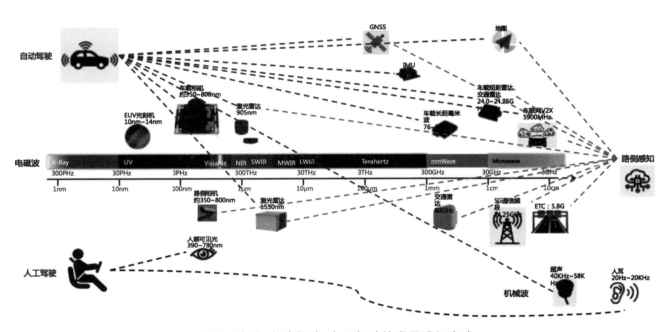

图6 路侧、自动驾驶、人工驾驶的常见感知方式

阿里云多模态融合感知系统,可以内置于(但不限于)阿里云neuro系列软硬一体设备中,并依托云、边、端统一的协同计算技术和生态合作的终端硬件能力,通过摄像头、毫米波雷达、激光雷达采集到的原始动态信息,结合标精/高精路网等静态信息,进行多模态的融合感知,实现交通场景下全天候、全覆盖、全要素、低时延的数字化还原。

未来,随着感知设备算力的进一步提升,或者云端的算力适当往边缘下沉,MEC可能会被替代。事实上,阿里云的neuro cam方案和边缘云方案,已经可以在无需MEC的同时提供高质量的交通感知。更进一步,感知可以和控制、服务相结合,让交通出行者能够更切身地体会到数智交通所带来的便利(见图7)。

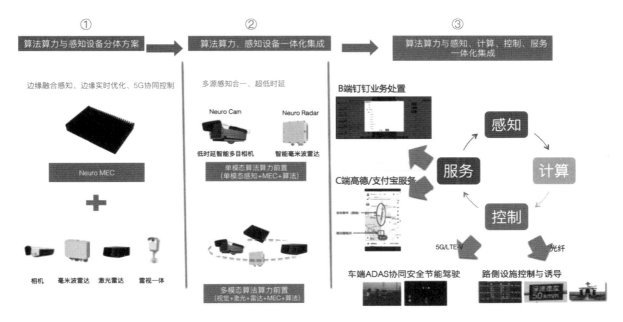

图7 感知设备软硬一体发展趋势

阿里云的交通基础数据感知技术已应用在杭州湾大桥、成宜高速公路、浙江海事海上智控平台及梅山港数字孪生系统等,取得了良好的应用成效。

(二)多源数据融合

随着业务的不断增长,必须控制计算、存储成本并规避重复建设管控数据使用和管理成本,解决数据的复用性和一致性问题,有效控制存储和计算成本,使多源数据融合实现统一模型、统一空间数据、统一指标体系、统一数据服务,做好数据质量管控(见图8)。

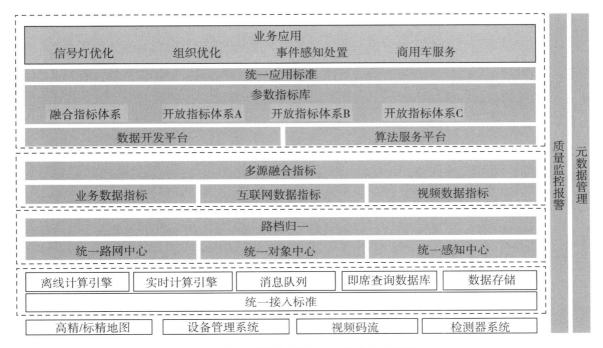

图8 实现多源数据融合的技术体系架构

1. 多源数据处理流程

针对不同来源、不同类型的数据,采用批量离线采集或实时数据采集的方式将数据采集到数据融合引擎,在数据引擎中经数据转换、编码、建模、治理、指标融合提取,并将结果推送至开放平台,由数据资源平台提供统一的API接口服务,供上层应用调用(见图9)。

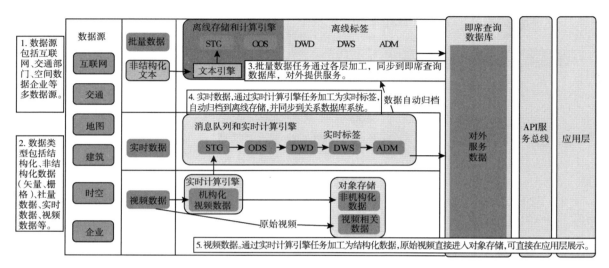

图 9 多源数据处理流程

2. 统一数据模型

数据模型的建设是一个长期迭代优化的过程,采用统一的规范才能保证数据模型的可持续维护性。同时,一致的数据模型规范是保证数据模型可读性的必要条件。数据模型架构按数据仓库经典的分层思想进行设计。

3. 统一空间数据

空间数据来源众多,空间数据中台需要能接入这些数据,进行统一的数据和元数据管理,能够随时查询和统计,回答用户想了解的各类问题。因此,需要对GIS数据进行规范,形成统一路网中心,融合三维数据,提供数据服务。

4. 统一指标体系

构建一套标准化、可伸缩、广泛适用、多源数据融合的交通数据模型感知体系和自动化数据处理流程,对各类数据进行融合分析,一方面对单一数据源数据缺失和不完整等进行修补,实现最大限度地扩展数据资源的目的,另一方面对数据特征进行处理,得到一个经修正的、更具鲁棒性的交通特征表达。最终为业务应用提供融合的、统一表达的、高质量的交通参数服务。其应用包括轨迹还原、报警信息融合、拥堵分析、通行能力分析、安全风险分析等。

5. 统一数据服务

提供数据资产服务化能力,面向数据开发者提供覆盖各个加工阶段统一体验的、便捷的数据查询转服务、服务管理、服务运维能力;面向数据资产管理者提供服务用量统计分析、热门数据统计分析等能力,实现数据中台建设后半场"数据应用"的有效落地,支撑数据智能应用的高效开发。

6. 数据质量管理

质量管理内容包括数据的采集(生产)、加工、使用过程的数据时效性、数据正确性等,进行事前问题防控、事中问题解决和事后深度优化等方面规范化定义,确保对数据质量的可监测性、可检验性、可验证性进行管理,构建长效、稳定、安全的数据质量管理体系,把控数据质量,提升数据运营价值。

(三)基于大数据的全量出行还原

在解决任何交通问题之前,都需要了解该区域的交通出行现状与特点,交通出行数据是一切工作的重要基础。

采集交通出行数据的方法可分为传统方法和大数据方法:传统方法主要包含出行调查数据、交通管理数据以及定点采集数据(包括线圈、RFID、视频等手段采集的定点交通数据);大数据方法主要包含手机信令数据、GPS数据、LBS数据等。大数据方法在近几年受到业内人士越来越多的关注,为交通出行信息采集提供了全新的方向。但LBS数据往往是被动采集,无法直接获取出行信息,需要算法推测以及真值校验,另外可能存在采样偏差。图10展示了阿里云处理LBS数据、提炼城市整体出行规律的流程。

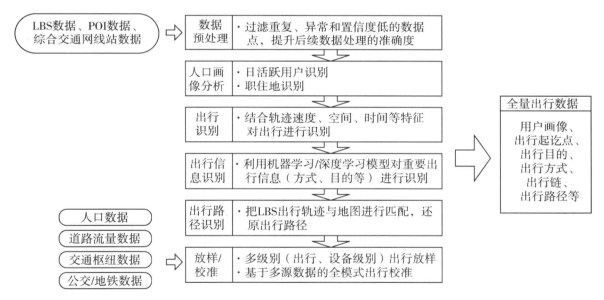

图10 LBS数据处理流程

目前,出行分析系统包括出行规律分析、出行路径分析、枢纽分析和货运分析四个功能模块。但在实际应用当中,出行需求并非一成不变的,需要对未来的交通出行需求进行准确、有效的预测。阿里云利用LBS出行数据对出行行为进行建模,从而预测出行需求(见图11)。

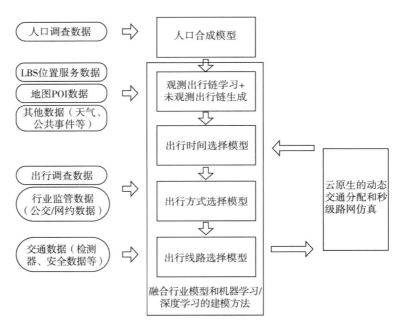

图 11　基于 LBS 数据的交通需求预测模型

(四)城市数字孪生构建

数字孪生是将测绘技术、GIS 数据处理、大数据云计算、中台建设、三维渲染技术等技术结合起来的一种综合性技术体系,打破领域壁垒,做到对物理世界全域时空数据融合计算、分析、预测、仿真、决策控制交互和响应,并最终将作用到物理世界的结果实时反馈到数字孪生系统中,形成物理世界全生命周期闭环数字化还原。

以往各技术在实际的业务场景中独立发展,各自都发展到非常成熟的阶段,但它们自成体系,相互之间无法在数据、系统上自动适配。数字孪生技术的核心就是将这些独立发展的计算机技术串联起来,在不同领域发展的技术体系之间建立数据和系统适配标准,使得数据能实时地在孪生系统中自由流动,各技术体系之间能无缝对接适配。

借助数据孪生的能力,能进行更便捷的创新,可以在数字世界中重组、拆解物理现实中的对象;能进行更有效的测量,优化测量得到的数据;能进行更全面的分析与预测,提供更全面的决策支持。

在构建数字孪生的过程中会使用到数据中台技术,通过数据中台的搭建将多源数据进行统一的汇聚、管理,使得基于数字孪生的应用系统能更加快速地生成,同时,这些应用系统能使用数据中台中融合处理后的数据,使得数字孪生应用能更加精准、实时地对物理世界进行还原、仿真和控制(见图 12)。

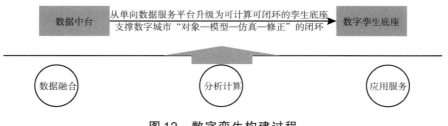

图 12　数字孪生构建过程

数字孪生的关键技术包括孪生实体建模、城市空间构建、城市指标融合计算和三维可视化渲染等。数字孪生技术为城市交通管理、服务提供了更安全、经济、高效的解决方案,助力智慧交通实现从数字化构建、仿真推演到控制优化的全链路能力升级。基于时空数据汇聚和孪生实体建模技术,对交通相关的静态和动态信息完成全要素数字化构建,建设数字交通平行世界,为精准交通态势感知、研判分析、优化控制提供数据底座。

阿里云利用数字孪生技术,成功实现路网全景监测、数字孪生机坪、港口智能管控等应用。

四、交通系统深度分析与研判技术

指标体系是城市交通综合评价的基础,是综合反映城市交通治理水平的依据。面向城市交通多维评价指标体系的构建实质上就是通过建立一系列指标体系,正确地对城市交通运行状态和运行效率进行量化评估,找到城市交通运行中的问题,并为管理者决策提供数据支撑,辅助解决城市交通运行的问题,提高城市交通运行的效率。

近些年,随着数字孪生技术的发展,阿里云积累了将整个城市的基础地图数据、城市规划数据、交通规划数据、交通管理与控制数据、人流数据、车流数据等与整个城市综合交通出行相关的全要素进行数字化构建的能力,在这个基础上,我们提出了城市综合交通大出行指标体系(见图13),对城市全域交通进行全方位量化评估和分析,支撑城市综合交通治理。

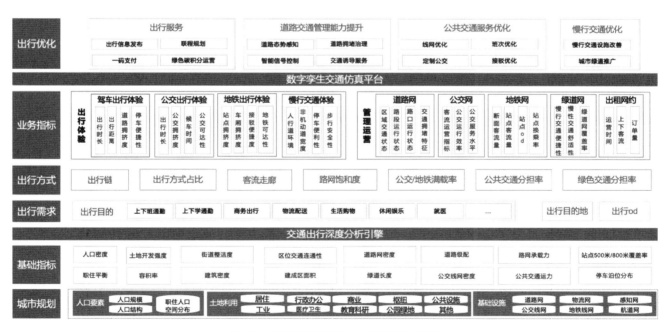

图13　城市综合交通大出行指标体系

（一）城市交通多维评价指标体系构建

在城市综合交通大出行指标体系的框架之下，针对交管业务，阿里云构建了一整套交管核心指标体系，支撑交管的日常业务；从交通供需和交通运行效率两大维度，构建了交通畅通性评估体系，对城市交通畅通性进行综合评估，使城市交通治理决策更加科学；针对信控评价建立了信控服务评价体系，改进信号配时方案，保障交叉口的交通安全并充分提升交叉口的通行效率。

（二）交通拥堵规律与成因分析

当前，城市交通拥堵逐步从单一性的路段或者交叉口的拥挤演化成区域性的网络拥堵，已成了当前各级政府和职能部门所面临的一项严峻课题和挑战。交通拥堵是由城市交通供需矛盾加剧、私家车拥有量快速增长、道路基础设施增长滞后、城市道路布局规划不科学、交通管理水平低等多种因素相互作用产生的一个复杂问题，单纯依靠增加设施供给无法从根本上解决交通问题。因此，阿里云基于交通海量数据，通过分析城市道路交通拥堵时空特征及影响因素，建立科学合理的交通拥堵综合评价、拥堵规律分析研判和拥堵成因分析体系，为交通拥堵管理、道路交通系统优化方案提供决策依据，对提高出行效率、缓解城市交通拥堵、促进城市可持续发展有重要的意义。

（三）交通安全态势研判

城市交通在给居民出行带来便利的同时，也带来了一系列的安全问题，给个人、家庭和整个社会带来巨大经济损失。交通安全态势研判系统能够基于海量多源数据建立交通安全场景库，充分挖掘交通安全隐患，实时监控重点人车企运行态势，使得交通管理部门可以便捷地审视、监控交通运行的关键业务数据，全盘掌握交通运行情况，快速发现问题，提升决策效率，减少交通事故。

五、智能精准决策控制支持技术

（一）交通运输资源配置决策优化

在对各类交通运输资源进行配置决策时，往往需要考虑运营成本和服务水平两个层面的要求。交通运输资源配置决策优化是指在有限运输资源供应下发挥资源的最大效用，为客户提供最好的服务。为了实现交通运输资源的最优配置，需要基于"数据＋AI＋算法"的框架，构建需求预测、线网规划、资源计划、任务指派、状态监测、实时调度、路径规划、故障分析预测等算法模型，涵盖战略规划层（中长期）、战术计划层（短期）、实时执行层（实时）的全链路决策，以获得全面的资源配置决策方案，实现需求与供应的协同，实现整体效益最优。最终，通过数据驱动、AI＋算法、全链路决策，赋能智慧交通，推进交通运输资源配置优化技术的革新，达成交通运输安全、高效、舒适的目标。

目前，交通运输资源配置决策优化技术已在宁波舟山港、浙江海上智控系统、香港地铁、厦门航空、蒙牛智慧供应链等开展了深度的落地应用，覆盖水路运输、陆路运输、航空运输等细分领域，极大提升了运输资源的利用率，实现降本增效。

（二）交叉口信号控制优化

交叉口智能信号控制和优化正是管理人车汇集、缓解交通拥堵的智能交通核心技术之一。阿里城市大脑已在杭州、苏州、澳门、衢州、昆明、吉隆坡等地落地并产生显著效果。

阿里建设了基于大数据、人工智能驱动的智能信号灯优化平台（见图14）。

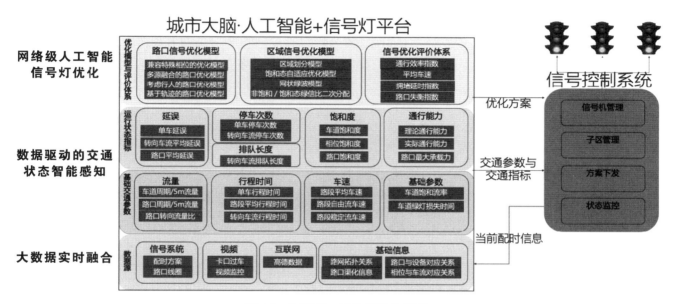

图14　互联网+AI信控整体架构

阿里城市大脑借助信号大数据平台产品（数据融合引擎、控制优化引擎、智行通、信号优化平台等），研发出一套具有良好复制性的大数据驱动信控技术体系（见图15），包括从大数据中挖掘交通规律、特征，主动发现、诊断配时问题，针对问题进行方案优化，对优化效果进行评价、反馈。系统采用了单点自适应感应控制、协调控制、区域控制、强化学习信控等技术。

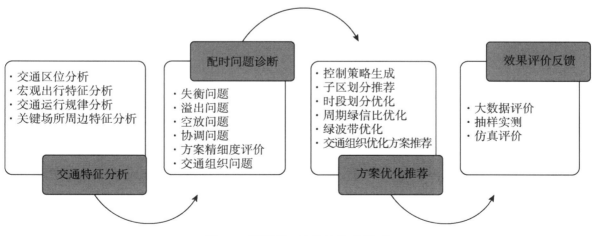

图15　互联网+AI信控技术体系

（三）高速公路主动管控

根据《交通强国建设纲要》和《国家综合立体交通网规划纲要》，高速公路作为全国联运骨干网的重要组成部分，目标是在 2035 年协同铁路运输、航运等交通方式基本形成"都市区 1 小时通勤、城市群 2 小时通达、全国主要城市 3 小时覆盖"的全国综合立体交通网，实现"旅客联程运输便捷顺畅，货物多式联运高效经济"，交通运输建设持续推进"便捷顺畅、经济高效、绿色集约、智能先进、安全可靠"的高质量发展。高速公路建设运营者迫切需要提升建设、经营、服务、管理的智能化运营管理水平。高速公路运营中最主要也最灵活的手段是交通管控。

高速公路主动交通管控指在预计会发生交通拥堵之前或发生异常交通事件之后，系统主动采用交通控制技术，调节高速公路上的交通运行状态，从而使公路自动地保持最佳的运行状态，避免发生二次交通事故或发生交通拥堵的管理方式。其技术核心在于事前风险智能识别，事件即时智能感知，自动快速生成管控方案；而工程化核心在于自动化部署，提高传统人工操作的效率，减少操作失误。因此，主动管控技术作为智慧高速的关键技术之一，是集智能感知、调度管控、应急服务于一体的典型应用，对缓解交通拥堵、提升运行效率和安全具有非常重要的作用。

阿里云结合了国内外的主动管控经验，在丰富的高速公路场景上打磨了主动管控技术，设计生成了一种基于状态预测和仿真分析的新式高速公路主动管控全链路解决方案，对高速公路的路面、桥梁、隧道、边坡进行实时高频监测，预测道路上发生事件的概率，主动管控高速公路及其周边重要节点，减少拥堵，降低养护成本（见图 16）。系统应用在杭州湾跨海大桥，有效地支持了其日常运营管控。

图 16　阿里云的主动管控功能

（四）大规模路网交通仿真

交通仿真是构建数字孪生城市的基础性技术，也是在数智交通实践中广泛应用的关键技术手段。

在宏观层面,交通仿真能够服务于城市与交通规划,大幅提升规划的客观性与科学性。在微观层面,交通仿真能够辅助城市管理者进行高效管控决策,也能为出行者提供个性化交通出行服务。与此同时,交通仿真将助力交通系统从信息化走向智能化,通过与下一代通信技术、AI技术结合,能够为自动驾驶、车路协同等场景提供基础研发测试平台,推动交通出行技术演进。

近年来,随着互联网与云计算技术的快速发展,交通仿真技术迎来重大发展机遇。阿里云大规模路网交通仿真系统以数字孪生仿真推演技术为基础,以云计算技术为依托,通过各类信息采集技术获取城市系统运行状态并加以利用,对城市系统进行"再现"和"预演",分析城市运行过程中的特征和规律,预测城市在发展过程的潜在问题并提出相应的解决方案,从而为城市系统的规划、建设、运营和管理提供基础数据支撑和智能决策辅助,实现真实数据驱动、推演未来态势、解决行业痛点、赋能智慧交通,完成了对交通仿真技术的重大演进革新。阿里云研发的技术在北京冬奥会道路管控仿真、宜昌城市交管仿真、杭州湾跨海大桥智慧运营仿真等项目中实际应用,取得了良好的效果,展示了交通仿真的潜力。

此外,阿里还基于云原生基础设施构建了统一仿真平台(见图17),以解决仿真实践中的若干共性问题。它基于统一基础设施降低了仿真模型构建、服务化、编排、分布式大规模仿真、联合仿真的构建成本,同时提供了一个可编程的仿真模型开放平台,低成本接入仿真模型,向所有有仿真需求的用户开放。

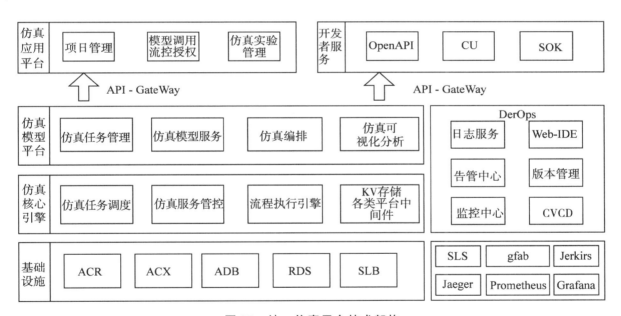

图17 统一仿真平台技术架构

六、服务提升与运营支持技术

(一)智能导航与停车

导航软件与服务已经深入人们生活的方方面面。如今,出行者对于导航的要求越来越高,不仅限于点到点的路径推荐和二维地图导航服务,还需要精准智能的驾驶行为指引,如车道级AR驾车导航、智能动态停车导航、大型建筑内 AR 步行导航等。

目前,最新的技术创新应用是支持车路协同的高精度车道级导航。它是手机硬件、高精定位、地图导航、融合感知、车联网等领域众多创新技术的结合,已经广泛应用在车路协同、智能汽车导航系统模块中。

(二)车路协同

车路协同(CVIS)是指基于无线通信、传感探测等技术获取车辆和道路信息,通过车—车、车—路通信进行信息的交互和共享,并在全时空动态交通信息采集与融合的基础上,开展车辆主动安全控制和道路协同管理,充分实现汽车与道路的有效协同,保证交通安全,提高通行效率,从而形成安全高效和环保的道路交通系统。智能交通基础设施建设作为融合基础建设的重点,主要关注"车—路—云"(见图 18)的高度协同,其内容包括公路的智能化基础设施改造和政府的智能化运营,技术涵盖路侧智能设备的选择和部署、高效的通信协议和数据交换标准以及智能交通系统的集成。因此,可以说车路协同是推动车联网、自动驾驶等行业新技术落地的加速器,近期可以辅助司机驾驶、为自动驾驶提供路的环境感知能力和车的通信能力等,远期可以为创造安全、稳定的无人驾驶环境提供运行保障。

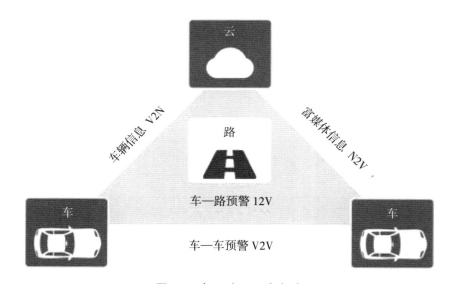

图 18　车—路—云参与者

阿里云的车路协同主要关注智慧高速公路,对各模块的内容进行了重组与升级。从原有重硬件模式转变为以软件与数据为核心,从各专业鼓励的感知控制转变为融合感知与计算,从为企业服务转变为融 2C/2G/2B 为一体的服务模式。它基于端到端的技术架构,对道路实现全要素、全时段、全路径感知的数字化,通过数字孪生实现物理空间和数字空间的对应。

阿里云高速云控平台(见图 19)整合摄像头、雷达、能见度检测仪、气象监测仪等外场硬件和高速信息系统数据,依托阿里云计算平台,通过智能高速引擎和交通视觉计算,实现路段精准协同调度、车路协同算法训练、车路协同设备运维、云边协同管理、交通态势可视化,有效地在高速公路交通态势、事件处置闭环、公众信息服务诱导以及逃费稽查等高速公路应用场景实现智慧云控。

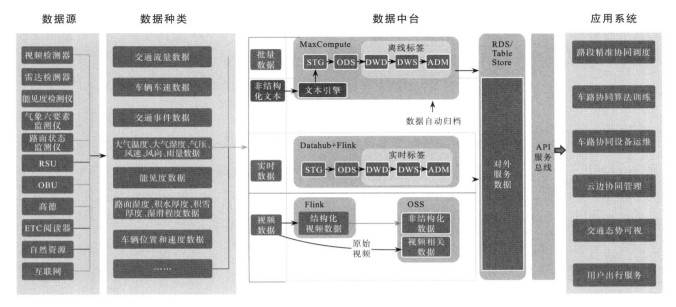

图19　阿里云高速云控平台架构

2020年,蜀道集团和阿里云成立联合实验室,在成宜高速公路共同探索公路数字化建设模式,通过毫秒级数字孪生技术构建了"数字平行世界",实现对高速公路路况的实时查看,以及对交通事件的快速识别、处置,让道路管理更加直观、高效。

（三）商用车服务

商用车包含"两客一危"车辆、重载普货车、渣土车、混凝土搅拌车、冷链运输车、出租汽车、公交车以及新能源城市配送等营运车辆,其一旦发生安全事故就容易造成恶劣的社会和经济影响,因此受到管理部门和全社会的广泛关注。

阿里云商用车服务平台,服务交通物流行业数字化转型,面向交通物流运输企业提供一体服务,包含车联数据上云存储和行业SaaS软件平台使用,帮助终端企业提升信息化水平,实现精细化管理。平台依托自建的商用车车联网设备接入平台和云控中台,搭建DAAS开放平台,并联合ISV一起构建车队管理、安全监测、运营分析、油耗管理、商砼管理等SaaS应用生态。目前,阿里云已开展了"浙运安"危货运输智控平台、车辆动态预警与出行服务、提升驾驶效率的预见性巡航（PCC）、UBI车险等探索与实践。

（四）MaaS

MaaS是一种理念,一种解释是将交通工具服务化,将分散的信息、运力和计算集中起来,一站式解决用户的出行需求。利用交通大数据建立统一的平台,智能化地集成各种交通方式的信息,并为用户提供行程规划,将是数智交通的一个重要的应用方向。

（五）低碳

据估计,目前交通运输领域的碳排放占我国碳排放总量的10.4%,其中公路运输的碳排放量占交通运输碳排放总量的87.0%。随着我国"双碳"计划的推进,精确高效计算交通碳排放量、客观全面评价交通绿色出行水平、科学合理制定"双碳"政策是交通领域推动减碳的三个关键点。阿里云依据建立的碳排放计算模型,从道路级别、区域级别以及城市级别分别计算杭州交通出行碳排放量,有助于城市交通低碳/减碳政策分析,引导合理选择交通出行方式,协调城市交通发展。

七、综合实践案例

城市大脑是阿里云在交通领域的探索实践中的重要里程碑。王坚博士于2016年向杭州市政府提出,建设城市大脑解决城市病。2019年,王坚博士进一步提出一个问题:能不能把杭州市道路上跑的车辆数清楚?这个问题对于数智化交通管理而言至关重要。城市大脑综合运用视频识别、流计算、视觉计算加速等技术,对杭州全城视频数据流进行实时分析,通过数字化手段数清楚了路上跑着多少车辆。

除了能够解决交通管理的刚性难题,城市大脑还帮助阿里云沉淀了数据分析的逻辑和算力底座。经过六年的发展,阿里云逐步从关注交通单一关键环节到围绕"规、建、管、养、运、服"进行体系化建设,从城市交通领域走向综合交通的各大领域,累计覆盖高速公路里程25000公里,覆盖城市路口2000个,覆盖城市道路里程10000公里,还拓展到全国各地的高速公路、航空、港口、园区、物流等领域。

在大城市及中小型城市,阿里云均开展了城市交通实践,例如:在昆明建设"城市交通大脑",实现全域自适应实时信号优化;在宜昌建设"城市大脑",用数据底座支撑"宜网统管"。此外,阿里云在成宜高速公路打造全要素、全时段、全覆盖的智慧高速公路,在宁波舟山港通过港口智能化提高整体作业效率,在北京首都机场建设ET航空大脑提高航空中转效率。

八、未来展望

(一)云上数智交通助力交通运输业转型升级

云上数智交通将赋能传统交通基础设施,推动新技术与交通基础设施融合发展,推动交通基础设施规划、设计、建造、养护、运行管理等全要素、全周期数字转型、智能升级,推动交通基础设施数字转型、智能升级,在智慧公路、智慧铁路、智慧航道、智慧民航、智慧邮政等方面,均能充分发挥作用;升级现代化行业管理信息网络,借助交通运输"互联网+监管"的契机,助力交通运输统计决策、工程管理、综合执法、安全生产监管、运行监测与应急处置、新业态监管等业务全面提升智能化水平,提升非现场监管、信用监管、联合监管等新型信息化监管能力;打造综合交通运输"数智大脑",促进数据资源的整合共享、综合开发和智能应用,推进综合交通大数据中心体系建设,进而提升智慧化管理和运营服务水平。

(二)云上数智交通成为交通运输"新基建"

根据数智化信息采集系统的需要,布局重要节点的全方位交通感知网络,推动载运工具、作业装备智能化,搭建数智化的信息采集体系;通过完善智能化的基础应用体系,整合线上和线下资源,打造数字化出行助手,推动"互联网+"便捷交通体系,实现城市客运及综合客运枢纽智能化;推广"互联网+"高效物流新模式、新业态,实现物流全程数智化;建设综合交通运输信息平台,提高决策支持、安全应急、指挥调度、监管执法、政务服务、节能环保等领域的大数据运用水平,推动行业治理现代化。

参考文献:

[1]王殿海.交通系统分析[M].北京:人民交通出版社,2007.

[2]王殿海.交通流理论[M].北京:人民交通出版社,2002.

[3]王殿海,马东方,陈永恒.主支路交叉口设置信号的临界流量[J].西南交通大学学报,2009,44(5),759-763.

[4]王殿海,金盛.车辆跟驰行为建模的回顾与展望[J].中国公路学报,2012,25(1):115-127.

[5]景春光,王殿海.典型交叉口混合交通冲突分析与处理方法[J].土木工程学报,2004,37(6):97-100.

[6]王炜,杨新苗,陈学武.城市公共交通系统规划方法与管理技术[M].北京:科学出版社,2002.

[7]王炜.城市交通系统可持续发展规划框架研究[J].东南大学学报:自然科学版,2001,31(4):1-6.

[8]陈淑燕,王炜.交通量的灰色神经网络预测方法[J].东南大学学报:自然科学版,2004,34(4):541-544.

[9]杨敏,陈学武,王炜,等.基于人口和土地利用的城市新区交通生成预测模型[J].东南大学学报:自然科学版,2005,35(5),815-819.

[10]陆化普.城市绿色交通的实现途径[J].城市交通,2009,7(6):23-27.

[11]陆化普,孙智源,屈闻聪.大数据及其在城市智能交通系统中的应用综述[J].交通运输系统工程与信息,2015,15(5):45-52.

[12]陆化普.城市土地利用与交通系统的一体化规划[J].清华大学学报:自然科学版,2006(46):1499-1504.

[13]张卫华,陆化普.城市交通规划中居民出行调查常见问题及对策[J].城市规划学刊,2005(5):86-90.

[14]陆化普,黄海军.交通规划理论研究前沿[M].北京:清华大学出版社,2007.

[15]杨东援.通过大数据促进城市交通规划理论的变革[J].城市交通,2016,14(3):72-80.

[16]邹智军,杨东援.道路交通仿真研究综述[J].交通运输工程学报,2001,1(2):88-91.

[17]邹智军,杨东援.微观交通仿真中的车道变换模型[J].中国公路学报,2002,15(2):105-108.

[18]杨锦冬,杨东援.城市信号控制交叉口信号周期时长优化模型[J].同济大学学报:自然科学版,2001,29(7):789-794.

[19]高自友,吴建军,毛保华,等.交通运输网络复杂性及其相关问题的研究[J].交通运输系统工程与信

息,2005,5(2):79-84.

[20]高自友,张好智,孙会君.城市交通网络设计问题中双层规划模型,方法及应用[J].交通运输系统工程与信息,2004,4(1):35-44.

[21]高自友,任华玲.城市动态交通流分配模型与算法[M].北京:人民交通出版社,2005.

[22]黄海军,李志纯.组合出行方式下的混合均衡分配模型及求解算法[J].系统科学与数学,2006,26(3):352-361.

[23]Huang H J, Lam W H K. Modeling and Solving the Dynamic User Equilibrium Route and Departure Time Choice Problem in Network with Queues[J]. Transportation Research Part B: Methodological, 2002, 36(3): 253-273.

[24]Huang H J, Lam W H K. A Stochastic Model for Combined Activity/Destination/Route Choice Problems [J]. Annals of Operations Research, 2005, 135: 111-125.

[25]汪光焘.城市交通学导论[M].上海:同济大学出版社,2018.

[26]汪光焘.推进优先发展城市公共交通战略[J].城市交通,2005(4):1-2.

[27]汪光焘.建立和完善科学编制城市总体规划的指标体系[J].城市规划,2007,31(4):9-15.

[28]傅志寰,牛田瑛.关于低碳发展的认识和思考[J].中国工程科学,2010,12(6):12-17.

[29]傅志寰.交通强国的战略目标[J].中国公路,2017(21):24-25.

[30]杨晓光,白玉.交通设计[M].北京:人民交通出版社,2010.

[31]杨晓光,庄斌,李克平.信号交叉口饱和流率和启动延误的影响分析[J].同济大学学报:自然科学版,2006(6):738-743.

[32]马莹莹,杨晓光,曾滢.信号控制交叉口周期时长多目标优化模型及求解[J].同济大学学报:自然科学版,2009,37(6):761-765.

[33]关宏志,王鑫,王雪.停车需求预测方法研究[J].北京工业大学学报,2006,32(7):600-604.

[34]关宏志,刘兰辉,廖明军.停车诱导系统的规划设计方法初探[J].公路交通科技,2003(1):136-139.

[35]关宏志.非集计模型:交通行为分析的工具[M]北京:人民交通出版社,2004.

[36]毛保华,杨肇夏,陈海波.道路交通仿真技术与系统研究[J].北京交通大学学报,2002,26(5):37-46.

[37]毛保华,孙全欣,关伟,等.区域综合运输体系发展规划理论与关键技术[J].综合运输,2011(5):4-10.

[38]邵春福.交通规划原理[M].第2版.北京:中国铁道出版社,2017.

[39]秦利燕,邵春福,贾洪飞.高速公路交通事故分析及预防对策研究[J].中国安全科学学报,2003,13(6):64-67.

[40]余志生.汽车理论[M].第3版.北京:机械工业出版社,2000.

[41]Zhang L, Levinson D. Optimal Freeway Ramp Control Withoutorigin-destination Information [J].

Transportation Research Part B：Methodological，2004，38(10)：869-887.

［42］Xiong C，Yang D，Zhang L. A High-order Hidden Markov Model and Its Applications for Dynamic Car Ownership Analysis［J］. Transportation Science，2018，2(6)：1365-1375.

［43］Krause C M，Zhang L. Short-term Travel Behavior Prediction with GPS，Land Use，and Point of Interest Data［J］. Transportation Research Part B：Methodological，2019，123：349-361.

［44］Song C，Qu Z，Blumm N，et al. Limits of Predictability in Human Mobility［J］. Science，2010，327 (5968)：1018-1021.

［45］Xiao N，Yu L，Yu J，et al. A Cold-Start-Free Reinforcement Learning Approach for Traffic Signal Control［J］. Journal of Intelligent Transportation Systems：Technology，Planning，and Operations，2022，26(4)：476-485.

［46］Yu L，Yu J，Zhang M，et al. Large Scale Traffic Signal Network Optimization-A Paradigm Shift Driven by Big Data［C］// 2019 IEEE 35th International Conference on Data Engineering (ICDE). Institute of Electrical and Electronics Engineers，2019.

［47］Gebru T，Krause J，Deng J，et al. Using Deep Learning and Google Street View to Estimate the Demographic Makeup of Neighborhoods Across the United States［J］. Proceedings of the National Academy of Sciences，2017，114(50)：13108-13113.

［48］Li X，Zhang C，Li W，et al. Assessing Street-level Urban Greenery Using Google Street View and A Modified Green View Index［J］. Urban Forestry & Urban Greening，2015，14(3)：675-685.

数字技术:构建城市交通管理"第三空间"

朱 静[1] 孙雪锋[2] 郑 飞[3] 姚福琦[3] 曹 林[4] 李深林[5]
刘 尧[6] 李 岩[5]

1浙江省城市化发展研究中心发展合作研究室主任
2浙江省城市化发展研究中心主任
3阿里云全球技术服务部高级交付专家
4阿里云全球技术服务部高级运营专家
5阿里云全球技术服务部交付专家
6阿里云智能全球技术服务部高级交付专家

摘要:数字技术融合驱动下,城市化建设从硬件统筹逐渐走向了"硬件+软件"一体化的创新模式;随着云计算、大数据、AI技术的发展,超大规模的融合感知技术逐渐成熟,城市出行智能化的能力从局部走向全域。本文归纳梳理数字技术在交通领域的成功实践,提出构建数字交通"第三空间"理念,即在数字化技术融合支撑下,对城市出行供给、出行需求和运行状况在数字空间上重构,提供全息感知下的数字孪生、仿真推演、敏捷管控和全程协同等服务,以弹性管理的方式充分利用现有交通基础设施,缓解交通拥堵,提升道路效能,探索利用数字技术推动城市治理服务转型的新路径。在城市高质量发展要求和城市交通硬件扩张受限的双重背景下,借助数字技术创新提出数字交通"第三空间"的管理理念,对于城市交通未来发展具有重要意义,同时对于大型赛事活动,例如亚运会等城市特殊峰值事件的交通调度,也具备极大的参考价值。

关键词:数字技术;城市交通;第三空间;管理

一、城市交通拥堵依靠"硬件"难以快速改善

城市交通体系是整个社会经济体系发展的一个缩影,在经历一个快速发展过程之后,进入了转型发展的新阶段。《中华人民共和国国民经济和社会发展第十四个五年规划和2035年远景目标纲要》公布,明确了当前阶段的基调为高质量发展,涵盖的范围包括经济、社会、生态、文化和国家治理体系的方方面面。城市交通作为深度影响民众生活体验和社会运行效率安全的重要领域,在过往快速发展过程中,形成和积累了诸多问题,亟须在高质量发展思想指导下,探寻发展转型新思路和新策略。从问题导向出发,现阶段城市交通运行存在以下突出问题。

集中出行波峰问题:日常交通出行高峰期为上下班时段。高峰期由于城市人口集中的出行需求,交通流量一直处于过饱和状态,引发大量的路段拥堵。周末因为大量居民前往繁华闹市区休闲购物的需求,也会发生私家车与城市公交车辆共同进入市区引发的拥堵现象。因节日休假催生的集中旅行需求也容易导致交通拥堵的发生,节日假期起讫日的出城高峰和返程高峰在各大城市频繁发生,严重影响了广大居民的生活体验。通勤时耗缩短和节假日畅通成为城市居民的普遍诉求。

老城区交通拥堵问题:老城区的道路规划和建造时间较早,道路普遍不宽,路边建筑密集,可拓展性较低。随着城市的发展,人口涌入和汽车保有量的不断增加,导致了老城区交通通行能力不能满足实际通行需要,拥堵成为老城区的普遍特征之一。修建高架快速路成为缓解老城区拥堵问题的主要工程型选择。然而,高架路影响城市景观,产生噪声污染,对一些人文气息浓厚的老城区的破坏性较大,而且仍然无法显著改善老城区内的交通拥堵问题。

交通事故疏导问题:交通事故虽然是偶发性事件,但是我国车辆保有量多,交通出行量大,因天气、道路、车辆或驾驶员原因导致的交通事故绝对数量颇高。交通事故发生后,因驾驶员主观滞留或客观上无法及时清障等原因,通常会导致一定时间的交通拥堵。疏导因交通事故导致的拥堵是考验城市管理部门人力资源和管理智慧的巨大挑战。

应急交通协调问题:当城市发生内涝、火灾、急救等各类突发事件时,救援车辆的快速到场、事件点人员车辆的紧急疏导,以及外围车辆的管控诱导等对交通系统的应急协调管控能力提出了挑战。如果对突发事件的信息掌握不及时、反应慢、缺乏快速分析和处理方案输出能力,或是交通管制疏导方案无法及时有效发布等,都极易导致社会面经济损失和人员伤亡的发生。

因此,多维度视角下城市交通保畅通成为城市交通高质量发展的重要命题。常规的解决思路围绕道路基础设施建设的"硬件"方向进行,即通过新建道路、拓宽道路增加交通通行能力供给,以满足民众的出行需求。然而,单纯依靠扩大"硬件"容量(城市高架、环线等道路)不仅需要极高的建设成本,而且面临拆迁、安置等社会问题,尤其在建成区,新修或者拓宽道路工程很难实施。此外,集中出行波峰问题、交通事故疏导和应急交通协调问题也难以单纯依靠"硬件"改善来解决。随着城市发展理念和发展要求的升级,借助新型科技成果,引入数字化"软件"能力,创新"弹性化"管理手段,以此合理配置城市现

有交通通行供给能力和出行需求,快速响应交通治堵需要,提升城市交通管理和服务水平,成为越来越强烈的发展需求。

二、数字技术为城市交通带来的创新改变

在人类工业革命进程中,每一次生产力变革不仅推动社会发展,而且改变了社会关系和社会结构。云计算、物联网、人工智能和移动互联等数字技术的发展与融合引发的新一轮科技革命,正在升级经济社会的生产方式、消费方式、运转方式和治理方式,城市已成为数字底座上的协同治理单元。"数字外场"的进一步扩大方便了"连接"。截至2021年,全球有超过39亿智能手机用户,这在事实上造就了一个高速连接亿万人群的存在于组织外部的数字化的"场"。由于这个"场"的存在,一方面,任何一个组织的决策所产生的影响都可以在网络的扁平时空中被快速放大;另一方面,所有人类个体的行为和选择,也都可以通过高速连接的网络对组织本身产生巨大的影响。

数据融合和数据智能驱动并支撑城市整体的决策协同。在数字化转型的当下,数据正成为一种重要的生产要素和战略资源。数据的汇聚与融合逐步形成了大数据,资源化的数据成为驱动城市智能化的关键原料。数据智能技术将重新定义城市的科学决策、社会治理,以及公共服务的理念、流程和模式,将驱动城市管理进行理念创新、技术创新、流程创新和治理方式创新的全方位、系统性变革。

数字化基础设施正推动以服务和整体协同为导向的城市交通治理数字化转型。以城市大脑为代表的城市数字基础设施,帮助解决了城市治理中的突出问题,助力城市治理科学化、精细化、智能化,随时随地精准服务企业和个人,使城市的公共服务更加高效、更快速响应,实现了城市资源的精准匹配,驱动着城市的智慧化管理和运营。随着数字技术的融合与驱动,城市迈入以服务和协同为核心导向的新型智慧城市,智慧交通的发展理念和模式也正在产生更深刻的变革,将更强调利用数字技术推动城市治理服务转型,实现城市高效能、包容性和可持续发展。

数字化转型驱动正助力城市出行进入高度智慧化的阶段,目前在"硬件"之上提供数字化服务的主要有以下四项技术:(1)全息感知支撑的数字孪生;(2)人工智能支撑的敏捷管控;(3)云计算支撑仿真推演,实现智慧化决策;(4)多方协同支撑的全程服务。由全息感知下的数字孪生、敏捷管控、仿真推演和全程协同等服务,共同构成了城市出行的"软件"系统,我们将之称为城市交通出行的数字管理"第三空间"。这些服务,在无需改变城市道路交通"硬件"容量的情况下,为提升城市交通管理能力,合理配置城市现有交通通行供给能力和出行需求,快速响应交通治堵需求,提升城市交通服务水平,提供了充分可能。

三、数字技术在交通领域的应用及实践

数字技术与现有的交通基础设施硬件条件相融合,进而提升城市交通管理和服务水平的做法,已在部分城市有较好的实践案例。

（一）交通数字孪生

1. 概念和原理

交通数字孪生是将现实世界里与交通相关的实体和元素投射到数字世界里,在物理实体和数字孪生之间存在同步和闭环关系。通过实时感知物理实体的状况和环境,数字孪生体可随物理实体的改变而演变,保持高度保真性。

2. 实践案例

在我国举办的某国际重大体育赛事,涉及两城三地,交通保障区域跨度大,并且交通保障点多。其中涉及32个场馆、32个服务设施、60个注册酒店、90个工作人员驻地。赛事期间,90多个国家和地区的1万余名运动员在三个城市之间频繁往返。运动员、随队官员、技术官员、转播商、新闻媒体、市场开发合作伙伴等工作人员均需进行交通出行必要保障。此外,城市居民日出行总量约4032万人次。交通供给既要满足赛事需求,也要平衡好市民的日常出行需求。

数字孪生在本次体育赛事期间的交通保障中作为基础能力引入。

一是城市基础设施的数字化,将区域重点的赛事场地以及道路通过数字孪生技术,实现真实世界的数字复刻。

二是基于多源的数据融合,包含交管数据、视频数据、气象数据、交通运输数据、赛事赛程数据、互联网路况数据等多领域共计14大类交通数据,对交通保障形成全息感知。

三是基于数字孪生的仿真推演,利用交通出行、天气、警情事件、运输保障线路等多源数据,通过交通仿真计算模型,对未来的交通运行情况进行推演,从而形成有针对性的保障预案,在防、控、诱多方面形成精细化的管理策略。

四是敏捷调控,通过仿真推演结果,利用实时的交通态势监测、事件感知、警力布控,对涉赛事车辆进行实时跟踪,对公众出行进行及时诱导,保障交通出行的有序、安全、可控。

3. 应用效果

该体育赛事期间的交通指挥平台,从数字孪生的基座,到使用交通出行仿真推演,再到预案制定,最后进行调控,通过数据驱动的交通管理模式,改变了原有ITS系统(包括交通信号控制、非现场执法系统、交通流信息采集系统、交通视频监控系统、交通诱导系统、道路交通设施建设等)建设和交管业务相对独立的局面。交通系统间的数据共享,提高了交通资源的数据分析能力和利用率,也提升了交通管理效率,打造了更安全、更畅通、更有序的交通运行环境。

（二）AI信号灯控制优化

1. 概念和原理

AI信号灯控制优化是指基于海量交通运行数据,应用人工智能算法进行过程学习,进而优化交通信号灯控制方案的技术,它具备全局认知、主动决策、自主学习进化的能力。它能将视频、卡口、浮动车等设备感知到的多源交通信息进行融合处理,从中挖掘交通流多维度特征规律,实时判断交叉路口的交通状态,并对路口上下游区域内出现的拥堵问题进行综合分析,以辅助智能决策。通过与交通管理者的交互、控制方案执行效果的反馈迭代、路网交通流特征规律等知识持续积累,实现控制模型的不断学习进化,使得AI信号灯控制优化技术的场景认知、优化决策能力和信号优化的效果持续提升。

2. 实践案例

在某城市的交通服务系统中,信控系统对干线协调控制能力不足。该城市现状信控系统是在给定路口距离、车辆平均速度的前提下,采取人工方式进行周期性调优,专家凭借经验,结合数据生成一段时间内的固定方案。这种方式工作量巨大,效果不尽如人意,难以适应动态的交通需求变化;而且该城市存在多个信号控制系统、多个信号机品牌同时运行的现象,城市的交通管理部门在工作中需要熟悉多个信控系统,给市管理者日常工作带来极大不便;再有城市中电动车出行分担率高,对交叉路口信控影响大,但传统信控系统难以考量电动车的干扰因素。

为实现信号灯控制优化效果,该城市采用了"AI信号灯控制优化"技术。

(1)打通信控系统。通过双向互通机制打通目前存在的SCATS系统、三家国产信号控制系统,实现一套信控系统控制所有的信号系统和信号机,突破壁垒,实现信号集中控制。

(2)拓展数据来源。融合互联网浮动车数据、路口视频检测器采集的排队长度、交通流量、车间距、车道占有率、路段平均速度(卡口的断面速度、卡口电警分析的区间速度)等数据,拓展传统信控系统的数据来源,打破数据瓶颈。

(3)建立高效管理工具。为信控工作提供高效管理工具,完成信控工作基础调研—数据采集—数据分析—方案设置—效果评估—调优的全流程闭环工作的信息化,大幅提升信控工作效率。

(4)动态控制。利用城市大脑数据底盘,动态采集、计算车辆平均速度,并根据实时数据分时段进行动态干线协调控制。

(5)准实时的自适应控制。利用城市大脑的计算能力,基于融合的动态交通数据,尝试在条件符合的路口,引入自适应控制,使得路口的信号方案可以自动地动态匹配交通需求变化。

3. 应用效果

AI信控系统已在该城市中心城区的59个路口直接使用,参与应用的几个片区都是中心城区人口密度最高的区域之一。据统计,AI控制系统接管红绿灯之后,对比接管前的1个月,交通压力最大的核心主干道车辆平均速度提高7.0%,车辆平均延误时间降低7.9%,其他主干道车辆的平均速度提高6.1%,平均延误时间降低7.3%,早高峰通勤车辆通过时间减少了5分钟,晚高峰通过时间减少了10分钟,在使用AI信号灯后,城市道路整体通行效率明显提升。

(三)交通仿真推演

1. 概念原理

城市交通仿真是再现交通流运行规律,对交通系统进行管理、控制和优化的重要手段和工具。它可以动态地、实时地仿真交通流和交通事故等各种交通现象,复现交通流的时空变化,深入地分析车流、道路以及交通的特征,有效地进行交通规划、交通组织与管理等方面的研究与应用。同时,交通仿真结合数字孪生构建的虚拟现实世界,能够非常直观地表现出路网上车流的运行情况,对于某个位置交通是否拥堵、道路是否畅通、有无出现交通事故以及出现上述情况时采用怎样的解决方案来疏导交通等,在计算机上经济、有效且无风险地仿真出来。

交通仿真技术是交通数字孪生的技术支柱之一,它既可对真实世界中尚未得到实施的ITS技术进行预演分析,又可对已实施的技术提出优化建议,在不对现有交通系统产生任何干扰下进行多种系统方案的校验,从而引导更有效的系统实施。因此,利用实时仿真技术对城市交通系统进行分析、评价、决策和优化,有着重要的理论意义和实际价值。

2. 实践案例

某市公安局交警支队在城市数字孪生基础上,应用交通仿真技术,为城市交通出行提供大规模的在线运算,实现道路管控、交通事故影响评估、施工占道场景、交通信号优化等一系列功能(见图1)。

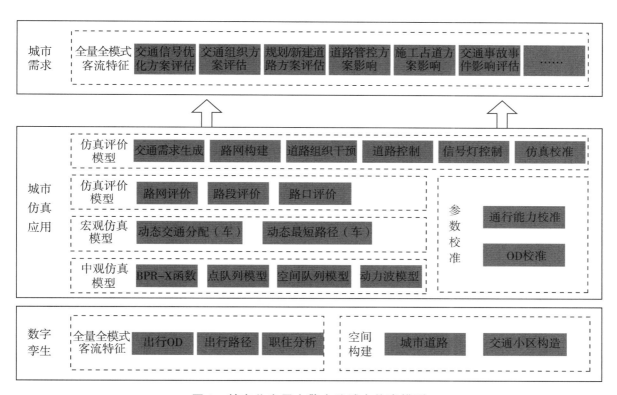

图1　某市公安局交警支队城市仿真模型

通过城市仿真应用,依托数字孪生路网,可实现城市级仿真模型的一键快速生成,其中包括整体路网、局部节点的交叉口渠化和信控表达等。城市仿真模型满足宏观—中观多层次模型之间协作,可支持系统分析的微观仿真功能,同时考虑了与规划仿真模型体系的衔接,实现出行供需分析、问题推演。

(1)交通信号优化仿真。交通信号作为城市交通管理优化的常用手段之一,具有应用灵活、见效明显等特点,应用范围小至单点交叉口优化,大至区域信控协调。交通信号优化仿真技术将是未来数字孪生实战应用的基本需求点。由于交通信号优化本身具有的灵活性,也需要匹配更灵活、更迅速、更有效的数字孪生分析工具。基于对浮动数据和道路承载能力、拥堵时长、排队长度等多维度信息的综合评估,交通信号仿真优化可形成最佳控制方案。

(2)交通组织优化仿真。交通组织优化作为城市交通管理优化的基本手段,往往涉及道路硬件设施的调整,调整成本和周期都较长。在优化方案正式执行前,需要通过仿真推演,进行科学可靠的实施效果预测,评估交通组织变化对交通出行的影响以及早晚高峰时段交通态势的预判,形成组织优化前后的对比方案后再决策执行。

(3)特殊勤务保障仿真。对于应急救援、紧急绿波通道等特殊勤务而言,"时间就是生命"这一形容再恰当不过,如何保障特殊勤务预案达到"一路绿通"的效果,如何发现预案可能存在的隐患,都迫切需要通过仿真能力,能够直观查看交通预案运行全程、量化分析预案运行情况的工具。

(4)占道施工审批应用。占道施工是城市道路上的频发事件,交警需要花费大量的精力来进行施工的审批,同时也要承担施工带来的风险和责任。所以,快速、科学、易用的审批工具,能够大大减轻交警的负担。在此过程中需要借助交通仿真将城市占道通过仿真模拟,评估占道施工对交通的影响以及占道施工期间路径的优化策略。

(5)大型活动保障。大型活动伴随着大量的人流和车流,对周边交通的安全措施和保畅措施产生了巨大压力。为保障大型活动有序开展,同时减少对正常交通出行者的影响,需要反复研判管控措施的有效性、合理性。

3. 应用效果

通过城市仿真应用的实施,已完成了所在城市全市521个交通路口的智能化提升改造,在503个路口实施了"绿波带",12条干线和三大区域实现了干线和区域优化,12条干线的通行延误时间平均降幅达10.5%。

(四)特种车辆一键护航

1. 概念原理

特种车辆一键护航是指针对特种车辆的紧急任务,通过智能技术协调道路资源,保证特种车辆快速抵达任务现场的技术。在事前,通过全息感知支撑下的数字孪生构建数字路网,利用云计算进行事前仿真推演,获得最优路径,在事中,通过全息感知的各类数据源,对路口信号灯进行合理控制,实现即时的通行决策,在事后,迅速恢复管控服务,形成车、路协同的敏捷管控服务。

2. 实践案例

浙江某市对特种车辆优先通行在卫健、公安、消防等67个站点、202辆特种车辆中开展应用。其一体化平台服务能力包括以下方面。

(1)数字感知。基于数字孪生基础能力,利用视频、雷达、地磁、卫星定位等形成数据感知能力,在时间、空间维度,构建对特种车辆通行的全息刻画。

（2）实时推演。通过云计算能力,利用历史通行数据、实时交通感知数据、信号数据对信号干预的道路进行仿真推演,得到干预后的结果,有利于合理规划行车路径。

（3）敏捷决策。车辆行驶过程中,结合边缘节点控制、上下游协同控制、动态可变车道控制等策略完成对前方路口排队车辆的清空;在事中,基于动态线路协调的信号优先方法,以集中式学习、分布式执行为策略,实现对信号机的即时控制,满足特种车辆绿灯通行,达到敏捷管控的目的;在事后,基于车辆数据计算信号过渡和调度策略,实现信号自适应补偿、相位靶向控制,对路口信号灯干预迅速恢复,保障路口的有序通行,从而形成弹性的车、路协同机制。

3. 应用效果

截至2022年5月30日,该市累计护航保障11548次,救援9435人,节约救援时间约59502分钟。某专业机构对其出具的实施效果评估报告中指出:经实测,应用范围内,特种车辆单次任务协控率达90%,速度提升50%以上,救援时间缩减30%以上,实现了救援时机"低延误"、道路秩序"低干扰"、警力设施"低投放"的"三低"突破。根据《GA/T 115-2020道路交通拥堵度评价方法》及其实施效果评估报告,得出"特种车辆行驶期间同行方向交通拥堵指数降低2.66%,非控灯方向拥堵指数增加0.95%,路口总体拥堵指数没有显著变化,运行效果良好"。对一键护航使用前后的事故情况进行对比,在2019—2022年万余次的护航中,没有发生安全事故,不再产生次生危害。浙江省消防救援总队已在全省范围内推广特种车辆一键护航。

四、拓展和构建数字交通"第三空间"

数字孪生、仿真推演、全程协同和敏捷管控等数字技术辅助手段,共同拓展和构建了数字交通"第三空间"(见图2)。在云计算、物联网等数字化技术融合支撑下,以数据为核心,以服务和协同为导向,对城市出行供给、出行需求和运行状况在数字空间上重构,为城市交通管控人员、出行用户、交通规划设计人员等城市出行相关人员提供交互服务,达到敏捷的交通管控、更优的出行体验、精准的辅助决策,实现城市出行供给的最大化利用。以上这些服务,可以在对城市出行设施"虚拟化"的基础上,通过泛在连接来调度"需求",通过技术手段实现弹性管理。在无需改变城市道路交通"硬件"容量的情况下,通过数字技术辅助手段,合理配置城市现有交通通行供给能力和出行需求,弹性解决交通出行中的供需问题,快速响应交通治堵需求,提升城市交通管理能力,对推动城市出行组织和服务模式变革、实现城市交通高质量发展具有重大意义。

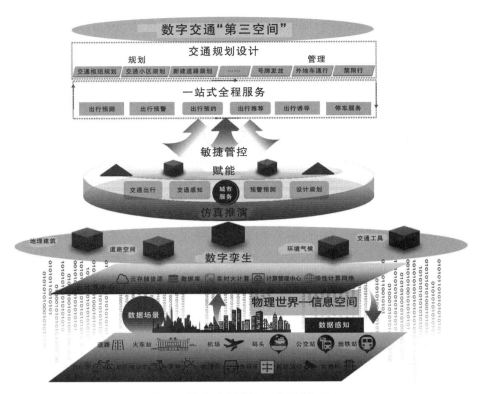

图2　数字交通"第三空间"架构

（一）数字孪生能整合交通基础设施、城市出行需求和实时出行数据，提高交通预判和保障水平

城市出行运行数据是城市规划、设计、管理和发展的基础，随着数字技术的发展，城市出行感知体系也正在向"全息感知"转变和发展。基于出行基础设施、车流、出行需求等数据建立基于全息感知的数字孪生系统，能为城市提供一比一的孪生"第三空间"奠定基础，为制定更准确的交通保障预案、事故处理、模拟出行、预设路线等提供试验平台。

数字孪生的实现需要依靠在前端进行设施布设、多源监测、智能分析，对基础设施、车流、人流、城市运行、自然环境等所有与交通相关的社会生产生活要素进行全面数字化，并对各要素的时空演化轨迹进行全链条跟踪采集，打造覆盖全对象、全时空、全粒度的城市出行感知生态体系。

（二）通过仿真推演，能全面提升交通管控和决策水平，实现道路高效有序运行

在数字孪生基础上，提供仿真推演服务，可建立复杂环境下交通情景再现与预判的在线推演系统。基于人工智能和机器学习，在城市交通大脑中还原现实中的交通运行情况，实时推演和预测交通运行状态，实现"感知—推演—管控—服务—感知"的自学习闭环，重塑交通"战略制定—战术演练—精准调控"的管理模式，这既是实现精细化交通管理与控制的技术要求，也是建设高效、安全、协同的智慧城市交通环境的必备条件。基于在线仿真模型，实时推演各种复杂交通条件下现实道路交通运行状况。

（1）通过实时在线交通推演系统，实现对宏观片区交通运行状态及微观走廊、节点交通流状况的整体掌控。依托实时流量数据、浮动车数据和互联网等大数据资源，实时模拟交通流运行状况，预测短时交通流变化趋势,分析交通拥堵成因和拥堵影响。既可实现区域交通联控和交通流均衡,又可在交通预警与诱导、信号配时优化、预案评估与优选、微创新交通改善方案评估等方面提供精准的管控或预防措施,全面提升交通管控和决策水平,实现道路高效有序运行。

(2)基于交通事故实时推演模拟,全面降低各种突发交通事件(事故)的负面影响。通过实时在线推演,在发生交通事故时,即时生成交通应急方案,快速、智能化部署警力,最大限度降低事故造成的负面影响。

(三)数字服务可为城市交通规划提供决策辅助

由数字技术为城市交通出行服务而构成的弹性"第三空间",可以预见,在未来将会在城市交通规划中普遍应用。在数字孪生构建的城市数字化基础之上,通过城市仿真应用,利用城市交通出行 OD 分析、常发偶发拥堵分析、流量变化分析、商住通行分析、交通小区分析、机动车保有量分析、机动车在途量分析、机动车存量分析等,推演交通出行需求,实现对城市交通枢纽规划、城市交通小区规划、城市新建道路规划、城市交通组织优化设计的辅助能力。另外,数字化服务系统,也会影响城市交通出行管理政策,如号牌发放、外地车通行、禁限行等。通过数字孪生服务实现更加有效的推演、预测和验证,为城市交通管理服务提供系统级支撑。

(四)通过数字化平台为出行者提供个性化出行服务

出行即服务是城市出行转变的趋势。面向出行用户,"第三空间"将能为出行者提供一站式全程服务。通过出行预约和智能推荐的方式与服务对象产生交互,按需优化出行资源配置,为出行者提供"个性化"高品质一站式全程出行服务。以城市出行者为中心,围绕提供更高品质的服务导向,在整合各种出行方式的基础上,以整体时间最小化为目标,提供无缝衔接、安全便捷的全程出行服务。

五、数字交通"第三空间"的应用场景

(一)交通管控人员应用场景

1. 道路临时管控

大型体育赛事、演唱会、马拉松等短暂并且集中的活动,通常会对特定区域的道路实行道路管制。利用路网数据、交通出行需求、道路管控信息等,实现某活动场景下道路管控对整个道路网交通运行影响的仿真推演。做到事前提前进行岗位及警力部署、消息通知等,事中及时进行诱导、分流、截流,事后进行及时疏导,实现车道级管控。

2. 交通事故快速反应

交通事故具有突发性、不确定性等特征,当交通事故发生时,会对区域通行造成严重影响,利用数字交通"第三空间"技术,可对事故周边交通运行情况进行及时推演预测,分析事故可能带来的结果。通过预测结果,相关部门可以及时调派人员进行事故处置,同时对事故周边区域利用信控等手段进行协调协控。

3. 施工占道管控

城市发展离不开道路施工作业,当道路进行施工时,通过仿真应用预测施工段及未来周边交通运行情况。通过预测结果,提前进行诱导、设立警示标志、及时进行消息通知等措施。

4. 交通信号优化

交通出行需求是动态无序的,利用信号控制技术,将无序变成有序,而信号优化随着出行需求的阶段性、场景性、季节性等变化,也要及时做出调整。当对路口进行信号优化时,预测路口优化后对于当前路口及周边交通运行影响,给出信号配时方案,包括相位相序信息、交通配时参数(周期、绿信比),实现弹性调整,动态协控。

5. 出行分导模式

通过分导管理模式,实现交通流的分流和诱导。分导模式分为主动分导和被动分导,主动分导以政府交通管理部门为主,利用技术实现对车流的分流和诱导。如信号灯、诱导屏、车边车道等;被动分导是面向群众,利用导航技术,出行者对路况自行分析,采取规避等策略。未来的分导模式可以向政企服务结合的方向前进,将互联网导航技术、政府的信号服务、感知设备服务等进行整合,实现出行实时的弹性分导。

(二)市民出行应用场景

1. 节假日出行

通过市民出行需求预约—出行评估—仿真推演—敏捷管控,掌握全市出行需求及其时间和空间分布,合理预测路况拥堵情况、优化出行时间和路线计划,从出行需求—方案制定—仿真推演—决策实施—结果评估,实现交通资源动态调整的全流程闭环管理,为居民出行提供更好的出行服务体验。

2. 重大活动出行

在重大体育赛事、文艺演出、庆典等活动现场,往往因为出行信息不对称的原因,前往活动现场的市民、路过活动现场的市民、提供出租车服务的市民全部拥堵在活动现场周围,带来交通效率降低甚至锁死。通过准确判断出行用户的需求和路网运行信息,对不同出行用户提供优化出行方案:对路过的市民提出绕行建议,避免误入拥堵范围影响行程;对出租车司机,在活动现场附近推荐接客点,同时引导乘客在推荐接客点上车,避免集中涌入活动现场造成交通锁死。

3. 紧急出行

面向突发重大疾病或需要紧急赶往现场施加救援的紧急出行用户,可通过向交通管理系统提交紧急出行申请,由系统自动快速生成"一键护航"出行方案,向紧急出行用户推送智能导航路线,同时协调沿线交通资源,对紧急出行用户的出行资源进行优先保障。为紧急事件处理、维护人民生命财产安全提供有力保障。

4. 预约出行

随着政府、企业出行服务的完善与提升,预约形态也呈现多样化。预约出行,例如以高德、滴滴、曹操、首汽等为主的出行服务平台,为民众提供自主选择和便捷化的服务能力。预约停车,以政企合作的模式,公共泊位、企业车位对车主停车提供预约式服务,解决停车难题。跨域预约,主要实现对外部车辆的入境管理,例如出行者从 A 城市到 B 城市,由于 B 城市的管控措施,需要进行预约服务才能进入。

(三)城市交通规划应用场景

在城市交通规划阶段,数字技术的应用既可以实现对现有交通设施数据、运行数据的全量归集,又可以进行全域常发偶发拥堵分析、流量变化分析、商住通行分析等,还可以对规划道路进行仿真推演,模拟所规划道路建成后对现有城市整体交通运行效果。从以上多方面多角度为城市交通枢纽规划、城市交通小区规划、城市新建道路规划、城市交通组织优化设计提供更加有效的推演、预测和验证辅助能力,为城市交通规划提供系统级支撑。

(四)杭州亚运会交通出行综合保障场景

时下,杭州亚运会已完成重启工作。未来,可以充分利用、借鉴数字交通"第三空间"技术和实践,构建解决方案,实现对重大体育赛事活动交通出行的综合保障。

首先,利用仿真推演实现全局交通出行预测。通过赛事、赛区所在地域、交通管制措施、门票预约、群众出行意向等,预测分析出行规律、信号配时合理性、出行预约需求。

其次,利用敏捷管控进行应变和调整。通过提前预约、分流分导、AI 信号优化、突发事件快速响应等能力和手段,解决通行的弹性问题。

最后,针对赛事特定保障,使用一体化调度和协调服务,充分利用特种车辆"一键护航"保障能力,实现特事特办,完成特殊保障,实现差异化服务。

六、结　论

城市交通出行的数字管理"第三空间"以硬件为基础,数据为核心,服务和协同为导向,围绕数据融合构建数字孪生、仿真推演实现敏捷管控、一站式全程服务支撑、数字服务辅助设计规划四大服务能力建设,面向交通管控人员、出行用户、交通规划设计人员等不同层次的需求,从数字化的维度、系统+服务的模式,发现规划和供需中的冲突点,合理充分利用各类交通基础设施、数据模型、云计算等硬件和软件能力,弹性解决交通出行中的供需问题,助力推动城市出行组织模式和服务模式变革,对于未来城市交通逐步实现高质量发展具有重大的意义。

参考文献:

[1]龚鹏飞,常正辉,徐雨.城市道路应急交通组织措施及仿真评价[J].中国安全生产科学技术,2020,16

（10）：139-145.

［2］韩沐轩,徐艳.利用操作系统进程调度算法分析城市拥堵问题［J］.电子测试,2022,36(12):59-61,77.

［3］严新平,褚端峰,刘佳仑,等.智能交通发展的现状、挑战与展望［J］.交通运输研究,2021,7(6):2-
　　10,22.

［4］杨东援.高质量发展与"十四五"城市综合交通规划［J］.城市交通,2022,20(1):10.

［5］张建锋,肖利华,许诗军.数智化:数字政府、数字经济与数字社会大融合［M］.北京:电子工业出版
　　社,2022.

［6］张建锋.数字政府2.0数据智能助力治理现代化［M］.北京:中信出版社,2019.

浙江省会城市交通拥堵的成因与缓解建议

李　燕[1]　钟璧樯[2]　戴　辰[3]

1 杭州国际城市学研究中心（浙江省城市治理研究中心）副研究员
2 杭州市综合交通运输研究中心综合交通运输研究部副主任
3 杭州国际城市学研究中心（浙江省城市治理研究中心）助理研究员

摘要： 为落实省政府办公厅关于"大城市病"治理专题会议精神，本文从体制改革、交通规划、公交优先、数字治理等方面提出缓解省会城市交通拥堵"大城市病"的建议：建立综合交通运输大部门管理体制，"一城一交"高效管理；构建与交通协同发展的城市空间结构；推进公交优先战略，倡导低碳出行；全面实施"车口"跟踪管理，降低小汽车出行需求；提升公交出行品质；深化交通领域数字化改革，提升出行效率。

关键词： 交通拥堵；城市交通；治理

一、城市拥堵情况仍未得到根本改变

首先，城市整体拥堵有所缓解，但局部拥堵加剧，市民满意度低。根据高德发布的交通拥堵延时指数，杭州的拥堵延时指数排名从2014年一季度的全国第一，曾降低到2018年一季度的第83位，2021年四季度回升至第34位，拥堵指数自G20会议以来一直在1.6上下波动。局部交通拥堵日益严重，早晚高峰进出城潮汐拥堵明显，受施工、重大活动或恶劣天气等外部因素影响，交通拥堵陡然加剧。

其次，交通设施大幅提升，但公共交通分担率受新冠疫情影响不升反降。杭州城市交通基础设施建设有了长足发展，但是受新冠疫情影响，公共交通日均客运量从2019年的501.3万人次回落至2022年的383.2万人次，相当于2014年末水平。公交分担率降至21.2%，其中地铁客流量的提升与运营里程的增加不成比例（见表1）。

表1　杭州地铁日均客流量

项目	2019年	2022年	增幅/%
地铁线路	4	11	175
运营里程/km	135.36	419.00	210
客流量/(人次/天)	173万	234万	35

最后,人口、车辆双增,交通供需矛盾突出,治堵政策后继乏力。2015—2021年,杭州城市常住人口增长318.6万人,到2021年底,全市机动车保有量已达376.6万辆,增幅明显(见图1)。其中,私人汽车(含新能源电动车)289.7万辆,主城区机动车在途量同比增长16%,快速路日均交通量增长12.1万辆,导致交通出行压力增大。岗位多变、房价区位落差、摇号购房制约地段选择等因素导致职住远离成为常态,增加长距离出行需求,加剧了交通拥堵。

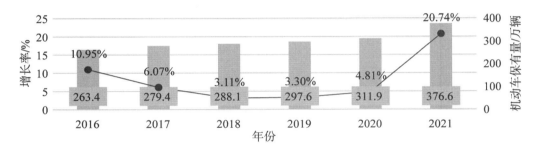

图1　历年杭州机动车保有量增长情况

2014年起实施的"双限"等治堵措施效益边际递减。由于能源政策、消费政策与交通政策兼顾不够,在每年10万个牌照指标外增加了不受指标限制的新能源汽车,全市每年实发机动车牌照14万—16万左右,2021年由于挂外地号牌的落户,增量突破64.7万辆,车辆增长量远超控制目标。

二、城市拥堵的深层次问题在于配置失衡

(一)城市交通规划与城市功能布局不匹配

TOD(公共交通引导城市发展)理念尚未得到推广,城市功能高度集中于主城,占市区总建设用地约1/3的主城区,承担着市区80%以上的公共服务功能。50.8%居住用地增量仍主要分布在主城及其边缘,人口疏解效果不明显。外围新城教育、医疗等配套设施不足,对主城依赖度高。强中心结构造成向心交通、潮汐交通问题十分突出,大数据显示每天将近30万人在主城与未来科技城之间"钟摆式生活"。

(二)城市路网结构与人流物流相向不协调

快速路网发展滞后,城市路网结构失衡,支路网平均密度仅约2.86km/km²,与中央文件提出的"至2020年建成区路网密度达到8km/km²"等要求有明显差距。城市轨道交通线路规划、站点设置不合理,如城西、城北人口集中区线网密度偏低,线路偏少,造成2号线、5号线高峰客流压力较大。三期建成后

257个车站800米覆盖率仅有45%左右,而东京虽然只有326公里地铁线路,但其核心区10公里范围内轨道交通300米覆盖率基本达到100%。此外,占道施工、停车难等对通行造成较大干扰。

(三)城市公交优先与群众出行需求不满足

自2000年以来,主城区全日全方式公交分担率停滞不前,2000年公交分担率为22.2%、小客车为2.6%;2021年前者下降到21.2%,后者跃升到26.7%。杭州小客车(含自驾车、出租车、网约车)使用率达2.49次/人/天,超过东京、伦敦等国际大都市,呈现短途高频的特点,46%的小客车出行距离都在5km以下,2km以下占20%,理应靠公交、慢行交通解决。

(四)城市交通设置与周边换乘不配套

交通运输多头管理影响系统协调,空间、产业、基础设施之间缺乏统筹。路网系统协调性不足,部分堵点长期难通。各类公共交通之间衔接不畅,轨道交通站点周边换乘服务设施配置不合理,新城区轨道交通"最后一公里"公交接驳车需要合理规划和落实。

(五)城市大脑数控与智慧综合效能未发挥

城市大脑、信号灯管控、智慧停车等新技术对提升交通出行效能仍相对有限。随着新能源技术、物联网科技、大数据、云技术的不断进步,汽车电动化、智能化、联网化成为发展趋势,无人驾驶等交通新业态将不断涌现,亟须推动交通管理模式革新与数字化治理。

三、建立高效有序城市交通体系须从体制改革破解

(一)创建大部门交通管理体制,建立"一城一交"高效管理模式

一是借鉴深圳"大交通"管理体制,推进"一城一交"管理体制改革。建立城市交通委员会,将规划、城管、交警等部门交通相关职能统一划入,确保规划、建设、运营、管理纳入一体化"决策—执行"系统,形成整体性治理闭环。二是城乡规划与土地利用、道路建设与综合开发、智慧管理与行政执法等环节之间加强衔接。三是进一步整合交通政策与资源,针对新能源车、网约车、无人驾驶等新趋势及时制定管理政策,避免割裂。

(二)以TOD理念加强顶层设计,构建无缝衔接城市交通网络

一是构建"多中心、网络化、组团式、生态型"特大城市新型空间格局,提高各组团的公共服务质量,缓解主城区交通压力。二是加强规划引导,基础设施建设与土地开发相结合,公共交通设施与大型城建项目同步设计与建设,统筹轨道交通和地面公交,形成布局合理、全覆盖的公交体系。三是培育以公共交通为主的出行方式,在未来社区建设中强化公交场景规划建设,形成出行通畅的新型城市功能单元。

(三)整合城市外部空间资源,构建大交通网络体系

一是按照城市群—都市圈—市域网络化城市三个层级,建立结构合理的城际交通体系、城乡公交体系和市区交通体系。二是坚持产城融合,鼓励以"造城"理念推动产业小镇建设,加强区域产业联动。三是改善城市交通网络结构,提前谋划快速路网与轨道交通"两网"融合发展。四是加快停车设施和充电

设施建设,缓解停车难、充电难。

(四)坚持公交优先战略,提高公交出行效率

一是以"规划一张网、运行一张图、通行一张票"为目标导向,加强公交一体化管理。二是加快构建以多层次轨道交通为主体、公共汽(电)车为基础、水上巴士和公共自行车为补充的多元化城市大公交营运结构。三是推行大公交(含地铁)月票制和成本价定制公交,2小时不限次轨道交通免费换乘,降低公共交通出行成本,提升出行体验。四是以P+R(停车换乘)模式推进小汽车与公共交通出行无缝对接。

(五)强化交通数字化改革,增强城市大脑智慧效能

一是融入全省数字化改革,拓展城市大脑应用,不断优化功能,为城市交通管理、出行服务、决策支持等提供系统支持。二是制定交通出行数据开放管理办法,促进交通行业和互联网企业深度合作,利用大数据分析等智慧交通技术,服务和引导出行。三是实现交通数据资源动态实时融合,建立市民出行OD(起终点间的交通出行量)分析系统、堵点监测分析系统,通过媒体、"定制—推送"等传播途径,及时准确发布交通信息,引导和调节市民出行。四是适度超前谋划布局智能基础设施,加强交通信息综合感知采集分析,形成城市道路实时全息感知能力,在封闭园区、独立区域率先推广无人驾驶技术。

(六)倡导城市低碳绿色出行,创造民众文明生活方式

一是加强车辆总量和在途量的管控,利用大数据技术,参照人口普查管理制度,建立"车口"动态管理体系。二是采用行政、经济两种手段,对包括新能源汽车在内的机动车出台限行、核心区高停车费等配套措施,降低其短途使用频率。三是构建绿色出行一体化服务平台,融合地图服务、公交到站、充电服务平台等既有系统,提供实时、全景、全链出行信息服务。四是制定碳积分政策,给予慢行、公共交通等出行方式碳积分奖励,并与城市文化旅游、购物消费、体育娱乐形成联动优惠,形成低碳生活生态系统。

绿色低碳为导向的既有城区协同城市设计研究

——以广州东站为例

黄惠菁

广州市设计院集团有限公司教授级高级工程师、副总建筑师

摘要:面对新一轮轨道交通规划升级和城市更新,在城市既有建成区,轨道交通与城市协同发展中土地利用、市政交通、环境品质、产业导入等城市运行中的风险问题越来越突出。研究在《基于绿色发展导向的城市人居环境质量评价研究》课题基础上,结合城市体检的数据,建立枢纽节点核心区城市设计管控要素框架和协同力要素框架,提出评价性指标要求,旨在指导城市管理者对枢纽节点核心区城市生活、交通、环境品质进行智慧监测,并提升其可持续性发展能力。以广州东站城市设计为典型案例,本文展示了运用交通承载力推导空间承载力,继而塑造城市形象的设计研究过程,以探索既有城区以人为本、以公共交通建设为驱动力、以产业为核心、人与自然和谐共生的城市更新路径,探讨从建筑美学角度塑造城市风貌,以及运用协同运营逻辑与绿色规划逻辑进行轨道枢纽核心区城市设计的方法。

关键词:城市形态;绿色交通出行分担率;协同要素;交通承载力;空间承载力

一、引 言

《中国人口预测报告2021》显示,2020—2040年湾区城市群人口年均增幅超百万,核心城市人口年均增幅超18万。中小城市向特大城市转变,超级城市的诞生速度不断加快。然而,人口不断向城市尤其是大都市集聚的速度远不如城市建设用地增长的速度,由此带来了无序扩张、土地资源浪费、环境污染、同质产业恶性竞争等城市问题,城市运行风险凸显。

"轨道上的都市""轨道上的大湾区"规划理念,使得以一小时通勤圈为框架、以综合交通体系为基础

的多中心湾区城市群结构和多中心大都市圈格局的建设成为"十四五"城市发展的重点,也成为轨道沿线县城、乡村发展的机遇。但与国际大都市对标,截至2020年,通过收集36个城市体检的数据,发现全国一、二线大型城市在市场规模拓展、能级提升的过程中,其内部管理运营主要存在三方面的问题:一是城市综合承载力仍存在巨大压力,二是城市管理水平、经济环境与文化塑造等软实力仍待加强,三是应对公共卫生、城市自然灾害和事故灾难等突发事件的安全韧性能力不足。

因此,在中观层面,如何借由轨道线路规划、高铁再次入城等契机,运用大数据对城市运营的风险问题进行及时诊断,并适时调整城市产业、交通和城市空间发展的协同策略,成为轨道高速发展时代的主要研究课题。

(一)城市形态的内在逻辑

城市形态的呈现,所表现出来的特征是密度越高,其人口、住房、交通、卫生、公用事业、土地使用、商品生产和服务、信息等系统性资源要素、生产力要素集聚效应越强,聚集密度越高,效率也越高,但与此同时人居环境的质量却在下降,社会和环境问题突出,因此在探讨高效的城市结构和合理的空间形态的同时,确立合理的、绿色可持续发展路径是不可回避的问题。

1. 东京的经验

影响城市或者城市群空间结构和空间形态形成的因素是多方面的,既包括地理环境条件,也包括政治经济和社会人文条件。通过跨行政区域整合资源和协调功能形成的湾区经济圈(见图1),不仅有效地缓解了功能过度聚集所带来的各类问题,实现了核心城市功能提升,而且充分发挥了其人才、科技、经济资源的辐射效应,带动周边城市协同发展。东京与广州、上海、深圳等城市在城市空间形态和城市风貌特色上存在巨大差异(见图2),探究其内在逻辑,除了城市的地理特征和气候环境的影响,东京斑块式规划结构主要源于土地资源有限和抗震防灾、TOD站城融合和多中心城市规划等问题导向的技术规划理念。

图1　湾区城市群结构:差异化定位城市协作关系

来源:笔者根据克里斯塔勒地理中心结构演化改写绘制。

（a）东京站　　　　　　　　　　　　　　　　　　（b）广州南站

（c）上海虹桥　　　　　　　　　　　　　　　　　　（d）深圳福田

图2　东京站（a）、广州南站（b）、上海虹桥（c）、深圳福田（d）轨道交通枢纽核心区城市风貌

来源：图2（d）由赵英雄摄，其他图片来自百度。

在北部湾大都市圈形成的过程中，受到克里斯塔勒地理中心论和TOD开发理念的影响，在20世纪60年代到90年代中，在城市结构方面经历了一个由经济活动自发性引导功能和人口聚集、遵循功能分区理论不同功能分散式布局的结构形态，转变到以公共交通为导向，引导人口和经济活动聚集的过程。

不仅如此，东京城市规划管理还通过建立多项用地开发法律和配套的导向性政策，与其法规性规划共同协作，引导新城建设、城市更新的规划和城市设计工作的方向。具有代表性的政策包括：《东京首都圈规划》《特定街区制度》《容积率地区制度》，鼓励依托便利的轨道交通，在其核心区建筑高度、容积率可突破或不受限制；《城市再开发法》《立体道路制度》。随着多种政策的推行，城市设计从单纯地促进经济进步、提高服务水平，逐步转向致力于城市公共空间多样化体验。由此，交通规划体系的运行效益、区域经济指数、自然环境指数与人性化城市公共开放空间设计成为TOD核心区城市设计控制的关键内容。

2. 基于智慧监测的枢纽①核心区城市设计要素

在中国，城市发展进程、土地权属、规划法规等都与东京存在差异性。面对系统性的城市问题，单一政策传导式的规划模式已经无法适应轨道交通与城市协同发展精准施策的需求，需要在土地利用、规划结构、产业策略、交通营运模式等方面进行跨部门的改革，并协同推进。

根据城市产业特点、地理气候特点、站城一体化的具体模式、城市形态具体特色，特别是枢纽节点正确分类和定位，如何整合城市各行政部门的管理界面，实现资源整合、城市能效升级、产业高效运行，理念落地，都需要以贯穿于整个规划和建筑过程的城市设计领域作为抓手，进行研究，制定站城融合具体措施和刚弹性管控要素。具体可以分为新建城区与既有城区两种方法路径，新建城区：交通线网定位→城市及区域定位→产业结构→交通承载力→空间承载力→城市空间形态；既有城区：城市转型升级→交通规划升级→交通承载力→产业升级→空间承载力→城市空间形态。

其中，面对历史保护、多方产权、土地权属、拆迁改造等更多的制约条件，既有中心城区的TOD项目带动城市更新和城市中心复兴的课题更具挑战性。通过要素分析诊断和承载力计算推导出城市空间容量，可以精准地量化并指导区域开发强度范围和控制城市空间形态，管控要素就是城市智慧监测的框架需求和城市人居环境评估的标准。

从城市体检的经验出发，研究枢纽节点核心区城市设计管控要素的基准指标包括：站场人流、建设规模、城市在地节点区域②各项资源的数据水平；结构性评价指标包括：土地价值圈层③辐射半径、城市开发强度、市政交通体系承载力、建筑内部综合交通换乘能力和空间结构的管道化程度。通过综合承载力量化评价法科学确定项目定位、更新模式和新一轮开发规模，确定形成包括用地（用地规划和土地权属）、交通（铁路交通、城市轨道交通、市政交通、步行系统）、公共空间（公共空间、景观风貌、韧性管理等）、建筑及基础设施（站内功能布局及流线、配套交通设施布局等）、产业及运营（区域和沿线开发运营等）、环境与能源（区域环境质量指数、能源规划水平等），城市设计管控共六个方面10个类别，"45+1"核心要素指标（见表1）。表1中分类按照既有城区城市设计的工作思路进行排序。

---

①引自百度百科，轨道交通枢纽在研究中特指由铁路和三条以上城市轨道交通（城际线路和地铁线路）组成的，具有大量乘客集散和换乘的车站。

②引自皮得·卡尔索普（Peter Calthorpe）1990年的《下一代美国大都市地区：生态、社区和美国之梦》。区域特指枢纽节点核心区和辐射区的范围。其中枢纽节点核心区为枢纽站点500~800m半径，约1~2km²范围，辐射区的范围为2~3个地铁站点范围，即5~10km²范围。

③引自皮得·卡尔索普（Peter Calthorpe）1990年的《下一代美国大都市地区：生态、社区和美国之梦》。价值圈层特指枢纽节点周边一定距离范围内土地开发的价值。基于皮得·卡尔索普提出的TOD圈层划分方式，根据步行尺度、极差强度、功能混合、地价分布等要素，轨道公交400~800m半径范围为一级圈层，1.6km半径范围为二级圈层。

表 1 枢纽节点核心区城市设计管控要素

序号	分类	核心要素	分项	刚	弹
1	铁路交通	*铁路站点规模	铁路站点分类(综合、特大、大、中、小),用地规模,开发规模(站场的台、线数量,站房面积)	•	
		*发送能力	B全年客运量,日均客运量	•	
2	城市轨道交通	*换乘能力(换乘时间)	始发终到量(列/时间段),C换乘量,轨道交通与其他交通方式运载能力匹配程度[a](0~1系数),换乘时间	•	
		换乘安全	安全管理,无障碍,应急预案	•	
		换乘智慧度	信息高效,智慧管理		•
		*换乘便捷度	轨道交通之间运营模式协同度(包括安检互认)通畅系数(通道宽度、尺度、出入口便捷度[b]),绕行系数[c],等候系数[d]		•
		换乘舒适度	环境舒适度,即视觉、光、声、振动等物理环境和无障碍、休息、商业及卫生设施配置,(0~1系数,采用评分制得出)		•
		辐射能力(城市轨道网络的完善度)	轨道速度分级(快线、慢线),轨道功能分级(市域、城际),轨道里程,覆盖服务半径,环线数量(条)	•	
		*站点对周边地区服务水平	网络型发展的特征指标:区域站点密度,出口数量,沿线枢纽比例,临近站点互补性	•	
3	市政交通	*交通服务水平	A地区交通总体容量(交通承载力),包括:D背景交通(包括评价年过境交通量、评价范围内现状已建成项目评价年交通量和评价范围内其他新建项目评价年交通量),E其他公共交通容量(长途客运、公交车),F地区综合开发交通容量,G新增开发交通容量	•	
		*路网密度	周边高速公路网密度,周边城市道路路网密度,路网连通度(无断头路)		•
		*快速衔接能力	快进快出入口方向和数量	•	
		*公共交通换乘优先度(换乘时间)	公共交通换乘优先次序、换乘时间、换乘距离,各项设施规模配比系数(0~1系数)	•	
		*绿色出行分担率	绿色出行分担率,即轨道站周边步行和公共交通15分钟覆盖通勤人口比例;公交专用道设置率;轨道站点与公交站点100m内接驳换乘的比例	•	
4	步行系统	立体及平面连接性	连贯度[e](0~1系数)		•
		高效、便捷性	抵达站点步行时间、抵达站点步行距离		•
		舒适度	物理环境和设施配置		•
		*步行和慢行分担率	轨道站周边步行15分钟覆盖通勤人口比例,慢行交通设施站点密度和使用率,相关指标为用地功能混合度	•	

续表

序号	分类	核心要素	分项	刚	弹
5	公共交通配套设施及其他城市基础设计	*换乘能力（换乘时间）	换乘时间,换乘距离,与轨道交通运载能力匹配程度（0~1系数）	•	
		换乘舒适度	物理环境和设施配置		•
		市政管网承载力	管网建设完善度,管网容量及防灾能力	•	
		各项基础设施的智慧管理能力	新基建建设完善度,智慧管理能力	•	
6	用地规划	*空间承载力或规模容量	枢纽上盖开发用地规模、开发规模与强度	•	
			核心区、辐射区用地范围、开发规模与强度	•	
			地下空间开发规模与强度、地下空间开发功能	•	
		*价值辐射力	价值圈层结构,即每圈层辐射半径		•
			价值圈层开发强度（开发强度/每圈层辐射半径）		•
		用地退界	蓝线、绿线、紫线等退距要求	•	
		*用地功能混合度	用地权属界面立体混合度,轨道站周边步行15分钟覆盖范围功能混合度（商业、居住、文化等功能比例）		•
7	公服设施	*公服资源空间均等化水平	15分钟社区服务圈覆盖率,建设用地以1km²为单元,至少包含两类用地属性（R、A、B）且面积之和达到50%的单元占比		•
		多元度	居住和商务、商业、文化、展览、教育等公共功能规模及比例		•
		*设施规模匹配度	交通设施与产业功能的匹配度（定位、规模、种类）	•	
8	公共空间景观风貌和人文	*城市韧性空间完善度	韧性空间灵活度、适应性、应急预案、应急物资和设施配置,救援可达性和救援效率,恢复能力,积水内涝点密度,人均避难场所面积	•	
		街道空间尺度、活力	街道宽度,街道尺度,街道功能分类（通行、步行、后勤等）,可识别性、特色、活力、吸引力	•	
		*上盖及周边建筑内公共空间匹配度	上盖及周边建筑内公共空间、公共交通设施匹配度（交通核、城市走廊等24小时开放空间的设置）	•	
		*上盖及周边建筑关键技术匹配度	振动噪声达标率,消防规划达标率,防排水	•	
		开放空间供给能力和质量	包含三类以上开放空间的15分钟生活圈数量占比,开放空间遮阴率,多样化文化、康体设施配备率		•
		*建筑风貌	天际线及层次		•
			城市景观风貌,建筑高度,色彩,材料,行人尺度界定线,（塔楼与裙楼）形体要求,骑楼,广告及标识		•
		*景观风貌	本地植物种类占比,地面材质,行道树遮阴率	•	
			室内外空间连贯度（0~1系数）,建筑出入口（行人、车辆、落客区、室外停车区）	•	
			标识标牌,安全设施	•	
		*生态功能及文化要素	生态本底特色及修复率,地理特征恢复率,重点作用区通风管控达标率,文化特色	•	

续表

序号	分类	核心要素	分项	刚	弹
9	产业	*产业定位与特色	区位定位,产业定位,区域经济特色,第二产业用地占比,第三产业用地占比,公服配套指标层级		·
		*区域价值圈层产业结构和配比	各圈层产业多元化程度,各圈层职住平衡度,各圈层产业结构组成、配比和可持续发展能力		·
		*本站点及区域圈层结构内经济带动力	圈层结构内经济平衡度,辐射区(2~5km²)土地价值提升度、产业引入度,年单位用地GDP值(后评估)		·
		*铁路轨道沿线经济平衡匹配度	铁路轨道沿线各站点产业结构匹配度,开发强度与建设、运营成本匹配度,土地价值提升度、产业引入度		·
10	环境及能源	区域环境质量指数（水、空气、噪声、振动）	地表水水环境功能区达标率,细颗粒物(PM2.5)浓度降低率,城市空气质量优良天数比率,环境噪声振动达标率	·	
		蓝绿空间建设	城市建成区生态冷源面积占比	·	
		垃圾处理与减量	垃圾分类实施率,城市生活垃圾资源化利用率	·	
		*综合能源规划及协同水平	区域综合能源结构和能耗,能源效率,智能化能效管理水平,绿色建筑和超低能耗建筑比例,低碳能源设施覆盖率,区域产业水平(GDP,税收值)及提升潜力(5年,10年,20年)	·	
11	其他	*社会维稳因素,政策导向与激励等	社会维稳因素,政策导向与激励,常态化安全管理措施等	·	

注:

1.*为关键性控制因素。

2.[a]为轨道交通与其他交通方式运载能力匹配程度:反映了轨道交通间换乘的协调性。轨道交通与其他公共交通及常规交通之间的总体运载能力是否相互匹配,影响着TOD城市综合体步行系统是否高效,如果相互之间不匹配,一则可能造成人群停滞,客流量超出空间承载力,进而导致步行拥挤等现象,影响人们的出行效率;二则可能造成资源浪费。

[b]为出入口便捷度:反映了大型交通综合体的出入口通畅度的重要功能性指标,即鼓励在出入口周边20m范围内不设有商业等与交通功能无关的视觉干扰设施和障碍物;在有良好交通导向标识的基础上,出入口便捷度=交通单一功能出入口数量÷总出入口数量。

[c]为绕行系数=实际行走道路距离÷直线距离。

[d]为等候系数=节点的等待时间÷步行总时间。

[e]为连贯度:反映了步行可达连续的连续性,连贯度(0~1系数)=路口数量÷被车行打断数量+未设置无障碍设施的立体转换(高差处)数量。

3. 绿色交通体系关键性要素

城市体检的城市交通系统评价体系包括了常住人口平均单程通勤时间在45分钟内的相对较为舒适的区间里城市公共交通机动化出行分担率,道路通畅性即城市建成区高峰时间机动车平均速度,道路网密度,交通便捷,共四个方面(见图3)。研究中,城市交通运输的绿色评价指标(见表2)采用综合性的绿色交通出行分担率代替了公共交通机动化出行分担率,与城市常住人口平均单程通勤时间一起共同成为衡量城市综合交通资源承载力的重要指标。

　　然而,现阶段由于我国与国内外交通出行相关法规和民众出行习惯两个方面存在差异,个人机动交通承载力要素仍是交通承载力的重要衡量指标。特别是在既有城区,虽然城市轨道发展业已成熟,但基于监测数据统计,广州周一早高峰时段,以及周末和节假日到来的前一天晚高峰时段,城市主干道和市中心CBD商务区市政道路的拥堵情况最为严重,由此产生的社会民生问题不容忽视。同时,根据《2021北京市交通发展年度报告》和《广州2020年交通发展年报》发布的数据可以看出,新冠疫情也使得个人机动交通出行分担率进一步提升,公众使用公共交通出行比例持续下降,常规公交高峰时段公交车满载率低,网约车客运量与出租车相当,共享单车使用率提升。

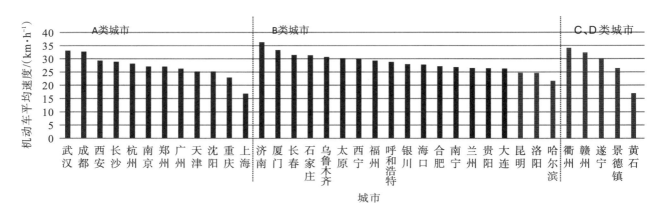

图3　2020年建成区高峰时间机动车平均速度指标数据分析①

表2　绿色发展为导向的城市交通运输评价指标

视角	评估项	总指标	评价因素	相关指标
交通运输	城市交通工具低碳化	新能源汽车保有量增长率	交通工具电动化覆盖率	·公共领域车辆电动化覆盖率
			新能源交通政策引导与管控	·制定传统燃油车禁售与退出时间表
			充电设施规划建设与运营	·城市建成区充电设施服务半径覆盖率 ·充电基础设施信息平台建设与互联互通
	城市公众出行低碳化	绿色交通出行分担率	公共交通设施覆盖水平	·公共交通站点服务半径覆盖率
			公共交通设施出行效率	·公交出行平均通勤时间在45分钟以内的居民比例
			公共交通设施运能匹配	·高峰时段中心城区公共交通平均拥挤度

　　①摘自《基于绿色发展导向的城市人居环境质量评价研究》。A类城市:特大型城市。市区人口在500万以上,建成区面积在320平方公里以上,市区生产总值在2000亿元以上;或人口在200万以上,建成区面积在500平方公里以上,市区生产总值在3000亿元以上。B类城市:大型城市。市区人口在200万以上,建成区面积在120平方公里以上,市区生产总值在1000亿元以上。除拉萨外的36个省会及副省级城市类型不低于B类。C类城市:中型城市。(1)地级市的市区人口在100万以上,市区生产总值在100亿元以上;或市区人口在100万以下,但市区GDP在300亿元以上。(2)拉萨划为C类城市。(3)县级市全市生产总值在300亿元以上划为C类城市,所有县级市的类型划分不高于C类。D类城市:其余城市。

视角	评估项	总指标	评价因素	相关指标
交通运输			政策引导与静态交通管理	·公交出行政策组合的制定与实施
	城市公众出行低碳化	绿色交通出行分担率	跨市域低碳出行便利程度	·城市间出行公共交通分担率 ·公共交通一卡通跨省市互联互通
	城市货运物流低碳化	大宗货物和中长途货物的公路运输量占比	公转铁公转水运输结构调整	·大宗货物铁路、水路运输量占比 ·多式联运货运量占比
			城市物流布局及运行效率	·城市绿色货运配送网络与设施建设
			基于大数据的智能化管理	·货运物流综合信息服务平台规划建设成效

由此可见出行习惯和新冠疫情成为我国影响绿色出行的瓶颈因素,需要通过增加地铁出入口数量,将其尽量延伸到目的地,同时改善地面步行环境的舒适度、便利度,优化道路断面,实现机动车、慢行交通分道,提高安全保障;在交通枢纽站点合理的职住平衡开发,也可以进一步提升步行和慢行分担率。

4. 站城融合的协同力要素

与其他类型的片区开发不同,在以上"45+1"个管控要素中,轨道交通间协同、轨道交通与市政交通协同、轨道交通与城市区域发展协同、区域与环境协调四个方面、16个要素成为引导轨道交通枢纽核心区的可持续发展,特别是既有城区带动城市更新的重要指标(见表3)。

表3 枢纽节点核心区城市设计协同力要素

序号	分类	协同力关键要素
1	轨道交通间协同要素 (包括铁路交通与城市轨道交通)	换乘能力(换乘时间,5分钟为基准值)
		换乘便捷度 (同时三种类型轨道,3线及以上线路换乘为基准值)
		站点对周边地区服务水平(网络型发展的特征指标:区域站点密度,出口数量,沿线枢纽比例,临近站点互补性)
2	轨道交通与市政交通协同要素	市政交通服务水平(D级为基准值)
		市政交通快速衔接能力(个)
		公共交通配套设施换乘能力(换乘时间,5分钟为基准值)
		步行和慢行分担率(轨道站周边步行15分钟覆盖通勤人口比例,慢行交通设施站点密度和使用率)
3	轨道交通与城市区域发展协同要素	空间承载力或规模容量和容积率水平(4为平均基准值,老城区3为基准值,新区5~7为基准值)
		价值辐射力(辐射半径,2km为基准;每一圈层的半径;每一圈层的开发强度和土地价格水平)
		用地功能混合度(用地权属界面立体混合度,轨道站周边步行15分钟覆盖范围功能混合度即商业、居住、文化等功能比例)

续表

序号	分类	协同力关键要素
3	轨道交通与城市区域发展协同要素	上盖及周边建筑内公共空间匹配度（全天候管道化城市公共空间贯穿度，换乘距离梯级以300m、500m、800m为基准）
		上盖及周边建筑关键技术匹配度（振动、防水、防火）
		区域价值圈层产业结构和配比
		本站点及区域圈层结构内经济带动力
		铁路轨道沿线经济平衡匹配度（沿线用地内建设和运营成本回收期，运营追加投入与初期建设的比例）
4	区域与环境协调要素	区域环境质量指数（水、空气、噪声、振动）
		综合能源规划与协同水平（区域综合能源结构和能耗，能源效率，智能化能效管理水平，绿色建筑和超低能耗建筑比例，低碳能源设施覆盖率，区域产业水平生产总值，税收值及5年、10年、20年提升潜力）

二、广州东站枢纽核心区绿色交通规划关键技术

（一）项目简介

广州是改革开放前沿，经历了从传统城市到现代城市演化过程。广州东站核心区用地51.8ha，其中铁路红线用地23.3ha。有别于新建TOD开发项目，广州东站最大的特点就是处于广州建成的中央城区。东站始建于1940年，原名天河站，分别于1996年、2006年完成两次扩建改造。

不同于新城区或新建站点，作为广州新城市中轴线北部起点，广州东站本次扩建改造拥有四大特殊性：其一，在湾区层面，铁路站场规模由8台15线扩容至14台24线，因用地局限采用双层站场设计，成为仅次于广州南站（15台28线）的重要大型枢纽之一，项目定位为广州中央车站；其二，在广州层面，东站定位为广州世界级中轴北部端点，具有重要的门户地位，历史中它见证了广州乃至整个粤港澳大湾区改革开放快速发展的历程，是湾区经济建设的重要支撑，为广东输送了大量的人才、技术、政策、信息；其三，在区域层面，东站也是一个牵动周边城市更新、解决城市痛点的系统性工程，受到城市空间、市政交通、城市地下轨道等诸多既有条件的限制，也面对着地下双层轨道建设相关技术迭代的挑战。

（二）问题与对策

既有城区、既有站点在城市设计要素分析中，东站关键性问题在于城市景观重塑和交通承载力、交通基础设施承载力的瓶颈（见图4）。

图4　东站车行及步行交通现状

　　首先,原东站山水特质不突出。建筑本身遮挡了其北端燕岭山脉,东站南北城市空间被高速路和轨道割裂。城市设计致力于将东站南侧公交车站移至轨道下方,显露出南侧与地下空间相结合的城市公园,并通过垂直公共步行交通将公园与燕岭山脉(白云山脉余脉)串联,实现城市公共开放空间、绿化景观、步行的全链接(见图5),创造了山水相依的“花园中的城市”。

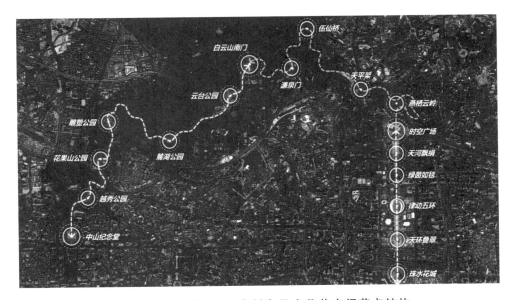

图5　“蓝绿项链”——广州白云山公共空间节点结构

其次,东站处于新城市中心建成区,西南侧为三个高校用地,北端为燕岭山脉,西北部为内环路高架与广汕、广园路衔接的路口,多方向的发展和建设均受限,无法形成小街区密路网格局;同时东站原到发机动车辆均集中在南侧,因此现有路网和其交通承载力将无法承载扩容后的东站到发客流,也无法承担新的城市功能开发量。交通衔接设施平面分散布置,人车流线交织严重。城市设计将着力提升综合交通承载力和绿色出行率,重组公共交通基础设施,以创造良好的门户形象、交通体验和开发空间。

与新城市中轴南端的珠江新城相比,东站周边地区开发业态以住宅和站前经济为主,商业物业租金较低,整体业态吸引力不足,这与广州中央车站的定位契合度不高,枢纽经济价值力不显著。在重新梳理了周边土地权属和开发数据后,周边2km半径范围住宅总量约100万m²。对比东京站(中央车站)枢纽周边的大型城市综合体开发,定位为城市国际交往中心,采用立体高强度开发,强调商务总部和创意文化,并拥有日本规模最大的地下购物中心。广州东站产业规划参照国际案例,定位为国际大都市门户和中央车站,以总部办公、旗舰商业、文化旅游为核心,打造"枢纽经济"生态圈,辐射北部环五山科技创新园区,配套有会议、酒店和科技类专项服务。

(三)提升交通承载力关键技术措施

城市综合承载力包括城市资源承载力、城市环境承载力、城市生态系统承载力,其中城市基础设施承载力是支撑城市运行最基础的部分。东站交通提能的策略,一方面通过提升绿色出行分担率,降低市政机动交通的压力,另一方面通过在2~5km范围辐射圈层的市政道路节点问题的梳理和立体化道路布局,创造新的交通空间和循环能力,以整体性提升的观念引导出行,以弥补路网密度的不足,缓解高铁入城升级带来的商旅人群出行为城市交通带来的压力。

1. 绿色出行分担率提升

东站通过城市轨道交通建设和步行交通、共享交通等交通设施的优化,公共服务设施、商业服务设施和文化、旅游等设施建设,提升城市功能混合度和提高绿色出行分担率。主要包括:

第一,改善城市轨道交通,降低背景交通量。城市地铁由两条线路增至五条线路,特别是城市地铁环线的设置,使得枢纽核心区域绿色出行比例从80%提高至90%,小汽车+出租车出行分担比例由20%降至10%,背景交通量由现状的3602pcu/h降低到3006pcu/h。

第二,各项公交、网约等换乘设施集中布局在铁路轨道下方,室内外设置管道化公共步行空间连接,步行路径控制在200m范围内,实现5分钟高效换乘,进一步鼓励绿色出行。

第三,设置多层次立体步行系统和南北垂直交通核连接南北空间。由于双层高铁站场的出站厅位于首层,地铁5线换乘大厅位于地下三层,因此城市设计的重点是保证首层和地下一至三层管道化步行系统与南北城市公共空间的贯通性。同时,制定政策政府层面的投入和政策层面的激励措施。鼓励在建筑物之间的地面人行道、开放公共空间以及人行天桥、人行隧道等步行系统区域进行优化提升,增设风雨连廊、遮阳棚、自动扶梯、垂直电梯、公共厕所等设施,以提高步行环境的舒适度。

第四,对道路断面进行改造,合理布局非机动车过街设施及停车区,保障非机动车路权。

2. 综合交通优化提质

方式一,12项路网改善措施。在增设道路网密度受到约束的情况下,通过打通三处断头路、优化拓宽林和中路、林和东路道路断面和设置公交专用引道,尽可能增加区域交通微循环,并采用智能交通引导等(见图6)手段,实现综合交通优化提质,地区路网容量提升约30%,路网容量由现状6289pcu/h提升至8066pcu/h(见图7)。方式二,"西快南主北辅"到离站三向交通。设置"西快南主北辅"多向交通中心,承担14%的小汽车+出租车客流集散,西侧设置腰部快速集散平台,各方向交通便捷。南向车行到达转入地下,实现南向主入口无车化,提升中轴线步行环境和整体空间环境的品质。

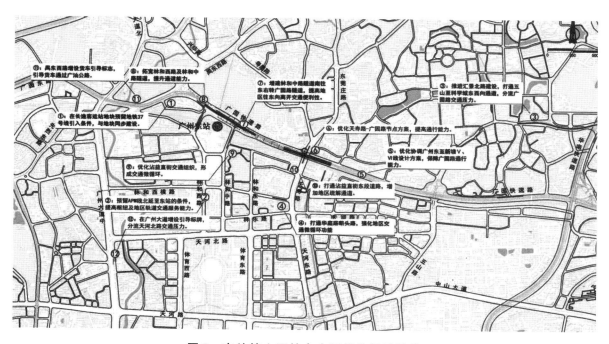

图6 东站核心区综合交通优化提质措施

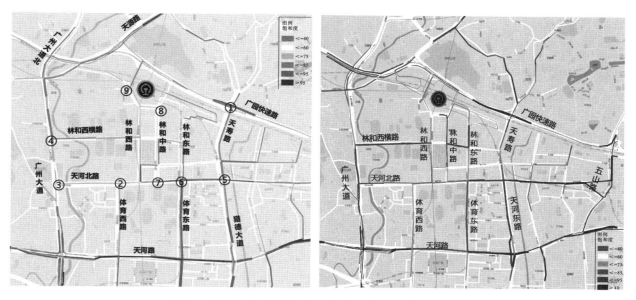

图7 现状与提升后地区晚高峰路网运作情况对比

（四）空间承载力推导

1. 枢纽核心区空间承载力推导

基于交通承载力的提升，为城市预留了一定的发展空间，然而从其城市功能定位的角度，对于东站车站和高铁沿线来说，其自身的可持续运营和经济平衡功能并不是城市规划第一要务，站城融合的复杂性在于对各城市功能的统筹能力和城市管理体系的协同能力。

从数据预测可以清晰地看到，随着高铁再次入城的战略性规划，东站线网规模、客运规模进一步升级，新一轮的人口、产业集聚效应将再一次显现在其枢纽核心区。然而不同于日本74%的轨道出行率，对于疫情的影响和市民机动车出行习惯的问题，本次高铁入城的扩容提效工程也带来了市政交通的进一步拥堵、噪声污染进一步升级、土地资源进一步紧缺等问题。这一系列的风险因素，使得区域环境承载力、基础设施承载力、空间承载力与交通承载力一并成为城市社会问题的焦点，也是城市设计中相互制约的矛盾体。交通承载力与空间承载力的换算关系如下。

广州东站提质扩容后，预计远期规划发送量将增至6710万人/年，18.4万人/日，铁路交通生成量由2910pcu/h增加至4573pcu/h，增加了1663pcu/h。通过区域综合开发交通量、铁路枢纽交通量和背景交通量分析区域交通承载力，以此基础估算开发规模，计算公式为：

$$区域综合开发交通量=交通总体容量-背景交通量-铁路交通量$$

按照区域道路交通服务水平达到E级临界值0.94为前提，测算得到区域剩余综合开发可新增开发规模约为11.9万 m²；按照区域道路交通服务水平达到E级极限值0.95为前提，测算得到区域剩余综合开发可新增开发规模约为13.6万 m²。

由以上计算可以判断新增的开发规模极为有限，新增开发全部用于建设资金的平衡可谓是杯水车薪。因此，城市设计的重点从致力于以经济平衡为导向的"量的提升"转为"产业提质"。延续广州新中轴的总部经济、天河商圈、体育文化中心的产业定位，将枢纽核心区产业定位为总部经济+文化地标，以提升枢纽引擎效应。对标东京站核心区新建开发项目的产业业态配比，基于对既有建成区的统计数据进行测算，确定东站核心区51.8ha用地范围，业态配比如下：

商业：办公：酒店：会议=50%：35%：10%：5%。

2. 远期发展展望

在量化过程中，协同力主要还表现在对土地资源整合的历史问题上，如其西南侧校园空间以及周边专属管理大院可以向城市开放，或部分道路、部分公共设施、部分开放空间实现公共化，则可以大大改善东站周边的路网密度，也使得枢纽能级提升发挥出其更大的经济引擎作用，使得辐射圈层半径更大，区域产业经济更为接近其应有的峰值。

三个体育学院虽然成为交通运营的限制性条件，但其与天河体育中心、广州五山石牌高校群共同组成了体育资源、高等教育资源聚集地，具有人才和创新资源聚集和高能级发展的潜力。因此，着力打通南北交通网络，并加密北部道路路网密度，进一步疏解北面广园快速路等升级交通承载力措施仍成为近期产业发展的重要支撑。

（五）城市空间形态塑造

城市魅力,不仅来源于其现代、高效、高密度的城市格局,更来源于其悠久历史传承的多元文化与山水融合和谐宜居的城市环境。在交通承载力与空间承载力数据支撑的基础上,预留的广州东站城市形象塑造的发挥空间较大。

城市设计通过控制东站建筑高度不大于40m,以保持南北视线廊道和风廊的畅通,新增开发规模转移到西侧白地和南侧地下空间,同时要求与站体建筑边界处形成梯级绿化屋面,以延续燕岭公园的绿意,恢复青山半入城的地理特征(见图8),实现其城市中轴重要节点门户型形象的城市功能定位;站体南侧,通过预留城市客厅空间和南面长1km、宽0.25km的开敞绿化公园,在城市中轴高密度中心区创造出大气留白的城市公园形象,实现其城市防灾救灾功能;通过重塑羊城新八景的"天河飘绢",恢复其与白云山生态空间的链接,挖掘改革开放的历史事件发生地,打造广州新兴科技产业的形象展示与体验中心,以实现"总部经济+文化地标"的产业定位形象。在建筑内部,换乘中心也是24小时开放的"城市客厅",空间设计在保证人流通行和集散的前提下,使之与商业空间结合,实现活力与价值统一(见图9)。

图8　广州东站城市设计　　　　图9　广州东站室内公共空间

三、协同政策性措施的思考

无论是高铁还是城市轨道工程(特别是远郊线路),其建设和运营阶段的经济平衡课题永远是一个值得探讨的问题,需要进行市场的检验。日本站城一体的道路经历了60年的演进,循序渐进和市场化的模式使得土地价值和轨道出行率达到了较高水平,对于引领新城发展的课题也存在多摩(卧城)、幕张、筑波等新城由兴到衰的经验。

轨道规划与建设作为完整的TOD社会发展促进体系,社会政策导向和激励措施往往是最有效的动力,既可以在宏观层面推动轨道交通建设带动城市多中心结构形成,也可以在中观层面带动新城建设和城市更新,还可以在微观层面推动投融资模式创新。但政策是一把双刃剑,这里提出五点政策性建议,希望进一步引导激发市场的能动性。

其一,用地规划"一条红线"。推行铁路、地方一道红线,通过立体分层权属最大化实现复合功能,实施适应市场规律的统筹开发和管理。

其二,开发融资"多元投融"。积极探索"政府投资+社会资本"相结合的投融资模式,以"地方+铁路,市区合作,片区开发"模式推进轨道交通场站综合开发。慎重确定开发定位和规模,针对远郊区域,应避免圈地行为和站场、站房摊大饼、过度建设、重复建设行为,加强产业导入,引导采用轻量化站房建设和实现沿线、站点周边区域站城之间的资源共享、互惠互利。

其三,轨道设计和运营管理"一张网、一标准、一张票"。积极落实国家、省、市多网融合的发展要求,全面推进互联互通技术标准和系统制式创新。统一规划和建设交通网络,鼓励立体建设轨道站场,提升土地集约利用率。通过轨道交通产业数字化升级、信息化升级,运营管理实现安检互认和防疫信息互通,以促进湾区互联互通。

其四,城市规划"强专项"。TOD(轨道交通枢纽)核心区加强交通、空间、环境承载力专项监测和研究,增加能源专项规划、低碳片区专项规划,科学合理地释放开发强度、建筑密度要求,进一步提升土地集约利用率和区域竞争力。

其五,城市设计"全面链接"。通过激励措施,如24小时开放空间允许商业性展览、一定比例的商服设施、容积率奖励等措施,鼓励建设方自发性进行开放公共空间的建设和运营维护,并将各个点状空间链接成公共开放空间系统,形成具有多义性的系统网络(包括生态功能、气候调节功能、慢行交通功能、活动功能等)。

四、结 语

广州东站在周边市政道路网密度不能达标的前提下,为了确保城市市政交通职能的有效运营,采用了低强度开发的模式和地下空间一体化的设计,最大限度地保留了环境弹性空间,提升绿色交通承载力,以促进在地产业升级和城市中心高铁枢纽的资本、人才聚集、土地价值效应的辐射力。由此可见,既有城区以轨道枢纽交通为主要特征的辐射圈层区域,其以控制成本为目标的碳达峰预测,区域交通承载力因子仍然是社会经济发展能级峰值推导的重要影响要素之一。在此前提下,根据产业特征确立建设标准、环境舒适度标准,以建立综合能源规划、碳排因子与社会经济资源、自然环境资源的交互关系逻辑和动态协同关系。

参考文献:

[1]胡昂,刘杰,李想,等.多中心城市轨道交通典型站域的土地利用特征演化研究——以日本东京为例[J].西安建筑科技大学学报(自然科学版),2021,53(5):746-757.

[2]刘崇刚,孙伟,曹玉红,等.大都市区城乡空间边界演化识别方法研究——以南京市为例[J].长江流域资源与环境,2018,27(10):2214-2221.

[3]刘瑞,伍琴.首都经济圈八大经济形态的比较与启示:伦敦、巴黎、东京、首尔与北京[J].经济理论与经济管理,2015(1):79-94.

[4]李禾,王思元.公共安全视角下日本东京都防灾公园体系规划[J].中国城市林业,2021,19(3):49-54.

[5]涂慧君,叶佳怡,富永直树.TOD模式引导下的东京城市更新研究[J].世界建筑,2021(11):22-26.

[6]刘芳.轨道交通视角下的城市密度协同研究[J].建筑学报,2019(3):89-95.

[7]曹庆锋,常文军.日本轨道交通发展历程及经验启示[J].交通运输研究,2019,5(3):10-17.

[8]王祝根,陈荻,张青萍.国外城市设计领域的研究设计协同实践——以新奥尔良'Dutch Dialogue'Workshop与布宜诺斯艾利斯巴拉那河规划为例[J].现代城市研究,2016(2):44-50,55.

基于智能体仿真的城市中心区域停车预约系统配置方法优化研究

章　伟

杭州市综合交通运输研究中心战略规划研究部副主任工程师

摘要:城市中心区域的停车泊位需求通常大于停车泊位供给,停车需求分配不均经常导致热门地区过度拥堵。本文主要研究利用停车预约系统,通过合理设置各停车场可预约比例,达到缓解城市中心区域路外公共停车场停车供需不平衡目的。本文建立了基于Agent的智能停车预约系统仿真模型,模型中利用车辆预计达到目标停车场时刻该停车场泊位占有率预测值进行停车选择。在可预约泊位比例设置组合优化求解过程中,遗传算法被用到仿真优化中去求解优化解。本文以杭州市典型武林CBD进行Agent建模,仿真优化后的结果表明,本文提出的方法能有效改善城市中心区域内各停车场空间性供需矛盾。本文对单目标和双目标分别进行优化分析,进一步的分析表明:社会效益优化与停车场效益优化是两个相悖的目标,社会效益优化目标下应尽量降低热门停车场的可预约泊位比例。在实际划定停车可预约泊位比例过程中,需权衡社会效益和停车场效益的双重影响,制定合理政策。

关键词:泊位预约系统;可预约泊位比例;Agent仿真;遗传算法;仿真优化

一、介　绍

　　停车行业在经过几十年的迅猛发展之后,逐渐暴露了许多问题,其中在市区中心区域搜索停车泊位已经成为困扰许多城市的难题,城市交通中30%的交通拥堵是由于小汽车搜寻空余泊位导致的[1]。

　　在中国,很多停车场都是独立运营管理,停车场实时变化数据难以实现互联互通。用户在出发前很难得知目的地附近停车场的运行情况,不能对整个出行行为(直至停车完成)有全面的信息掌握。以杭州市为例,截至2016年底,杭州市路外社会公共停车场白天利用率达80.7%,夜间利用率达68%,虽然整体平均利用率不足,但是在市中心区域出现部分停车场爆满,部分停车场利用率低下的矛盾局面。虽然目前部分城市在城市CBD等区域安装停车信息诱导显示板以提供停车场信息诱导,但此时已经接近出行行为的尾声,对缓解停车难、优化停车场利用效率作用有限。

随着信息技术和移动互联技术的发展,停车预约系统(PRS)被提出来了。PRS概念提出的初衷即在于智能交通领域为用户提供泊位的保障,避免在停车场竞争泊位的现象[2]。PRS的作用不仅仅在于减少交通拥堵,还体现在优化停车资源利用率、最大化停车收入、降低用户时间消耗等。因此,PRS作为未来一种可以缓解城市停车问题的新方法而备受青睐。在本文中,为了方便说明,进行预约的车辆称为预约车辆,其驾驶员称为预约用户;不进行预约直接出行的车辆称为非预约车辆,其驾驶员称为非预约用户。

本文研究目标利用停车预约系统缓解市中心区域路外公共停车场的车位空间性供需矛盾。利用停车预约系统在不同停车场设置不同比例的车位用来预约,以此均衡停车供需,缓解停车空间性供需矛盾。由于用户出行和停车行为的复杂性,一般方法无法刻画和分析用户群体在区域内的出行行为,本文借助Agent建模仿真方法,研究城市中心区域停车场可预约泊位设置优化。

停车预约系统,顾名思义,即驾驶员通过提前预约的方式在某停车场获取一个空余泊位,该泊位将一直保留,直到驾驶员到达停车场停车完成,这一系统保证了驾驶员达到目标停车场时无需进行排队等候。如果期望预约的停车场有空余泊位,该泊位将被预订保留;如果期望预约的停车场没有空余泊位,驾驶员将寻觅别的可预约停车场,或者不预约车位直接出行,或者改变出行计划,或者改变出行方式等。

在停车预约系统效果评价方面,仓内(Kurauchi)[3]首次在自己的仿真模型上仿真评价了停车预约系统,支撑了预约系统对减少旅行时间、控制交通流量的积极作用。但他认为停车预约系统从不同角度看各有利弊,如从非预约用户的角度来看,由于一部分车位被用于预约,在高峰期直接搜索一个空余泊位也许会更难。从停车场管理方的角度来看,一些利用率较低停车场的利用效率可能会通过优惠预约等方法得到较大改善,停车场效益也会相对提高;但是如果预约的用户不能按时出行和到达,该预约车位在预约期间就会空置,造成资源浪费。而且PRS中还有许多需要研究和解决的重要问题,包括:预约流程与设备、停车场可预约泊位所占比例的设置、停车预约费率、预约车位和非预约车位的共存问题、预约停车场的位置设置等。费雷拉(Ferreira)[4]基于排队理论仿真分析预约系统在减少汽车巡游时间的作用,文章考虑的情况在实际可能造成周转率、利用效率的下降,塔森罗(Tasseron)等[5-6]在车联网环境下基于Agent仿真评价了路内泊位预约系统下不同比例的预约用户对减少出行距离和出行时间的影响,对PRS中其他不少关键待解决的问题未做研究。

除了对PRS仿真评价研究,对PRS的其他研究大致可以分为三类[7]:基于确定性和随机性分配的PRS、基于价格机制的PRS和基于手机/Web的PRS。

第一类基于确定性和随机性分配的PRS的基本假设前提是有确定性的到达,即用户到达停车场的时刻是预先知晓的且有充足的停车位来满足所有预约的用户[8]。这类问题以莫丝柯索(Mouskos)[8]为代表,他最早将此类预约问题建模成一个资源分配问题,模型以最小化用户总出行费用(包括行驶时间、停车费用、步行距离等)为目标,形成了一个混合整数线性规划(Mixed Integer Linear Programming, MILP)

问题,其中用户的到达时刻和驶离时刻都是确定的。后来,特奥多罗维奇(Teodorović)[9]、金恩(Geng)[10]、科特(Kotb)[11]等丰富扩展了莫丝柯索的工作,建立了一个动态资源分配MILP问题,在用户到达空闲泊位之前,系统在考虑用户选择偏好的前提下会持续为用户分配一个最优的停车资源。但是上述是基于全体用户均是预约化出行的,对于用户使用预约出行的人群比例不为1的情况没有研究,且对于全预约情况下是否会造成部分热门停车场泊位利用率下降等问题没有进行研究。刘(Liu)等[12]研究了基于适当的可预约和不可预约停车位组合可以分散通勤者离开时间,减少出行总成本,但是模型是基于数学假设的,对于实际应用缺乏指导。凯塞多(Caicedo)等[13]利用历史平均达到率的方法进行泊位多步预测应用到智能泊位分配系统中,对预约车位如何分配未做深入研究。

第二类基于价格机制的PRS主要利用停车价格政策来约束停车市场。在一些停车需求旺盛但泊位紧张的地区可以通过价格杠杆来调节停车需求[14],因为停车价格政策不仅仅影响停车资源的利用率,还会直接影响出行行为,影响停车场周边交通状况[15]。塔西(Tsai)等[16]提出了一种基于停车预约费用的停车预约系统策略,预约费用与停车费用相分离,该价格模型中预约费用与搜索车位所节省的时间价值相当;桥本(Hashimoto)等[17]提出了基于拍卖确定停车位分配以及停车费的停车预约策略;雷(Lei)等[18]将动态Stackelberg主从博弈转化为一个多阶段非合作双层模型,建立了基于动态定价的停车预约系统模型,其中停车管理者在上层定价决策,出行者在下层决定停车泊位。田(Tian)等[19]提出了针对一个停车场的动态收费预约策略。

第三类基于手机/Web的PRS主要研究出行者如何与PRS系统之间建立通信联系,主要的研究技术包括基于RFID的[20]、基于Web的[21]、基于无线传感网络的[22]、基于短程通信(Short Message Sevices,SMS)的[23]、App[24]等。

本文在现有研究的基础上丰富和扩展了停车预约系统领域的研究,对仓内[3]研究中提出的问题中的停车场可预约泊位所占比例的设置问题展开研究。在城市中心区域泊位空间性供需矛盾突出的背景下,研究如何合理设置区域内可预约泊位分布情况,达到缓解停车矛盾,减少车辆排队和巡游时间等作用。在仿真方法上,由于传统微观仿真软件Vissim二次开发的复杂性和不灵活性,本文采用灵活、规则自定的Agent仿真建模分析方法。

本文的篇章结构安排如下:第二节详细介绍了基于Agent的停车预约系统模型框架的建立方法,第三节在停车预约系统Agent仿真模型基础上利用遗传算法求解区域停车场可预约泊位比例优化问题,第四节展示了模型仿真优化的结果,最后给出了本文的结论和未来研究。

二、基于Agent仿真的停车预约系统模型建立

基于Agent的建模与仿真方法(Agent-based Modeling and Simulation,ABMS)能够将复杂系统中的个体微观行为与系统的整体属性——宏观"涌现性"有机地结合起来,已经被证明是一种有效的建模方

法,是复杂系统分析研究的方法论[25]。交通问题本质上是参与交通的每个个体(车辆)在路网上移动和决策的过程。传统的静态交通分配和停车选择模型[26]无法反映车辆间相互作用,是一个整体的停车选择概率;而基于Agent的仿真模型可以展示交通个体(车辆)在路网的复杂时空关系和驾驶员的决策过程。将道路中的每个车辆看作一个个独立的车辆Agent,每个Agent均有一列的属性,包括静态属性和动态属性,静态属性包括出发地、目的地等固定不变的内容;动态属性包括在路网中位置、停车选择情况、统计指标等内容。

(一)基本假设

本文建模仿真基于如下假设:

(1)仿真区域路网和出行需求OD固定,即暂不考虑出行方式选择。

(2)所有停车场均是路外公共停车场。

(3)所有用户均能获取良好的道路交通信息,用户均会根据最小时间路径行驶。

(4)智能泊位预约系统中所有泊位实时信息均可获得。

(5)预约用户均是理想的,即预约了泊位不会临时取消预约。

(6)预约泊位和非预约泊位之间不可以互相转换。

(7)预约用户仅在无法预约到一个空闲泊位的情况下转化为非预约用户。

(二)Agent属性设计

智能停车泊位预约系统仿真主要包括车辆、路网、停车场三要素,因此本文ABMS分别建立了车辆Agent、路段Agent和停车场Agent。

车辆Agent用来描述驾驶员在路网中运行的情况、在各个决策点的决策行为及搜索停车场的过程与结果。在路段的交叉口处,车辆Agent需要根据目标地停车场预计到达时刻的泊位占有率等因素决定需不需要更换目标停车场,根据确定的目标停车场和当前路网的交通运行状况决定行驶路径。其中,预约车辆和非预约车辆通过Agent的一个标签属性进行区分,两种类型的车辆Agent在路网中的决策过程不同,将在后文详细介绍。

路段Agent用来描述路网各个路段在各个时刻的流量、行程速度和行程时间等,对车辆Agent的路径决策有重要作用。

停车场Agent用来描述各个停车场在各个时刻的实际停车情况,以此能够预测出未来一段时间内的泊位占有率,为车辆Agent的停车选择决策提供重要依据。

三种类型Agent所涉及的属性符号说明如表1所示。

表1 Agent属性符号说明

符号	含义
O_c	车辆c的起点
D_c	车辆c的终点
P_c	车辆c的目标停车场
d_c	车辆c的预计停车时长
PC_c	车辆c的目标停车场相邻交叉口
A_c	车辆c已过交叉口
B_c	车辆c的下一个交叉口
C_c	车辆c的下下个交叉口
F_c	车辆c在路段的位置（距离下一个节点的距离）
f_c^{topc}	车辆c没有到达停车场前的交叉口为0，反之为1
f_c^{park}	车辆c得到车位为1，反之为0
f_c^{wait}	车辆c在排队等待中为1，反之为0
f_c^r	车辆c是预约车辆为1，反之为0
t_c^{birth}	车辆c生成时刻
$t_c^{arrive1}$	车辆c初次到达某个停车场时刻
$t_c^{arrive2}$	车辆c最后到达某个停车场时刻
t_c^{park}	车辆c获取泊位的时刻
tt_c	车辆c行驶时间
tw_c	车辆c等待时间
ts_c	车辆c搜寻时间
tk_c	车辆c步行时间
t_c	车辆c出行总时间
f_c^r	车辆c的预约泊位费用
f_c^p	车辆c实际停车时长收取费用
f_c	车辆c总停车费用
K_c	车辆c行驶的总里程
$pass_c$	被车辆c排除的停车场编号
L_s	路段s长度
C_s	路段s通行能力
q_s	路段s实际交通量
v_s	路段s的旅行速度
t_s	路段s的旅行时间
f_p	停车场p的费率

符号	含义
C_p	停车场p的总泊位容量
x_p	停车场p的实际停车数
o_p	停车场p的泊位占有率
C_p^r	停车场p中可预约的泊位
x_p^r	停车场p中可预约泊位实际停车数
o_p^r	停车场p中可预约部分的泊位占有率
C_p^{ur}	停车场p中非预约的泊位
x_p^{ur}	停车场p中非预约泊位实际停车数
o_p^{ur}	停车场p中非预约部分的泊位占有率
l_p	停车场p的实际排队长度
m_p	停车场p的最大忍受排队长度
queue_p	停车场p的排队序列
t_p^{search}	停车场p的预计巡游时间
t_p^{wait}	停车场p的预计排队等待时间
d_p	停车场p驶离率

（三）用户决策过程

为了评价停车场智能联网下的停车预约系统并进行优化仿真,将出行用户划分为预约用户和非预约用户。此处特别说明的是,由于本文主要目的是仿真车辆在路网上行驶和搜寻停车场的决策过程,因此将停车场到目的地段的步行过程看作静态过程,车辆Agent在停车场停车完成后即视作该车辆Agent仿真结束,将其从仿真环境中剔除,但在计算车辆Agent出行总时间的时候将步行时间纳入计算中。

对于预约用户,用户出行前发出出行停车预约请求,系统根据用户的出行目的地筛选目的地附近的停车场,综合考虑行程时间、步行距离、预约费用、停车费用等因素选择预约停车场并预订一个泊位,除非无法预约到空余停车泊位,预约用户放弃预约,转为非预约用户出行。在行程途中,用户会根据道路实际运行情况按照最短时间路径行驶,在每个交叉口,用户会进行一次路径优化选择。当用户到达停车场停车后,该用户出行完成。

对于非预约用户,用户向着目的地出发,到路网中的交叉口时,系统会根据行程时间、步行距离、预估巡游时间、预估等待时间、停车费用等因素为用户推荐最优停车场,根据路网实时运行情况,为用户选择最优停车场。用户到达停车场后,如果停车场有空余泊位,则用户停车完成;若无空余泊位,且排队等候的车辆长度在用户接受范围内,则用户进入该停车场的排队等候序列,等待空余泊位;若排队长度超出了用户的接受范围,则用户重新进入路网,选择其他目标停车场,且暂时将该停车场从可选停车场中剔除,经过一定时间的巡游,最终找到泊位完成停车。

（四）仿真流程设计

本文基于Agent仿真模型的智能停车泊位预约系统的基本流程如图1所示。

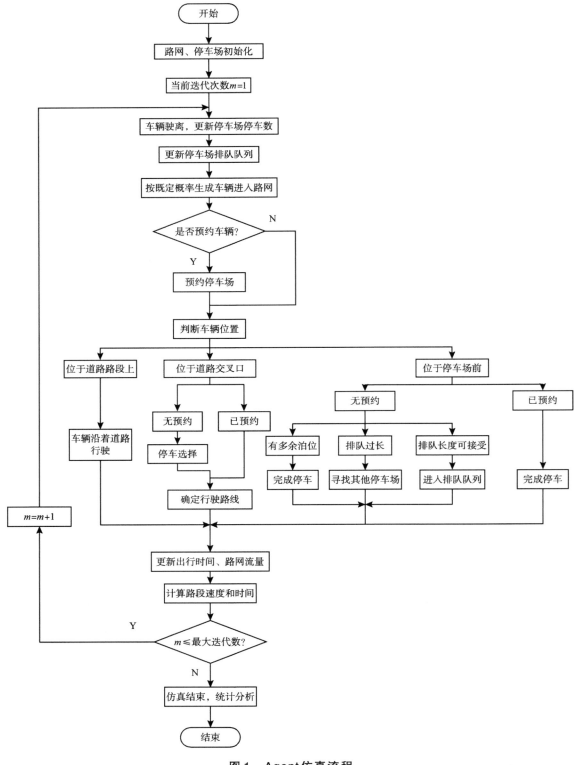

图1 Agent仿真流程

具体操作步骤如下。

步骤1:初始化参数

1.1 初始化仿真路网

包括起始节点集合 O、终止节点集合 D、停车场节点集合 P、交叉口节点集合 C 和路段集合 S。初始化各类节点之间的连接属性、距离;初始化路段等级(主干路/次干路)、通行能力 C_s、自由流速度 v_s^0;预加载路网各路段背景流量 $q_s(0)$,利用 BPR 函数计算初始路网各路段的行程速度 $v_s(0)$、行程时间 $t_s(0)$,其计算如下:

$$v_s(0) = v_s^0 / [1 + \alpha_s (\frac{q_s(0)}{C_s})^{\beta_s}] \tag{1}$$

$$t_s(0) = \frac{L_s}{v_s(0)} \tag{2}$$

其中,α_s、β_s 为路段 s 的 BPR 函数参数。

1.2 初始化停车场

包括各停车场的容量 C_p、可预约泊位的比例 η_p、初始停车数 $x_p(0)$、停车费率 f_p、停车驶离率 d_p、最大忍受排队车辆长度 m_p、排队序列 queue_p、排队长度 l_p。则预约部分的可用泊位数 $C_p^r = [C_p \cdot \eta_p]$,其中 $[\ ]$ 为取整符号,非预约部分的可用泊位数 $C_p^{ur} = C_p - C_p^r$。假设初始时刻预约部分和非预约部分的实际停车泊位占有率是相等的,即:

$$o_p^r(0) = o_p^{ur}(0) = o_p(0) = \frac{x_p(0)}{C_p} \tag{3}$$

其中,$o_p^r(0)$ 为预约部分车位的泊位占有率,$o_p^{ur}(0)$ 为非预约部分车位的泊位占有率。

1.3 初始化仿真环境

包括仿真间隔 $\Delta t = 1\text{s}$、当前迭代次数 $m=1$,最大迭代次数 $M=7200$,初始化仿真 OD 和预约用户的比例 η_c。

步骤2:车辆驶离更新,排队序列更新

2.1 车辆驶离

根据泊松分布驶离一定数量的车辆,更新各停车场预约部分和非预约部分的实际停车数。

2.2 排队序列更新

判断停车场是否有排队,若停车场 p 的实际排队长度 $l_p > 0$,说明停车场 p 有车辆排队等候,判断该停车场是否有空余的非预约泊位,若有空余非预约泊位 x 个,则排队序列 queue_p 的前 y 辆车完成停车,从仿真环境中剔除,其中 y 取 $\min(x, l_p)$。分别更新停车车辆的相关属性:停车标签 $f_c^{\text{park}}=1$,排队等待标签 $f_c^{\text{wait}}=1$,停车时刻 $t_c^{\text{park}}=m$、步行时间 $tk_c = \frac{l_{pd}}{v_{\text{walk}}}$ 和停车费用 $f_c^p = f_p \cdot t_{pc}$,其中 l_{pd} 为从停车场 p 到目的地 d 的步行距离,v_{walk}为步行速度,t_{pc}为车辆c在停车场p停车的时长。并从仿真环境中剔除该车辆Agent。更新该停车场的非预约部分停车数$x_p^{ur}(m)$加y。

步骤3:生成车辆Agent,预约用户进行预约

3.1 车辆生成及初始化

根据仿真OD随机生成车辆Agent进入路网,ID_c为该车辆编号、O_c为车辆起点、D_c为车辆终点,q_c为停车时长,t_c^{birth}为车辆的生成时刻m,由起点与路网交叉口的邻接关系确定车辆即将经过的交叉口B_c。初始化车辆Agent其他相关属性。

3.2 预约属性确定

根据用户预约比例η_c随机确定生成的车辆Agent是否进行预约,若为预约用户,则在出发前进行停车选择,修改预约标签f_c^r为1。用户先筛选距目的地D_c步行距离在500m范围内的且有可预约泊位的停车场集合,若目的地附近没有空闲可预约泊位给车辆c预约,则该用户转化为非预约用户,预约标签f_c^r修改为0。

3.3 预约停车场确定

预约用户的停车选择成本的因素包括行程时间、步行距离、预约费用、停车费用等。特别地,本文提出了利用预计车辆到达时刻停车场泊位占有率的预测值进行停车选择决策,预测停车场泊位占有率体现在预约费率影响因素中。因此,停车场选择负效用的计算表示如下:

$$U_{bpc}^r(m) = a_1 \cdot t_{bp}(m) + a_2 \cdot d_{pd} + a_5 \cdot f_p^r(m + t_{bp}) + a_6 \cdot f_p + a_7 \cdot \zeta \tag{4}$$

其中,$U_{bpc}^r(m)$表示预约车辆c从当前交叉口b到停车场p在第m次迭代中的停车选择效用,$t_{bp}(m)$为第m次迭代中从当前交叉口b到停车场p的最短行驶时间(由Dijkstra算法[27]求解得出),d_{pd}为从停车场p到目的地d的步行距离,$f_p^r(m + t_{bp})$为预计到达停车场p时刻即$m+t_{bp}$时刻的预约费率,ζ为随机项,a_1、a_2、a_5、a_6、a_7分别为各因素的重要系数,且a_1、a_2、a_5、a_6、a_7均小于0。

预约费用$f_p^r(m + t_{bp})$与预估巡游时间$t_p^{\text{search}}(m + t_{bp})$呈正相关[16],预估巡游时间的计算如下:

$$t_p^{\text{search}}(m + t_{bp}) = t_p^0 \cdot \left\{ 1 + \alpha_p \left[\frac{x_p(m + t_{bp})}{C_p^{ur}} \right]^{\beta_p} \right\} \tag{5}$$

其中,t_p^0为自由流状态下的巡游时间,$x_p(m + t_{bp})$为根据历史数据预测的预计到达停车场p时刻即$m+t_{bp}$时刻的停车数,α_p、β_p分别为巡游时间模型系数。

那么,预约费用$f_p^r(m + t_{bp})=k_p \cdot t_p^{\text{search}}(m + t_{bp})$,$k_p$为费用系数,即建立起预测停车场泊位占有率与预约费率的联系。

根据效用最大化原则,用户选择负效用最大的停车场作为目标停车场,更新用户的预约费用$f_c^r = f_p^r(m + t_{bp})$。

步骤4：判断车辆位置，进行决策

4.1 车辆位置判断

对于路网上的每辆车，其在路网上的位置一般有四种状态：在一般道路路段上、位于一般道路交叉口、位于目标停车场前的路段上和位于停车场前。

判断车辆是否到达停车场前的最后一个交叉口标签 f_c^{topc}，若标签 f_c^{topc} 为1，则车辆位于目标停车场前的路段上或者位于停车场前，此时距离下一节点的路程 F_c 记录的是距离目标停车场的路程，若 $F_c > 0$，则车辆在目标停车场前的路段上，否则车辆位于目标停车场前；标签 f_c^{topc} 为0，则车辆位于一般路段上或者位于一般道路交叉口，若距下一节点的路程 $F_c > 0$，则车辆位于一般路段上，否则车辆位于一般道路交叉口。

特殊地，当所在交叉口即为目标停车场前的最后一个交叉口，则修改标签 f_c^{topc} 为1。

4.2 停车场前的决策

对于预约用户，当用户到达预约停车场，由于提前预订了一个泊位，用户可以无需等待直接停车，更新该车辆的相关属性：停车标签 $f_c^{park}=1$，排队等待标签 $f_c^{wait}=0$，停车时刻 t_c^{park}、第一次到达某停车场时刻 $t_c^{arrive1}$ 和最后一次到达某停车场时刻 $t_c^{arrive2}$ 均为 m，步行时间 $tk_c = \dfrac{l_{pd}}{v_{walk}}$ 和停车费用 $f_c^p = f_p \cdot d_c$。同时更新该停车场的预约部分停车数 $x_p^r(m)$ 加1，并从仿真环境中剔除该车辆 Agent。

对于非预约用户，当用户到达目标停车场，用户的决策主要分为三类：

第一种情况：该目标停车场有空闲泊位，则用户停车，更新该车辆的相关属性：停车标签 $f_c^{park}=1$，排队等待标签 $f_c^{wait}=0$，停车时刻 $t_c^{park}=m$，最后一次到达某停车场时刻 $t_c^{arrive2}=m$，步行时间 $tk_c = \dfrac{l_{pd}}{v_{walk}}$ 和停车费用 $f_c^p = f_p \cdot t_{pc}$。若该车辆是第一次到达某个停车场，则同时更新第一次到达某停车场时刻 $t_c^{arrive1}=m$，更新该停车场的非预约部分停车数 $x_p^{ur}(m)$ 加1，并从仿真环境中剔除该车辆 Agent。

第二种情况：该目标停车场无空闲泊位，且该停车场的排队长度大于最大忍受排队长度，即 $l_p > m_p$ 时，用户放弃该停车场排队，重新进入路网，转而寻找其他目标停车场。更新该车辆的相关属性：包括到达最后一个交叉口标签 $f_c^{topc}=0$，排队等待标签 $f_c^{wait}=0$，根据该停车场所在位置确定所在路段 s，更新刚经过的交叉口编号 A_c、即将经过的交叉口编号 B_c 和距下一交叉口的距离 F_c，同时将该停车场列入经过的停车场序列 $pass_c$。若该车辆是第一次到达某个停车场，则同时更新第一次到达某停车场时刻 $t_c^{arrive1}=m$。

第三种情况：该目标停车场无空闲泊位，但该停车场的排队长度在最大忍受排队长度范围内，即 $l_p \leq m_p$ 时，车辆进入该停车场的排队序列 $queue_p$，更新该停车场的排队长度 l_p，并更新该车辆属性：排队等待标签 $f_c^{wait}=1$ 和最后一次到达某停车场时刻 $t_c^{arrive2}=m$。若该车辆是第一次到达某个停车场，则同时更新第一次到达某停车场时刻 $t_c^{arrive1}=m$。

4.3 交叉口处的决策

对于预约用户,当用户到达路网中的交叉口,用户会根据当前路网的交通状况计算最短时间行驶路径,更新刚经过的交叉口编号 A_c、即将经过的交叉口编号 B_c、即将经过的下个交叉口编号 C_c 和距下一交叉口的距离 F_c。若当前交叉口为目标停车场前的最后一个交叉口,不进行路径决策,更新标签 $f_c^{\text{topc}}=1$。

对于非预约用户,当用户到达路网中的交叉口,用户会进行停车选择,然后规划最短时间行驶路径。

用户先筛选距目的地 D_c 步行距离在500m范围内的且不在到过的停车场序列 pass_p 的停车场。停车选择模型考虑行程时间、步行距离、预计巡游时间、预计排队时间、停车费用等因素,停车场选择负效用的计算表示如下:

$$U_{bpc}^{ur}(m) = a_1 \cdot t_{bp}(m) + a_2 \cdot d_{pd} + a_3 \cdot t_p^{\text{search}}(m + t_{bp}) + a_4 \cdot t_p^{\text{wait}}(m) + a_6 \cdot f_p + a_7 \cdot \zeta \qquad (6)$$

其中,$U_{bpc}^{ur}(m)$ 表示非预约车辆 c 从当前交叉口 b 到停车场 p 在第 m 次迭代中的停车选择效用,$t_p^{\text{wait}}(m)$ 为在第 m 次迭代中停车场 p 的预计排队时间。a_3、a_4 分别为预计搜索时间和预计排队时间的重要系数,且均小于0。

预计排队时间 $t_p^{\text{wait}}(m)$ 可以按照排队论的思想计算得到,如下[28]:

$$t_p^{\text{wait}}(m) = \frac{(a_p - C_p)^2 \cdot \bar{t}_p}{2 C_p \cdot a_p} \qquad (7)$$

其中,a_p 为停车场 p 的最大累计停车数,$\bar{t}_p$ 为停车场 p 的车辆平均停放时间。

根据效用最大化原则,非预约用户选择负效用最大的停车场作为目标停车场。

确定目标停车场后,非预约用户同非预约用户在交叉口的决策一样,根据当前路网的交通状况计算最短时间行驶路径,更新相关车辆属性。

步骤5:车辆位置更新

根据上一步判断的车辆所在位置进行位置更新。

若车辆位于一般道路路段上或停车场前的最后一小段路段上,则根据路网交通状况沿着该路段行驶一定距离,更新车辆 c 距下一交叉口(或节点)的距离 F_c。

$$F_e(m) = \max\{[F_c(m-1) - v_s(m-1)], 0\} \qquad (8)$$

同时,更新车辆 c 的实际行驶里程 $K_c = \min\{v_s(m-1), F_c(m-1)\}$

步骤6:路网状态更新

根据车辆属性当前所在位置 A_c 和 B_c 判断每辆车所在的路段,更新当前第 m 次迭代中所有路段的交通量 $q_s(m)$,包含仿真车辆和背景流量,更新路网状态包括各路段行程速度 $v_s(m)$ 和行程时间 $t_s(m)$ 如下:

$$v_s(m) = v_s^0 \cdot [1 + \alpha_s (\frac{q_s(m)}{C_s})^{\beta_s}] \qquad (9)$$

$$t_s(m) = \frac{L_s}{v_s(m)} \qquad (10)$$

步骤7：记录路网和停车场状态，判断终止条件

7.1 仿真状态保存

保存每次迭代的路网各路段交通量、各停车场预约部分和非预约部分的实际停车数。

7.2 判断终止条件

若当前迭代次数不超过最大迭代次数，即$m \leq M$，则返回步骤2。

若达到终止条件，批量更新所有车辆的相关时间属性。行程时间为从车辆生成时刻到第一次到达一个停车场的时间，即：

$$tt_c = t_c^{\text{arrive1}} - t_c^{\text{birth}} \qquad (11)$$

搜索时间为从到达第一个停车场的时刻至到达最后一个停车场的时间，即：

$$ts_c = t_c^{\text{arrive2}} - t_c^{\text{birth1}} \qquad (12)$$

等待时间为从到达最后一个停车场的时刻至停车完成的时间，即：

$$tw_c = t_c^{\text{park}} - t_c^{\text{arrive2}} \qquad (13)$$

车辆c的总出行时间t_c为行程时间、搜索时间、等待时间和步行时间之和，即：

$$t_c = tt_c + ts_c + tw_c + tk_c \qquad (14)$$

车辆c的总出行费用f_c为预约费用和停车费用之和，即：

$$f_c = f_c^r + f_c^p \qquad (15)$$

其中，非预约用户的预约费用为0。

三、基于遗传算法的停车预约泊位配置优化

预约用户比例η_c相当于泊位预约系统推广的市场占有率，该比例会在一段时间内保持相对稳定；而对于停车管理方，其充当的角色应该是调节停车供给（如建设停车场）和影响停车需求（如价格机制、预约泊位设置）。管理方可以通过干预各个停车场的可预约泊位设置比例γ_p来影响区域用户停车行为，进而影响系统运行效果。

因此，本节在预约用户比例固定的前提下，研究区域停车场可预约泊位设置比例γ_p的优化组合问题。

由于9个停车场可预约泊位比例γ_p对系统性能的影响不是独立的，而是相互影响的，由于计算量庞大，无法直接通过枚举法比较寻找优化解，本节采用常用的启发式算法——遗传算法[29]进行优化目标求解。

由于优化主体的行为随机性，基于Agent的仿真无确定的数学解析式，且存在仿真结果的波动性，作为停车管理方仅需做出一个相对较优的可预约泊位设置方案，无需追求最优解，也不存在最优解。

根据文献综述，仿真优化方法被广泛应用于随机复杂系统的优化。优化模型使用仿真模型的输出

来提供有关搜索最佳解决方案进度的反馈,将进一步的输入引导至仿真模型。

在本文中,预留停车位设置比例 γ_p 的配置是基于智能体的仿真模型的输入参数,模型的输出是对给定比例配制的输入响应。具体而言,输出包含诅咒时间、等待时间、行驶时间、车辆行驶公里数(Vehicle Kilometers of Travel,VKT,这是减少燃油消耗和行驶距离的有意义的指标)、停车费、停车位利用率等,即每个评估指标可以看作仿真模型的输出。仿真优化流程如图2所示。

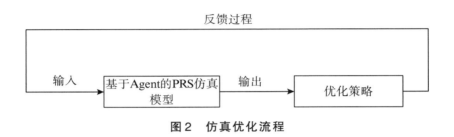

图2　仿真优化流程

遗传算法是最常见的启发式方法,可以用作优化策略。它适合用作搜索工具以实现最佳配置。由于GA本身的研究不是本文的重点,因此仅介绍GA的基本步骤。

遗传算法是基于自然选择和遗传学概念的随机最优技术,可用于确定整个域内的最优解。它反复修改单个解决方案的总体。目前,遗传算法已广泛用于函数优化,参数组合优化和图像处理。

遗传算法的基本步骤如图3所示,并解释如下。

步骤1:初始化。

步骤2:个人评估。计算人口中每个人的适应度。

步骤3:选择操作。将选择运算符应用于总体。选择的目的是将经过优化的个体传递给下一代,或者通过交叉产生新个体以传递给下一代。

步骤4:交叉操作。将交叉运算符应用于总体。

步骤5:变异操作。将变异算子应用于总体;也就是说,更改总体中个体字符串中的某些基因值。

步骤6:根据适应度,交叉和变异作用产生下一代种群。

步骤7:终止判断。将在进化过程中获得的最适合的个体作为最优解并输出。

对于每组可预约泊位比例组合参数,进行三次仿真,取优化目标的平均值作为适应度函数,降低单次仿真的结果波动性。本文利用Matlab将Agent仿真打包成一个函数,输入参数为可预约泊位比例组合,输出参

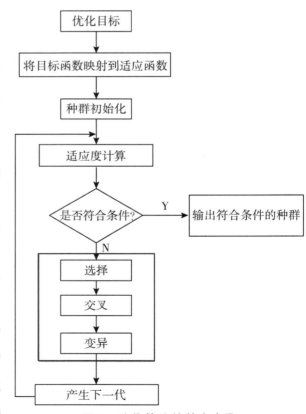

图3　遗传算法的基本步骤

数为优化目标值,为降低仿真结果的波动性,每组参数仿真三次取平均值,利用 Matlab 遗传算法工具箱进行优化求解。

仿真评价内容包括:

(1)巡游车辆比例;

(2)排队等候车辆比例;

(3)所有车辆的平均巡游时间;

(4)所有车辆的平均等待时间;

(5)平均行车公里数(Average Vehicle Kilometers of Travel,AVKT,一种能够有效评价车辆行驶里程的指标,对于降低燃油消耗、减少出行距离有重要意义);

(6)平均出行总耗时(包括行程时间、巡游时间、等待时间、步行时间);

(7)平均停车费用(包括预约费和停车费);

(8)停车场泊位总利用时间。

四、仿真分析

本节以杭州典型 CBD——武林商圈为仿真对象,仿真分析并优化可预约泊位设置比例。抽象的仿真路网包含 4 个出发点,4 个目的地,18 个交叉口,9 个路外停车场,54 个路段,如图 4 所示。

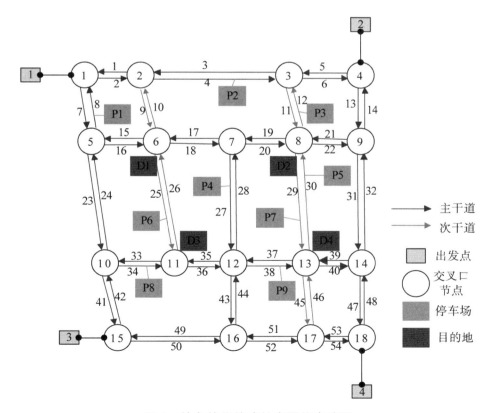

图 4　抽象简化的武林商圈仿真路网

本节设置仿真步长 Δt=1s，仿真时长为2h，即7200s。总OD量为2600，泊位容量分别为180、300、160、310、190、210、230、240、280个，总泊位数为2100个，车辆驶离率期望为60辆/3600s。由于本文的仿真环境为需求大于供给的情况，因此设置冷却时间为200s。仿真环境基本满足供需总量相当，但空间性供需不平衡的条件。停车巡游（搜索）时间模型参数 α_p、β_p 在兰（Lam）[29]的基础上结合实际修正标定，α_p=2、β_p=4.03。

本节优化仿真固定预约用户比例 η_c=0.5，遗传算法优化种群初值设置为：(0.5,0.5,0.5,0.5,0.5,0.5,0.5,0.5,0.5)；交叉率为0.85，变异率为0.15，种群数量为20，迭代代数为50代，对社会效益和停车场效益等不同指标进行仿真优化，泊位设置比例 γ_p 精确到0.1。

优化目标根据服务对象可以分为社会效益优化和停车场效益优化。社会效益指标包括行程时间、等待时间、巡游时间、行驶里程等；停车场效益指标包括停车费用、停车泊位利用时间等。

（一）单目标优化

单目标优化拟对VKT、出行总耗时、排队等待时间、停车费用四项目标进行仿真优化预约泊位设置比例的参数组合。以每次仿真的AVKT作为优化目标，利用Matlab仿真优化求解效果如图5所示，可见基于Agent的PRS仿真系统在10代以后趋于稳定。

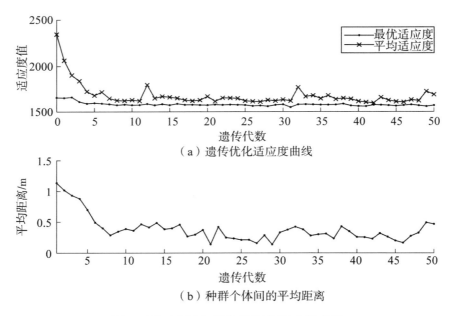

（a）遗传优化适应度曲线

（b）种群个体间的平均距离

图5 以AVKT为优化目标的适应度曲线

在四种不同优化目标下的各停车场可预约泊位比例组合如表2所示。由于预约用户比例为0.5，在不同优化目标优化后，区域内整体可预约泊位比例在0.5左右，说明预约泊位的设置应与总预约需求相适应，过高或过低的可预约泊位可能会恶化区域交通。

表2 不同优化目标下的各停车场可预约泊位比例组合

停车场	无优化	AVKT最小	出行总耗时最少	排队时间最少	停车费用最多
停车场1	0.5	0.4	0.2	0.4	0.6
停车场2	0.5	0.3	0.6	0.4	1
停车场3	0.5	0.2	0.2	0.2	0.9
停车场4	0.5	0.8	0.7	0.7	0.1
停车场5	0.5	0.2	0	0.1	1
停车场6	0.5	0.5	0.4	1	0.8
停车场7	0.5	0.1	0.2	0.4	0.7
停车场8	0.5	0.5	0.4	0.2	1
停车场9	0.5	0.8	0.8	0.6	0
总泊位可预约比例	0.5	0.48	0.42	0.5	0.6

无优化情况下各停车场泊位变化曲线如图6所示。可见,在空间性供需矛盾突出的情况下,大部分停车场都会存在排队现象,其中停车场5、停车场3、停车场7由于距附近目的地较近、需求旺盛等原因率先达到"全满"状态,成为"热门停车场",开始较长排队,且直到仿真结束排队仍未消散。停车场9、停车场6由于距离目的地远等原因在仿真初期不会成为用户的首选停车场,直到附近其他停车场处于"全满"或高占有率状态,停车巡游和等待成本大大增加,他们的泊位占有率才缓慢上升。

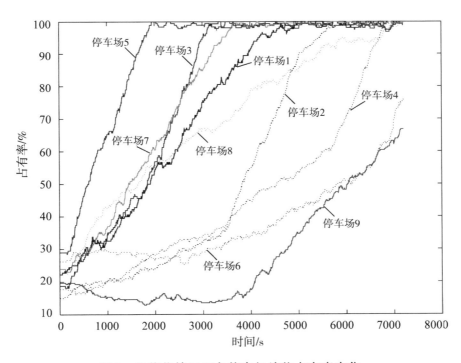

图6 无优化情况下各停车场泊位占有率变化

对比表2优化后的可预约泊位设置比例组合,我们可以发现:

（1）在VKT、出行总耗时、排队时间三项社会效益优化目标下，"热门停车场"5的可预约泊位比例很小，而"冷门停车场"9的可预约泊位比例很高。这就说明，在注重社会效益的目标下，需要降低热门停车场的可预约泊位比例，引导更多的预约车辆利用附近其他停车场，从而达到社会效益最优化。但是，由于有预约费用与停车场泊位占有率相关，且冷门停车场收费较热门停车场便宜，在社会效益优化目标下会影响停车场效益。

（2）在停车场效益最大化目标下，由于热门停车场可以获得更高效益，优化后的"热门停车场"可预约泊位比例会很高，如停车场5比例为1，这与社会效益优化目标下的结果相悖。

图7是以出行总耗时为优化目标的各停车场泊位占有率变化图。由图可见，区域内的停车状况有较大变化。优化前，仿真到4000s时，已有4个停车场接近"全满"状态，而优化后，仅1个停车场达到"全满"状态，且停车场5达到"全满"状态的时刻由优化前的2000s左右延迟到3000s左右。其他各停车场的泊位利用率也呈现均匀同步上升趋势，打破了优化前停车场泊位利用严重失衡的情况。

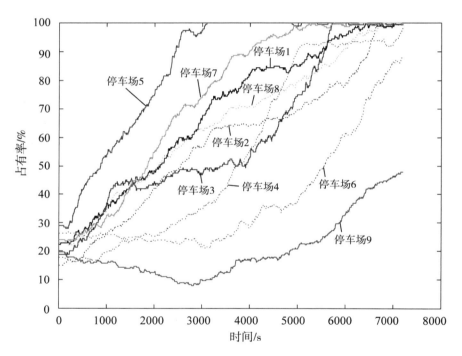

图7　平均出行耗时最小优化情况下各停车场泊位占有率变化

图8是以停车场收益为优化目标的各停车场泊位占有率变化图。由图8可见，停车场效益最大化优化下的停车状况与出行耗时优化下的差异明显，停车场5的停车矛盾有所缓和，停车场9的利用率明显增高，停车场3的利用率显著下降。

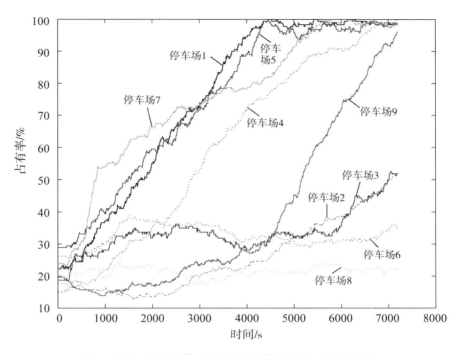

图 8　停车场效益最大化下各停车场泊位占有率变化

为了直观地显示优化前后停车场利用率的区别,分别在图9至图11中显示了不同目标下的停车场3、5和9的停车泊位占有率。

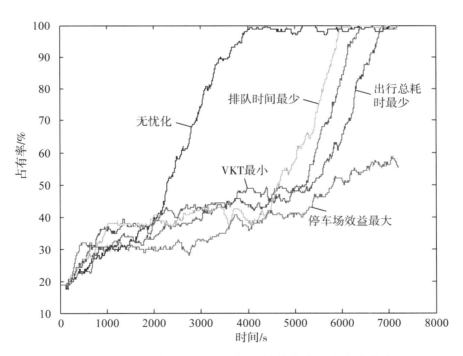

图 9　停车场 3 在不同优化目标下的停车泊位占有率变化

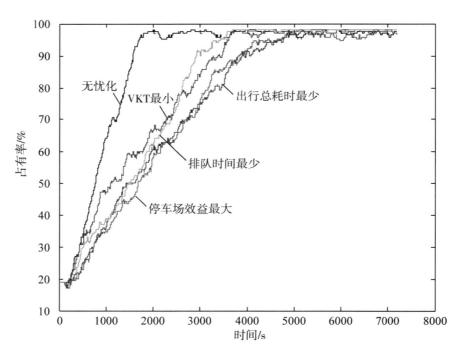

图 10　停车场 5 在不同优化目标下的停车泊位占有率变化

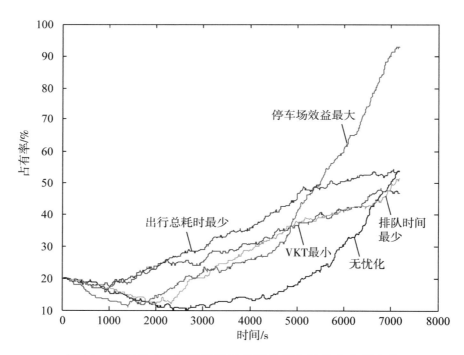

图 11　停车场 9 在不同优化目标下的停车泊位占有率变化

　　停车场 5 是该地区最受欢迎的停车场之一。如图 11 所示,经过优化后,停车场 5 的停车供需矛盾有所缓解。在优化之前,停车场 5 的占用率在大约 1500s 内达到满状态,但是在优化之后,满状态被推迟到大约 3000s。

停车场9是最受欢迎的停车场之一。如图12所示,经过优化后提高了停车场9的利用率,特别是在停车费最高目标的情况下。

停车场3也是最受欢迎的停车场之一。如图10所示,优化后停车场3的利用率已大大下降。同样,三个优化目标(分别为VKT最小、出行总耗时最少和排队时间最少)显示出与未优化相比,停车场3达到满状态约6000秒的相似特征。

由表3可以看出,在固定预约用户比例下,经过优化后的可预约泊位设置比例参数组合均取得了较好的效果。

表3 优化后的仿真结果对比分析

项目	无优化	AVKT最小		出行总耗时最少		排队时间最少		停车场效益最大	
		优化后	变化率/%	优化后	变化率/%	优化后	变化率/%	优化后	变化率/%
巡游车辆比例/%	13.31	7.11	−46.59	4.33	−67.49	8.98	−32.55	39.00	192.90
排队车辆比例/%	6.89	5.70	−17.25	4.37	−36.58	5.66	−17.88	5.28	−23.34
平均巡游时间/s	30.7	8.9	−71.09	4.4	−85.81	9.6	−68.81	467.8	1423.49
平均等待时间/s	54.7	31.5	−42.45	19.9	−63.58	26.4	−51.68	47.4	−13.38
AVKT/m	1697	1583	−6.69	1556	−8.28	1619	−4.60	4826	184.43
平均出行总耗时/s	653.3	619.8	−5.13	607.1	−7.08	622.6	−4.70	1058.0	61.93
停车费用/元	8.78	8.24	−6.20	8.12	−7.55	8.30	−5.44	9.47	7.85
泊位总利用时间/h	2332	2336	0.20	2329	−0.12	2368	1.57	1962	−15.86

对比VKT、出行总耗时、排队时间三项社会效益指标,发现优化其中一项,其他两项指标的性能也会得到提高,这就证明上节基于参数敏感性分析得出的结论:VKT和出行总耗时两个指标具有"同质性"。我们可以丰富并推广得到这样的结论:VKT、出行总耗时、等待时间等社会效益评价指标具有"同质性",一个目标的优化同时会优化其他指标。

优化社会效益指标时,停车费用即停车场效益会下降5.44%~7.55%,泊位总利用时间变化不大;优化停车场效益指标时,停车场效益提升了7.73%,但却恶化了巡游、VKT、泊位利用时间等指标,平均巡游时间增加了近14倍,AVKT提高了1.8倍,泊位总利用时间降低了15.86%。因此,社会效益优化与停车场效益优化是两个相悖的目标,只有合理权衡两者之间的轻重缓急,制定合理的可预约泊位参数组合。

(二)双目标优化

由于社会效益优化与停车场效益是两个相悖的目标,本节拟对出行总耗时和停车费用两个目标进行组合优化,优化目标函数:

$$z = \alpha \cdot \lambda_1 \cdot \bar{t}_c + (1 - \alpha) \cdot \lambda_2 \cdot \bar{f}_c \tag{16}$$

其中,α为权重系数,λ_1、λ_2为均衡系数,$\bar{t}_c$为用户平均出行总耗时,$\bar{f}_c$为用户平均停车费用,z为优化目标。

考虑出行耗时和停车费用的变化幅度,取$\lambda_1=1$,$\lambda_2=100$。分别对$\alpha=0.2$、0.4、0.6和0.8四种优化权重下的可预约泊位比例组合进行优化,优化后的泊位比例组合、各泊位比例组合下的仿真评价目标如表4所示,其中$\alpha=0$和1分别为前一节中平均耗时和停车费用两个单目标优化下的优化结果。

由表4分析可见,权重比例α由0增加到1,平均耗时的权重越来越大,停车费用的权重越来越小。从可预约泊位比例的优化结果也可以看出,热门停车场3和停车场5的可预约比例越来越小,而冷门停车场9的可预约比例越来越大。这与前一小节单目标优化下的结论是相吻合的,即停车场效益最大化目标下需要提高热门停车场的可预约泊位比例,在社会效益最大化的目标下需要降低热门停车场的可预约泊位比例。

表4 不同优化权重下的可预约泊位比例组合

停车场	无优化	$\alpha=0$	$\alpha=0.2$	$\alpha=0.4$	$\alpha=0.6$	$\alpha=0.8$	$\alpha=1$
停车场1	0.5	0.6	0.4	0.5	0.5	0.5	0.2
停车场2	0.5	1.0	0.3	0.3	0.7	0.5	0.6
停车场3	0.5	0.9	0.7	0.5	0.1	0.1	0.2
停车场4	0.5	0.1	0.5	0.5	0.6	0.7	0.7
停车场5	0.5	1.0	1.0	1.0	0.7	0.5	0
停车场6	0.5	0.8	0.6	0.6	0.6	0.4	0.4
停车场7	0.5	0.7	0.6	0.7	0	0.2	0.2
停车场8	0.5	1.0	0.5	0.4	0.5	0.4	0.4
停车场9	0.5	0	0.3	0.5	0.8	0.8	0.8

由表5分析可见,权重比例α由0增加到1,平均出行耗时的仿真结果越来越低,社会效益越来越好;停车收费越来越低,停车场效益逐渐减少。在重停车场效益的目标下($\alpha=0.2$),会恶化区域车辆的巡游情况,增加行车公里数,增加尾气排放;在重社会效益的目标下($\alpha=0.8$),VKT、巡游时间等社会效益得到较大提升,但停车收费会有一定损失。

表5 不同优化权重下的优化仿真结果统计

项目	无优化	$\alpha=0$	$\alpha=0.2$	$\alpha=0.4$	$\alpha=0.6$	$\alpha=0.8$	$\alpha=1$
巡游车辆比例/%	13.31	39.00	21.18	20.35	10.25	10.47	4.33
排队车辆比例/%	6.89	5.28	5.69	5.28	5.35	6.93	4.37
平均巡游时间/s	30.7	467.8	55.5	44.9	13.8	15.4	4.4
平均等待时间/s	54.7	47.4	44.9	38.2	34.0	42.9	19.9
AVKT/m	1697	4826	1835	1751	1618	1623	1556
平均出行总耗时/h	653.3	1058.0	664.8	649.7	617.4	622.6	607.1
停车费用/元	8.78	9.47	9.06	8.96	8.63	8.33	8.12
泊位总利用时间/h	2332	1962	2282	2278	2301	2421	2329

因此在实际决策中,需要权衡社会效益和停车场效益的双重影响,划定合理的停车可预约泊位比例。

五、结　论

本文主要研究利用停车预约系统在不同停车场设置不同比例的车位用来预约,以此均衡停车供需,缓解市中心区域路外公共停车场的车位空间性供需矛盾。基于 Agent 的仿真方法被运用到本文研究中来分析不同可预约泊位比例设置组合对区域停车场和用户的影响。在可预约泊位比例设置组合优化求解过程中,遗传算法被用到仿真优化中去求解优化解。

本文的主要贡献有以下三点。

(1)本文建立了基于 Agent 的智能停车预约系统仿真模型,模型中利用车辆预计达到目标停车场时刻该停车场泊位占有率预测值进行停车选择,打破了现有研究仅利用当前时刻泊位占有率值进行停车选择。

(2)模型还通过将每辆车作为具有不同类型属性的代理来表示预约和非预约的停车车辆,这在实际中更为实用。

(3)本文提出了在预约用户比例固定的情况下对城市中心区域停车可预约泊位比例组合配置的仿真优化求解方法,为政府或停车管理者合理决策提供支持。

根据杭州市典型 CBD 的抽象路网仿真优化的结果,得出以下结论。

(1)预约泊位的设置应与总预约需求相适应,否则会加快停车车辆的巡航速度,导致道路拥堵。

(2)行车公里数、出行总耗时、等待时间等社会效益评价指标具有“同质性”,一个目标的优化同时会优化其他指标。

(3)社会效益优化与停车场效益优化是两个相悖的目标,社会效益优化下应尽量降低热门停车场的可预约泊位比例,而停车场效益优化下应尽量提高热门停车场的可预约泊位比例;优化后区域内各停车场供需矛盾有所改观。

(4)权衡社会效益和停车场效益的双重影响,可以划定合理的停车可预约泊位比例兼顾二者。

在智能停车预约系统仿真评价方面,由于影响预约的问题较多、范围甚广,限于文章篇幅,本文仅对其中各停车场可预约泊位比例组合问题进行仿真研究和优化,对停车价格、预约费用、是否接受预约等问题未做深入研究。另外,预约策略包括价格策略的变化会影响居民的出行方式转换,文中仅对固定需求下的预约策略影响进行仿真研究,这些都将在未来进行深入研究。

参考文献:

[1]Shoup D. Cruising for Parking[J]. Transport Policy, 2006, 13(6):479-486.

［2］Rodier C J, Shaheen S A, Eaken A M. Transit-based Smart Parking in the San Francisco Bay Area: An Assessment of User Demand and Behavioral Effects［J］. Transportation Research Record: Journal of the Transportation Research Board, 2004, 1927(1):167-173.

［3］Kurauchi F. Simulation Analysis on the Evaluation of Parking Reservation System［J］. Research Show Window: EASTS-Japan Working Paper Series, 2008, 8(2):1-12.

［4］Ferreira D C E, Silva J D A E. Simulation of a Parking Reservations System to Mitigate Cruising for Parking［C］. Washington, DC: Transportation Research Board 92nd Annual Meeting, 2013.

［5］Tasseron G, Martens K. An Agent-Based Analysis of Urban Parking Space Reservation by Vehicle-to-Vehicle Communication［C］. Washington, DC: Transportation Research Board 95th Annual Meeting, 2015.

［6］Tasseron G, Martens K. Urban Parking Space Reservation Through Bottom-up Information Provision: An Agent-based Analysis［J］. Computers Environment & Urban Systems, 2017, 64:30-41.

［7］Kotb A O, Shen Y C, Huang Y. Smart Parking Guidance, Monitoring and Reservations: A Review［J］. IEEE Intelligent Transportation Systems Magazine, 2017, 9(2):6-16.

［8］Mouskos K C, Tvantzis J, Bernstein D, et al. Mathematical Formulation of a Deterministic Parking Reservation System (PRS) with Fixed Costs［C］// 2000 10th Mediterranean Electrotechnical Conference. Institute of Electrical and Electronics Engineers, 2000,2:648-651.

［9］Teodorović D, Lučić P. Intelligent Parking Systems［J］. European Journal of Operational Research, 2006, 175(3):1666-1681.

［10］Geng Y, Cassandras C G. New "Smart Parking" System Based on Resource Allocation and Reservations［J］. IEEE Transactions on Intelligent Transportation Systems, 2011, 14(3):1129-1139.

［11］Kotb A O, Shen Y C, Zhu X, et al. IParker —A New Smart Car-parking System Based on Dynamic Resource Allocation and Pricing［J］. IEEE Transactions on Intelligent Transportation Systems, 2016, 17(9):2637-2647.

［12］Liu W, Yang H, Yin Y. Expirable Parking Reservations for Managing Morning Commute with Parking Space Constraints［J］. Transportation Research Part C: Emerging Technologies, 2014, 44(4):185-201.

［13］Caicedo F, Blazquez C, Miranda P. Prediction of Parking Space Availability in Real Time［J］. Expert Systems with Applications, 2012, 39(8):7281-7290.

［14］Cats O, Zhang C, Nissan A. Survey Methodology for Measuring Parking Occupancy: Impacts of an On-street Parking Pricing Scheme in an Urban Center［J］. Transport Policy, 2016, 47:55-63.

［15］Shoup D C. The High Cost of Free Parking［J］. University of California Transportation Center Working Papers, 1997, 17(1):3-20.

［16］Tsai M T, Chu C P. Evaluating Parking Reservation Policy in Urban Areas: An Environmental Perspective［J］. Transportation Research Part D: Transport and Environment, 2011, 17(2): 145-148.

［17］Hashimoto S, Kanamori R, Ito T. Auction-based Parking Reservation System with Electricity Trading ［C］// IEEE, Conference on Business Informatics. IEEE Computer Society, 2013: 33-40.

［18］Lei C, Ouyang Y. Dynamic Pricing and Reservation for Intelligent Urban Parking Management［J］. Transportation Research Part C: Emerging Technologies, 2017, 77: 226-244.

［19］Tian Q, Yang L, Wang C, et al. Dynamic Pricing for Reservation-based Parking System A Revenue Management Method［C］. Washington, DC: Transportation Research Board 96th Annual Meeting, 2017.

［20］Pala Z, Inanc N. Smart Parking Applications Using RFID Technology［C］// 2007 1st Annual RFID Eurasia. Institute of Electrical and Electronics Engineers, 2007: 1-3.

［21］Sun W, Mouskos K C, Bernstein D. A Web-based Parking Reservation System［C］. Washington, DC: Transportation Research Board 82nd Annual Meeting, 2003.

［22］Chinrungrueng J, Sunantachaikul U, Triamlumlerd S. Smart Parking: An Application of Optical Wireless Sensor Network［C］// International Symposium on Applications and the Internet Workshops. IEEE Computer Society, 2007: 66.

［23］Hanif N H H M, Badiozaman M H, Daud H. Smart parking reservation system using short message services (SMS)［C］// International Conference on Intelligent and Advanced Systems. Institute of Electrical and Electronics Engineers, 2011: 1-5.

［24］Wang H, He W. A Reservation-based Smart Parking System［C］// Computer Communications Workshops. Institute of Electrical and Electronics Engineers, 2011: 690-695.

［25］Macal C M, North M J. Agent-based Modeling and Simulation［C］// Proceedings of the 2009 Winter Simulation Conference(WSC). Institute of Electrical and Electronics Engineers, 2009: 86-98.

［26］梅振宇, 项贻强, 陈峻, 等. 基于停车选择行为的路内停车价格优化模型［J］. 交通运输系统工程与信息, 2010, 10(1): 99-104.

［27］Gass S I, Harris C M. Encyclopedia of Operations Research and Management Science［M］. Berlin: Springer, 2013.

［28］梅振宇. 城市路内停车设施设置优化方法研究［D］. 南京: 东南大学, 2006.

［29］Lam W H K, Li Z C, Huang H J, et al. Modeling Time-dependent Travel Choice Problems in Road Networks with Multiple User Classes and Multiple Parking Facilities［J］. Transportation Research Part B: Methodological, 2006, 40(5): 368-395.

面向县域可持续发展的公共产品供给研究

——以浙江省为例

楼佳飞[1]　宋　航[2]

1 杭州国际城市学研究中心(浙江省城市治理研究中心)研究人员
2 杭州国际城市学研究中心(浙江省城市治理研究中心)高级工程师

摘要: 日益尖锐的公共产品供需矛盾严重桎梏县域高质量发展,而解决问题的关键在于厘清公共产品与地区发展之间的关联关系与作用机理。为此,本文采用灰色关联分析和地理探测器方法,以2017年浙江省52个县(市)为例开展研究,结果表明:①两系统之间存在较强的关联关系,且经济性公共产品与县域可持续发展关联更为密切。②两系统最强关联的分项之间具有显著对应性。③伴随县域可持续发展水平的不断提升,生态性和社会性公共产品与县域可持续发展的关联度逐渐反超经济性公共产品。④就全省而言,县域可持续发展主要受到交通运输、生态及通信设施等因素的影响。⑤不同类型县域,影响其可持续发展的核心因素存在显著差异:工业强县为改变粗放增长模式,实现地区转型升级,受生态性公共产品的影响更为明显;而道路交通及通信设施则在更大程度上决定了旅游强县的可持续发展水平。基于此,本文提出了整体协同、对症下药、与时俱进、因地制宜的县域公共产品供给策略。

关键词: 县域;可持续发展;公共产品供给;机理分析;浙江省

一、引　言

公共产品通常是指具有非排他性或非竞争性的产品与服务[1],其旨在满足公共需求,与经济稳步增长、社会福祉增进密切相关,是国家和地区正常运行与持续发展的物质基础和重要保障。对此,《中共中央关于制定国民经济和社会发展第十四个五年规划和二〇三五年远景目标的建议》予以高度重视,强调了统筹推进基础设施建设、建立健全公共服务体系的重要性。然而,伴随我国发展步入新阶段,公共产品供需矛盾不断显现并日益尖锐:一刀切的供给模式造成公共产品短缺与过量建设现象并存,配置不完善、不协调、不匹配等问题突出[2],严重制约了地区的可持续发展。

县域作为我国推进城乡融合发展的基本单元,在高质量发展的时代背景下,实现其持续成长具有独特的重要意义。因此,破解县域地区公共产品供需困境,推进县域公共产品的供给侧结构性改革迫在眉睫。县域公共产品与社会经济发展之间的作用关系研究也成为热点[3-6]。直面县域持续发展需求,审视已有研究,以下探索仍待跟进:一是对公共产品与可持续发展之间的关联关系探究;二是对公共产品影响可持续发展作用的分类检视。

为此,本文通过构建公共产品供给与县域可持续发展两套指标体系,对浙江省52个县(市)开展评价。并在此基础上,探究两系统之间的关联关系,并分类探测造成可持续发展现有分异格局的公共产品影响因素,深入把握公共产品作用于县域可持续发展的内在规律与作用机理,为破解公共产品供需困境、提供县域可持续发展策略提供一定参考。

二、研究方法与数据来源

(一)研究区概况

浙江省地处东南沿海,自然地理条件颇为丰富——包括山地、丘陵、平原及海岛等多种地形地貌,县域经济发达,是我国几十年县域发展实践的典范与缩影。作为区域发展水平和公共产品供给现代化水平均较高的重要地区,浙江省县域的持续发展相较其他地区更具前瞻性与典型性。因此,选取2017年浙江省52个县(市)单位为研究样本,其中包括19个县级市,33个县(含自治县),样本内部社会经济发展水平的非均衡性突出,如慈溪市常住人口高达150.2万人,而嵊泗县仅7.1万人;景宁县生产总值达53.81亿元,而慈溪市生产总值高达1532.57万元;等等。

(二)指标体系与数据来源

立足县域发展现状,系统把握公共产品定义及可持续发展理论内涵,在借鉴相关研究的基础上,根据指标选取的科学性、系统性及数据可获得性,构建了县域公共产品供给和可持续发展评价指标体系。其中,公共产品供给评价指标体系(见表1)结合世界银行的基础设施分类标准,将公共产品划分为经济性公共产品、社会性公共产品和生态性公共产品三大子系统;县域可持续发展评价指标体系(见表2)则由经济可持续发展、社会可持续发展与资源环境可持续发展组成。

表1 县域公共产品供给评价指标体系

子系统层	指标层	单位
经济性公共产品	互联网宽带接入用户覆盖率 $X_1=0.0933$	%
	每万人拥有公共汽车数量 $X_2=0.0925$	标台
	公路密度 $X_3=0.0824$	公里/平方公里
	每百人移动电话数 $X_4=0.0659$	部/每百人
	建成区排水管道密度 $X_5=0.0526$	公里/平方公里
	人均道路面积 $X_6=0.0793$	平方米

续表

子系统层	指标层	单位
社会性公共产品	每万人拥有图书馆藏书量 X_7=0.0566	册
	每万人拥有医院床位数 X_8=0.0840	张
	每万人拥有养老机构床位数 X_9=0.0349	张
	每万人拥有剧场、影剧院及体育场馆数量 X_{10}=0.0827	个
	中学教育生师比 X_{11}=0.0477	—
生态性公共产品	建成区绿化覆盖率 X_{12}=0.0446	%
	人均公园绿地面积 X_{13}=0.0749	平方米
	每万人拥有省级及以上湿地、森林公园数量 X_{14}=0.0884	个
	污水厂集中处理率 X_{15}=0.0204	%

表2　县域可持续发展评价指标体系

子系统层	指标层	性质	单位
经济可持续发展	人均生产总值(0.0870)	+	元
	人均固定资产投资(0.1494)	+	元
	人均社会零售品总额(0.0721)	+	元
	人均财政总收入(0.1185)	+	元
	第三产业占生产总值比重(0.0727)	+	%
	生产总值增长率(0.0123)	+	%
社会可持续发展	城镇居民人均可支配收入(0.0699)	+	元
	城镇居民人均住房建筑面积(0.0623)	+	平方米
	贫困率(0.0357)	−	%
	城镇居民恩格尔系数(0.0595)	−	—
	人口平均期望寿命(0.0410)	+	岁
	城乡人均可支配收入比(0.0454)	−	—
资源环境可持续发展	人均日生活用水量(0.0355)	−	升
	单位生产总值耗电量(0.0492)	−	千瓦时/万元
	万元生产总值工业废水排放量(0.0254)	−	吨
	万元生产总值工业二氧化硫排放量(0.0269)	−	吨
	城市空气质量优良比(0.0381)	+	%

　　各类社会经济数据主要来源于2018年《浙江省统计年鉴》、各地级市统计年鉴以及各县(市)国民经济和社会发展统计公报;各类公共产品数据主要来源于2017年《中国城市建设统计年鉴》《中国县城建设统计年鉴》;部分资源环境数据来自各地级市环境状况公报。其余未列来源数据则从林业、疾控等部门政府工作网站发布的信息整理所得。对于少量的数据缺失,本文采用2016年同比数据推算补齐。

(三)研究方法

1. 主客观组合赋权法

客观权重:熵值法通过衡量数据的离散程度确定指标权重,可以有效克服信息重叠问题。本文在对原始数据进行标准化处理的基础上,采用熵值法计算指标的客观权重。

主观权重:层次分析法是将与决策有关的元素分解为目标、准则、方案等层次,并在此基础上进行定性与定量分析的决策方法。其思想在于通过对同一层次各元素之间的两两比较,计算各元素对上层元素的相对重要性,进而确定每个元素对总目标的权重系数。

主客观组合权重:为保证评价结果与实际情况的相对一致性,并克服主观因素对权重的过度影响,采用主客观组合赋权法确定各项指标权重 w_j。w_j 由主观权重 w_{1j} 与客观权重 w_{2j} 计算所得,具体步骤如下[7]:

$$w_j = \frac{\sqrt{w_{1j} w_{2j}}}{\sum_{j=1}^{n} \sqrt{w_{1j} w_{2j}}} \tag{1}$$

最后得到样本县域的综合评价指数:

$$Z_j = \sum_{j=1}^{n} x_{ij} \cdot w_j \tag{2}$$

2. 灰色关联分析方法

灰色关联分析法的基本思想是根据序列曲线几何形状的相似程度来判断不同序列之间的联系紧密程度,曲线越接近则序列之间关联度越大,反之则越小。该方法利用关联度顺序描述各因素之间关系的强弱、大小及次序,具备计算简便,量化结果与定性分析相对一致等优点[8],且同样适用于截面数据。因此,本文采用灰色关联度分析方法,验证公共产品供给与县域可持续发展之间的关联关系。其步骤主要如下。

对序列数据进行标准化:

$$X_i^{'}(k) = \frac{X_i(k) - \overline{X_i}}{s_i} \tag{3}$$

式中:$X_i(k)$ 为第 k 个县(市)第 i 项指标的得分;$X_i^{'}(k)$ 为标准化后的得分;$\overline{X}$ 为该项指标得分的平均值,s_i 为该项得分的标准差。

计算关联系数:

$$\xi_i(k) = \frac{\min\limits_{i} \min\limits_{k} \left| y(k) - x_i(k) \right| + \rho \max\limits_{i} \max\limits_{k} \left| y(k) - x_i(k) \right|}{\left| y(k) - x_i(k) \right| + \rho \max\limits_{i} \max\limits_{k} \left| y(k) - x_i(k) \right|} \tag{4}$$

式中:$\xi_i(k)$ 为第 k 个县(市)第 i 项指标的关联系数;$y(k)$ 为第 k 个小县(市)参考指标的得分;$\rho \in [0,1]$ 为判别系数,用来削弱最大值过大而失真的影响,提高关联系数间的差异显著性,相关研究表明为达到最好分辨率,通常取$\rho=0.5$。

计算关联度:

$$r_i = \frac{1}{n}\sum_{k=1}^{n}\xi_i(k) \tag{5}$$

式中:当$0<r_i\leqslant0.35$时,两系统关联度较弱;$0.35<r_i\leqslant0.65$时,关联度中等;$0.65<r_i\leqslant0.85$时,关联度较强;当$0.85<r_i\leqslant1$时,关联度极强。

3. 地理探测器

地理探测器是探测空间分异性,并揭示其背后驱动力的一组统计学方法。该方法的核心思想基于如下假设:若某一自变量对某一因变量有重要影响,则两者的空间分布应具备相似性[9]。地理探测器可以探测单个影响因子的驱动力大小,也可以探测两个因子的交互作用大小,具备对多个变量的共线性免疫等特点。因子驱动力q的计算模型如下:

$$q = 1 - \frac{1}{n\sigma^2}\sum_{h=1}^{n}n_h\sigma_h^2 \tag{6}$$

式中:n和σ^2分别为研究样本的总量与方差,n_h、σ_h^2为层h内的样本量与方差。q取值范围为$[0,1]$,数值越大表明自变量对因变量的驱动力越大。本文采用地理探测器,分别探测各类公共产品对县域可持续发展水平空间格局的影响作用。

三、评价结果分析

结合原始数据与组合权重,计算得到浙江省52个县(市)的公共产品供给与县域可持续发展水平评价指标体系的各项指数。利用Arcgis10.2中的Jenks自然断裂法,按照综合指数从低到高依次界定样本为Ⅰ—Ⅴ级,并对各项指数进行可视化处理。

(一)浙江省县域公共产品供给水平分布特征

由表3可知,浙江省52个县域单元中,公共产品供给综合指数为Ⅰ级的县市合计有8个,Ⅱ级县市12个,Ⅲ级县市13个,Ⅳ级县市8个,Ⅴ级县市11个,超60%的县域单元公共产品供给综合指数达到了中等(Ⅲ级)及以上水平。

表3 2017年浙江省县域公共产品供给综合指数分级

等级	地区	综合指数	等级	地区	综合指数	等级	地区	综合指数	等级	地区	综合指数
Ⅰ级	平阳县	0.069	Ⅱ级	江山市	0.113	Ⅲ级	永康市	0.143	Ⅳ级	岱山县	0.159
	永嘉县	0.078		开化县	0.114		景宁县	0.144		玉环市	0.163
	乐清市	0.082		庆元县	0.115		东阳市	0.149		云和县	0.169
	青田县	0.083		龙游县	0.117		新昌县	0.149		嵊泗县	0.169
	泰顺县	0.084		松阳县	0.121	Ⅳ级	仙居县	0.151		长兴县	0.171
	苍南县	0.094		建德市	0.122		温岭市	0.152		海盐县	0.172

等级	地区	综合指数	等级	地区	综合指数	等级	地区	综合指数	等级	地区	综合指数
I级	缙云县	0.096	II级	诸暨市	0.123		天台县	0.154		嘉善县	0.181
	兰溪市	0.098		常山县	0.126	IV级	余姚市	0.154		安吉县	0.183
	瑞安市	0.099		三门县	0.127		淳安县	0.154		桐乡市	0.191
II级	文成县	0.107	III级	武义县	0.132		平湖市	0.156	V级	象山县	0.193
	嵊州市	0.109		磐安县	0.133		浦江县	0.156		海宁市	0.198
	遂昌县	0.111		临海市	0.138		宁海县	0.156		德清县	0.203
	龙泉市	0.112		慈溪市	0.141		桐庐县	0.157		义乌市	0.213

从空间上看,浙江省县域公共产品供给综合指数大致呈现北高南低的空间分异格局,同时也存在部分高低值分散布局。其中浙北嘉兴、湖州地区以Ⅳ、Ⅴ级县(市)为主,浙南温州地区则主要以Ⅰ类县(市)为主。公共产品供给各分项指数水平及空间分布特征存在显著差异:经济性公共产品指数同样呈现北高南低特征,县域之间非均衡性更为明显;云和县、仙居县、天台县等地常住人口较少,万人拥有公共产品更为充足,从而表现出较高的社会性公共产品供给指数;生态性公共产品供给指数位于中等及以上水平的县域单元显著增加。其中,泰顺县、文成县、云和县等高水平县具有得天独厚的自然生态禀赋,为森林、湿地公园等设施的建设提供了良好的资源本底。

(二)浙江省县域可持续发展水平分布特征

将52个县域的可持续发展综合指数划分为5级(见表4)。各级包含的县域单元数量从低到高分别为11、13、10、11、8,约四分之三的县(市)可持续发展水平达到了中等及以上水平。空间分布上,可持续发展综合指数呈现出北高南低的显著特征,与公共产品供给综合指数分布具有明显的一致性。同时,各个分项指数间差异明显,具体如下:经济与社会可持续发展水平整体空间布局与县域可持续发展综合指数趋于一致,高值主要集中于北部地区,而资源环境可持续发展分项指数则呈现出西南高、北部低的特征。这反映出,浙江省部分县域在追求社会经济发展之时,或多或少地忽略了对资源环境的同比补偿,导致社会经济发展高水平状态下,资源环境可持续发展状况堪忧;而部分县域或因尚未在资源集约、生境保护与社会经济发展之间实现有效平衡,虽然资源环境状况保持优良,但经济与社会发展水平尚显薄弱[10]。

表4 2017年浙江省县域可持续发展综合指数分级

等级	地区	综合指数	等级	地区	综合指数	等级	地区	综合指数	等级	地区	综合指数
I级	浦江县	0.092		龙泉市	0.115		天台县	0.141		东阳市	0.183
	兰溪市	0.093		龙游县	0.116		瑞安市	0.144	IV级	长兴县	0.184
	松阳县	0.096	II级	开化县	0.118	III级	玉环市	0.148		桐乡市	0.197
	缙云县	0.097		淳安县	0.118		景宁县	0.156		嘉善县	0.198
	苍南县	0.101		遂昌县	0.122		温岭市	0.159	V级	新昌县	0.203

续表

等级	地区	综合指数	等级	地区	综合指数	等级	地区	综合指数	等级	地区	综合指数
I 级	江山市	0.104		青田县	0.122	III 级	嵊州市	0.161		海盐县	0.204
	云和县	0.104		临海市	0.128		象山县	0.166		诸暨市	0.204
	磐安县	0.105	II 级	武义县	0.128		桐庐县	0.166		德清县	0.206
	庆元县	0.105		平阳县	0.130	IV 级	乐清市	0.167		慈溪市	0.222
	常山县	0.106		建德市	0.130		安吉县	0.173	V 级	海宁市	0.224
	永嘉县	0.107		三门县	0.131		宁海县	0.174		岱山县	0.227
	泰顺县	0.109	III 级	仙居县	0.138		平湖市	0.180		义乌市	0.227
	文成县	0.112		永康市	0.141		余姚市	0.180		嵊泗县	0.282

四、浙江县域公共产品供给与可持续发展的机理探究

(一)县域公共产品供给与可持续发展的关联分析

县域可持续发展水平的空间分异是多种因素共同作用的结果,其中公共产品作为区域发展差异的一大影响因素,其作用已得到学界的广泛检验与普遍认同,即公共产品的合理供给有利于实现社会经济的平稳运行、资源要素的高效共享、生存环境的持续优化以及人的全面发展[11]。但是,与区域特性不相适应的公共产品供给必将对社会经济的平稳运行与持续发展产生负面影响,把握县域公共产品供给与可持续发展之间的关联关系,有利于厘清两者间的作用机理。

1. 整体关联分析

利用灰色关联分析方法,得到关联矩阵(见表5),结果显示浙江省县域公共产品供给与可持续发展两系统间关联度均在0.6以上,达到较强关联水平。其中,公共产品供给综合指数与资源环境、社会及经济可持续指数的关联度均超过0.7,意味着公共产品供给与可持续发展三大子系统之间的相互作用均十分显著。

表5 县域公共产品供给与可持续发展关联矩阵

关联矩阵	生态性公共产品	社会性公共产品	经济性公共产品	公共产品综合指数
资源环境可持续	0.7262	0.6870	0.6379	0.7114
社会可持续	0.7168	0.7359	0.7838	0.8076
经济可持续	0.6781	0.6972	0.7868	0.7823
可持续发展综合	0.6641	0.6997	0.7546	0.8013

着眼公共产品供给分项,可以发现,经济性公共产品与县域可持续发展关联最为紧密(0.7546),远远超过社会性公共产品(0.6997)与生态性公共产品(0.6641),这一结果反映了不同公共产品促进县域可持续发展的内在机理与顺序规律:经济性公共产品主要服务于经济增长目标,通过为生产部门提供基础

支撑与必要保障,直接作用于社会生产活动的正常开展与持续运行,在县域经济发展过程中居于主要地位[12]。而社会性公共产品及生态性公共产品则主要以实现社会进步与人类发展为直接目标,旨在为人类满足自身基本生存和发展需求、改善生存状态和生活质量、提升个体身心健康与社会公平和谐提供主要支撑[13]。此类设施通过营造优越的社会环境、积累高素质的人力资本、强化社会科技创新能力来提升劳动效率,从而对生产活动的开展产生间接影响。鉴于经济可持续发展是县域可持续发展的基础,因此经济公共产品与县域可持续发展之间最为密切;此外,各子系统之间关联性存在对应关系,即经济可持续发展与经济性公共产品之间关联最为紧密,社会可持续发展则与社会性公共产品关联最强,资源环境可持续发展与生态性公共产品之间关联度最高。

2. 分阶段关联分析

县域发展是一个持续的演进过程,由于不同阶段的发展特性差异,公共产品与县域可持续发展之间的关联关系也同样有所变化。为此,以县域可持续发展综合指数为依据,采用自然断裂法将县域划分为低、中与高水平三级,分别考察两系统之间的关联度,结果显示(见表6):由低水平向高水平迈进的过程中,在与县域可持续发展的关联度上,呈现出"经济性公共产品(0.6808)>社会性公共产品(0.6710)>生态性公共产品(0.6061)"向"生态性公共产品(0.6867)>社会性公共产品(0.6720)>经济性公共产品(0.6410)"的转变特征,即可持续发展水平越高的县域单元,社会性、生态性公共产品与可持续发展之间存在更为显著的关联关系,而这一变化趋势恰是城市发展与人的需求重点转变的规律体现,与马斯洛需求理论的内涵具有高度一致性。

表6　不同发展阶段县域公共产品供给与可持续发展关联矩阵

可持续发展水平	经济性公共产品	社会性公共产品	生态性公共产品	公共产品综合指数
低水平	0.6808	0.6710	0.6061	0.6756
中水平	0.6515	0.6789	0.6512	0.6451
高水平	0.6410	0.6720	0.6867	0.6401

(二)县域可持续发展的公共产品驱动因素分析

1. 整体驱动因素分析

运用地理探测器模型,计算各项公共产品因子对浙江省县域单元可持续发展综合指数驱动作用的q值,其分析结果显示如下(见表7)。

就全省县(市)而言,公路密度对县域可持续发展水平的空间分异具有最强解释力,q值达到了0.555,并在1%水平上显著。其余核心因素依次为每万人拥有公共汽车数量,每万人拥有省级及以上湿地、森林公园数量,互联网宽带接入用户覆盖率、每百人移动电话数等指标,对应q值为0.415、0.399、0.391与0.305,且均通过显著性检验。上述结果表明,浙江省县域可持续发展的地域分异主要受道路交通、生态公园及通信设施建设等因素影响。

（1）道路交通设施的驱动力

道路交通设施作为区域内各类要素流动的主要通道,对于地区发展具有不容小觑的重要作用。进入社会大生产阶段以来,该类设施作为一种社会先行资本,既为人民生活水平的提升提供重要保障,更成为县域实现可持续发展的重要先决条件[14]。伴随城镇化水平持续向纵深推进,区域要素流动规模不断增大,道路交通设施的建设水平愈发显著地影响到地区间要素的自由流动。因此,对任何县域单元而言,道路交通的建设完善与否都深刻影响其可持续发展。

（2）生态公园设施的驱动力

浙江省湿地资源丰富,但却面临着围垦等不合理开发问题。为保护自然资源、维持生态系统稳定,各县(市)响应地方号召,积极推进湿地公园建设。近年来,通过建设湿地名录等举措,湿地生态红线管控得到进一步落实,湿地生态效益持续发挥的同时,也满足了公众对于休闲游憩的需求与社会经济发展的要求,县域可持续发展水平由此不断提高。未来,各类生态公园设施建设对于推动县域可持续发展水平提升的影响或进一步增强。

（3）通信设施的驱动力

网络化、信息化的巨大浪潮孕育了信息经济,无论是经济发展或社会文化进步均受到了信息技术的重大影响,从信息化到智能化再到智慧化,区域发展的智慧程度不断加深已是大势所趋。从经济发展来看,信息技术可以有效提升区域经济管理职能进一步集中,促进多方即时信息的互动,并在电子空间上补充区域的服务供给与产品流动,有利于经济高效运转;着眼社会文化生活,当前互联网已成为人们获取各类资讯、相互交往、工作学习乃至日常生活所需的必要工具,电子流的影响已深入大众生活的各方各面。而上述种种,均有赖于通信设施的完备建设。未来,县域智慧化发展水平持续提高,通信网络设施的高质量建设在实现县域地区可持续发展的过程中将发挥着越来越重要的作用。

表7　浙江省县域可持续发展水平地域分异因子探测结果

影响因子	q值	影响因子	q值	影响因子	q值
X_1	0.391***	X_6	0.143	X_{11}	0.205**
X_2	0.415**	X_7	0.139	X_{12}	0.028
X_3	0.555***	X_8	0.126	X_{13}	0.156
X_4	0.305*	X_9	0.024	X_{14}	0.399**
X_5	0.037	X_{10}	0.068	X_{15}	0.045

注:***、**、*分别表示为1%、5%、10%水平下显著。

2. 分类驱动因素分析

在参考国内权威机构发布的《中国工业百强县(市)、百强区发展报告》、"中国县域旅游竞争力百强县(市)"及"浙江省旅游经济强县"等名单的基础上,选取若干工业强县、旅游强县典型地区,进行驱动因素的分类探测,发现可持续发展空间分异的驱动因子在不同经济职能偏好的县域中差异显著,分析结果如下。

（1）工业强县

工业强县包括了慈溪市、诸暨市、义乌市、乐清市、温岭市、余姚市、永康市、海宁市等在内的近20个县域单元。因子探测结果显示,人均公园绿地面积,每万人拥有公共汽车数量及每万人拥有省级及以上湿地、森林公园数量对工业强县可持续发展的驱动力较强,q值分别达到0.757、0.723和0.561,且均在10%水平下显著。这表明,生态性公共产品建设对于工业强县的持续发展意义重大。进入21世纪,原先过度依赖资源要素投入的粗放经济增长模式遭遇严峻挑战,实现县域发展转型升级迫在眉睫。以工业强市诸暨市为例,面临产业快速发展带来的生态恶化问题,该市自觉推进"五水共治"、"811"美丽诸暨建设等生态文明建设实践,通过环境污染治理、园林绿化美化等重要工程实现了经济社会及生态统一发展。当前,受生境恶化的桎梏,浙江省工业县(市)普遍面临转型的重大挑战,而实施污染治理与生态建设则成为其跨越发展障碍的必由之路,推进生态性公共产品建设刻不容缓。

（2）旅游强县

旅游强县涵盖了安吉县、嘉善县、天台县、淳安县、武义县、德清县、桐庐县、桐乡市等共20个县(市)。该类县域的可持续发展主要受到每万人拥有公共汽车数量(0.784),每百人移动电话数(0.604),互联网宽带接入用户覆盖率(0.541),公路密度(0.427),每万人拥有省级及以上湿地、森林公园数量(0.336)的影响,且各因子分别在1%、5%、5%、10%及10%水平下显著。道路交通与通信设施表现出对县域可持续发展的强烈驱动作用,由此反映了旅游强县的实际发展需求。一方面,现代旅游业的产生和发展均与道路交通密切关联,交通不仅是实现游客流动的必要环节,并逐渐显现出了满足游客游览、娱乐、体验等多元需求的新兴功能。便捷的交通不仅成了旅游活动的一部分,同时也决定了其他旅游产品价值的实现程度,对旅游目的地的持续发展产生了重要基础影响[15];此外,当前旅游发展也出现了新的势头——旅游与互联网通信技术深入融合,智慧旅游引领产业转型。旅游业是信息高度集中并对信息高度依赖的行业,信息化对旅游业的影响日益深远,成了衡量旅游目的地竞争力、发展水平的重要标志之一。网络购票、3D全景地图、实时停车位等各项功能逐步融入智慧景区建设,游客对旅游体验的需求日益多元,通信设施建设水平也在更大程度上影响了县域旅游产业的发展,从而对地区持续发展产生重要影响。

五、结论与建议

（一）主要结论

我国县域公共产品供需矛盾突出,严重桎梏了其持续发展,把握两者间关联关系及作用机理是解决矛盾的关键所在。为此,本文构建了县域公共产品供给与可持续发展的评价指标体系,并基于评价结果,进一步探讨了系统间关联程度及作用机理差异,得出如下结论。

第一,公共产品供给与可持续发展及其各项子系统之间均存在较强关联。两系统各分项之间的关联关系存在"经济可持续与经济性公共产品最强关联,社会可持续与社会性公共产品最强关联以及资源环境可持续与生态性公共产品最强关联"的对应特征。随着县域发展水平提升,社会性与生态性公共产品逐渐反超经济性公共产品,表现出与县域可持续发展之间的更强关联。

第二,公路密度,每万人拥有公共汽车数量,每万人拥有省级及以上湿地、森林公园数量,互联网宽带接入用户覆盖率,每百人移动电话数五项指标对于浙江省县域整体可持续发展具有较强的驱动力。影响县域可持续发展的核心要素在不同类型县域间存在差异:工业强县受到人均公园绿地面积,每万人拥有省级及以上湿地、森林公园数等生态性公共产品影响更大,而交通运输、通信设施建设作为旅游产业发展的关键基础与转型必需,则对旅游强县发展影响显著。

(二)策略建议

根据上述结论,从系统、分类的视角为不同县域可持续发展提出差别化、针对性的公共产品供给策略十分必要。

第一,遵循公共产品促进县域发展的顺序规律,注重县域公共产品的系统供给,发挥不同公共产品组合供给的叠加优势。此外,注重经济性公共产品,尤其是道路交通、通信设施的全周期供给十分必要。

第二,对症下药,弥补县域可持续发展短板。可持续发展旨在实现地区经济、社会及生态的协调统一,而任一者的滞后都会导致整体实力的落后。为此,要破解县域可持续发展困境,必须抓住主要矛盾,针对性强化公共产品短板供给,即经济弱者以强化经济性公共产品为主,社会弱者重点强化社会性公共产品等。

第三,按照与时俱进原则,适时转变公共产品供给重点。针对可持续发展水平较低的县(市),弥补经济性公共产品——尤其是水、路、网等设施的供给短板,促进其经济增长起飞,是十分必要且有效的;而对于发展水平较高的城镇,针对性地提高社会性公共产品及生态性公共产品的供给水平,则有利于进一步满足居民更高层次的美好生活需要,推动县域可持续发展水平不断深化。

第四,因地制宜,实现不同职能县域公共产品差异化供给。针对工业职能突出的县(市),在满足经济性公共产品充足供给的基础上,着力提升公园绿地、污染治理等生态性公共产品建设,构建"高品质人居环境建设—人才吸引力增强—科技创新动力提升—产业转型升级"的发展路径,实现此类县(市)的提质升级;对于旅游型县(市),进一步夯实交通基础、强化通信设施建设十分必要,应加强移动互联网、大数据、云服务、5G等通信设施建设,提升旅游目的地综合实力,实现旅游县(市)智慧化可持续发展。

参考文献:

[1] 沈满洪,谢慧明.公共物品问题及其解决思路——公共物品理论文献综述[J].浙江大学学报(人文社会科学版),2009,39(6):133-144.

[2] 邓卫.关于小城镇发展问题的思考[J].城市规划汇刊,2000(1):67-70,80.

[3] 熊兴,余兴厚,王宇昕.基本公共服务与县域经济发展关系研究——来自三峡库区重庆段区县的例证[J].西部论坛,2019,29(6):110-121.

[4] 董晓芳,刘逸凡.交通基础设施建设能带动县域经济发展么?——基于2004—2013年国家级高速公路建设和县级经济面板数据的分析[J].南开经济研究,2018(4):3-20.

[5] 迟瑶,王艳慧,房娜.连片特困区贫困县农村基本公共服务与县域经济时空格局演变关系研究[J].地理研究,2016,35(7):1243-1258.

[6] 周欣.县域基础设施对县域经济发展的作用机制研究——以辽宁省为例[J].农业技术经济,2006(6):70-75.

[7] 韩增林,朱珺,钟敬秋,等.中国海岛县基本公共服务均等化时空特征及其演化机理[J].经济地理,2021,41(2):11-22.

[8] 刘思峰,党耀国,方志耕.灰色系统理论及其应用[M].北京:科学出版社,2004.

[9] 王劲峰,徐成东.地理探测器:原理与展望[J].地理学报,2017,72(1):116-134.

[10] 杨建辉,任建兰,程钰,等.我国沿海经济区可持续发展能力综合评价[J].经济地理,2013,33(9):13-18.

[11] 金凤君.基础设施与人类生存环境之关系研究[J].地理科学进展,2001(3):275-284.

[12] 赵鹏军,刘迪.中国小城镇基础设施与社会经济发展的关联分析[J].地理科学进展,2018,37(9):1245-1256.

[13] 赖金良.作为社会基础设施的民生保障体系建设[J].浙江社会科学,2012(5):65-72,156-157.

[14] 于江霞,海猛,韩少华.公路交通与经济发展空间相关性及收敛性分析[J].交通运输系统工程与信息,2015,15(4):31-37.

[15] 李如友,黄常州.中国交通基础设施对区域旅游发展的影响研究——基于门槛回归模型的证据[J].旅游科学,2015,29(2):1-13,27.

体验与场景:"双减"背景下未来社区共建共享教育模式探索

翁钦钦

浙江大学旅游与休闲研究院硕士

摘要: 本文论述了在教育部"双减"政策下,未来社区如何立足在地文化、联动九大社区场景、合理调配社会资源,推动社区场景作为儿童教育的新发力点,注重体验式教学的德育、智育作用,为利用未来社区建设的契机推动教育模式转变提供新思路、新方法。

关键词: "双减";未来社区;教育模式

一、绪　论

(一)研究缘起

当前,浙江正处于"两个高水平"建设交汇期,高水平建成小康社会后,紧接着就要开启高水平推进现代化建设进程。现代化是以人为核心的现代化,要推动人的全面发展和社会全面进步。为此,浙江省政府深入谋划构思、不断迭代升级,把创建未来社区作为以人为核心的城市现代化的大平台。

创建未来社区是"让人民生活更美好、城市现代化"的最基本单元。近年来,浙江省城市社区建设取得历史性成就,老百姓居住空间更宽敞了、享受到的公共服务更多了。但与高品质生活的要求相比,仍然存在不少难点痛点问题,比如老旧小区基础设施陈旧落后,存在安全隐患,以及停车难、出行难、下楼难问题,生态环境质量不高,居民的社区休闲生活难以得到满足,严重不适应新时代城市文明发展的要求。建设未来社区,要时刻不忘为人民谋幸福的政治初心,坚持鲜明问题导向,以老旧建筑改造、交通出行改善、智慧设施升级、公共服务提升等为重点,不断增强人民群众的获得感、幸福感、安全感。

教育作为未来社区的九大场景之一,正在实践探索中转化成一个个可触可感的生活场景,承载着人们对于未来美好家园的向往。在"三化九场景"中,教育与社区居民精神生活和文化素养的关系密切,因此其与邻里、建筑、低碳、治理、服务、交通、创业、健康八大场景有着内在关联,与人本化关系最为核心,与数字化相辅相成,对生态化起着意识层面上的推动作用。因此,教育是未来社区建设中的重要一环,联结着个体与社区、城市,是城市更新的内在动力与源头活水。我国的社区教育起步于20世纪80年代,是提高社区成员素质和生活质量以及实现社区发展的一种教育活动。社区教育在推动教育与社区融合方面具有重要的作用。通过社区教育优化社区治理,是推进国家治理体系和治理能力现代化的一个重要途径。社区休闲和社区文化教育是评估未来社区的重要维度。社区是居民日常生活的基本单元,不仅承担着衣食住行的各项基本功能,也在文化和育人方面影响着居民的身心状态。

2021年7月中共中央办公厅、国务院办公厅印发《关于进一步减轻义务教育阶段学生作业负担和校外培训负担的意见》(简称"双减")。"双减"政策落地以来,义务教育阶段的学生纷纷从繁重的课后作业与校外培训中解脱出来,一时间拥有了充裕的闲暇时间。然而面对电子游戏、移动短视频等虚拟产品的诱惑,缺乏自制力的中小学生能否合理利用个人的闲暇时间呢?义务教育阶段的学生如何聪明地"用闲",成了目前亟须教育引导的主题。社区成为儿童放学归来后、寒暑假期时的主要活动场所,在2021年暑假,许多社区已经逐步开设托管课程,探索和创新社区儿童教育方式,为社区儿童提供美好教育,增强儿童社区生活参与感、幸福感,建设儿童友好型社区,成为未来社区教育发展的一个重要方向和主要着力点。

"全面两孩"政策推行后,"谁来带孩子"成为社会高度关注的又一问题。根据2016年国家卫计委在全国10座城市进行的《城市家庭3岁以下婴幼儿托育服务性需求调查》,近80%的3岁以下婴幼儿主要由祖辈参与看护,其中的33.8%家庭仍表示有幼育需求。此外,76.8%的家长期望孩子能上"公办"的幼儿教育机构,且84.2%的家长希望孩子能上全日制的幼儿教育机构。根据另一份上海市委所做的生育二胎相关调研,数据显示,参与调研的母亲中仅9%愿意生育二胎。其中,不愿意生二胎的最主要理由是"没有时间和精力照顾幼儿",占比70.59%。0—3岁的婴幼儿教育非常需要社会支持,如今,社会育儿服务已成为家庭的一项基本需求。此前,据权威部门统计,全国婴幼儿在各类幼育机构的入托率仅为4.1%,远低于一些发达国家50.0%的比例。此外,中国的优质教育资源日渐昂贵,虽然显示出了优质教育资源的经济价值,但它更标志着优质教育资源的供需失衡。

(二)概念阐释

1. 未来社区及教育场景

2019年初,浙江省把"未来社区"写入政府工作报告,引起了各方的高度关注和探讨。浙江是国内首个提出建设"未来社区"的省份,在省政府工作报告中,未来社区建设被作为落实新发展理念、推动高质量发展的重大举措。浙江省发展改革委牵头经过大量调查研究,提出了未来社区建设的顶层设计——"139"体系架构(见图1):"1"就是"一个中心",即以人民对美好生活的向往为中心;"3"代表生产关系、生产方式和生产力的"三个化",即"人本化、生态化、数字化"的三维价值坐标;"9"就是"九大场景",即构建以未来邻里、未来教育、未来健康、未来创业、未来建筑、未来交通、未来低碳、未来服务和未来治理的九大场景创新为重点的集成系统,打造有归属感、舒适感和未来感的新型城市功能单元,引领生活方式变革。

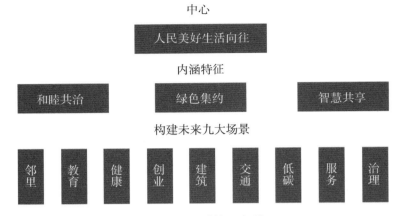

图1 "139"体系架构

未来教育场景的主要设计思路是通过服务社区全人群的教育需求,构建"终身学习"未来教育场景(见图2)。致力于有效解决托育难、幼育难,课外教育渠道有限,优质教育资源稀缺、覆盖人群少等痛点。通过提供"家长无忧"托育服务、"优质规范"幼教服务、"儿童友好"社区生活等"保教融合"幼托服务,提升幼托服务标准。统筹优质教育资源,集聚并打造"普惠共享"优质教育资源、"三位一体"社区教育补链、"一站集成"素质拓展教育,形成"名师名校在身边"青少年教育格局。整合"居民之声"学习需求、"梯度进阶"教育资源、"幸福学堂"教学空间,营造"人人为师"共享终身学习的环境。

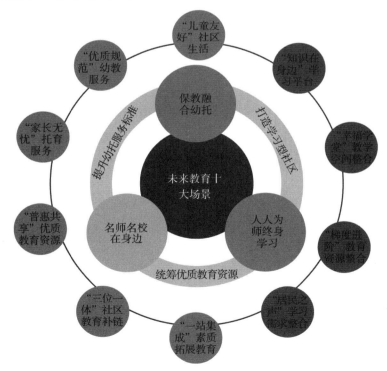

图2 未来教育场景

来源:图片来自网络。

2．社区教育

2006年，国家标准化管理委员会把社区教育定义为社区中，开发、利用各种教育资源，以社区全体成员为对象，开展旨在提高成员的素质和生活质量，促进成员的全面发展和社区可持续发展的教育活动。社区教育是运用本社区教育、文化等资源，面向本社区全体公民，以促进本社区人的发展与社区发展为目标的各类教育活动。社区教育是社会发展和时代变革的产物。在我国，社区教育起步于20世纪80年代初期，它是在国家实行改革开放后，总结原有学校教育、家庭教育、社会教育相结合经验的基础上，借鉴国外社区教育的经验，从国内不同地域的实际出发，通过试点逐步发展起来的。全国社区教育可分三类：一是以一所学校为中心，联结所在社区的部分工厂、事业单位与政府部门共同组成的社区教育委员会。二是以社区为中心，由街道办事处或区级政府牵头，社区教育机构等企业单位共同参与组建的。三是以工业区或农业县为地域界线的社区教育，旨在加强企业、农村未来劳动者素质的培养和社区文化建设。

一方面，社区居民逐渐认识到社区教育的价值，产生了一定的参与要求。另一方面，城市在发展过程中出现了许多需要解决的问题，如不断膨胀的城市人口、农村剩余劳动力不断涌入城市，形成流动人口浪潮；21世纪，中国大部分城市将进入老龄化社会，人口老化日益严重；不合理的城市布局与窘迫的生存环境；人际关系的隔阂与淡化；等等。对此仅仅依赖以协调管理为特性的社区组织形式以及学校教育来解决上述社会问题是远远不够的。国际国内社区教育实践经验已清楚地表明，只有实施面向社区成员，以促进人的发展为原则的各种各样的社区教育，才能满足和解决人们各种各样的教育需求和社会问题。从社区教育内部看，成人教育、职业技术教育的发生、发展，尤能说明教育社区化的必然性。社区学校（院）的发展过程，可以说是社区教育逐步成熟、功能逐步外显的过程。因此，20世纪90年代以来中国社区教育概念中的"教育"已不是狭义的教育。

本研究主要关注社区教育中对青少年儿童的校外教育。传统的学校教育因空间场所、教育形式、学制课程等因素规范，在教化育人上存在尚待创造填补的空白。利用社区开展各式各样、丰富多彩的体验式、游戏式、研学式儿童教育，恰好可以弥补学校教育的短板，为培育全面发展的儿童、为提供美好儿童教育发挥社区潜藏的丰富资源之力量。

3．社区教育的几种教育形式和教育方法

（1）休闲教育

休闲与教育有着内在的紧密联系。英语中，学校（school）和学者（scholar）起源于希腊语skhole，意思为"用于学习的休息时间"。学者道格拉斯·克莱伯（Douglas Kleiber）将休闲教育分为三种形式：寓教于休闲、为休闲而教育、为休闲教育进行的训练。寓教于休闲是最宽泛意义上的休闲教育，即任何休闲都是教育的情境，比如儿童在模仿游戏中认识和了解世界，人们在自然中散步漫谈获得心灵启迪。为休闲而教育所教授的是休闲的技能、知识或态度，例如学习下棋、轮滑，以及如何合理安排休闲时间。为休闲

教育进行的训练则是从更高层面上认识和安排休闲教育活动①。休闲教育注重人的体验,调动全身心投入到活动之中;为创新创造提供良好的氛围和环境;给人以畅快愉悦的感受,从而达到玩物适情、陶冶身心的作用,帮助人真正成为人。

休闲教育是一种感性体验式教育。休闲是一种感性的体验方式,因此休闲教育注重人的各种感受。休闲教育注重人的感知、情感、知觉、直觉、想象等感性素质,直接作用于人对于世界及内心的感知力和敏感度,有助于人的全面发展,对人的理性智力发展也有促进作用。需要特别指出的是,休闲所感受的对象并无高下美丑之分,当沉浸在休闲活动与对象之中时,无对无错、无美无丑、无可无不可,是一种超越功利的状态。

休闲教育有助于创造能力的培养。休闲教育是身心践履的教育形式。在休闲活动中,人们不仅在想象力上进行个人情感体验创造,也在时空范畴里身心践履地创造对象与形式。创造是个性情感释放和升华的表现。休闲的创造活动是情感的宣泄和释放,是情感的对象化和形式化,有助于展开个体想象力,促进交流对话。根据马克思主义,只有当人在对象性活动中时,才能发挥本身的力量,看见自我存在。同时人也在这种区别于自身本质的对象性中得到了独立的发展。以感性实践为基本形式的休闲活动,正构建了一种对象性关系,使得人在休闲活动中拓展了知、情、意等本质力量。

人格的完整和生命的活力的激发是休闲教育的目的。休闲与人的生存发展、情感解放、个性表达、精神自由息息相关。游戏作为休闲的重要形式,是人天生活力的释放,是人之为人的存在依据,对人的个性发展、精神塑造起着寓教于乐的作用。教育部《3—6岁儿童学习与发展指南》和《幼儿园教育指导纲要》再次强调了游戏化教学在幼儿教育阶段的重要性和必要性,文件要求推动幼儿园树立科学的儿童观和教育观,坚持以游戏为基本活动,合理安排幼儿一日生活,促进幼儿在游戏和生活中学习与发展。游戏是休闲的一个重要领域,游戏化教学是休闲教育的应有之义。休闲游戏的活动中,儿童不再是学习的被动旁观者和接收者,而是主动的体验者和参与者。

（2）闲暇教育

闲暇,是一个时间概念,指空闲时间。闲暇教育侧重于指导人们如何填充空闲时间——往往意味着下班后、放学后、假期等相对于工作或学业的空闲时间。"闲暇教育是指闲暇时间里进行的教育活动,也指教会人们具有利用闲暇时间充实本人生活、发展个人志趣的本领,是伴随现代化技术在生产中的运用导致人们劳动时间缩短、闲暇时间增多而出现的。"②闲暇教育"旨在让学习者通过利用闲暇时间获得某种变化。这些变化会表现在信念、情感、态度、知识、技能和行为方面,并且它通常发生在儿童、青年和成人的正式与非正式的教育环境或娱乐环境中"③。

休闲,是一种自由自在的生命状态。拥有闲暇时间的人不一定拥有休闲的状态。休闲不仅是工作

①庞学铨.20世纪西方休闲研究精要[M].杭州:浙江大学出版社,2021.
②教育大辞典编纂委员会.教育大辞典(第7卷)[M].上海:上海教育出版社,1990.
③胡森.国际教育百科全书(第5卷)[M].贵阳:贵州教育出版社,1990.

等日常事务接触之后的空闲和休憩,更是心灵的自在表达和舒展。杰弗瑞·戈比认为"休闲是从文化环境和物质环境的外在压力中解脱出来的一种相对自由的生活,它使个体能以自己所喜爱的、本能地感到有价值的方式,在内心之爱的驱使下行为,并为信仰提供一个基础"①。因此,休闲教育侧重于提供愉悦美好的生命体验,教会人们在休闲活动中获得精神的自由。因此,休闲教育的含义比闲暇教育更加丰富,在教育理念上更加指向人的本质状态。

(3)审美教育

2021年4月,教育部成立首届全国中小学美育教学指导专业委员会,表明了教育部门对于审美和人文素养的重视。休闲教育与审美教育有着内在的联系,两者互动影响、一体两面,共同的特点是培育完整的人、灵动的人,激励人的精神,温润人的心灵,在各种感官体验中潜移默化地影响人的品位、气质、胸襟。

审美教育简称美育,由席勒在《美育书简》中首次提出。美育学是一门具有交叉性质的学科,融合了美学与教育学等知识。简单来说,美育就是通过感性体验,把审美的人本价值转化为一种培养完整人格的教育资源。休闲教育并不等同于审美教育,但一定程度上二者互相影响、互相融通。休闲教育重在"玩",玩物适情;审美教育重在"育",以美育人、以美化人。但在一定程度上,美育与休闲相互融会贯通。

一方面,美育与休闲在本质上都是自由和谐的生命状态,休闲活动与美育活动都使人感到自由愉悦,使人的生命得到舒展、个性情感得到发扬。两者的终极目的都指向"成人",即成为人。另一方面,"休闲为美育现实生动载体,美育为休闲价值尺度导向"②。休闲是美育最全面的生动载体,美育意义往往寓于具有审美意味的休闲活动之中。中国传统的美育形式多以具体的休闲活动为载体。孔子提倡"兴于诗,立于礼,成于乐",其中就有两项(诗与乐)是休闲活动。休闲活动重在"玩",较之当代以艺术教育为主要形式的学校美育在内容上更加丰富,在形式上更加生动活泼,更注重调动全身心的体验。在身体感受上,不仅仅局限于音乐和美术课堂的听、唱、画、看,还综合运用手脚、鼻子、皮肤等感官,体验气味、温度、形状等自然属性,在物理空间和人际氛围中,整体地感知世界,激发生命活力。在本心的体悟上,休闲因其本身自由轻松的特点,自然而然地创设了安全自由的表达氛围,使人不自觉地卸下拘谨与忧虑,放下面具和伪装,自由自在地回归本来面目而存在,宣泄情感,体悟本心,在休闲的审美活动中,真正成为人。而传统的美育则往往局限于单一维度的身体感知,或是情感与想象力维度的创造,与活泼的现实世界和身体感受始终有距离。美育为休闲指明了方向和尺度。休闲源于人的本性中对放松和舒适的渴求,但若纵之任之、不加制约,就会过度沉溺,危害自身及社会,不利于良好风尚的养成。美育是以人性完善及理性道德人格培育为目的的活动,以有秩序感的美为尺度,追求恰如其分的中庸境界。许多休闲活动中蕴含着审美体验。游览山林是对自然之美的体悟观照,听曲赏月等既是日常休闲活动,又是审美鉴赏,诗教乐教等艺术教育的目的在于理想道德人格的培育。因此以美育来制约和指引休闲是可

①杰弗瑞·戈比.你生命中的休闲[M].康筝,译.昆明:云南人民出版社,2000.
②潘立勇.休闲与美育[J].美育学刊,2016(1):31-36.

行的,也是必需的。美育的成人本质引导休闲向美向善发展,制约休闲的消极面。

（4）德育、智育

"德育是培育学生思想政治观点和道德品质的教育。"[①]尽管德育有时会采取游戏教育、故事教育等感性体验的手段,但目的落脚点仍然在于道德塑造;而休闲教育的教化目的是人本主义的,在于人的全面发展及人格的完满。尽管中国传统美育观念的最终目的在于培育理性道德人格,与德育范畴有所重叠,但从其潜移默化的感性教育形式来看,并不完全等同德育。在社区教育的过程中,如何设计寓教于乐、玩物适情的教育活动,使儿童的个性情感最终升华为内在的道德秩序,避免刻板道德说教,达到动之以情、晓之以理的教育境界,是德育教育的高层次追求。

休闲教育活动能为德育提供有效手段,休闲教育内在包含着德育的因素。德育除道德说教外,也会借用休闲活动的形式,达到从情感上教化的目的,即"动之以情,晓之以理"。休闲教育旨在培育完整的人,包含内在的道德秩序的形成,但这种秩序感往往是个人情感的升华,是个人内在与社会外化要求的统一,也就是孔子所说的"从心所欲而不逾矩"的理想自由境界。

智育同样可以借助休闲审美活动的辅助。一些特定的休闲活动要求知识或技能的掌握,例如琴棋书画。尽管休闲教育并不等同于知识技能的学习,也不是概念体系、逻辑思维的教育;而是通过情感的、体验的方式,引导人们体验生命的意趣、提升人生的境界。在社区儿童教育作为学生校外教育主阵地的背景下,要注意规避知识教育,以休闲教育为主,还给儿童美好童年。如果片面地把休闲教育定位为知识技能的学习教育,反而会削减学习的兴趣和热情。这也正是当前学校开展的美术教育、艺术教育为教育家所诟病的地方——过于注重技能及理论的学习,而忽视了过程中的体验。

（三）研究意义

1. 重塑教育:从观听之学到身心践履

不论是寒窗苦读的寒门贵子,还是举全家之力考入名校的"小镇做题家",应试教育之下的学生往往牺牲了童年及青少年时期的休闲游戏时光,特别是其中学有所成,实现阶级跃升的一部分,他们在青少年时期就把大部分时间花费在课程学业之上,而与大多数同伴格格不入。被动学习模式的僵化、团体休闲活动的缺乏使得这部分人更容易心灵匮乏僵化,所谓"空心病""精致利己主义者"大多是应试教育体制的产物。

在提倡素质教育、注重全人培育的儿童教育发展背景下,学校为儿童提供的教育局限性日益明显,儿童与社会的接触愈发重要。社区作为儿童生活的主要场景,在为儿童提供实践探索场所和社会教育服务上存在较大空白。例如尽管中小学生在寒暑假有社会实践任务,但他们往往疲于应付,通常到社区居委会盖个章草草了事,而社区方面也并未与学校对接这方面的社会教育,在为儿童提供多样化、高质量的社区实践方面存在很大空白。教育家陶行知先生曾说"生活即学习",经验主义教育家杜威提倡"做中学"。如何在社区场景下开展生活化的儿童教育,如何从社区儿童教育着手,联动未来社区的邻里、建

①杜卫.美育论[M].北京:教育科学出版社,2000.

筑、低碳、治理、服务、交通、创业、健康八大场景,都是当下值得探索的。

未来社区儿童教育不是兴趣特长班入驻社区,而是肩负重塑教育的使命,改变传统教育模式单一的学习方式,注重体验式、场景式的学习,让学生不再是知识的接受者和旁观者,而是体验者和参与者。借助未来社区的教育场景,联动其他八大场景,学生的学习模式将得到重塑。未来社区儿童教育应致力于打造更具有互动性和自主性、在地性的儿童教育新样态。沈从文说社会是一本大书。少年儿童在学习课堂知识的同时,如果能够留心观察身边的社会、参与社区治理、了解身边的生活世界,将会极大地丰富其知识背景、开阔思维眼界、提升道德水平。

重建社区教育对于未来社区的建设有非常重要的意义。社会学学者朱挺豪指出,当下的未来儿童友好型社区的发展理念重点关注儿童这一青少年群体的发展,而社区教育的理念则正能为培养未来人才提供更多重要的社会性元素。如何突破校园与课堂的学习场景,如何通过社区教育从小培养孩子应对公共问题的能力、激发孩子的公共参与意识、培养自治能力,都可以成为社区教育回应的问题。当前社区儿童教育与社区建设之间缺乏深度关联,造成这一现象的根本原因就是社区乃至社会对教育场所的思维局限以及对实践教育缺乏重视。现代教育在学校教育和市场教育的场所意识根深蒂固,并不认同社区场景下的教育。并且现代的校园正规教育和市场机构教育也对社区教育起到一定的竞争和抑制。从社区的角度看,一个理想的社区不仅仅是地理上的聚居地,还应尽可能成为一个能够为居民提供各类服务的综合体,教育功能自然也包含其中。然而或许是由于当前城市社区重建发展的速度过快致使其难以自主支撑社区教育的运转,造成了社区建设和社区教育的脱节。

2. 共富窗口:助力精神富裕及教育公平

未来社区是我省全力打造的建设"重要窗口"的标志性成果,同时也将努力建成共同富裕现代化的基本单元。教育既是共同富裕的重要组成部分,又是共同富裕的重要动力。教育在共同富裕进程中具有基础性作用。提高发展质量效益,缩小城乡区域发展差距,打造新时代文化高地,践行绿水青山就是金山银山理念,都需要依靠人来实现。这里的人当然不是指自然意义上的人,而是指有思想、有文化、有道德、守纪律的现代化的人,是受过教育的人。教育是实现人的社会贡献最大化和人的幸福感最大化的基础。人的受教育水平越高,本质力量就越能得到充分发挥,对社会就能做出更大贡献,价值实现的幸福感和自豪感也就越强烈。

未来社区并不等于社区拆改,还蕴含着提升居民精神文化素养的意旨,致力于为居民提供美好生活,因此也需要从文化教育层面推动。数字化教学的运用是衔接共同富裕、未来社区教育的重要联结点。突破教育数字化转型瓶颈,为每个人提供适合的教育。相对于其他领域和行业,教育的数字化转型比较复杂和滞后,但也孕育着特别大的潜力和空间。人类教育主要经历了两次大变革:第一次是学校的诞生,人类开始了有目标、有计划的文明传播,但这个时候的教育是比较小众的;第二次是工业革命以后以班级授课制为基础的现代教育制度的诞生,它极大地提高了教育效率,实现了教育的普及化,但也存在标准化和单一性的短板。现在,数字化、智能化为新的教育变革——大规模的个性化教育创造了条件。个性化教育是更高水平的教育公平,是教育领域的共同富裕。教育数字化进程之所以滞后,首先是教育数字化程度低、质量差,其次是教育资源数字化水平低,最后是教育数字统整程度低。突破这三个瓶颈,教育数字化水平将会得到快速提升,给教育带来颠覆性变化,实现教育领域的共同富裕。

二、休闲教育作为社区教育的主要内容

(一)休闲:作为中产阶层的一种生活方式

休闲的观念及技艺为庞大的新中产阶层提供了丰富物质精神生活的内容和方法。随着中国全面建成小康社会,城镇化和工业化逐步推进,人民收入和生活水平日渐提高,越来越多的人成为城市里的中产阶层。而一个成熟的社会其人口阶层结构呈现中间大、两头小的橄榄形状。新兴中产阶层的物质精神世界与休闲娱乐、休闲消费紧密黏合在了一起,需要正确休闲观念的引导,以避免奢靡炫耀等休闲陋习,也需要多样地学习掌握休闲的技艺从而丰富其生活。在庞大的新兴中产阶层中,有很大一部分人刚刚脱离乡土社会,他们对于休闲的观念态度还停滞在较为初级的阶段。

浙江大学公共管理学院的林卡教授把休闲限定为一种具有文化内涵的生活方式。在这个范畴下讨论休闲,意味着休闲是一种文化性的、持续性的、常态性的生活状态。如果一个社会要达到普遍的这种休闲,需要具备三个条件。

1. 休闲的文化素养

人们要具备休闲的文化,对休闲有一个文化意味上的优雅意象。在古代,只有贵族才具备对生活的文化欣赏。所以,古代下层劳动人民,尽管可能拥有闲暇时间,却缺乏休闲的文化意象和想象。例如农民在山水之间耕种,他们的关注在于劳作,而对于周边的美景不具备休闲生活的欣赏和文化想象,那么即使在劳作间休息或闲谈等,也没有休闲的意识(只是休息),也不能算作休闲。还需要注意的是,休闲的文化素养只是达到休闲生活的一个必要条件,并非充分条件。譬如富人阶级或权贵阶级尽管可能具备休闲的文化素养,偶尔获得休闲的片刻享受,但这并非一种欣赏的、审美的生活态度,所以仍然不能说他们享有休闲文化。至于那些附属于贵族的"代理有闲"阶级[①],虽然具备休闲的文化品位,并把参加休闲活动作为一种生活方式,但如果他内心并非享有真正精神自由、以自己喜好的方式实践休闲,而只是"被动"或"被迫"地进行休闲活动,则完全缺失了休闲令人愉悦的基本内涵,也不能称之为真正休闲的生活方式。

2. 经济和时间基础

林卡教授认为,在现代社会中产阶层将会是拥有休闲生活方式的阶层。社会上层忙于巩固和谋取权力与金钱,而社会下层苦于为生存奔波。只有中产阶层具有中庸的生活态度,在具备良好的文化素养的基础上,有一定的经济基础和闲暇时间、稳定舒适的生活状态,最容易生发出休闲的生活方式。因此,休闲文化要在社会上普遍流行,主要靠中间阶层的壮大。当一个社会呈现为橄榄型社会结构时,那么休

[①] 索尔斯坦·邦德·凡勃伦.有闲阶级论[M].李风华,译.北京:中国人民大学出版社,2017.

闲时代也就随之到来了。

3.制度保障与精神内核

只有文明的和法治的社会才能确保人们生活的稳定和可靠,只有理性的公民才懂得节制与控制。普遍的休闲生活的出现一方面需要发达的制度文明的保障,如果一个地区政治动荡、朝令夕改,那么民众难以确保生命财产安全,何谈休闲生活?另一方面也要求公民能够超脱于物质生活的发展需求,与消费主义和物化的生活等保持理性距离,能够拥有独立思考与合理选择休闲方式的能力。

综上所述,我们不难发现普遍休闲的社会,需要庞大的中产阶层作为基础。他们受过良好教育,具备一定的文化品位、物质基础、稳定的闲暇时间,以及理性、节制等美德与基本的公民素质。由此,中产阶层所具有的这些特质可以确保他们作为践行休闲生活的不二人选。

(二)闲以正心:休闲的教化育人作用——以新疆文化教育为例

浙江大学"公毅计划"赴新疆阿克苏地区实践团在当地开展"语言通,心相通"国家通用语言文字推广调研计划,深入考察文化润疆示范基地,走访新疆最早的民办国家通用语言文字小学,调查当地各年龄层次群众的国家通用语言文字掌握情况,并在中小学开展中华文化宣讲活动,促进"文化润疆"工程,反映了文化休闲活动潜移默化的教人育人作用,对于社区开展儿童休闲教育起着借鉴意义。

新疆自古以来就是多民族聚居地区,新疆各民族是中华民族血脉相连的家庭成员。习近平总书记在第三次中央新疆工作座谈会上强调,"要深入做好意识形态领域工作,深入开展文化润疆工程"①。这有助于增进文化认同,共创繁荣而灿烂的中华文化。语言是各民族之间沟通交流的桥梁,新疆少数民族学好国家通用语言文字,是文化润疆工程的重要基础,能够促进各族人民迸发出更深沉、更持久的爱国爱疆之情。

1.寓教于乐:拓展国家通用语言文字推广的文化休闲形式

语言是文化的载体,目前新疆的国家通用语言文字教育已经取得了显著的成果,幼儿园的孩子可以流利地使用国家通用语言交流。但承载着丰富文化内涵的国家通用语言文字不仅要在课堂与公共场合普及,更要融入各族群众的日常生活中,让中华文化持久滋润各族群众的心田。这对语言推广的形式提出了更多样化的要求。浙江大学实践团的同学们从各自专业背景出发,在深入调研的基础上,提出国家通用语言文字的进一步推广要注重寓教于乐,从丰富国家通用语言文字休闲活动、利用新媒体传播,这两个方面着手。语言的浸润,从形式上看,应是生动活泼的,是以"故事"讲述"道理"、以"游戏"搭载"语言",创设活动和场景使用国家通用语言文字。在传播手段上,也要善于利用时下热门的互联网新媒体,以群众喜闻乐见的形式普及国家通用语言文字。文化润疆,注重让国家通用语言文字融入普通百姓的日常生活,以游戏、影视和短视频等喜闻乐见的形式,融入百姓的日常休闲生活,而不仅仅停留在课堂与公共场合。

---

①习近平.坚持依法治疆团结稳疆文化润疆富民兴疆长期建疆 努力建设新时代中国特色社会主义新疆[EB/OL].(2020-09-27)[2022-03-01]. https://baijiahao.baidu.com/s?id=1678928812296445745&wfr=spider&for=pc.

2. 追随模范:学习先锋党员文化润疆教育实践

18年前,在新疆维吾尔自治区阿克苏地区乌什县依麻木镇玉斯屯克和田村,库尔班·尼亚孜怀着爱国情怀和担当精神,创办了新疆第一所民办国家通用语言小学。他把一批批学生送到内初班、内高班和大学,为他们插上了梦想的翅膀。他也因此被评为"改革先锋""全国优秀共产党员""全国民族团结进步模范个人""改革开放杰出贡献对象",获得全国五一劳动奖章。

18年后,依麻木镇国家通用语言小学(简称依麻木镇小学)已焕然一新。库尔班校长坚持"从小抓国家通用语言教育,抓中华民族传统文化教育"。他认为,要做到习近平总书记提到的"铸牢中华民族共同体意识,促进各民族像石榴籽一样紧紧抱在一起"①,前提必须要语言的相通和文化的认同,语言通了,文化就通了,我们的思想就通了,进而就铸起中华民族共同体意识。他对青年学生提出殷切期望,"新疆非常需要内地大学生的支援,因为这里的孩子需要国家通用语言和中华文化的学习,特别是在南疆,这里是少数民族居住区,更要加强民族大团结,首先要让通用语言的教育产生文化的传承和认同,才能为民族大团结打下坚实的基础"。2003年至今,库尔班校长的办学原则一直没有改变,那就是,国家通用语言的教育和中华传统文化的传承不能分开,语言是文化的载体,两者不可分割。办学的目的不仅是通过国家通用语言提高孩子的语言能力,还要让中华民族传统文化激发孩子们的学习兴趣与动力,加强民族团结,推动中华民族大团结。

三、社区公共服务提升家庭教育品质

(一)家庭教育的重要性

家庭是社区的基本组成单元,家庭亲子之爱是人的本性,甚至是许多动物的基本情感模式。因此,家庭休闲在各类休闲中最具普遍性,对社会和谐与人民幸福感最具意义。家庭亲子休闲的文化意象自古就有。李斯临刑谓其中子曰:"吾欲与若复牵黄犬俱出上蔡东门逐狡兔,岂可得乎!"李白诗云"呼儿将出换美酒",归有光《项脊轩志》中与祖母、妻子温馨质朴的对话至今能够引起当代人的深切共鸣。中国自古有妻贤子孝的圆满家庭意象。费孝通在《乡土中国》提出中国人的家庭结构,虽然夫妻二分,但是父与子、母与女,这种代际之间的亲情却维系着整个家庭乃至家族。现代中产阶层也对家庭有着美好的想象,印象派最受欢迎的画家雷诺阿创作了许多以妻子和孩子为主体的唯美油画。

杭州市教育局指出,随着周末学科类培训班的取消,从理论上看,家长和孩子获得了更多的亲子活动时间,然而部分学生双休日玩手机、打游戏的现象有所抬头,如何处理家校关系、亲子关系?长期积累的生活方式改变,家长根本没有准备好,如何与孩子有效沟通、如何帮助孩子养成良好的学习习惯、如何有效控制玩手机时间等诸多问题困扰着家长,造成少数家长焦虑不安、亲子关系恶化。此外,家长对家庭教育的重视和认识不足,其教育观念还存在以下问题:

---

① 习近平.促进各民族像石榴籽一样紧紧抱在一起[EB/OL].(2022-07-16)[2022-08-23]. https://www.gov.cn/xinwen/2022-07-16/content_5701278.htm.

第一,家长教育观念由"培训班依赖"走向"学校依赖"的趋势。学后托管推行后,有困难或者没有困难的家长纷纷给孩子报名参加晚托班,部分家长觉得反正学校可以兜底就当起了甩手掌柜,萌生一种从"培训班依赖"走向"学校依赖"的危险信号;同时,"双减"后孩子在家时间明显增多,亲子互动时间也明显增加,这是一件好事,但也存在亲子冲突加剧的可能。

第二,唯分数论的应试教育思维固着。家长与教师对政策延续的信心不足。只要中高考不变,教师与家长心中以学科考试分数为质量标准的看法不敢有些许松懈,轰轰烈烈的"双减"之后依然顾虑较多:课堂教学改革会不会走上死循环? 作业设计会不会成为作业变相布置的代名词? 课后服务拓展性课会不会成了校内的培训班?

(二)社区教育着力推进家庭教育

对此,专家学者认为,社区教育可以从两方面着手。

一方面,通过持久、反复的正面引导,帮助大众建立正确的社会舆论与教育观念。社区开设家庭课堂、父母沙龙,举办家长交流活动,创设家庭教育宣传窗口,邀请教育专家分享家庭教育的科学观念方法,从而转变家长的教育方式。一是引导家长重树良好的质量观与发展观。通过家长学校、家长会、家委会、家访等多种渠道,对家长进行正面指导与引导,以典型案例、榜样现身说法等多种方式,对家长进行现象剖析,引导家长树立正确的教育观。二是引导家长正确看待"课后托管服务"。"双减"之下,部分家长原本有时间接送,而现在让孩子在学校晚自习,当起了"甩手掌柜",忽视了亲子陪伴的重要性。让家庭回归高质量陪伴,言传身教。家庭教育是教育的根,学校教育替代不了家庭教育。"双减"政策就是要让家庭教育回归本源,回归到亲子陪伴、言传身教和立德树人上去,让好家风好家教成为伴随孩子一生的宝贵财富。家长不做"甩手掌柜",要理解孩子,做好亲子沟通,提升孩子的自理能力和身体素质,并合理发展兴趣特长。当然,办好家门口的学校、托幼所和建立一套完善的社会"综合素养评价"制度是"硬核",如此,家长与教师心中最后一点疑虑会"不攻而破"。

另一方面,通过创设优良的社区公共空间,为家庭休闲提供多样化的场景选择。这样提升家庭教育、家庭陪伴的质量,形成"处处可学习,念好教育经"的社区家庭教育形态。图书馆、博物馆、文化馆、户外活动场所等公共文化空间是家庭休闲的重要场所,此外还可考虑配备社区游乐场、运动场馆等,并创设多种多样、丰富多彩的团体活动,满足家庭休闲的多样化需求。在未来社区建设中,有关部门发布了社区公共空间的相关规定。如社区架空层设置于地上一层,视线通透且不围合和无特定使用功能,只作为公共休闲、交通、绿化等空间使用,不计入工程项目容积率指标。该部分的面积地块拍卖要件有约定的依约定执行。报批图纸中需明确各架空空间的落位范围界限、面积指标等。公共开敞空间全年全天候24小时公共开放,建筑主要交通空间以外,可以独立使用而不影响建筑正常使用功能的非公共交通空间,且不办理产权,归全体业主使用。空中花园阳台绿化部分空间包括住宅户内空中花园阳台的绿化部分(花池)和与公共通道相连的空中花园。公共开敞并作为绿化休闲功能使用的,可不计入工程项目容积率指标。

家庭休闲的实现并不困难。极高的物质条件和文化素养并非必要条件,只要拥有闲暇时间、良好的心态、合适的场景,中产阶层的家庭休闲活动就得以开展。例如只要有一块草地,就会有孩子在上面自由奔跑。只要有一支蜡烛,一家人就可以在黑夜里围坐讲故事。家长应带领孩子全面认识社区资源。社区的教育资源分有形和无形两种,有形的教育资源包括人力、物力、财力、信息、组织等;无形的教育资源包括社区意识、社区归属感、良好的社区氛围、社区互助的伦理规范等。还有人把社区教育资源分为三大类:自然物质资源、社会物质资源和人力资源。社区的自然物质资源是指社区中的山川河流、动植物等,自然存在于家庭的生活环境中,构成家庭存在的自然背景;社区的社会物质资源包括社区的物质设施与服务机构,具有一定的社会性,包括农贸市场、楼房、街道、建筑工地、超市、医院、银行、图书馆、少年宫、敬老院等,这些是与家庭经常发生联系的社会机构或社会设施,构成幼儿成长的社会物质背景;社区中的人力资源是指具有某种专业知识、技能的个人或组织,能为幼儿传授或提供某一种专业技能知识。家长应通盘考虑,充分、合理地运用社区资源,把社区中的普通事物转化为儿童学习内容、学习材料或学习环境对幼儿进行教育。

如今,教育部"双减"政策为家庭亲子休闲创造了闲暇时间——孩子们得以获得更多学业之外的时间,家长们得以解除辅导孩子写作业的艰巨任务。第十三届全国人民代表大会常务委员会第三十一次会议表决通过的《中华人民共和国家庭教育促进法》,首次将家庭教育纳入法治轨道。浙江将试行家长学习积分制,开放家长课堂,鼓励家长"持证上岗"。家庭闲暇时间增多、家长教育理念提高,这些因素为家庭休闲的实现提供了现实基础。接下来,如果社会能够提供更多合适的场所与活动(例如社区书吧、游玩场所、自然绿道等休闲空间的营造,研学旅游、职业体验、自然教育等休闲活动),家庭休闲将从观念落地成为现实。这不仅有助于家庭幸福感的提升、社会和谐稳定,还可创造社会经济效益。

四、社会资源助力儿童假期教育实践

未来社区的儿童教育需要全社会合力助推,需整合社区已有教育资源,吸收外来优质教育形式,从而丰富社区儿童的假期教育实践。

整合社区教育资源。开放共享学校资源。鼓励各级各类学校、单位充分利用场地设施、课程资源、师资、教学实训设备等积极筹办和参与社区教育。充分发挥职业教育中心、开放大学、广播电视学校、科普学校在社区教育中的骨干和引领作用。注重社区教育机构与城乡社区综合服务中心(站)、社区文化中心等机构的资源共享,拓展社区综合服务中心(站)的社区教育功能,推动社区教育机构与社区综合服务中心(站)设施统筹、信息共享、服务联动。充分利用社区文化、科学普及、体育健身等各类资源,发掘教育内涵,组织开展社区教育活动,实现一个场所、多种功能,促进基层公共服务资源效益最大化。提高图书馆、科技馆、文化馆、博物馆和体育场馆等各类公共设施面向社区居民的开放水平。鼓励相关行业企业参与社区教育。引导一批培训质量高、社会效益好的社会培训机构参与社区教育。探索开放、可持续发展的资源共享模式,不断扩大社区学习资源供给。

丰富教育内容和形式。广泛开展公民素养、诚信教育、人文艺术、科学技术、职业技能、早期教育、运动健身、养生保健、生活休闲等教育活动,提升居民生活品质,推动生活方式向发展型、现代型、服务型转变。积极开展面向社区服务人员、社区志愿者、社区社会组织成员的教育培训,增强其组织和服务居民的能力。创新教育载体和学习形式,培育一批优质学习项目品牌。在组织课堂学习的基础上,积极开展才艺展示、参观游学、读书沙龙等多种形式的社区教育活动,探索团队学习、体验学习、远程学习等模式。通过开设学习超市、提供学习地图等形式方便社区居民灵活自主学习。推动各地建设方便快捷的居民学习服务圈。

积极开展青少年儿童校外教育。邀请家长志愿者、社区工作者、社会专业人士等入校开课;组织学生走进社区场馆、第二课堂等体验各类活动,实现社区功能的回归。推动实现社区教育与学校教育有效衔接和良性互动。社区教育机构要紧密联系普通中小学、青少年校外活动场所、社会组织等,充分利用社区内的各类教育、科普资源,开展校外教育及社会实践活动,为青少年健康成长提供良好的社区教育环境。开展形式多样的早期教育活动,有条件的中小学、幼儿园可派教师到社区教育机构提供志愿服务。充分发挥共青团、少先队组织在青少年校外和社区教育中的作用。

社区儿童教育可借鉴现有中小学课后托管课程在引进校外资源方面所做的工作。杭州市临平区挖掘中国棋院、新华书店、青少年宫、皇国山人工智能基地、区书法协会等社会机构的教育资源,充分运用社会力量(含志愿者、非遗传承人、具备资质的社会专业人员)参与课后服务,打造"1(基础性服务)+X(收费拓展性课程服务)+T(免费拓展性课程服务)"的课后服务模式。杭州市临安区"三个引导"吸纳各类资源参与课后服务:一是引导优秀家长参与,在广泛征求、充分遴选、认真培训、持证上岗的基础上吸纳200余名家长参与课后服务辅助,开设沙画、阅读、乐器、书法、航模、木工、陶艺、编程、足球等近300门拓展性社团课程,满足学生多样化的兴趣特长;二是引导镇街参与,让非遗项目、特色小镇、文旅资源参与进校活动,开设"耍碗"、剪纸、桃花纸制作、轮滑、攀岩、人工智能、劳动教育等特色社团类课程300余门;三是引导"第二课堂"参与,引导红色基地、党群中心、博物馆、图书馆等50个校外实践教育基地,开展进校宣讲活动,党政干部、劳模、先锋榜样进课堂授课70余次,邀请院士、工匠、星火联盟成员、行业协会等进校开设科普、工艺、烘焙、跆拳道、乒乓球等100余门公益课程。

(一)高校资源入驻未来社区教育实践

浙江大学哲学系的学生团队正计划将"哲学少年"系列课程引入社区儿童教育,为周边社区提供青少年儿童的假期托管服务。"哲学少年"项目最初策划于2019年,主要依托浙江大学哲学系儿童哲学教研基地开展前期实践。项目组成员以课程设计者、授课者和志愿者等角色,参与儿童哲学教育创新项目。该项目获得哲学学院党政部门和教师的大力支持和指导,组建了一支本硕博学生共同参与、学科交叉、富有创新精神的项目队伍,致力于儿童哲学课程的科学施教与规模运营,旨在让每个少年都成为闪光的"小哲学家"。接下来,该项目将入驻杭州市及周边地区社区,成立哲学兴趣社团、托管课程,在各大未来社区公共教育空间开展儿童哲学周末兴趣课程,不断拓展社会服务的范围。

（二）教育文化单位联动未来社区教育建设

杭州市青少年活动中心体验部的"小小市政府"项目开展多年，从小学高年级学生中选拔组建"小小市政府"团队，让"小市长"和他的团队走入社会治理场景，切实解决社会问题，形成可视化的治理成果和特色报道。接下来，体验馆考虑根据杭州发展规划和划定主题，指导学生通过考察调研、实地走访的方式，讨论确定项目内容，再开展项目制学习，通过课题申请立项的形式确定研究内容。例如未来社区公共空间改造项目、京杭大运河国家文化公园建设，是当前政府的关注重点，也将要求少年儿童在校外实践时参与其中。实施过程如下：

设立青少年活动中心"京杭大运河（杭州段）国家文化公园"课题，学生在老师指导下进行调研和讨论，形成课题申报书，申请立项。可能的题目有：大运河生活污水治理改进研究、大运河景区文创商店经营状况研究、大运河景区研学旅游创意路线设计、大运河景区国庆特色活动设计等。以大运河景区研学旅游创意路线设计为例，成员除了参与前期调研，还需要深入了解大运河景区的历史文化知识、自然人文环境、沿线商铺布局、交通状况、运河集团发展规划、市政府相关政策支持等，这就为学员提供了一个全方位参与社会运作的窗口，他们借此得以与小摊贩、企业、政府等各行各业打交道，从而深入了解相关职业，窥探社会运行机制。最后形成政策建议报告或活动设计实施报告。

（三）社区在地文化生成儿童教育课程

嘉兴云龙村善用当地蚕桑文化，打造研学文化实践活动。云龙村历代养蚕，流传"蚕熟半年粮"的谚语，蚕农的衣食住行、生老病死，无不与蚕桑生产紧密相关，逐渐形成了祈祀蚕神、轧蚕花求丰收、演"蚕花戏"娱神等丰富多彩的蚕桑民俗活动。2009年，云龙村蚕桑生产民俗作为"中国蚕桑丝织技艺"中的重要代表性项目被联合国教科文组织选入人类非物质文化遗产代表作名录。云龙村作为省级传统村落、省级优秀美丽宜居示范村，传承着历史发展记忆、生产生活智慧、文化艺术结晶和民族地域特色，本着保护和弘扬优秀传统文化、提升村域整体风貌的发展目标，云龙村近年来风貌整治提升成效显著，尤其是打造了云龙蚕桑文化研学营地。

云龙村蚕桑文化习俗研学旅游项目总投资2421万元，涉及用地面积约9900平方米，定位为"云龙·中国蚕桑文化研学村"，打造中小学生研学实践中心，利用村部西侧工业企业腾退厂房、土地实现"腾笼换鸟"，将"桑、蚕、茧、丝绸、非遗"等文化元素融入建筑空间创意改造，以蚕桑文化研学产业为引领，开发蚕桑旅游体验、文创休闲、亲子研学、主题度假等四大系列旅游产品。主要包括蚕桑文艺馆（综合楼）、蚕桑研习社（研教楼）、陌上桑宿（宿舍楼）、游客接待中心、蚕丛书局（图书馆）、桑野食肆（餐厅）、蚕艺展示馆（万木云创）、AAA级景区厕所以及雅云生态科技园、非艺术蝶园、蚕俗文化园、云龙茧站以及景点间基础设施建设提升等。

浙江大学社会学系同学联合中国至美公益基金会，在杭州拱墅区的社区组织当地少年儿童开展"社区一平米"改造项目，改出社区特色，留住当地记忆。通过征集到的老物件、老照片、回忆寄语等塑造"幢间小品"，留住社区传统文脉和记忆。衢州市各县（市、区）未来社区创建点都有明确特色主体定位，烙印着居住者的文化基因、凝聚着集体发展共识。譬如,礼贤未来社区突出"有礼"文化基因,打造中国礼文化的社区样本,建设"全省浪漫花园社区标杆、场景系统集成高效服务社区标杆、礼贤文化为底板人文社区标杆,打造最有礼的未来社区品牌";又如开化凤凰新城社区,以"山地版未来社区典范"为总体目标,构建"开化特色龙顶山居图",打造一座"泡在茶壶里的小镇"。每个社区都有着独特的在地文化,值得当地青少年儿童在社区及社会教育资源的组织下开展实践探索活动,从而联动未来社区建设的九大场景,重塑城市、社区与个体的连接,卓有成效地打开城市更新的骨架和空间。

五、网络信息化手段促进儿童数字化

"未来社区是数字社会改革成果最终落地惠民的关键载体之一。按照省委'数字赋能、整体智治、高效协同'的要求,我们将围绕'三化九场景',用数字孪生的理念,形成数字社会基本功能单元系统,打造社区数字生活新空间。"杭州市发改委相关负责人表示,接下来将聚焦社区便民服务、居民健康生活、社区民主共治、社区高效治理和邻里融洽生活五个方面来重点推进。未来社区的建设,人本化是核心要义之一,要更加坚持以人为本。拱墅和睦社区聚焦"一老一小"人群特质,积极打造阳光老人家养老服务综合街区、0—3岁阳光小伢儿托育中心等配套,与华数集团合作首创电视端邻里中心"阳光 e 站"服务平台,以数字化元素助力社区邻里服务。未来社区将更多地考虑到老人、小孩等群体的需求,比如统一规划访客停车位,加强居家智能管理在健康、安全方面的应用等。

2016年《教育部等九部门关于进一步推进社区教育发展的意见》就明确提出要推进社区教育信息化。结合实施"宽带中国"战略和"互联网+城市""互联网+科普"计划,充分利用现代远程教育体系,结合或依托社区公共服务综合信息平台建设,建立覆盖城乡、开放便捷的社区数字化学习公共服务平台及体系。有条件的地方,鼓励形成网上学习圈。鼓励各级各类学校和社会教育培训机构向社区开放数字化学习资源及服务,推进各地网上学习平台互联互通和社区教育数字化学习资源的建设与共享,为居民提供线上线下多种形式的学习支持服务。

后疫情时代,儿童作为出生于电子时代的新生网民更加擅长利用网络信息化学习。未来社区儿童教育关注信息化是应有之义。在新冠疫情期间,浙江大学实验幼儿园开展了幼儿网络聊天室,促进儿童与同伴及外界的信息交流沟通,浙江大学至美公益基金团队深入杭州临平区街道社区,开展优秀学子面向中小学生的学习宣讲直播活动。

未来社区教育还可从以下数字化方面着手:

一是建立学习者与教育者的数字画像。学习过程中,学生们可以通过数字画像更全面了解自己的学习过程,知道哪方面是擅长的,哪方面是薄弱的,等等。教师可以通过学生画像了解该生学过什么、学得怎么样,成功的经历,失败的经历,兴趣爱好,等等,能够通过更全面的数据描述评估一个学生,帮助开展分类培训、针对性教育。学生则可以通过对老师的进一步了解,选择合适的老师为自己授课。未来的学生文凭将不再是一张纸,更多会是记录课程学习经历的数字档案。学生的评估不仅看分数,更关注学生在哪里学习、学了什么,在学习过程中创造了什么、分享了什么、体验了什么、收获了什么等。

二是引入人工智能助手,重塑学习,教师角色发生重大改变,人机协同课堂涌现。传道授业解惑的基础教学任务可由机器人取代,教师则真正成为学生在校期间的"灵魂的工程师""学习的陪伴者""动力的激发者"以及"情感的呵护者"。

三是基于大数据的学习分析,支持面向人人的个性化学习。每位学习者的学习行为和学习路径将被记录,通过学习分析技术,形成分析结果并及时反馈给学生和教师;结合语义web和自适应引擎技术,通过自主选择或系统智能驱动的方式,为学生按需提供个性化服务,促进个性化学习和自主学习。

六、小　结

未来社区教育致力于联动九大场景,让开发者、建设者、居住者构建起一个命运共同体,同心所向,打造一个链接美好的新生活生产空间,最终实现最大程度的共建共享,儿童则在最大程度地参与社区改造、社区治理、社区体验中获得了全身心的发展。

未来社区教育是生活体验式的教育。未来社区教育绝不是传统学校教育的延伸,未来社区教育更加注重体验性、实践性、身心一体,鼓励人的全面发展,鼓励儿童在社区实践学习的过程中或听,或观,或尝,或嗅,或发挥创意、动手实践,在广阔的世界中尽情体验万物,成为知识的创造者和参与者。主体在体验时,所体验的对象与主体内在心理过程结合在一起,形成了完整的统一体,进行关联互动:对象源源不断地呈现,主体的心理过程也跟着变化。体验主体之间通过体验互相认识、互相理解,使得各个主体与周遭环境、各种事物连接成一张关联网,运作于历史、文化、时代等意义中,在生动的体验互动中,主体的生命更加充实丰盈、充满意义。

未来社区教育是空间情景式的教育。空间场所与休闲教育有着内在的联系。开阔的环境使人胸襟舒展,在自然放松间更有可能涌现出创意与灵感;逼仄紧凑的环境使人注意力集中,给精神造成了一定的紧张感,有助于专注力的培养。瓦尔特·本雅明笔下的收藏家[①],用一种抚慰人心的眼光涤荡了市民阶层生活的俗与窘,把个体生命与无机世界巧妙地耦合在一起。各式各样的活动情境为教育创设了自由发挥的心理环境。譬如在社区开展"公共微空间"改造活动,在植物园开展自然教育活动、在山水间组织研学旅游,在家庭厨房发挥烹饪创意。休闲活动即自我喜爱的感到愉悦的非强迫性活动,对锻造人性、促进个体全面发展具有重大价值,是获得锻炼、提高能力和接受教育的良好情境。很多休闲活动都可以作为教育的情境,与教育活动相结合。

---

① 德瓦尔特·本雅明.巴黎,19世纪的首都[M].刘北成,译.上海:上海人民出版社,2006.

天长建设安徽省东部现代化强市战略与路径研究

宋　航[1]　毛燕武[2]　楼佳飞[3]　李致远[3]　蒋　捷[3]

1 杭州国际城市学研究中心(浙江省城市治理研究中心)高级工程师

2 杭州国际城市学研究中心研究三处处长、浙江省城市治理研究中心副主任

3 杭州国际城市学研究中心(浙江省城市治理研究中心)研究人员

摘要:皖东小城天长国土面积1770平方公里,总人口63万人,却连续八年入围全国综合实力百强县市。过去10年的"天长成就"验证了立足天长、放眼全省、考量周边、对标全国先进地区的视野和胆略。一大批可复制可推广可持续的"天长模式"展现了"比中干、干中比、争一流"的赶超跨越精气神。课题研究基于天长成就,提出实施"四大战略",建设"四个强市",争创安徽省东部现代化强市的战略谋划和路径举措,以期为天长经济社会更高质量发展贡献力量。

关键词:天长;安徽省;现代化强市;发展战略

一、天长高质量发展历史性新成就综述

(一)"天长成就"综述

党的十八大以来,天长市委、市政府始终以习近平新时代中国特色社会主义思想为指引,以立足天长、放眼全省、考量周边、对标全国先进地区的视野与胆略,带领63万天长儿女在大战大考中奋楫破浪,在攻坚克难中砥砺前行,综合实力不断攀升,主要经济指标成倍增长,实现了跟跑并跑向领跑竞跑的转变。地区生产总值连续跨过300亿元、400亿元、500亿元大关,经济总量由2012年的211.3亿元增长至2021年622.5亿元,历史性跃居全省(县级)第四;财政收入连续迈上40亿元、50亿元、60亿元台阶。2022年1—8月,天长主要经济指标增幅全面超越江苏周边五县(市、区)和对标县浙江嵊州,各项数据在省市打头阵、当先锋、做表率。天长市连续六年入围全国综合实力百强县市,连续两年全省县域经济高

质量发展分类考核第一,创成国家知识产权强县工程示范县,稳居全国科技创新、工业、投资潜力等诸多百强榜。图1为天长市的航拍风景。

图1　天长全景

来源:由张秋生摄。

"天长成就"的背后是"天长模式"的成功。具体可概括为"四个毫不动摇":一是坚持"党建引领"方向毫不动摇,让"主心骨"作用顶天立地;二是坚持"改革创新"方略毫不动摇,让"动力源"作用持续释放;三是坚持"全民创业"方法毫不动摇,让"活力值"加速迸发;四是坚持"依法治市"方针毫不动摇,让"稳定器"作用护航发展。

二、书写现代化强市建设新答卷

当前,天长圆满完成"十三五"规划确定的"四个翻番、两个实现"主要目标任务,胜利实现高水平全面建成小康天长奋斗目标,未来应锚定现代化强市建设新目标,实施区域一体化、产业高端高效、城镇扩能提质、乡村振兴共富"四大战略",打造资源涌动的改革开放强市、动力澎湃的经济发展强市、文化繁荣的幸福宜居强市、城乡融合的共富先行强市"四个强市",加速高质量发展,矢志走在前列,奋力开创安徽省东部现代化强市建设新局面。

(一)实施区域一体化战略,建设"宁合双圈联动发展先行区",打造资源涌动的改革开放强市

南京都市圈与合肥都市圈是长三角地区两大重要的都市圈,《长江三角洲区域一体化发展规划纲要》明确提出,加快都市圈一体化发展,推动都市圈同城化,加强南京都市圈与合肥都市圈协同发展。未来,随着长三角一体化战略的深入实施,安徽、江苏两省两圈的经济社会活动密度将进一步加大,都市圈将进入城市群发展阶段,市场会更加一体。在此趋势下,天长应以现有高能级合作平台为切入口,在取得进展积累经验的基础上,进一步拓展非毗邻区域的更大空间的双圈合作,超前谋划宁合双圈联动发展先行区,为两省两圈联动发展搭建桥梁、构建通道。

一是实施"高能级开放平台"提升计划。以四大高能级开放平台为核心,以六个乡镇产业园和八个重点乡镇为补充,紧盯合肥、南京两大都市圈在科创、产业、交通、营商环境、公共服务一体化等方面部署,积极承接产业转移、加强园区合作和人才资源汇集,争取更多实质性合作事项落地。同时,综合运用"XOD+PPP+EPC"片区开发建设运营方式。以 TOD、EOD 等 XOD 模式为导向,以 PPP 模式为手段,以 EPC 为举措,引导社会资本从城市交通的 TOD 领域拓展到教育、文化、医疗、体育、生态等城市基础设施的 XOD 领域。

二是实施"高品质共享生活圈"建设计划。建设便捷高效的交通圈。加快构建"一航、一场、两高、两带、三铁、三环、四门"的综合交通体系。无缝对接南京一小时都市圈,加快研究推动与合肥无缝对接交通优化方案,推动天长与宁合双圈由"互联互通"向"直连直通"转变。建设协作共兴的产业圈。聚焦天长市"1+3+N"现代产业体系布局,积极加入宁合"双圈"相关产业联盟,深度参与宁合"双圈"产业分工协作,共同打造宁合"双圈"协作共兴的产业链供应链生态体系。探索"飞地经济""异地孵化""共管园区"等跨区域产业合作模式创新。建设便利共享的生活圈。积极接轨南京、合肥两大都市圈在教育、医疗、养老、文化体育、公共服务、公共安全等方面的配置和服务,不断提升天长宜居宜业生活品质。建立互惠合作的文旅圈。积极共建区域文旅精品线路、共创区域文旅品牌活动、共保区域文化遗产资源、共同探索创新非物质文化遗产"活态"传承、利用有效路径、共享区域旅游客源。

三是实施"高频次对接合作"突破计划。按照"县级找区市、园区找园区、部门找部门、乡镇找乡镇"原则,紧盯南京、合肥等重点城市在科创、产业、交通、营商环境、公共服务一体化等方面部署,通过建立对接机制、搭建对接平台、举办对接活动等具体举措,寻找双向合作机会,逐步明确对接领域,落地对接项目,实现全市一体化合作协议大幅提升。

(二)实施产业高端高质高效战略,深化"科技创新和亩均论英雄",打造动力澎湃的经济发展强市

天长是全国工业百强县,是安徽全民创业的样板。天长拥有国家级高新区、国家级现代农业产业园和一批镇级工业园,当前正朝着建设"1+3+N"千亿产业体系迈进。新形势下,天长应以推动"产业高端高质高效"为目的,以科技创新赋能产业持续进阶,以品牌培育引领产业不断优化,以亩均论英雄助推产业高效,确保实现全市"113"战略目标,打造动力澎湃的经济发展强市。

一是实施"科技创新"赋能产业高端计划。加强科技创新平台建设。以创建国家级双创示范基地、长三角科技成果转移转化重要基地为引领,搭建全要素、多领域、高层次的深度融合创新平台,完善集创业辅导、政策服务、孵化培育、创业融资、知识产权质押于一体的双创综合服务。增强企业技术创新能力。培育壮大创新型企业队伍。发挥大企业引领支撑作用,鼓励企业积极参与、承担国家和省、滁州市重大科技计划。实施中小微科技型企业梯度培育计划和创新企业培育"小升高"计划。推进关键核心技术攻坚。打造创新人才集聚高地。加强高端人才引进培育。充分发挥高校和企业两个主体的积极性,持续创新"候鸟型专家""云端工程师"等人才共享模式。注重专业技术人才队伍培育。开展高技能人才培养和职业技能培训,大力弘扬劳模精神和工匠精神,培养壮大高技能人才队伍,打造一批"天长工匠"。实行筑巢引凤人才新政。对在天长工作的优秀人才采取给予一次性补助、住房补助、项目奖励等一系列优惠政策。

二是实施"品牌培育"引领产业高质计划。区域品牌是地区产品质量信誉的凝结,也是地区企业竞争力的综合体现,对区域高质量发展具有重要作用。开展"天长名牌"专项培育行动。推进"天长制造""天长农品""天长文旅""天长服务"四大城市品牌培育工程,制定行动方案,明确具体行动事项、时间和责任单位。同时,开展天长品牌认证,打造包括世界名牌产品、中国名牌产品、中国驰名商标、国家地理标志保护产品及其他拥有自主知识产权的产品在内的一系列天长品牌。开展"天长名企"专项培育行动。重视优势产业、龙头企业培育。在天康集团、安徽电缆等重点企业率先开展行业知名品牌的培育工作,进一步强化品牌意识,托"一带一路"政策优势和区位优势,打造世界知名品牌。加快瞪羚企业、独角兽企业培育。

三是实施"亩均论英雄"助推产业高效计划。当前形势下,天长应把深化"亩均论英雄"改革作为转方式、优结构、增动能的有力抓手,从项目准入、激励倒逼、综合评价、搭建数据平台、配套改革等多个方面入手,推动产业转型升级和经济高质量发展。制定项目准入规范。以行业标杆的投入产出指标为参考,同国家相关产业准入标准相衔接,结合行业产品升级和技术改造方向,逐步建立相对统一的市场准入标准体系,并将标准从新增建设用地逐步向存量企业覆盖。建立健全"亩产效益"综合评价机制。全面开展企业综合评价,完善导向清晰、指标规范、权重合理、分类分档、结果公开的企业综合评价体系。加强企业分类精准指导。对"亩产效益"综合评价首档企业、首档规模以下企业、末档企业采取不同支持与帮扶政策。推进资源要素区域差别化配置。在企业分类指导的基础上,完善电价、水价、城镇土地使用税、排污费等差别化收费机制。完善土地、能源、环境容量、水资源、财政资金等要素配置机制。

(三)实施城镇扩能提质战略,建设"全龄友好公园城市",打造文化繁荣的幸福宜居强市

天长是全国新型城镇化质量百强县、全国文明城市,入选国家县城新型城镇化建设示范名单。2020年七普数据显示常住人口城镇化率达71.7%,已率先进入城镇化发展拐点。新形势下,天长应以人民对美好生活的向往为目标,明确"建设全龄友好公园城市"新目标,建设公平共享、便捷可达、文化繁荣、智慧低碳的幸福宜居强市。

一是建设全龄友好公园城市基本单元。借鉴未来社区、完整社区、"一老一小"友好型社区等新型社区单元建设理念和实践经验,建设天长版"全龄友好公园社区",突出以人为核心、公平共享,以人步行可达的生产生活生态空间为尺度依据,合理布局基本公共服务设施、便民商业服务设施、市政配套基础设施、公共活动空间、物业管理和社区管理机制,打造"15分钟生活圈+15分钟通勤圈·就业圈·社交圈·教育圈·医疗圈·运动圈·休闲圈·阅读圈·生态圈"。逐步实现"社区中建公园"向"公园中建社区"转变、"社区空间建造"向"社区场景营造"转变、"标准化配套"向"全龄化服务"转变、"封闭式小区"向"开放式街区"转变、"规范化管理"向"精细化治理"转变。

二是实施"全龄友好"行动计划。建设全国首批儿童友好型城市。结合新型城镇化补短板工作,积极拓展儿童友好空间建设,在新建项目及老城更新项目中落实儿童友好各项配建规定及设计要求。重点推进儿童友好街道、社区、学校、学前教育设施、医院、公园、出行系统、母婴室、图书馆等设施建设。统筹规划建设婴幼儿照护服务设施。推进国家青年发展型城市建设试点。根据国家17部门联合印发的《关于开展青年发展型城市建设试点的意见》,借鉴长沙建设青年发展型城市经验,大力实施青春规划、青春充电、青春乐业、青春安居、青春活力五大工程,着力优化青年教育、就业、居住等环境。建设老年关爱型城市。持续优化养老服务设施布局,提高养老服务能力质量,建设全国示范性老年友好型社区。建设一批专业能力强、医养结合能力突出的养老服务机构,推动公办养老机构标准化建设、民办养老机构分类定级管理。实现老有所住、老有所养、老有所医、老有所为、老有所学、老有所乐。

三是实施"公园城市"行动计划。以自然格局为基底,塑造"城水相依、蓝绿交融"的江淮风貌公园城市。将天长最具代表性的湿地、湖泊、河流、山体绿地等与城市轴线进行系统连接构建"三核、双轴、八廊、多点"的公园城市生态骨架,让绿色渗透城市,使城市三生空间、市民日常生活与自然格局紧密相连,塑造具有天长特色的江淮风貌公园城市典范。以城镇布局为机理,优化构建四级公园体系。以"一核、两轴、两环、三区、四星"的城镇空间发展布局为机理,创建"郊野湿地公园—城市公园—社区公园—类公园"四级公园体系,逐级构建"城水相依、蓝绿交融"的公园城市形态,促进天长全龄友好、公园城市属性全面彰显。以城市有机更新和基础设施社区化为主线,推动公园城市建设。抓住城市有机更新主线,以道路(河道)有机更新带背街小巷整治、城市文化保护、老旧小区改造、基础设施建设、存量空间开发、社区资产管理等一揽子工作,重点推动天长老城片区有机更新,为全龄友好公园社区建设腾挪空间,打好基础;抓住"基础设施社区化"主线,以社区为基本单元,以实际需要和资金平衡测算为前提,合理规划各类社区基础设施的建设规模、容量和布局,采取政府主导、社会参与、辖区单位共驻共建的方式,推进"XOD+PPP+EPC"模式,寻求政府投入的最小公倍数和社区品质提升的最大公约数,为全龄友好公园社区建设做好规划,理顺机制,筹备资金,一揽子解决"钱、地、人、手续"问题。

四是实施"文化润城"行动计划。实施"文化+城建"计划。通过存量空间"微改造"等方式,将文化植入街区改造、市政建设、环境整治等方面,推动城市公共空间精细化和艺术化塑造,打造城市整体文化景观格局,营造精致的城市空间。实施"文化+产业"计划。加大新兴文化产业招引力度,努力培育一批"专精特新"文化企业和成长性好的民营文化企业。实施"文化+消费"计划。实施"文化商圈"计划。推进吾悦广场、天发广场等商业区文化品质提升。实施文化消费品牌引领,以全省"皖美农品""皖美旅游""皖美味道""皖美消费"品牌建设为契机,继续举办好茉莉花节、孝亲文化节、千秋剥果节、皖东开秧门农俗文化节等重大活动,举办天长惠民文化消费季,打造一批主题鲜明的文化消费活动品牌。实施"文化+旅游"计划。加快创建国家级全域旅游示范区,推动以"三湖、两山、一河、一岗"为核心的旅游产品迭代升级,争创一批国家高等级旅游景区、度假区、旅游休闲街区和特色村落。实施"文化+数字"计划。加快推进天长博物馆、图书馆等公共文化场馆数字化、智慧化建设。加快智慧景区建设。开发天长文旅App、微信公众号、小程序等多个端口,为游客提供旅游资讯和服务,形成吃、住、行、游、购、娱一条龙营销闭环。

（四）实施乡村振兴战略，建设"全域美丽共富乡村"，打造城乡融合的共富先行强市

近年来，天长大力实施乡村振兴战略，持续加大改革创新力度，城乡居民收入差距缩小至1.704:1，基本实现了农业稳定增产、农村持续增美、农民稳步增收。新形势下，天长应借鉴浙江省共同富裕示范区建设经验，率先建设"全域美丽共富乡村"，打造乡村振兴全国样板。

一是建设共富村—共富带—共富联合体三级乡村共富体系。以全市"332"（三环三带两园区）的乡村振兴总体布局为核心，沿江淮分水岭风景带、农业现代化试验示范带、环高邮湖红色水乡观光带，选择发展基础好综合实力强的乡村率先建设共富村，连成共富带，组建共富联合体，探索新时期天长乡村振兴新路径。

二是实施"两强一增促共富"计划。根据《天长市关于开展科技强农机械强农促进农民增收行动实施方案（2022—2025年）》，大力实施科技强农、机械强农，全面提高农业现代化水平和亩均效益。实施科技强农行动。大力推广新品种、新技术、新模式、新装备，推动现代农业提质增效。加快实施农业全产业链建设行动。支持天长大米、天长芡实、千秋山羊等特色产业发展，建立特色产业链链长制度。加快"天长大米""天长芡实"区域公用品牌创建，构建"区域公用品牌+企业品牌+产品品牌"矩阵。实施机械强农行动。大力实施农机应用补短板行动、全程机械化推进行动和农机社会化服务提升行动。实施促进农民增收行动。全面实施工资性收入倍增行动。实施农村居民本地就业"121"计划。全面实施财产性收入扩量行动。做好土地流转，促进土地适度规模经营比例达75%以上。深入推进农村宅基地制度改革试点，开展集体经营性建设用地入市。大力发展村级集体经济，不断增加农民分红收入。全面实施经营性收入壮大行动。大力发展乡村产业，推进粮头食尾、农头工尾等深加工；以江淮分水岭风景道为主线，大力发展乡村旅游、生态康养等新业态。全面实施转移性收入提升行动。引导农村富余劳动力有序转移。实施农民工素质提升工程，每年开展农民工职业技能培训1000人次以上。

三是实施"五村齐抓促共富"计划。借鉴浙江省乡村振兴经验，开展美丽乡村、数字乡村、未来乡村、文明乡村、善治乡村建设，优先选择"三带"沿线美丽乡村开展"五村"建设，率先建设共富乡村。其他有条件乡村因地制宜开展"五村"建设。制定"五村"建设实施方案，明确重点任务，根据乡村实际情况细化菜单式建设内容，确定一批必选建设项目和若干自选项目，分类分期分批推动乡村开展"五村齐建"行动。

四是实施"改革创新促共富"计划。在前一轮改革成果基础上，聚焦"集体股权增值"小切口，以农业标准地改革为契机，实施以"村集体经济"为核心的"强村富民"乡村集成改革，加快推动农村集体经营性资产入市工作，构建"抱团联合发展+资源标准化改革+公司化实体运作"的乡村集成改革新矩阵，推动农民手中集体股权在统一的生产经营中流动起来、运转起来、交易起来，实现"死钱"变"活钱"，"少钱"变"多钱"，探索一条"集体资源"流转收储、"集体资产"提质增值、"集体资本"产业化经营的天长路径。

具体路径可参考如下：（1）由天长乡村振兴国有平台牵头成立市级乡村资源资产经营管理公司，鼓励地缘相邻、产业互补、联合意愿强的多村抱团发展，选择试点联合体，共同成立乡镇子公司。（2）由市、乡镇子公司在试点联合体内对闲置农房、宅基地、承包地等集体资源资产进行调查评估,形成资源资产库目录清单、产权清单和"一张图"。(3)对近期可供开发的集体资源资产,根据所有者意愿,通过采取租赁、入股、托管、赎买等多种形式,由市、乡镇子公司开展集中连片收储。按照承包地发展高效农业,宅基地、闲置农房发展乡村旅游的开发导向,策划相应附带实施主体、建设指标、亩均投资、亩均产值、吸纳当地劳动力就业、带动周边农户等开发条件的"集体资源资产"标准化项目库。(4)对经过标准化改革的农业标准地、农村标准房等"集体资源资产"项目,由市、乡镇子公司开展项目招引,通过混合所有制、股份合作、委托经营等方式,引入社会工商资本、村庄运营团队和市场专业人才,共同发展现代农业、乡村旅游、健康养生、文化创意、精品民宿等新产业新业态,提高资源综合利用效益。(5)建立多方利益共享机制。形成完善"企业+集体+合作社+村民"经营模式,推动村民拿租金、挣薪金、分股金,形成企业、集体、村民多方利益共享机制。最终实现群众由"散"到"聚"、村级组织由"弱"到"强"、集体收入由"少"到"多"、股权价值由"低"到"高"。

三、保障规划顺利实施

(一)加强组织领导

建立健全现代化强市建设工作领导机制,成立以市主要领导为组长的工作领导小组,研究审议重大规划、重大政策,协调重大问题和重大事项。成立领导小组办公室,负责天长现代化强市建设工作任务分解方案和配套政策制定,协调解决实施过程中的新情况与新问题,统筹推进各项工作开展。各有关部门明晰工作职责、明确专职工作人员、落实工作责任,有序推进现代化强市建设。

(二)完善要素保障

坚持规划定方向、财政金融作支撑、土地要素作保障,其他政策协调,构建战略规划、财政、金融、产业等政策协调和工作协同机制,优先保障本规划提出的重大改革、重大战略、重大平台和重大项目所需要素资源。加强财政预算与规划实施的衔接协调,保障财政性资金优先投向规划确定的重大战略任务,引导金融要素资源配置方向和结构。积极争取国家和省市的土地要素支持,提升土地节约集约利用水平。强化能源、水资源支撑,深化环境容量控制,有效引导社会资源合理配置。

(三)夯实项目支撑

加快推进现代化强市相关的重大项目建设。及时储备和更新现代化强市建设重大项目库,做到"规划一批、储备一批、建成一批"。建立重大项目建设目标责任制,明确责任单位、时间表和路线图,狠抓工作落实,确保重大项目如期完成。严格项目基本建设程序,规范招投标管理,强化安全质量监管,提升现代化强市建设重大项目质量安全和社会风险防控水平。

(四)加强监测评估

细化分解天长现代化强市建设的发展目标、主要战略、重点任务,明确牵头单位和工作责任,强化部门联动,协调解决规划实施中的困难和问题。加强规划任务落实和评估考核,提升规划实施监测和评估能力,依据天长现代化强市建设进度表开展实施年度、中期、末期评估,准确反映建设进度和存在的问题,总结推广实践经验,为推进现代化强市建设提供科学依据。

（五）动员社会参与

面向社会、面向群众多渠道广泛深入宣传天长现代化强市建设的基本思路、主要目标和重大战略,推进规划实施信息公开,提高规划实施的民主化程度和透明度。坚持群策群力、共建共享,不断健全政府与企业、市民的信息沟通和反馈机制,激发社会各界投身天长现代化建设的积极性、自觉性和创造性,依法参与规划的编制实施和民主监督,营造全社会共同参与和支持现代化强市建设的和谐氛围。

元代杭州的品鉴图画活动

马颖杰¹　蒋　捷²

1杭州国际城市学研究中心（浙江省城市治理研究中心）博士后
2杭州国际城市学研究中心（浙江省城市治理研究中心）助理研究员

摘要：元代画家诗人和诗书画兼擅之士大量出现，书画收藏与品鉴形成风气。文人之间通过品鉴图画等文艺活动，交谊往来，连接在一起，形成文人关系网络。其中，杭州因其政治、文化、区位等因素，是题画之风盛行的典型地域代表。元代杭州的品鉴图画活动主要为"题"同时代他人画作，代表画家前期有高克恭、赵孟頫、钱舜举等人，后期有倪瓒、黄公望、朱德润、张雨等人。本文即以画家画作分类，展示元代杭州的品鉴图画活动。

关键词：元代；杭州；题画

元世祖至元十三年，元军"平江南，立两浙都督府，又改为安抚司"①，自此，杭州为元所属。作为旧宋故都，杭州留有大量的图籍礼器，袁桷《翰林承旨王公请谥事状》记载，至元十三年王构随伯颜下江南时，曾建言保护南宋图籍礼器辇归于朝："十二年，丞相伯颜出师，谕江南，公实草诏。是岁渡江，世祖命翰林直学士李盘与公偕行，俾搜择儒艺之士。明年春，次杭州。公见董寿公某，曰：'故宋图籍礼器具在，宜收其秘书省、天章阁、翰林、太常，考集目录，宋史异日必修纂。'遂悉辇归于朝。"②又，《翰林学士承旨赠大司徒鲁国王文肃公墓志铭》记："始天兵平宋，诏征贤能李学士槃同受旨。公至杭，首言宋三馆图籍、太常、天章礼器暨仗仪注，当悉辇归于朝。董赵公文炳从其言。今宋实录、正史藏史院，由公以完。"③官方所藏甚富，民间所藏亦是如此，周密的《志雅堂杂钞》和《云烟过眼录》、鲜于枢的《困学斋杂录》等书就记录了杭州当时颇为可观的民间收藏，这些收藏，令杭州城俨然成了一个包罗众多名迹的宝库。有了这样客观的物质基础，当时诸如赵孟頫、鲜于枢、郭天锡等几十位书画鉴藏家在杭州围绕书画开展了许多收藏、品

---

①宋濂，等.元史·卷六十二.北京：中华书局，1976.

②李修生.全元文（第23册）.南京：江苏古籍出版社，2004.

③李修生.全元文（第23册）.南京：江苏古籍出版社，2004.

评和鉴赏活动,举其中两例:

> 大德二年二月廿三日,霍肃清臣、周密公谨、郭天锡佑之、张伯淳师道、廉希贡端甫、马昫德昌、乔簣成仲山、杨肯堂子构、李衎仲宾、王芝子庆、赵孟頫子昂、邓文原善之集鲜于伯机池上。佑之出右军《思想帖》真迹,有龙跳天门、虎卧凤阁之势,观者无不咨嗟叹赏神物之难遇也①。

> 右郭忠恕《雪霁江行图》,神色生动,徽庙题为真迹,诚至宝也。大德二年二月廿三日,(赵孟頫)同霍清臣、周公瑾、乔簣成诸子获观于鲜于伯机池上②。

大德二年,周密、郭天锡、乔簣成、赵孟頫、邓文原等元初杭州鉴藏圈的重要人物聚集鲜于枢家中,观王羲之《思想贴》、郭忠恕《雪霁江行图》,书画之精彩绝伦,让观者无不感叹惊讶,这便是杭州文人圈民间文艺活动的一个缩影。民间收藏在杭州城内外不断流动,成为当时文人追逐和崇尚的热点,并在元初形成了长达30年的鉴赏收藏的热潮。本文即以画家画作分类,展示元代杭州的品鉴图画活动。

一、题高克恭画作

元前期杭州题画活动最为著名的是题高克恭《山村隐居图》。高克恭,字彦敬,号房山,大都(今北京)人。其先西域人,后居燕京,官至刑部尚书。"善山水,始师二米,后学董源、李成,墨竹学黄华,大有思致。怪石喷浪,滩头水口,烘锁泼染,作者鲜及。"③"近代丹青谁最豪,南有赵魏北有高"④,与赵孟頫并称南北,是元代的画坛领袖。

高克恭至元后期任江浙行省左右司郎中,"在杭爱其山水清丽",柳贯《跋鲜于伯几与仇彦中小帖》中记"游仕于南而最爱钱塘山水"的五人中,就有高彦敬,"彦敬兴至时,作竹石林峦……喜鉴定法书、名画、古器物,而吴越之士因之引重亦数人"⑤。这段仕杭经历,使得高克恭与吴越之士有密切的交流,从而形成了自己的朋友圈层。大德元年(1297),高克恭擢升江南行台治书侍御史,开始举荐江南文士,"尝举江南文学之士敖君善、姚子敬、陈无逸、倪仲深于朝,皆官郡博士"⑥,邓文原"自公为都事使杭,首受公知,亦与在举中。后忝词林属,同公在朝,相从复十年"⑦,可见其对南方文士,不仅有艺术上的结缘,还有知遇之恩。

高克恭闲居武林时,日从事于画,心愈好而技愈进。是时行省照磨李公略寓居吴山之颠,所居向开小阁,俯瞰钱塘江及浙东诸山,历历可数,"彦敬每相过,未尝不留连徙倚,以展清之跃跃以喜,遂援笔而

①卞永誉.中国书画全书(第六册).上海:上海书画出版社,1994.
②赵孟頫.赵孟頫集.杭州:浙江古籍出版社,2016.
③夏文彦.图绘宝鉴.太原:山西教育出版社,2017.
④张羽.临房山小幅感而作//静居集·卷三.
⑤柳贯.跋鲜于伯几与仇彦中小帖//柳贯.柳贯诗文集.杭州:浙江古籍出版社,2004.
⑥邓文原.故大中大夫刑部尚书高公行状//李修生.全元文(第21册).南京:江苏古籍出版社,2001.
⑦邓文原.故大中大夫刑部尚书高公行状//李修生.全元文(第21册).南京:江苏古籍出版社,2001.

为是图"①,此图即《高尚书夜山图》。此图在元初杭地引发了规模极大的题咏活动,参加题画活动的有赵孟𫖯、虞集、林泉生、漕山雄觉、鲜于枢、盛彪、汤炳龙、姚式、屠约、周密、李震敬、邓文原、赵孟吁、王英孙、张复亨、孟淳、戴锡、张逢源、张谦、戴表元、仇远、薛义古、陈康祖、王易简、吕同老、牟应龙、张翥、吴福生28人。加高克恭本人,共得题画诗计30首。是元初通过题画进行的大规模文人交谊活动。

高克恭本人为诗画兼擅者,"画入能品,故其诗神超韵胜⋯⋯思与境会,脱口成章,自有一种奇秀之气"②。其《自题夜山图》云:"万松岭畔中秋夜,况是楼居最上方。一片江山果奇绝,却看明月似寻常。"③此诗一方面交代了作画的时间、地点,又写眼前所见所感。李公略居吴山之巅,俯瞰钱塘江及浙东诸山,高克恭立于此间,见眼前西湖奇绝的景象,头上那轮明月似乎都不足以为道,以明月之寻常写吴山夜色之奇特绝美。此自题诗以诗人身份写其对自然景物的直观感受,以发画境之意,使人仿佛置身其中。

此画他人题诗较多,试举几例。赵孟𫖯《题李公略所藏高彦敬夜山图》中云:

> 高侯胸中有秋月,能照山川尽毫发。戏拈小笔写微茫,咫尺分明见吴越。楼中美人列仙矔,爱之自言天下无。西窗雨暗正愁绝,灯前还作夜山图④。

首句夸赞高彦敬之画技,言其心中有丘壑,如明月朗照,将山川描绘得生动传神。也因如此,故能"写微茫",咫尺之间,将吴、越之界的吴山描画分明。前两联暗合高彦敬为李公略作画之时间、地点。末句用巴山夜雨之典故,作者想象高克恭画此图的情境,与前句楼中美人旖旎的风景相对比,描写高公绘画时的苦心孤诣,为绘画倾注心力。赵孟𫖯所作题诗,以文学之典延伸了画意,使读者对此画有了更进一步的想象。

仇远《题李公略示高郎中吴山观月图》云:

> 凭高宜晚更宜秋,下马归来即倚楼。纳纳乾坤双老眼,滔滔江汉一扁舟。满城明月空吴苑,隔岸青山认越州。李白酒豪高适笔,当时人物总风流⑤。

前两联写时间(秋)、地点(楼)。中间两联写画中之景,滔滔江汉、满城明月,作者认出画中吴山之外的越州景象,仇远仿佛置身画中,一切景物都活了起来。末句以李白、高适借指李公略、高克恭,言几人皆是当时风流人物。仇远此诗相较赵孟𫖯所作,更偏重画中内容的描绘,以诗作映发画中之景。

又张翥《题高尚书夜山图》中云:

> 危楼遥夜倚高冥,落木苍烟认远汀。潮上海门连月白,山来沙浦彻云青。画中绝笔空秋

①赵琦美.赵氏铁网珊瑚·卷十三.
②柳贯.题赵明仲所藏姚子敬书高彦敬尚书绝句诗后//柳贯.柳贯诗文集.杭州:浙江古籍出版社,2004.
③高克恭.自题夜山图//杨镰.全元诗(第14册).北京:中华书局,2013.
④赵孟𫖯.题李公略所藏高彦敬夜山图//赵孟𫖯.赵孟𫖯集.杭州:浙江古籍出版社,2012.
⑤仇远.题李公略示高郎中吴山观月图//仇远.仇远集.杭州:浙江大学出版社,2012.

思，句里群贤已晓星。胜概只今谁复写，卜居应愧草堂灵①。

诗后有序："昔在童子时，得以笔砚侍诸先生，俯俯五十年。彦方出示《夜山图》，卷中作者皆夒所严事。风流尽矣，典刑故在，慨然久之，不敏小子辄题以志岁月。"②张夒所题诗、文应在元末，此时画中诸位题诗之人已谢世离去，故题诗云"画中绝笔空秋思，句里群贤已晓星"，风流尽矣，画中之美景如今何人再来描述。张夒此题后半部分已完全超出了绘画内容本身，而是借此写诸诗人皆尽的感慨，缅怀曾经的从学岁月。高克恭《夜山图》之题咏，从元初至元末，题诗者众多，诸人所作诗篇早已与图画本身融为一体，至张夒，即是视诗、画为整体进行题咏，不仅以诗人之笔描绘画中景物，更是从画中题诗者的角度，给予了此图文学史意义上深沉的厚重之感。

大德元年，高克恭于泉月精舍为仇远作《山村图》。仇远《题高房山写山村图卷并序》中记："大德初元九月十九日，清河张渊甫贰车，会高彦敬御史于泉月精舍。酒半，为余作《山村隐居图》，顷刻而成，元气淋漓，天真烂漫，脱去画工笔墨畦町。余方栖迟尘土，无山可耕，展玩此图，为之怅然而已。"③仇远家余杭溪上之仇山，因号山村民，故画名《山村图》。针对此画，元人纷纷作题：

彦敬所作山水，真杜子美所谓元气淋漓者耶，仁近得之，可为平生壮观也④。（赵孟頫）

我家仇山阳，昔有数椽屋。误落尘市间，读书学干禄。井枯灶烟绝，况复问松菊。如此五十年，一出不可复。高侯丘壑胸，知我志幽独。为写隐居图，寒溪入空谷。苍石压危构，白云养乔木。向来仇池梦，历历在我目。何哉草堂资，政尔饭不足。视我舌尚存，吾居有时卜⑤。（仇远《题高房山写山村图卷》）

我昔游七闽，百岭争巇嶪。白云涨川原，深谷如积雪。又游天姥岑，幽磴缘曲折。长林翳寒日，十里行落叶。转头五十年，遐想正愁绝。开图意思动，懔恍生内热。何当驾松厂，分我翠一叠。弁阳我所庐，见谓山水穴。漂零愧楸槚，岁月老薇蕨。平生阮遥集，足痹屐齿折。何当赋归田，初志遂所惬。怀哉复怀哉，清梦绕林樾⑥。（周密《题仇仁近山村图卷》）

先生高兴似樵渔，更有何人在此居。茅屋数间窗窈窕，睡时山雨湿图书。

万叠青山但一川，一村桑柘一村烟。隔林仿佛闻机杼，犹记骑驴掠社钱⑦。（马臻《集句题山村图二首》）

①张夒.题高尚书夜山图//杨镰.全元诗（第34册）.北京：中华书局，2013.
②张夒.题高尚书夜山图//杨镰.全元诗（第34册）.北京：中华书局，2013.
③阮元.石渠随笔·卷八.
④郁逢庆.书画题跋记24卷·续卷九.
⑤仇远.题高房山写山村图卷//仇远.仇远集.杭州：浙江大学出版社，2012.
⑥周密.题仇仁近山村图卷//宋诗纪事100卷·卷八十.
⑦马臻.集句题山村图二首//杨镰.全元诗（第17册）.北京：中华书局，2013.

《山村图》现已失传,但我们从当时诗人的题咏中,依稀能看到那种清峭而生寒、遗世而独立的隐逸环境。画中寒冷的溪水汩汩流入空谷,还有那苍翠的怪石,年老入云的乔木,隐隐流露出作图者的内心与寄寓。仇远,字仁近,学者称"山村先生",杭州人,南宋遗民。其在序中言,自己无山可耕,栖迟尘土。本为宋遗民,却出仕新朝,官位卑微,既不能得志官场,又无法再回头隐居,内心纠结癅苦。他曾在词中描写蝉,"奈一度凄吟,一番凄楚。尚有残声,蓦然飞过别枝去。齐宫往事漫省,行人犹说与",既表现了对旧朝的怀恋,又暗暗喻示自己生存环境的危机。而今高克恭画中那些凄凉山水、清峭冷寂,即是仇远的内心映射,他想遁出尘世,想重新隐居,却无法拥有这样一个环境。好在,高克恭与他心有戚戚焉,通过图画,为他构建了一个可供隐逸的"山中居所"。

四人所作应不是同时,除赵孟頫题识是针对高彦敬画作而言,其他三人的题咏皆是借画作抒发自我内心感慨。此次题画活动,与其说是为高彦敬画作而展开,毋宁说是仇远关系圈的一次互动。

高克恭《山村图》作画场所泉月精舍乃张逢源所居,张逢源,字渊甫,号月泉,在宋时为奉议郎、漳州通判,南宋理学家张九成之后。由宋入元,为元代文学家、书法家句曲外史张雨之祖父。赵孟頫,字子昂,号松雪道人,湖州人,宋太祖十一世孙,秦王德芳之后,南宋皇室成员。入元后得元廷任命,出仕为官。其在杭交友十分广泛,赵孟頫所书《送瑛公住持隆教寺疏》中记:"处西湖之上,居多志同道合之朋。"后列仇远、邓文原、张横、马臻、张雨等名。周密,字公谨,自号草窗,又号弁阳啸翁、四水潜夫、华不注山人等,晚更号弁阳老人,张翥师。宋亡不仕,寓杭后,杭地文人仇远、白珽、屠存博、张横等人日从之游。马臻,字虚中,又字志道,杭州人,由宋入元的诗人、画家、道士。大德年间曾随龙虎山正一道嗣天师张与材北上大都,未几辞归,隐于西湖之滨。仇远曾为其作《马霞外诗集序》,以君子喻其人,杭地士大夫慕与之交。综上看来,对高克恭《山村图》题咏,乃元初以仇远为核心、易代文人之间的一次交谊活动,几位文士通过为画题诗这一机缘,表达彼此之间惺惺相惜的情绪。

至正年间,景宁尚书得山村图卷,属张翥题。张翥为仇远、周密弟子,观此画卷后作《跋仇仁近山村图卷》,缅怀先师,中言"伤年运之既迈,感事物之非昔,怆然于怀,以序卷末,庶几览者知四三君子文献之可征也"[①]。张翥此次题画为京师所作,可视为对杭州此画题咏活动的一个接续。元明更迭,此图为崆峒外史王洴得之,携以见示蒲庵,蒲庵恸伤前辈凋谢,乃次韵张翥诗,附于卷末。后宋濂见此图画,题识云:"右高文简公画,赵文敏公题识,仇山村、周草窗诗,皆绝无而仅有者。河东张承旨尝为赋诗,吾友蒲菴复和之。予欲效颦,老病未能也。姑书此以识吾愧。"将元代文人题咏作了清晰的梳理,亦为元代《山村图》品鉴题咏活动画下了一个句号。

二、题赵孟頫、李衍画作

除高克恭,杭地题画活动还为官员画师如赵孟頫、李衍的画作题诗。

赵孟頫,元代画坛领袖,一代宗师。"他人画山水、竹石、人马、花鸟,优于此或劣于彼。公悉造其微,

---

① 吴升.大观录·元贤名画卷十八.

穷其天趣,至得意处,不减古人"①,影响远至海外,"画入逸品,高者诣神。四方贵游及方外士,远而天竺、日本诸外国,咸知宝藏公翰墨为贵"②。夏文彦评之"画法晋、唐,俱入神品"③。其绘画理论与创造技巧对后辈如王蒙、朱德润、柯九思、黄公望等皆有影响。

赵孟頫好画马,"尝见公题所画《马》云:'吾自幼好画马,自谓颇尽物之性'"④。赵孟頫画马的题咏有方回《题赵子昂摹唐人二戏马驹》《为孙同签瓒题赵子昂马》《为徐企题赵子昂所画二马》,戴表元《题赵子昂画马》《题赵子昂摹龙眠飞骑习射图》等。试举方回《题赵子昂摹唐人二戏马驹》一例:

> 我尝远过燕山北,树木已无草一色。骐骥骅骝动万匹,互啮交蹄戏跳踯。谁欤画此双名
> 驹,似斗非斗相嬉娱。唐人遗迹赵子摹,善书善画今代无。善书突过元章米,善画追还伯时李。
> 先画后书此一纸,咫尺之间兼二美。元章伯时两人合一人,愧我一诗难写两人真⑤。

方回此诗中,除"似斗非斗相嬉娱"为描写画中二马之生动神态外,其余多数诗句皆言赵孟頫书画双绝,书过米元章,画追李公麟,二人为宋代书法家与画家,方回夸赞赵孟頫集二人艺术之大成。此诗针对赵孟頫所作,赞赏其艺术高度,题画更题人。

另有方回《题沈伯隽所藏赵子昂墨兰》、张雨《鹊华秋色图》,此图乃赵孟頫为周密所作,张雨赋诗于左。《南村辍耕录》记载"高文简公一日与客游西湖,见素屏洁雅,乘兴画奇石古木。数日后,文敏为补丛竹。后为户部杨侍郎所得。虞文靖公题诗其上"⑥,此画为赵孟頫与高克恭共同创作,虞集题诗云"赵公自是真天人,独与尚书情最亲。高怀古谊两相得,惨淡酬酢皆天真"⑦,描述二人之友谊。此图遂成诗、画、题三绝,此次题画活动亦为杭州与京师之互动。元代杭州关于赵孟頫书画的题咏,还有多种艺术形式并存的情况。鲜于枢杭州新居有怪松名支离叟,大德三年(1299),"集贤学士吴兴赵子昂,请图其真。剡源处士戴帅初许为之传,共成一卷,以传好事。敢先赋五言十首,以为之倡云……困学民渔阳鲜于某序"⑧,此即画、诗、文三种艺术形式的结合。又有至元二十三年(1286),魏初与马煦等人一起效古之兰亭,在陈氏庄园此君亭雅集。"诸公咸有乐府以歌咏其事,又令子昂赵君图之,且嘱余序所以意……因以例和乐府附之"⑨,亦是赵孟頫图,有诗有文配合。另有方回《题东坡先生惠州定惠院海棠诗后,赵子昂画像并书》《题仇仁近白驹诗图,赵子昂画及书》,乃画、书、诗之结合。至方回《唐侯举摹刊诗卷牟献之文赵子昂字孟浩然雪驴图》,更是画、书、诗、文四种艺术形式并存。赵孟頫因其艺术成就,使得元代杭州文艺活动的表现形成呈现出多样的局面。

① 杨载.大元故翰林学士承旨荣禄大夫知制诰兼修国史赵公行状//李修生.全元文(第25册).南京:江苏古籍出版社,2001.
② 欧阳玄.元翰林学士承旨荣禄大夫知制诰兼修国史赠江浙等处行中书省平章政事魏国赵文敏公神道碑.长春:吉林文史出版社,2009.
③ 夏文彦.图绘宝鉴.太原:山西教育出版社,2017.
④ 陶宗仪.南村辍耕录.北京:中华书局,1959.
⑤ 方回.题赵子昂摹唐人二戏马驹//杨镰.全元诗(第6册).北京:中华书局,2013.
⑥ 陶宗仪.南村辍耕录.北京:中华书局,1959.
⑦ 虞集.题高彦敬尚书赵子昂承旨共画一轴为户部杨侍郎作//道园学古录·卷之二.
⑧ 鲜于枢.支离叟序并诗//杨镰.全元诗(第13册).北京:中华书局,2013.
⑨ 魏初.山庄雅集图序//李修生.全元文(第8册).南京:江苏古籍出版社,1999.

李衎,字仲宾,号息斋道人,大都人。官至江浙行省平章政事,致仕封蓟国公。"善画竹石枯槎。始学王澹游,后学文湖州,著色者师李颇,驰誉当世。"①吴师道评其画竹云:"文与可、苏子瞻仙去二百年,墨竹一派,今蓟丘李公得之。"②著有《竹谱详录》。元代文人为其竹题诗颇多,杭地方回有题诗《题李仲宾竹二幅》《题孙廷玉藏李仲宾墨竹》《李仲宾墨竹四首》和《题罗观光藏李仲宾墨竹》七首。

方回《题罗观光所藏李仲宾墨竹》中云:

> 以笔写竹如写字,何独钟王擅能事。同是蒙恬一管笔,老手变化自然异。胸中渭川有千亩,咄嗟办此铎龙易。竹叶竹枝竹本根,方寸中藏竹天地。幼年癖好此亦颇,万卷书右竹图左。妄希眉山苏谪仙,拟学湖州文与可。眉山一枝或两枝,湖州千朵复万朵。李侯有之以似之,袖手独观谁识我③。

文同,字与可,曾赴湖州就任,世称文湖州。擅画竹,主张胸有成竹而后动笔,后世画竹者多从其学,形成湖州竹派。苏轼与文同为表亲,亦擅画墨竹。李仲宾即李衎,号息斋道人,乃湖州竹派的继承者。诗前半部分写画竹之法千变万化,画家需胸中有丘壑,择之而图,方可于画纸上呈现竹的一番天地。后半部分写李衎之学,源于苏轼与文同,李衎所画之竹颇得二人神韵。

三、题宋遗民画作

又有为宋遗民画作题咏。钱选,字舜举,号玉潭,吴兴人,南宋遗老画家。"以绘事擅名","善人物、山水。花木、翎毛师赵昌,青绿山水师赵千里。尤善作折枝,其得意者,自赋诗题之"。与赵孟頫为同乡好友,"赵文敏公以清才雅望见用国朝,名声流于四海。其同时有牟成甫、张纲父、姚子敬、钱舜举,文学之美,皆与公相先后"④。入元后"隐于绘事,以终其身"⑤。关于钱选画作的题咏,方回作有《钱选〈木芙蓉〉》《题钱舜举着色山水》《钱舜举瓜图》三首,仇远有《锦城方天瑞玄英先生后人得白云山居图彷佛桐庐山中隐所钱舜举真迹别有一种风致漫系以诗》一诗,其他题咏暂不确定何地所作,不系于此。

龚开,宋遗民画家。"作隶字极古,画山水师二米,画人马师曹霸,描法甚粗。"⑥元代杭州关于龚开画作的题咏有方回《题画马》、柳贯《题江矶图卷后》,又有马臻《龚圣予画瘦马行》,诗中云"有时快意扫骨马,妙处不在曹公下"⑦,称赞龚开画马超越其师。

子温,字仲言,号日观,俗姓温,通常称作温日观,华亭人。杭州玛瑙寺僧,宋亡出家,"布袍葛履,放

①夏文彦.图绘宝鉴.太原:山西教育出版社,2017.
②吴师道.跋李息斋墨竹//吴师道.吴师道集.长春:吉林文史出版社,2008.
③方回.题罗观光所藏李仲宾墨竹//杨镰.全元诗(第6册).北京:中华书局,2013.
④赵汸.赠钱彦宾序//东山存稿·卷二.
⑤赵汸.赠钱彦宾序//东山存稿·卷二.
⑥夏文彦.图绘宝鉴.太原:山西教育出版社,2017.
⑦马臻.龚圣予画瘦马行//杨镰.全元诗(第17册).北京:中华书局,2013.

浪啸傲于西湖三竺间五十年"①,善画葡萄,"作水墨葡萄,自成一家法,人莫能测"②。元代对温日观葡萄的题咏之作数量颇多,据笔者统计有邓文原《温日观葡萄》、马臻《题日观葡萄卷》、鲜于枢《观寂照葡萄》、揭傒斯《温日观葡萄》、柳贯《题日观画葡萄》、张雨《温日观葡萄》、杨载《题温日观墨葡萄》《题温日观葡萄》、郑元祐《温日观画葡萄》和《重题温日观葡萄》、凌云翰《温日观墨葡萄》、刘仁本《题温日观葡萄》等人约26首题咏,题画活动历经整个元代,是少见的以一种类型的画作得到如此多文人题诗。

　　诸诗中,有摹写画中葡萄之模样,如马臻《题日观葡萄卷》中云"寒藤挂鬼眼,累累冷光碧。骊龙亦惊猜,夜半风霆急"③。张雨《温日观葡萄》"请师截断葛藤路,还我黑月摩尼珠"④。有写温日观之放浪形骸,如柳贯《题日观画葡萄》中言:"昔有狂僧字仲言,酣嬉坐证法华门。探渊恰值乖龙睡,摘得骊珠一口吞。"⑤塑造了一个"狂僧"的形象。还有写温日观与鲜于枢在杭地之友谊,郑元祐《温日观画葡萄》"画成葡萄谁赏识,惟有鲜于恒啧啧。醉叩斋室支离疏,拊摩悲歌泪填臆"⑥。其《重题温日观葡萄》又云"困学斋前支离疏,师来或哭或歌呼"⑦。读来使人动情。杭地温日观葡萄的诸多题诗,不仅使温日观所画葡萄更为形象地展示在世人面前,还将温日观形象与经历写入诗中,给予观画者独特体验的同时,赋予了画作更深层的内涵。

四、题元后期画家画作

　　对元后期画家画作的题咏较少。朱德润,字泽民,平江(江苏苏州)人,"工画山水,有古作者风……文章典雅,惜以绘事掩其名"⑧。至正中,曾任江浙行省参谋,而至正四年(1344),杨维桢与张雨、李孝光皆居钱塘,故约是此时三人题画唱和,各作《题朱泽民画》一首,三诗同韵。

　　　白云白如太古雪,青山青似佛头青。何时约客山头去,春日题诗锦绣屏⑨。(杨维桢)

　　　山水之图不盈尺,染得水碧与空青。明朝为借王乔舄,飞入匡庐九叠屏⑩。(张雨)

　　　游山曾识仙人气,每见云来眼为青。梦着峨眉好秋色,小奴秉烛看银屏⑪。(李孝光)

　　张雨、李孝光皆为杨维桢铁雅派成员,故此次品鉴题画活动亦为铁雅派的文学活动,门主与成员意气相投,以诗艺相交流,联络感情。所作三诗同韵,皆描写朱德润画中景色。

①戴表元.题温上人《心经》//戴表元.戴表元集.长春:吉林文史出版社,2008.
②夏文彦.图绘宝鉴.太原:山西教育出版社,2017.
③马臻.题日观葡萄卷//杨镰.全元诗(第17册).北京:中华书局,2013.
④张雨.温日观葡萄//张雨.张雨集.杭州:浙江古籍出版社,2015.
⑤柳贯.日观画葡萄//柳贯.柳贯诗文集.杭州:浙江古籍出版社,2004.
⑥郑元祐.温日观画葡萄//郑元祐.郑元祐集.长春:吉林文史出版社,2010.
⑦郑元祐.重题温日观葡萄//郑元祐.郑元祐集.长春:吉林文史出版社,2010.
⑧卞永誉.式古堂书画汇考.杭州:浙江人民美术出版社,2020.
⑨杨维祯.题朱泽民画//杨维祯.杨维祯全集校笺.上海:上海古籍出版社,2019.
⑩朱存理.珊瑚木难·卷七.杭州:浙江人民美术出版社,2012.
⑪朱存理.珊瑚木难·卷七.杭州:浙江人民美术出版社,2012.

陈琳,字仲美,钱塘人。"善山水人物花鸟,俱师古人,无不臻妙。见画临模,咄咄逼真,盖得赵魏公相与讲明,多所资益,故其画不俗。论者谓宋南渡二百年,工人无此手也。"[1]杨维桢作有《题陈仲美山水》一诗。沈瑞,铁崖弟子,得画法于黄公望,为铁崖作《君山吹笛图》,铁崖题诗并作跋,跋文中回忆其往年与黄公望之交往,表达隐逸之思,与画作所示相融合。

"浙东西之山水,莫美于杭,虽儿童妇女,未尝至杭者,知其美也"[2],而杭州风景又以西湖为最,元代不仅文人作诗歌咏西湖美景,亦有画家图之,创作西湖风景画,元代杭州也由此展开了西湖风景图的题诗活动。白珽有诗《拟题莫景行西湖写真图》,诗中言"伊谁笔有缩地法,尽卷湖山入豪素",形容西湖仿佛缩小进入莫景行画中,后云"势如翠浪蹴天起,一线纵横两新路。仙宫佛祠何处所,时有朱楼出烟树。画船百尺小于蚕,不见汀鸥与沙鹭。南山北山相媚妩,都是杖藜曾到处。月香水影梦东坡,晴光雨色鲞西子。几回闭户成卧游,不厌连朝阻风雨"[3],以诗描绘画中西湖之景,给观画者以更为细致的展示。另有仇远《题李公略示高郎中吴山观月图》、赵孟頫《题孤山放鹤图》、张翥《题林若拙画孤山图》、傅若金《古杉行题陈兵曹所藏李遵道画灵隐道中二杉图》、吾丘衍《马虚中为庐山黄尊师画西湖烟雨》、邓文原《题开元宫》等,皆是题西湖风景图,文人所题诗歌以或写实或写意的手法,补充画面,使得西湖风景更为诗意地展示在观画者面前。

五、题历史人物画

元代杭州亦有历史人物画的题咏活动,最常见的题咏人物为陶渊明与林逋。元代对陶渊明的接受是一种非常普泛的文化现象,有关陶渊明的绘画在元代极为盛行[4],"江乡之间传写陶公像最多"[5]。方回有《题渊明像》《题渊明采菊图》《题渊明归来图》三首。如果说陶渊明是因其人品与文品在元代获得极高的声誉,林逋则是独属于西湖。林逋,字君复,钱塘人。结庐西湖之孤山,"逋不娶,无子,所居多植梅畜鹤,泛舟湖中,客至则放鹤致之,因谓梅妻鹤子"[6],卒后宋仁宗赐谥"和靖先生"。其诗句"疏影横斜水清浅,暗香浮动月黄昏",为千古咏梅绝唱。元代杭地仇远《题和靖先生观梅图》、吴澄《和靖观梅图》、吕思诚《和靖看梅图》、杨维桢《题和靖观梅图》等皆是对林逋人物画的题咏。不论陶渊明还是林逋,皆是品行高洁的文人,文人以诗入画,既追求与画像中人物精神上的共鸣,也表达自己的心灵寄托,亦是元代杭州品鉴图画活动的重要意义。

此外,元代杭地文人亦题前代画作。大德二年,赵孟頫同霍清臣、周公瑾、乔篑成诸子于鲜于伯机池上观郭忠恕《雪霁江行图》,赵孟頫题曰"神色生动,徽庙题为真迹,诚至宝也"[7]。又有方回《题郭熙雪晴

① 夏文彦.图绘宝鉴.太原:山西教育出版社,2017.
② 戴表元.赵子昂诗文集序//戴表元.戴表元集.长春:吉林文史出版社,2008.
③ 白珽.拟题莫景行西湖写真图//杨镰.全元诗(第14册).北京:中华书局,2013.
④ 宋贤.以赵孟頫为中心的元代陶渊明绘事及其意义.江淮论坛,2014(1):188-192.
⑤ 虞集.跋子昂所画陶渊明像//道园学古录·卷四十.
⑥ 吕留良.吕晚村先生文集.
⑦ 赵孟頫.赵孟頫集.杭州:浙江古籍出版社,2016.

松石平远图》《题译学张提举乃尊开封府尹张彦亨所藏郭熙盘车图》《题米元晖寒林》《题罗观光藏陈所翁墨竹》,鲜于枢《赵孟坚水墨双钩水仙长卷》等诗,郭忠恕、郭熙、米元晖、陈所翁、赵孟坚皆为宋代画家,杭地为旧宋故都,留存宋画颇多,故有此题画活动。

元代杭州观书题画活动发展至后期,趋向衰落,柳贯《题江矶图卷后》中云:

> 此图为弁阳周公谨作。公谨故家,多蓄法书名画。先生(龚开)之死,盖后公谨数年,而公谨之子孙,今尽弃其所藏。余在燕尝见其三、四,暨来豫章,见《集古录》蒋洪仲家,今又从盱江周道益见此图。然不知此尤物何以能无胫翼而飞行至是耶? 钱塘故都,未及百年,风流文物,扫地尽矣。独其书画之所存,犹可想见其彷佛,此固重夫揽古者之一慨云耳[①]。

柳贯从周密家族文物收藏之凋零,见杭州书画收藏鉴赏之没落,书画之佚失不堪想象。从收藏之富、题咏之繁,到"风流文物,扫地尽矣",元代杭州的品鉴图画活动也由此走向寥落。

---

①柳贯.题江矶图卷后//柳贯.柳贯诗文集.杭州:浙江古籍出版社,2004.

城市发展与女性休闲

王　辉

杭州国际城市学研究中心(浙江省城市治理研究中心)博士后

摘要：城市旅游研究文献丰富,然而学术界对城市旅游中的女性研究缺乏关注。本文首先利用文献分析工具Citespace对城市旅游的研究进展进行计量分析,发现城市旅游研究主要集中在城市旅游经济、城市旅游形象、城市旅游与空间结构、城市旅游竞争力等八个方面,阐述了女性主义与旅游的关系。最后从女性进行城市旅游的影响因素、中国不同历史发展阶段城市空间中的女性社会生活表现以及城市旅游中的性别差异三个方面进一步阐释了城市旅游与女性发展的关系。本文认为女性在城市旅游中会受到年龄、婚姻状况、居住安排、孩子数量等因素影响,但会通过能动性重构城市空间,城市消费空间会再生产性别不平等关系和地位。

关键词：城市旅游;女性;性别差异;能动性;空间重构

一、城市旅游的概念

美国学者斯坦斯菲尔德(Stansfield)首次提及城市旅游的概念,国内学者谢彦君认为,城市旅游概念有两个基本点:其一,城市性是吸引旅游者进行城市旅游的基础,是界定城市旅游的最重要的标志;其二,城市旅游发生在城市地区,城市是城市旅游发生的空间依托。邵琦认为"城市旅游"是以城市的功能、性质及特色为基础,将城市作为一个整体的旅游吸引体系,吸引、推动、促进旅游者在城市地域内所进行的富含城市文化内涵的所有旅游现象和过程的总和[①]。简而言之,城市旅游是发生在地理空间上的一种旅游行为或活动。而与之对应,旅游城市则是功能类型角度对城市的一种分类,是一种以旅游为城市主要功能的特殊形态的城市类型。

杭州是我国典型的"旅游城市",发生在杭州城市空间内的旅游行为,则被称为"城市旅游"。对于杭

[①]邵琦.浅议"旅游城市"与"城市旅游"[C]//中国未来研究会旅游未来研究分会2011年研讨会论文集萃,2010.

州而言,所谓"城市旅游",就是要把整座城市打造成中外游客交口称赞的旅游产品综合体。也就是说,城市中,无论是老城,还是新城;无论是工业园,还是大学城;无论是商业街区,还是居民社区;无论是大街小巷,还是河道湖泊;无论是静态的城区,还是活态的生活;无论是历史遗址,还是当下生活,处处都是景区,个个都是景点,人人都是风景。这就是所谓的城市旅游,也就是所谓的巨型旅游综合体[①]。

从某种意义上说,"城市旅游"就是杭州"环境立市"战略的延伸和提升。2007年,习近平在接见杭州市党委政代表团时指出:"上海的高楼大厦,杭州是不能比的;但杭州一流、宜居的环境,上海也是很难达到的。'上有天堂,下有苏杭'。苏州是'城中园',杭州却是'园中城',整座城市都在园中,'三面云山一面城',山水辉映,到处都是'两相宜'。'淡妆浓抹总相宜',过去指的是西子湖,现在是整座城市。过去是'未能抛得杭州去,一半勾留是此湖',现在不仅仅是西湖,而且是整座城市的环境。"[②]习近平的这一重要指示既是对杭州"环境立市"战略的充分肯定,更是对杭州营造一流旅游发展环境的明确要求。

二、城市旅游的研究进展

城市被公认为全球经济的主要"经济引擎",是经济和社会资本集中的地方,是人类经济、科技和文化进步的重要中心。旅游业是城市服务经济的重要组成部分。据世界旅游局报道,城市旅游是一种极其重要的、世界性的旅游形式,自20世纪80年代以来,城市旅游一直是扩张旅游研究一致性的主题。

在政策的引导下,国内掀起了城市旅游的研究热潮,研究的主要核心问题包括基础理论、城市旅游经济、城市旅游竞争力、城市旅游空间结构、城市旅游形象、城市旅游规划等。关于城市旅游的概念界定,学界依然没有明确公认的"城市旅游"定义。城市旅游不同于旅游城市,对此汪颖和博广海研究了"城市旅游"与"旅游城市"之间的关系并进行了区分和界定[③],使得有关城市旅游的理论研究更加深入。结合"城市"和"旅游"都具有复杂的学科交叉特点,需要向多学科多层次的发展,比如地理学、数学、管理学、经济学的理论,结合这些学科来建立模型或者一套评价指标体系等。而评价指标体系的构建、选取、量化等方面也都需要更加深入的研究。

本文数据来源于CNKI数据库。在CNKI数据库中设定关键词为"城市旅游(1998—2022)",选取SCI和北大核心为来源的期刊,以此条件检索出共1073篇研究文献作为研究样本进行计量分析。文献计量分析为系统了解文献数量庞大的研究领域提供了一种定量分析途径,而CiteSpace则是近年来应用最为广泛的文献分析工具之一,具有简明性、直观性等特点。本文运用CiteSpace6.1.R2,以"城市旅游"为关键词进行文献搜索,基于相关文献数据,从作者、机构、关键词等方面绘制知识图谱,以一年为时间切片界线,对文献样本进行分析。在此基础上论述1998—2022年城市旅游领域的研究热点及前沿方向。

①研究通报(2019)30号:抢抓长三角一体化发展机遇全力打造国际重要旅游休闲中心——关于贯彻落实《长江三角洲区域一体化发展规划纲要》的思考之一。
②王国平.王国平:杭商应努力寻找智慧经济的新蓝海、新市场[EB/OL].(2021-03-19)[2021-08-21].https://baijiahao.baidu.com/s？id=1694654589108491540&wfr=spider&for=pc.
③汪颖,傅广海.近十年来国内"城市旅游"与"旅游城市"研究综述[J].成都理工大学学报(社会科学版),2010,18(3):50-56.

(一)城市旅游文献数量及年代分布

1998—2022年国内城市旅游期刊文献数量及年代分布如图1所示。从图1中可看出,我国的城市旅游发文量总体呈逐渐上升的趋势。21世纪初期,城市旅游研究相关文献数量增长明显,之后的10年仍然保持着较高的研究热度。2010年之后发文量逐渐减少,趋于平缓。说明国内围绕城市旅游的研究总体仍然具有较大的发展空间。

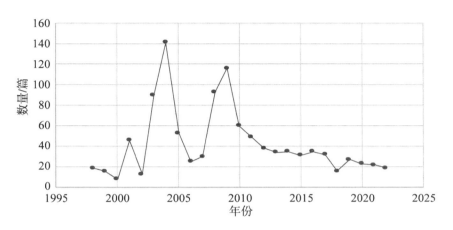

图1 1988—2022年城市旅游研究文献数量及年代分布

(二)作者共现网络

从学者合作网络来看,城市旅游领域学者研究呈现碎片化的合作特点。由于学者发文呈现时间较为集中的特点,同时也表现出早期研究学者合作密切程度高于中后期研究学者的特点。早期研究学者合作以卞显红、马晓龙、保继钢为代表,出现了复杂的网状合作图,这与学者发文信息表中的点度中心度表现内容相近,点度中心度代表了节点学者联系其他学者的数量。目前数量较多的学者以卞显红、马晓龙、保继钢、黄震方、李悦铮为代表,均为19世纪末20世纪初就开始对城市旅游进行研究,如表1、图2所示。

表1 1998—2022年城市旅游研究作者共现网络

频率	突显值	度	中心性	Σ值	作者
20	4.86	9	0	1.02	马耀峰
17		9	0	1	保继刚
14	3.36	11	0	1	黄震方
13		3	0	1	马晓龙
13	3.37	3	0	1	卞显红
12	3.74	3	0	1	李悦铮
11		9	0.01	1	吴必虎
10		3	0	1	孙根年
9		1	0	1	吴国清
8		5	0	1	陆林

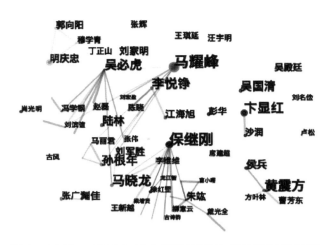

图2 1998—2022年城市旅游研究作者共现网络图谱

（三）机构共现网络

通过图3,首先可以看出城市旅游研究机构背景具有趋同性,旅游学院占有重要地位。在463个研究机构中,以高等院校和研究中心为主,而综合类高等院校的下属院校以旅游学院为主,同时名称中带有"地理""环境""管理"的高等院校也不在少数,以南京师范大学地理科学学院、陕西师范大学旅游与环境学院、中国海洋大学管理学院为代表。这与研究样本的学科背景的表现相近,旅游学科所占比例超过一半。机构的合作性不高,合作团具有明显的区域特征。其中,有以中国科学院地理科学和资源研究所为中心,与中国科学院大学、南京师范大学地理科学学院组成的合作团。根据表2,在各个研究机构中,中山大学旅游发展与规划研究中心发表了29篇文章,在突显程度中,与陕西师范大学旅游与环境学院、中国海洋大学管理学院分别以8.06、7.26、6.32占据突显值前三位,能够看出关于城市旅游研究具有一定突出的主导性研究机构。

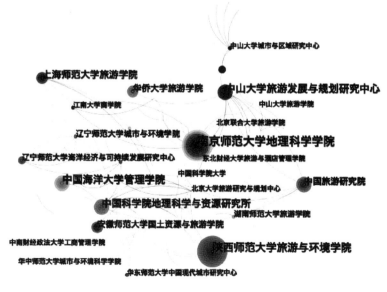

图3 1998—2022年城市旅游研究机构共现网络图谱

表2 1998—2022年城市旅游研究机构共现网络表

频率	突显值	度	中心性	Σ值	作者
29	8.06	11	0.04	1.4	中山大学旅游发展与规划研究中心
38	7.26	6	0.01	1.09	陕西师范大学旅游与环境学院
29	6.32	5	0.01	1.06	中国海洋大学管理学院
8	5.1	6	0.01	1.05	中山大学城市与区域研究中心
7	4.52	3	0.01	1.06	中山大学城市与资源规划系
17	4.12	9	0.03	1.14	中国旅游研究院
11	4.02	4	0	1.02	辽宁师范大学海洋经济与可持续发展研究中心
13	4.01	2	0	1	辽宁师范大学城市与环境学院
8	3.85	3	0	1	江南大学商学院
17	3.53	6	0.01	1.03	华侨大学旅游学院

(四)关键词共现网络

结合学科与关键词共现分析,发现城市旅游研究热点内容如图4所示。

图4 1998—2022年城市旅游研究关键词共现网络图谱

1.城市旅游经济

有关城市旅游经济的研究我国学术界早有探讨,基本围绕城市旅游经济,结合网络结构、空间分析、生态关系和高铁运输等范畴,进行城市旅游经济影响因素、发展途径和时空差异的研究和思考。旅游经济的研究方法多种多样,关于城市旅游经济的研究从战略角度、思想层面开始转向个案、实证研究。常用的方法有基尼系数、模糊数学分析法、变异系数、区位熵和Theil指数、社会网络分析法、偏离—份额分析法等。

关于旅游经济的影响因素,部分国内学者专注于单个因素对旅游经济的作用。汪鸿认为旅游经济受旅游需求的影响,包含可自由支配收入、汇率、通货膨胀等因素[1]。刘改芳等通过构建文化资本指标评价模型探究文化资本对旅游经济增长的影响分析,认为文化资本通过多渠道投入对旅游经济起到正面促进作用,且作用力持续而稳定[2]。肖金鑫等结合空间模型和相关统计年鉴数据对2010—2016年间江苏省旅游人次、旅游收入等数据进行比较,认为铁路网对节点城市和欠发达地区的旅游产业影响尤为明显,各城市旅游经济发展增速与铁路发展成熟度呈正相关[3]。杨懿等通过评估高铁开通对旅游经济影响的区域差异,发现高铁开通促进我国旅游经济促进强度呈"西强东弱"趋势,认为高铁开通有利于缓解旅游经济的马太效应,促进区域旅游经济协调发展[4]。郭向阳等通过探究2000—2018年长江经济带公路交通发达度与城市旅游经济的空间布局,认为公路交通发达度对城市旅游经济存在显著空间溢出效应,且具有较强的稳健性[5]。还有一部分国内学者选取多指标综合分析对旅游经济的影响。王新越等在对我国33个热门城市进行旅游经济空间分异研究的基础上探究了其影响机理,认为影响旅游经济空间分异的首位驱动因素由旅游资源转变为交通条件,接待设施与旅游资源等仍保持强驱动作用,同时也指出空气环境、产业结构及科技创新等因素的影响作用[6]。詹军在分析了长三角城市群旅游经济差异特征后,认为旅游经济受到旅游资源禀赋、区域经济发展水平、产业结构层次、基础设施等因素影响[7]。王春娟等基于社会网络理论视角探究了浙江省城市旅游的空间结构特征及其影响因素,在综合思考浙江省旅游几年的变化以及其空间结构形成的机理后,将影响因素归结为区位交通、旅游资源和旅游政策三点[8]。王琪延等探讨了影响城市旅游经济各因素的路径及其机制,总结出"旅游促经济""经济带旅游"两类旅游经济发展模式,并依据模式的不同,将资源丰度、交通便利度、旅游接待设施等旅游经济影响因素分别进行了依次排名[9]。除此之外,有部分学者结合时代特征,研究社会现象对旅游经济增长的影响。例如罗文斌提出城市社会发展水平是影响旅游经济发展的主要因素[10]。刘芳等从邓氏灰色关联理论展开研究,在综合统计数据以及模型拟合的基础上,发现老龄化指标对广西国内旅游收入的影响较大,具有较大的开发潜力,基于此认为老龄化发展对旅游经济既有挑战又有新的商机,应当持续完善交通设

[1]汪鸿.旅游需求、旅游消费及旅游影响因素分析研究[J].经济研究导刊,2015(4):253-255,314.

[2]刘改芳,杨威,李亚茹.文化资本对地区旅游经济贡献的实证研究[J].东岳论丛,2017,38(2):127-134.

[3]肖金鑫,张永庆.基于探索性空间数据分析方法的铁路网对旅游产业空间发展差异的影响研究——以江苏省为例[J].交通运输研究,2018,4(6):24-30.

[4]杨懿,汪洋周颖,赵子晨.高铁开通对城市旅游经济影响的区域差异研究[J].财经理论与实践,2022,43(2):67-75.

[5]郭向阳,明庆忠,丁正山.公路交通对城市旅游经济存在空间溢出效应吗?——以长江经济带为例[J].四川师范大学学报(社会科学版),2021,48(2):80-91.

[6]王新越,孟繁卿,朱文亮.我国热门旅游城市旅游经济空间分异及影响因素——基于地理探测器方法的研究[J].地域研究与开发,2020,39(2):76-81.

[7]詹军.长江三角洲城市群旅游经济差异及影响因素研究[J].世界地理研究,2018,27(3):120-130.

[8]王春娟,刘婷,吴宗云,等.社会网络视角下浙江省城市旅游经济联系测度及影响因素分析[J].杭州师范大学学报(自然科学版),2020,19(4):440-448.

[9]王琪延,罗栋.中国城市旅游经济影响因素结构研究——基于291个地级以上城市的统计调查资料[J].统计与信息论坛,2010,25(1):97-102.

[10]罗文斌,徐飞雄,黄艺农,等.城市特征对城市游客满意度的影响——基于Probit模型的定量分析[J].旅游学刊,2013,28(11):50-58.

施、旅游产品开发等建设任务①。

近年来,关于旅游经济时空差异的研究呈现出区域性、多视角等特征。已有研究主要以省级行政区为研究对象,多涉及时空演变、区域差异、形成机制等。从研究区域看,李向强以中三角城市群作为研究对象,研究了区域城市群旅游经济②;张广海等研究了中国31个省的省域旅游经济③;陈刚强等以湖南省各地(州、市)为分析样本,研究了中国地市旅游经济④;王晞以桂林为案例进行实证研究,研究了中国县域旅游经济。从研究内容看,王兆峰借助超效率SBM模型探讨长江经济带旅游经济发展的时空演变⑤;杨懿基于2000—2019年沪昆高铁沿线城市的面板数据,对高铁开通对城市旅游经济影响的区域差异进行研究⑥;郭剑英利用数理分析方法从产品资源、行业发展、交通条件、市场结构、经济基础方面深度分析了四川省区域差异的形成机制⑦;吴贵华等统计2007—2016年全国174个地级市的面板数据,使用倾向得分匹配倍差法(PSM-DID)就高铁对城市旅游发展的影响进行实证检验和分析,并进一步从地理区位和城市规模两个角度进行了异质性分析⑧。

城市旅游经济专题,涉及的问题主要是有关城市旅游经济的影响因素与驱动机制,或是如何通过城市旅游带动内部经济发展,抑或探究城市旅游对于城市经济的贡献等相关分析,同时运用得分匹配倍差法、变异系数、区位熵和Theil指数、社会网络分析法、偏离—份额分析法等方法,从交通网络、空间结构、旅游资源等单个方面或是多方面切入研究,进一步得出案例地城市旅游经济发展现状、演化规律,为城市旅游经济的深度转型改造提供科学依据。就该专题研究综述而言,其研究方向主要有探寻单要素或多要素对城市旅游经济的影响作用,或是选择社会现象等新领域探究对其的影响,譬如许多学者都选择从交通网络要素出发探究对某地或是某区域的旅游经济影响;而研究对象则从原先的针对单一城市逐渐转向为侧重于联立城市乃至上升到区域经济带进行宏观分析,总体呈现出区域性的特征。

2. 城市旅游与旅游城市

旅游业已成为提升城市综合实力的重要支撑,探究城市旅游与城市协调发展水平及其影响因素,对增强城市旅游功能、提高城市旅游竞争力具有重要价值。关于旅游城市的研究涉及概念与特征、空间格局、评价标准、建设策略等多个领域。关于城市旅游与旅游城市之间的联系的研究围绕旅游城市走向城市旅游,城市旅游与旅游城市化、城市协调发展等方面。

旅游城市的概念不同于城市旅游,学者们通常从城市特性角度对旅游城市的内涵进行阐述。李娜

①刘芳,何茹.人口老龄化对广西旅游经济影响的灰度关联分析[J].经贸实践,2018(19):1-3.

②李向强.中三角旅游经济发展差异与一体化战略研究[D].武汉:华中师范大学,2014.

③张广海,刘金宏.转型期中国省域休闲经济发展水平与城镇化质量关系[J].首都经济贸易大学学报,2014,16(4):41-50.

④陈刚强,李映辉.旅游业空间经济效应的特征与变化——以湖南省地市为例[J].热带地理,2013,33(2):206-211.

⑤王兆峰,王梓瑛.长江经济带生态福利绩效空间格局演化及影响因素研究——基于超效率SBM模型[J].长江流域资源与环境,2021,30(12):2822-2832.

⑥杨懿,汪洋周颖,赵子晨.高铁开通对城市旅游经济影响的区域差异研究[J].财经理论与实践,2022,43(2):67-75.

⑦郭剑英.四川省旅游经济区域差异形成机制分析[J].四川旅游学院学报,2017(2):47-50.

⑧吴贵华,张晓娟,李勇泉.高铁对城市旅游经济发展的作用机制——基于PSM-DID方法的实证[J].华侨大学学报(哲学社会科学版),2020(5):53-64.

认为旅游城市是指旅游资源丰富、旅游基础设施完善、城市环境优美、旅游产业发达且在城市产业结构中占有重要地位的城市①。保继刚等从城市旅游的供给面出发,认为旅游城市置于旅游的视角下主要扮演门户、中转站和目的地的角色,具体到城市空间主要涉及历史文化核心区、各类型博物馆、滨水区、主题公园、购物街区、商业区等,并且这些旅游活动空间往往集中分布,配套相应的旅游设施和服务②。杨其元研究了旅游城市系统的系统构成,探讨了旅游城市系统的复杂系统特性,分析并提出了旅游城市系统的系统结构框架以及动力机制,并分别从城市设计、经济学、生态学角度对旅游城市的内涵进行了阐述③。

关于旅游城市空间格局及影响因素的探索多以实证研究为主,为城市旅游产业合理规划布局、创新发展、建设策略提供了丰富的理论支撑。李维维等引入业态机构的兴趣点数据(POI),运用多种空间分析方法探究西安市作为中国大城市的旅游休闲业态空间格局的规律性,总结出当地旅游休闲总体业态和细分业态的空间分布态势及其影响机制,并就目前空间分布现状提出相应优化措施④。唐黎运用生态位理论研究福建省的九市一区,选取2010—2014年的福建省19组数据,构建福建省旅游城市旅游生态位测评指标体系,利用Excel表格进行数据计算分析,运用SPSS18.0软件进行聚类分析,并基于此从"福建旅游双核心城市""福建旅游节点城市""福建旅游网络城市"三个层面构建了福建省蓝色海丝生态旅游带空间格局⑤。刘大均基于网络游记攻略文本数据的挖掘,运用GIS空间分析以及社会网络分析法,对长江中游城市群旅游流的空间格局及其发展模式进行深入分析,发现长江中游城市群旅游流处于延伸扩展模式发展阶段,并在总结旅游流空间发展模式的基础上提出了相应优化对策⑥。

关于旅游城市走向城市旅游,李经龙等认为一个城市要发展城市旅游,必须挖掘城市文明,提升城市的游憩功能,使城市转变为旅游城市,进而发展为优秀旅游城市⑦。优秀旅游城市是城市旅游的品牌,它通过品牌效应直接影响旅游者的旅游决策,引发更多的城市旅游,从而实现城市旅游与旅游城市的互动发展。张玲认为城市旅游是旅游城市化的基础和前提,而旅游城市化则是城市旅游也是旅游发展的必然趋势,并提出要整合城市旅游资源,均衡城市旅游要素⑧。朱竑等认为旅游城市化是一个动态发展的过程,既是一个旅游向城市集中、城市的旅游功能日益增强和城市旅游规模不断扩大的过程,也是一个旅游促进城市化水平提高的过程;城市旅游化是城市主动迎合旅游业发展,在城市规划、城市建设及城市管理等方面向旅游发展的需求倾斜、充分发挥城市在整个旅游体系中的重要作用并借此完善城市

①李娜.国际旅游城市指标体系研究[D].杭州:浙江大学,2006.
②保继刚,梁增贤.基于层次与等级的城市旅游供给分析框架[J].人文地理,2011,26(6):1-9.
③杨其元.旅游城市发展研究[D].天津:天津大学,2008.
④李维维,马晓龙.中国大城市旅游休闲业态的空间格局研究:西安案例[J].人文地理,2019,34(6):153-160.
⑤唐黎.基于生态位评价模型的区域旅游空间格局研究——以福建省蓝色海丝生态旅游带为例[J].中南林业科技大学学报(社会科学版),2017,11(6):80-84.
⑥刘大均.长江中游城市群旅游流空间格局及发展模式[J].经济地理,2018,38(5):217-223.
⑦李经龙,马海波,柳丹.城市旅游与旅游城市的深化发展[J].地理与地理信息科学,2007(6):108-111.
⑧张玲.城市旅游与旅游城市化[J].网络财富,2009(8):61-63.

配套设施建设及其相关职能的演变过程和变化趋势①。栗爱平针对绍兴市文旅集团启动"全程旅游"总体规划和创建提升活动,认为这些规划和活动将有效推动绍兴城市旅游建设、完善旅游设施、构筑旅游目的地发展平台,增加绍兴古城的文化品牌吸引力,实现从旅游城市到城市旅游的跨越②。

国内学者对旅游与城市的协调关系主要从旅游与城市发展系统的单个方面展开。生延超等通过构建耦合协调度模型,对湖南省旅游业与区域经济发展耦合协调发展状况进行了研究,分析了旅游业态与城市经济发展之间的关系③。李曼燕④、黄睿等⑤分别以昆明市和长江三角洲都市群为例,探讨了城市旅游与城市环境保护之间的协调关系。王宏等以陕西西安和山西太原为例,探究了城市旅游与高 A 级景区空间聚集之间的效益影响关系⑥。近年来,国内学术界对城市旅游与旅游城市发展的协调关系研究逐渐全面。罗文斌等以杭州市市区为研究案例,从经济水平、社会发展、公共交通、城市绿化、环境保护等方面对城市发展与旅游业的协调性进行了评价⑦。李淑娟等通过构建旅游—经济—生态环境评价指标体系对青岛市 2005—2015 年旅游—经济—生态环境耦合协调度进行了实例研究,综合分析了旅游、经济、生态环境三大子系统之间的关系特征⑧。曹培培运用信息熵赋权法对江苏省 13 市进行城市旅游与城市发展协调性评价研究,并从经济发展、区位条件、旅游资源三方面探讨了其对于城市发展的影响机制⑨。

城市旅游与旅游城市专题,主要涉及的问题是城市旅游与旅游城市的关联性、如何从旅游城市走向城市旅游、城市旅游与旅游城市化等方面。学者们注重于对旅游城市及其相关内涵进行概念定义、设计评价标准、提出建设策略,并多从旅游资源、空间分析、环境保护、经济发展等单方面或多方面对于旅游城市的发展进行评判,因此有着丰富的实证案例研究。所采用的方法往往有 GIS 空间分析法、地理探测器、核密度估计等方法。就该专题研究综述而言,其研究方向主要有探究旅游城市内部系统结构、发展城市旅游应当从城市内部的什么方面开展、调动什么样的功能才能充分发挥城市的旅游功能等;而研究对象主要侧重于针对城市或是城市之间,对于区域之间的联立研究目前还较为少见。

3. 城市旅游形象

20 世纪 90 年代末,城市旅游形象研究成为我国城市旅游竞争研究中的热点。旅游形象的研究为旅游目的地改善旅游环境、营造旅游整体竞争力提供了方向。城市旅游形象的概念,国内外没有一致认同

①朱竑,贾莲莲.基于旅游"城市化"背景下的城市"旅游化"——桂林案例[J].经济地理,2006(1):151-155.

②栗爱平.从旅游城市到城市旅游[N].绍兴日报,2009-01-11(001).

③生延超,钟志平.旅游产业与区域经济的耦合协调度研究——以湖南省为例[J].旅游学刊,2009,24(8):23-29.

④李曼燕.昆明市旅游业发展与环境保护协调度分析[J].资源开发与市场,2010,26(5):444-446.

⑤黄睿,王坤,黄震方,等.绩效视角下区域旅游发展格局的时空动态及耦合关系——以泛长江三角洲为例[J].地理研究,2018,37(5):995-1008.

⑥王宏,孙根年,冯庆.高 A 级景区空间聚集提升城市旅游效益的机制分析——以陕西西安和山西太原为例[J].资源开发与市场,2021,37(12):1488-1496.

⑦罗文斌,谭荣.城市旅游与城市发展协调关系的定量评价——以杭州市为例[J].地理研究,2012,31(6):1103-1110.

⑧李淑娟,王彤.滨海城市旅游—经济—生态环境耦合协调发展实证研究[J].中国海洋大学学报(社会科学版),2017(6):43-49.

⑨曹培培.基于熵权-TOPSIS法的城市旅游与城市发展协调性评价研究——以江苏省 13 市为例[J].现代城市研究,2017(7):124-129.

的表述,但大体上都涵括了城市基础设施、文化特色、城市居民行为等。

一方面针对于城市形象,梅保华认为城市形象是一个多面结构,从外向里有物质、管理和思想三个体块。物质方面大致包括城市景观、基础设施以及社会经济状况和公共秩序等;管理方面包括了城市中各级各类的制度与服务;思想方面包含城市居民以及社会风气等[①]。杨章贤等在系统认知城市文化的基础上,提出多彩的地域城市文化是各城市呈现出风采各异的内在原因,城市形象各个方面都有文化的影子,并认为城市旅游形象就是城市文化在城市景观上的显现[②]。无独有偶,何靖也从文化角度出发,通过分析地域文化与现代城市形象塑造的关系,指出城市形象是地域文化的载体,城市文化和城市形象在长期的演变过程中便打上了地域文化的烙印[③]。另一方面针对于城市旅游形象,金卫东认为城市旅游形象作为一个综合概念,是指城市旅游者在游览城市的过程中通过对城市环境形体(硬件)的观赏游览和市民素质、民俗民风、服务态度等(软件)的体验所产生的城市的总体印象[④]。孙诗靓基于新闻传播学的视角,认为城市旅游形象属于一种客观的社会存在,同时也是消费者对社会的一种评价,而这种评价是经由众多媒介的传播而形成的[⑤]。杨妮等指出城市旅游形象是城市旅游吸引力的重要体现,是反映整个城市旅游产品特色和综合质量等级的综合体现[⑥]。孙旭等认为城市旅游形象是指城市经营者将城市外在的自然资源、景观环境、城市公共设施、旅游服务设施等因素及其内在的人文环境、旅游服务、居民好客程度等因素抽象化,向旅游者展示的城市整体内涵风貌,是反映在旅游者头脑中的区别于其他城市功能和情感价值的有关旅游活动的综合印象[⑦]。

通过对国内城市旅游形象研究的论文进行梳理,可以看到在城市旅游形象的研究中,基本形成了"以核心旅游资源为基础,借鉴成功经验为手段,塑造旅游形象为目标"的一般过程。韩佳等认为国内旅游形象研究主要围绕"旅游者、旅游地、形象传播及形象设计"四个方面[⑧],并基于网络对秦皇岛的城市旅游形象进行了研究。白晓刚等认为旅游形象是社会与大众对城市的总体印象,是社会对旅游地特点的概括和总体评价[⑨]。严春艳研究了渭南市城市旅游形象定位,在进行市场数据分析的基础上认为要对旅游形象进行设计的最直接措施是推出一系列促销口号,并同时强调要在旅游形象塑造、景区开发、改善基础设施和服务质量等方面做文章[⑩]。

城市旅游形象的研究为实际操作提供了理论指导,因此在这一方面的研究大多是实证研究。学者

①梅保华.关于城市形象问题的思考[J].城市问题,2002(5):14-16.

②杨章贤,刘继生.城市文化与我国城市文化建设的思考[J].人文地理,2002(4):25-28.

③何靖.基于地域文化的现代城市形象塑造与传播——以江苏徐州市两汉文化为例[J].商业时代,2014(7):31-33.

④金卫东.城市旅游形象浅析[J].城市规划汇刊,1995(1):60-63,66.

⑤孙诗靓.旅游新闻报道与城市旅游形象打造[J].新闻战线,2014(10):123-124.

⑥杨妮,高军,路春燕,等.基于SEM的城市旅游形象与游客行为意愿关系研究——以西安市为例[J].干旱区资源与环境,2015,29(2):190-195.

⑦孙旭,吴赟.全媒体情境下城市旅游形象传播的理念、路径与策略[J].传媒,2018(12):75-78.

⑧韩佳,李建英,韩妹,等.基于SPSS的互联网中秦皇岛旅游形象的统计分析[J].办公自动化,2012(16):31-32.

⑨白晓刚,刘柳.基于文脉分析的秦皇岛旅游形象定位研究[J].旅游纵览(下半月),2013(6):92-94.

⑩严春艳.城市旅游形象定位研究——以渭南市为例[J].安徽农业科学,2011,39(11):6759-6761.

卞显红等在总结"有利形象"的概念体系及其模式的过程中,构建了利用有利形象模式衡量旅游目的地形象的方法,并以上海市与西安市为例进行了实证研究[①]。江金波等运用SEM方法,构建了目的地形象认知、情感形象、感知成本以及满意度(总体形象)组合的城市旅游形象影响路径的理论模型,并对西安城市进行了实例研究,基此提出了进一步打造西安城市旅游形象的重要方向[②]。李蕾蕾尝试构建了普遍适用于各类型、各层次的旅游目的地形象策划的统一模式即TDIS模式。她认为在地域分异作用的基础上,旅游者对目的地形象的进一步认知体现在对旅游地类型和旅游地地方性的认知方面[③]。丁陈娟等综合国内外测量模式各自优势及缺陷,提出创新性的"旅游目的地形象三维测量模型",并归纳出其相应实际形象、发射形象和感知形象三维度的测量实现技术[④]。陶玉国等基于包含"居民素质""居民竞争力""城市竞争力"等指标的结构方程模型,对徐州城市旅游形象影响因素测评表明,影响满意度的因素有旅游服务认知、旅游资源认知、城市特征和城市居民素质等[⑤]。田逢军等从互联网旅游大数据入手,通过构建"旅游知名度"和"美誉度"两向度的网络旅游形象矩阵,对江西省各市网络旅游形象感知进行定量评价表明,影响江西省各市城市网络旅游(负面)形象的主要因素有景区规划与景点特色、员工管理与服务、景区消费与门票、"晕轮效应",并就此提出要从形象宣传、形象整饰、形象提升三方面改善江西城市旅游形象的针对性建议[⑥]。陈培等运用内容分析法对从携程旅行网上收集到的以西安作为旅游目的地的游记进行研究,意在归纳出西安旅游形象的积极感知因素和消极感知因素;研究发现西安旅游形象的认知构成主要围绕"旅游景点""旅游服务与接待设施""旅游活动"三方面进行,并总结出旅游者行踪较集中、旅游活动体验方式单一、旅游服务水平较低、改善西安城市环境四条结论[⑦]。

城市旅游形象专题,主要涉及的问题是城市旅游形象的因素、塑造形象认知、形象推广传播等方面。在该专题的研究当中,学者们摸索出"以核心旅游资源为基础,借鉴成功经验为手段,塑造旅游形象为目标"的研究过程,强调应当注重城市基建、人文建设、居民行为等要素。值得一提的是,不少研究认为人在城市形象设计塑造上存在巨大的主观作用,因此选择从城市居民或游客的视角出发去设计城市形象的评价指标体系;还有部分研究跳出上述要素的圈子,从新闻报道等方面切入研究;涉及的定性研究居多。就该专题研究综述而言,其研究方向主要有探究影响城市旅游形象的正向或负向因素,如何将某案例地的城市旅游形象通过何种方式进行塑造推广,就目前案例地的城市旅游形象进行评判并给出策略等;研究对象目前侧重于以单个城市作为实证分析,但总体上针对旅游形象的实例分析仍然较少。

(五)归纳与评述

本文以CNKI为数据源,运用CiteSpace软件对1998—2022年共计1073篇城市旅游研究文献数据进

①卞显红,张树夫.应用有利形象模式衡量旅游目的地形象研究——以西安市与上海市为例[J].人文地理,2005(1):62-67.
②江金波,赫瑞娜.基于结构方程模型的城市旅游形象影响路径研究——以西安市为例[J].人文地理,2015,30(3):130-136.
③李蕾蕾.旅游目的地形象的空间认知过程与规律[J].地理科学,2000(6):563-568.
④丁陈娟,杨永德,白丽明.旅游目的地形象三维测量模型构建及其实现技术研究[J].学术论坛,2007(9):108-112.
⑤陶玉国,赵会勇,李永乐.基于结构方程模型的城市旅游形象影响因素测评[J].人文地理,2010,25(6):125-130.
⑥田逢军,吴珊珊,胡海胜,等.江西省城市旅游形象的网络化呈现[J].经济地理,2019,39(6):214-222.
⑦陈培,张红,杜雪楠.基于网络游记的城市旅游目的地形象探究——以西安市为例[J].资源开发与市场,2014,30(11):1401-1404.

行可视化分析,得出我国城市旅游研究方面的相关的文献很多,甚至存在不同时间阶段和不同研究深度的文献综述,这对于力量有限的研究者来说,相互之间是一种补充。研究的主要核心问题包括基础理论、城市旅游竞争力、城市旅游空间、CBD和RBD、环城游憩带、城市旅游形象、城市旅游规划、城市旅游地生命周期理论等。

三、女性主义与旅游的关系

旅游反映一个社会的文化价值。女性对旅游的参与不仅是一种个人的体验,也可以是一种社会体制。女性社会角色的变化与她们新近获得的参与消遣与旅游活动的机会是相辅相成的。女性的旅游受到男权制社会结构很大的影响,这些社会结构规定了性别角色、家庭结构、工作方式及女性应具有什么特点。有时,这些结构对女性生活的所有方面都形成沉重的压制与压迫;而在另一些时候,或是由于女性的强烈要求,或是出于社会的需要,这些严格的社会期待有所缓解,有时甚至发生转型。在这种情况下,女性个人和集体都能脱离男权社会的限制而较为自由地发展自己的旅游活动。这些发展有时很缓慢,但女性仍努力在包括旅游在内的生活的各方面为自己争取权利,并不断取得进步。

在西方文化背景下,女性主义与旅游有下列几方面的联系:(1)旅游的核心是自由和选择,而自由与人格的完善是女性主义的核心。所以,自由在旅游与女性主义这两个概念中都居于核心地位。(2)女性主义与旅游的目标都是鼓励自主的选择,而非设立限制。女性由于其所受的压迫而没能享有平等的旅游机会。(3)我们的社会基本上是男权制的,旅游基本上也是一个男性中心的概念。女性主义与旅游都重视对受支配的反抗,二者的价值都受到当权者的贬低,且二者提出社会变迁的目标都旨在对社会进行深刻的改造。(4)旅游与女性主义都对现有社会秩序进行抵抗,目的是争取更多的赋权。围绕旅游与女性主义活动发生的社会变迁,将有助于我们针对性别与女性受压迫的问题进行文化的改造。

在历史上,几乎所有的女性都得让自己的旅游从属于家庭的需要。在农业社会中,家庭中所有的成员都参与食物的生产。到了工业社会,男性进入了市场这一公共领域,中、上层女性却继续在家工作。但是工业社会是以金钱来衡量价值的,一个男性作为父亲的职能与他在工作和事业上的成功联系起来了,因为这种成功表明他有能力为一家人的生活提供经济基础。而婚姻和做母亲仍然是社会要求大多数女性的"事业"。工业化带来的变化也突出了不同阶层的女性之间的差异。在全世界,女权运动等社会运动的兴起往往都需要一批受过教育并有自由时间和闲暇的女性。这些受过教育的"有闲"女性不光以自己的经济活动,也通过社区建设和政治活动来创造历史。寻求男女间的公平以及争取女性的权利是19世纪时很多妇女活动的核心所在。个人性的活动如网球、高尔夫球与上等阶层联系在一起,被认为是女青年可以从事的竞技活动,而像篮球、垒球这样的集体性活动,则被认为是与下等阶层的男性联系的,不适宜于女性。20世纪初,对女性运动员来说,仪表比取胜更为重要。女性对体育活动的参与跟女性生活的其他领域一样,在一段时间的进步之后又会有一段时间的反弹与倒退。到20年代末,人们对女子体育运动涉及的性别关系感到担忧。关于女性气质的传统观念极大影响了女性对体育运动的参与,往往起到阻止她们的作用。一个女性如果不顾社会规定的性别角色规范,往往会被看作男性化的女人,从而被认为是离经叛道的人。尽管公众的谴责一直确实存在,大多数女性还是从体育文化中得到了积极的体验和意义。

四、城市旅游中的女性

女性的旅游机会及其他资源(如收入、文化水平等)都受到阶层、种族、民族等社会关系的限定。健康状况、残疾等因素也会影响到旅游,因为一个人光是为了度过一天的时光都需要投入一定的精力。影响女性旅游的另一个重要因素,是她们是否参加工作。此外,职业类型也会影响女性旅游的次数及意义。白领女性不仅受益于较多的收入与经济独立,而且受益于其工作这部分生活的质量,因为她们在工作上也有体验到"畅"与旅游的可能性。年龄、婚姻状况、居住安排、家中孩子人数及其各自的年纪等因素,都可能对女性日常生活与旅游的意义发生影响。

在中国的各个历史阶段,不同的制度下女性社会生活在城市空间中具有不同体现,如集权制城市中女性空间呈现附属性、二元城市中女性空间呈现隔离性、单位制城市的性别空间呈现统一性、消费型城市的女性空间呈现主导型。目前中国正处于转型期,由于城市社会差异扩大、城市双职工比例高等原因,中国城市社会中的女性日常生活具有独特性,与西方女性时空行为研究内容存在差别。如中国城市中存在多种类型的女性,她们的行为方式与空间的表现具有独特性,在大量实证研究基础上,希望总结出具有中国特色的女性主义地理学理论。

城市空间的性别属性使得性别空间活动存在差异,女性的空间活动范围相较于男性受限,但女性可以发挥能动性,通过自身的行动重构城市空间。女性可以通过旅游体育活动挑战原有空间的性别秩序,解构二元空间的对立关系,改变男/女性气质的刻板印象,从而在城市建构起女性的社会空间。但同时,女性通过旅游体育活动建构社会空间会受到结构性因素(经济结构、家庭结构、体育结构)、文化因素、群体(同伴)因素、个体因素的制约。城市的中产阶层化、性别比例与城市空间也有交叉,女性群体的人口统计变化如离婚率增高、结婚年龄高龄化使得城市住宅供需均衡发生改变,住宅套数需求量增加,套内面积减小,同时女性消费场所和活动的空间植入共同促进了内城空间的转型和空间再塑。教育水平和经济收入水平的提升拉动了女性的消费水平,消费空间为女性提供了参与城市公共空间的机会,体现了女性空间权的觉醒与实践,但在消费空间的行为延续了传统角色定位,再现和建构了不平等的性别关系和性别地位。

《城市论》

（上、中、下）

王国平　著

　　《城市论》是我国第一部综合性的城市理论著述；也是一部"城市学"研究的学术专著、一部城市研究学科的专业教材、一部推进城市科学发展的干部手册，值得城市的研究者、规划者、建设者、管理者和经营者一读。

《城市怎么办》

（1—12卷）

王国平　著

　　《城市怎么办》（1—12卷）真实记录了作者近十多年来在杭州城市建设与发展中形成的一系列新理念、新思路、新举措，不仅是杭州应对城市化挑战的经验总结，更是我国一部以问题为导向的综合性的城市学研究专著。该书既具有很强的思想性、学术性和指导性，也具有很强的实践性、针对性和操作性，是面向城市研究者的理论专著、面向城市管理者的工作手册，也是面向广大市民的城市学教材。

《城市学总论》
（上、中、下）
王国平　著

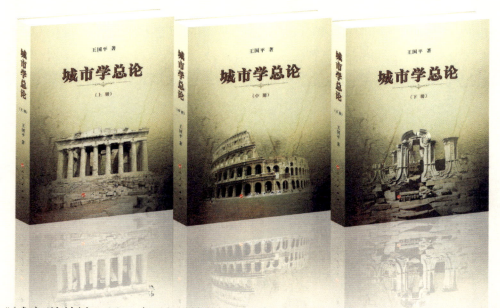

  《城市学总论》是一部以系统科学和集成创新方法、全面综合研究城市的教科书式学术专著。作者在其中对城市的历史与现状有着广泛和深入的研究，对城市的建设与发展具有全面和系统的理论思考。特别难能可贵的是，为了探究中国新型城镇化发展道路，作者以强烈的历史使命感和时代责任感，集数十年丰富的城市管理和研究经验积累，直击中国城市化进程中面临的各种挑战与问题。全书用26章、150万字、1500多页的鸿篇巨制和2200多张精心挑选的图片，通过梳理城市学理论和总结城市发展实践经验，鲜活地解读了城市这一有机体、生命体和复杂的系统，为社会各界了解、认识、研究城市进而应对当前日益凸显的"城市病"，推进城市科学和谐发展提供了指南和参考。

  《城市学总论》既是一部立足前沿领域的学术专著，也是一部指导城市管理的工作手册；既是一部启迪专家学者的研究指南，也是一部引领从业人员的经典教材。该书内容博大精深，涉及城市的方方面面，既有关于城市基本理论、发展历程、未来展望的总体阐述，也有关于城市规划、建设、保护、管理、经营等层面的专题研究，具有很强的学术性、实践性、可读性和权威性，是近年来国内少见的高水平城市学研究著作。

《城市学文库》

王国平　总主编

　　"城市学文库"是杭州国际城市学研究中心城市学研究成果出版物的统称，主要由"城市学论丛""城市学译丛""城市学教科书""城市学蓝皮书"等部分组成，涵盖城市农民工、城市交通、城市教育、城市文化遗产、城市住房、城市土地、城市医疗卫生和城市环境八大城市问题研究领域。

期刊

历史城市景观研究

（第1辑）

　　《历史城市景观研究》是中国首家致力于历史城市景观保护，以及联合国教科文组织《关于历史城市景观的建议书》落实、推广的组织——历史城市景观保护联盟的综合性刊物。围绕文化遗产保护问题，收录文化遗产保护研究与实践领域的最新成果，汇聚文化遗产保护研究领域专家学者、一线管理者的思想结晶，打造历史城市景观保护和研究的成果发布、学术交流、信息资讯平台，努力成为中国文化遗产保护和历史城市景观保护"研究先行"的典范。以落实联合国教科文组织《关于历史城市景观的建议书》，结合中国历史文化名城保护实际，探索具有针对性、操作性的保护方法，为破解"千城一面"、文化同质化等问题寻求可行性路径。

《杭州全书》

"存史、释义、资政、育人"
全方位、多角度地展示杭州的前世今生

王国平　总主编

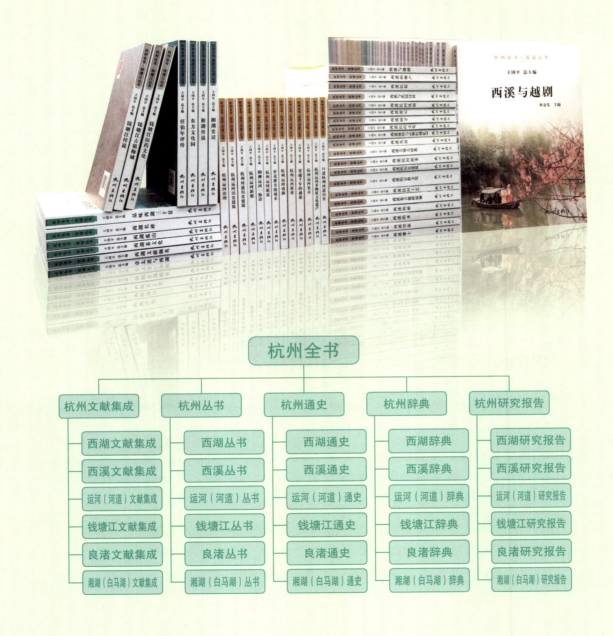

杭州全书

杭州文献集成	杭州丛书	杭州通史	杭州辞典	杭州研究报告
西湖文献集成	西湖丛书	西湖通史	西湖辞典	西湖研究报告
西溪文献集成	西溪丛书	西溪通史	西溪辞典	西溪研究报告
运河（河道）文献集成	运河（河道）丛书	运河（河道）通史	运河（河道）辞典	运河（河道）研究报告
钱塘江文献集成	钱塘江丛书	钱塘江通史	钱塘江辞典	钱塘江研究报告
良渚文献集成	良渚丛书	良渚通史	良渚辞典	良渚研究报告
湘湖（白马湖）文献集成	湘湖（白马湖）丛书	湘湖（白马湖）通史	湘湖（白马湖）辞典	湘湖（白马湖）研究报告

《杭州全书》已出版书目

文献集成

杭州文献集成

1.《武林掌故丛编（第 1—13 册）》（杭州出版社 2013 年出版）
2.《武林往哲遗著（第 14—22 册）》（杭州出版社 2013 年出版）

西湖文献集成

1.《正史及全国地理志等中的西湖史料专辑》（杭州出版社 2004 年出版）
2.《宋代史志西湖文献专辑》（杭州出版社 2004 年出版）
3.《明代史志西湖文献专辑》（杭州出版社 2004 年出版）
4.《清代史志西湖文献专辑一》（杭州出版社 2004 年出版）
5.《清代史志西湖文献专辑二》（杭州出版社 2004 年出版）
6.《清代史志西湖文献专辑三》（杭州出版社 2004 年出版）
7.《清代史志西湖文献专辑四》（杭州出版社 2004 年出版）
8.《清代史志西湖文献专辑五》（杭州出版社 2004 年出版）
9.《清代史志西湖文献专辑六》（杭州出版社 2004 年出版）
10.《民国史志西湖文献专辑一》（杭州出版社 2004 年出版）
11.《民国史志西湖文献专辑二》（杭州出版社 2004 年出版）
12.《中华人民共和国成立 50 年以来西湖重要文献专辑》
   （杭州出版社 2004 年出版）
13.《历代西湖文选专辑》（杭州出版社 2004 年出版）
14.《历代西湖文选散文专辑》（杭州出版社 2004 年出版）
15.《雷峰塔专辑》（杭州出版社 2004 年出版）
16.《西湖博览会专辑一》（杭州出版社 2004 年出版）
17.《西湖博览会专辑二》（杭州出版社 2004 年出版）
18.《西溪专辑》（杭州出版社 2004 年出版）
19.《西湖风俗专辑》（杭州出版社 2004 年出版）
20.《书院·文澜阁·西泠印社专辑》（杭州出版社 2004 年出版）

7.《西湖博览会》（杭州出版社 2004 年出版）

8.《西湖风情画》（杭州出版社 2004 年出版）

9.《西湖龙井茶》（杭州出版社 2004 年出版）

10.《白居易与西湖》（杭州出版社 2004 年出版）

11.《苏东坡与西湖》（杭州出版社 2004 年出版）

12.《林和靖与西湖》（杭州出版社 2004 年出版）

13.《毛泽东与西湖》（杭州出版社 2004 年出版）

14.《文澜阁与四库全书》（杭州出版社 2004 年出版）

15.《岳飞墓庙》（杭州出版社 2005 年出版）

16.《西湖别墅》（杭州出版社 2005 年出版）

17.《楼外楼》（杭州出版社 2005 年出版）

18.《西泠印社》（杭州出版社 2005 年出版）

19.《西湖楹联》（杭州出版社 2005 年出版）

20.《西湖诗词》（杭州出版社 2005 年出版）

21.《西湖织锦》（杭州出版社 2005 年出版）

22.《西湖老照片》（杭州出版社 2005 年出版）

23.《西湖八十景》（杭州出版社 2005 年出版）

24.《钱镠与西湖》（杭州出版社 2005 年出版）

25.《西湖名人墓葬》（杭州出版社 2005 年出版）

26.《康熙、乾隆两帝与西湖》（杭州出版社 2005 年出版）

27.《西湖造像》（杭州出版社 2006 年出版）

28.《西湖史话》（杭州出版社 2006 年出版）

29.《西湖戏曲》（杭州出版社 2006 年出版）

30.《西湖地名》（杭州出版社 2006 年出版）

31.《胡庆余堂》（杭州出版社 2006 年出版）

32.《西湖之谜》（杭州出版社 2006 年出版）

33.《西湖传说》（杭州出版社 2006 年出版）

34.《西湖游船》（杭州出版社 2006 年出版）

35.《洪昇与西湖》（杭州出版社 2006 年出版）

36.《高僧与西湖》（杭州出版社 2006 年出版）

37.《周恩来与西湖》（杭州出版社 2006 年出版）

38.《西湖老明信片》（杭州出版社 2006 年出版）

39.《西湖匾额》（杭州出版社 2007 年出版）

40.《西湖小品》（杭州出版社 2007 年出版）

41.《西湖游艺》（杭州出版社 2007 年出版）

42.《西湖亭阁》（杭州出版社 2007 年出版）

43.《西湖花卉》（杭州出版社 2007 年出版）

44.《司徒雷登与西湖》（杭州出版社 2007 年出版）

45.《吴山》（杭州出版社 2008 年出版）

46.《湖滨》（杭州出版社 2008 年出版）

47.《六和塔》（杭州出版社 2008 年出版）

48.《西湖绘画》（杭州出版社 2008 年出版）

西溪丛书

27.《西溪与蕉园诗社》（杭州出版社 2012 年出版）

28.《西溪集古楹联匾额》（杭州出版社 2012 年出版）

29.《西溪蒋坦与〈秋灯琐忆〉》（杭州出版社 2012 年出版）

30.《西溪名人》（杭州出版社 2013 年出版）

31.《西溪隐红》（杭州出版社 2013 年出版）

32.《西溪留下》（杭州出版社 2013 年出版）

33.《西溪山坞》（杭州出版社 2013 年出版）

34.《西溪揽胜》（杭州出版社 2013 年出版）

35.《西溪与水浒》（杭州出版社 2013 年出版）

36.《西溪诗词选注》（杭州出版社 2013 年出版）

37.《西溪地名揽萃》（杭州出版社 2013 年出版）

38.《西溪的龙舟胜会》（杭州出版社 2013 年出版）

39.《西溪民间语言趣谈》（杭州出版社 2013 年出版）

运河（河道）丛书

1.《杭州运河风俗》（杭州出版社 2006 年出版）

2.《杭州运河遗韵》（杭州出版社 2006 年出版）

3.《杭州运河文献（上）》（杭州出版社 2006 年出版）

4.《杭州运河文献（下）》（杭州出版社 2006 年出版）

5.《京杭大运河图说》（杭州出版社 2006 年出版）

6.《杭州运河历史研究》（杭州出版社 2006 年出版）

7.《杭州运河桥船码头》（杭州出版社 2006 年出版）

8.《杭州运河古诗词选评》（杭州出版社 2006 年出版）

9.《走近大运河·散文诗歌卷》（杭州出版社 2006 年出版）

10.《走近大运河·游记文学卷》（杭州出版社 2006 年出版）

11.《走近大运河·纪实文学卷》（杭州出版社 2006 年出版）

12.《走近大运河·传说故事卷》（杭州出版社 2006 年出版）

13.《走近大运河·美术摄影书法采风作品集》（杭州出版社 2006 年出版）

14.《杭州运河治理》（杭州出版社 2013 年出版）

15.《杭州运河新貌》（杭州出版社 2013 年出版）

16.《杭州运河歌谣》（杭州出版社 2013 年出版）

17.《杭州运河戏曲》（杭州出版社 2013 年出版）

18.《杭州运河集市》（杭州出版社 2013 年出版）

19.《杭州运河桥梁》（杭州出版社 2013 年出版）

20.《穿越千年的通途》（杭州出版社 2013 年出版）

21.《穿花泄月绕城来》（杭州出版社 2013 年出版）

22.《烟柳运河一脉清》（杭州出版社 2013 年出版）

23.《口述杭州河道历史》（杭州出版社 2013 年出版）

24.《杭州运河历史建筑》（杭州出版社 2013 年出版）

25.《杭州河道历史建筑》（杭州出版社 2013 年出版）

26.《外国人眼中的大运河》（杭州出版社 2013 年出版）

3.《玉器的故事》（杭州出版社 2013 年出版）
4.《从村居到王城》（杭州出版社 2013 年出版）
5.《良渚人的衣食》（杭州出版社 2013 年出版）
6.《良渚文明的圣地》（杭州出版社 2013 年出版）
7.《神人兽面的真像》（杭州出版社 2013 年出版）
8.《良渚文化发现人施昕更》（杭州出版社 2013 年出版）

研究报告

南宋史研究丛书

1.《南宋史研究论丛（上）》（杭州出版社 2008 年出版）
2.《南宋史研究论丛（下）》（杭州出版社 2008 年出版）
3.《朱熹研究》（人民出版社 2008 年出版）
4.《叶适研究》（人民出版社 2008 年出版）
5.《陆游研究》（人民出版社 2008 年出版）
6.《马扩研究》（人民出版社 2008 年出版）
7.《岳飞研究》（人民出版社 2008 年出版）
8.《秦桧研究》（人民出版社 2008 年出版）
9.《宋理宗研究》（人民出版社 2008 年出版）
10.《文天祥研究》（人民出版社 2008 年出版）
11.《辛弃疾研究》（人民出版社 2008 年出版）
12.《陆九渊研究》（人民出版社 2008 年出版）
13.《南宋官窑》（杭州出版社 2008 年出版）
14.《南宋临安城考古》（杭州出版社 2008 年出版）
15.《南宋临安典籍文化》（杭州出版社 2008 年出版）
16.《南宋都城临安》（杭州出版社 2008 年出版）
17.《南宋史学史》（人民出版社 2008 年出版）
18.《南宋宗教史》（人民出版社 2008 年出版）
19.《南宋政治史》（人民出版社 2008 年出版）
20.《南宋人口史》（上海古籍出版社 2008 年出版）
21.《南宋交通史》（上海古籍出版社 2008 年出版）
22.《南宋教育史》（上海古籍出版社 2008 年出版）
23.《南宋思想史》（上海古籍出版社 2008 年出版）
24.《南宋军事史》（上海古籍出版社 2008 年出版）
25.《南宋手工业史》（上海古籍出版社 2008 年出版）
26.《南宋绘画史》（上海古籍出版社 2008 年出版）
27.《南宋书法史》（上海古籍出版社 2008 年出版）
28.《南宋戏曲史》（上海古籍出版社 2008 年出版）
29.《南宋临安大事记》（杭州出版社 2008 年出版）
30.《南宋临安对外交流》（杭州出版社 2008 年出版）

31.《南宋文学史》（人民出版社 2009 年出版）
32.《南宋科技史》（人民出版社 2009 年出版）
33.《南宋城镇史》（人民出版社 2009 年出版）
34.《南宋科举制度史》（人民出版社 2009 年出版）
35.《南宋临安工商业》（人民出版社 2009 年出版）
36.《南宋农业史》（人民出版社 2010 年出版）
37.《南宋临安文化》（杭州出版社 2010 年出版）
38.《南宋临安宗教》（杭州出版社 2010 年出版）
39.《南宋名人与临安》（杭州出版社 2010 年出版）
40.《南宋法制史》（人民出版社 2011 年出版）
41.《南宋临安社会生活》（杭州出版社 2011 年出版）
42.《宋画中的南宋建筑》（西泠印社出版社 2011 年出版）
43.《南宋舒州公牍佚简研究》（上海古籍出版社 2011 年出版）
44.《南宋全史（一）》（上海古籍出版社 2011 年出版）
45.《南宋全史（二）》（上海古籍出版社 2011 年出版）
46.《南宋全史（三）》（上海古籍出版社 2012 年出版）
47.《南宋全史（四）》（上海古籍出版社 2012 年出版）
48.《南宋全史（五）》（上海古籍出版社 2012 年出版）
49.《南宋全史（六）》（上海古籍出版社 2012 年出版）
50.《南宋美学思想研究》（上海古籍出版社 2012 年出版）
51.《南宋川陕边行政运行体制研究》（上海古籍出版社 2012 年出版）
52.《南宋藏书史》（人民出版社 2013 年出版）
53.《南宋陶瓷史》（上海古籍出版社 2013 年出版）
54.《南宋明州先贤祠研究》（上海古籍出版社 2013 年出版）

杭州研究报告

1.《金砖四城——杭州都市经济圈解析》（杭州出版社 2013 年出版）
2.《民间文化杭州论稿》（杭州出版社 2013 年出版）
3.《杭州方言与宋室南迁》（杭州出版社 2013 年出版）

钱塘江研究报告

《钱塘江研究报告（一）》（杭州出版社 2013 年出版）

杭州国际城市学研究中心简介

  杭州国际城市学研究中心成立于2009年，是杭州专门设立的从事城市学、杭州学研究的正局级事业单位。

  研究定位：努力打造"国际特征、中国特色、杭州特点"的城市学学派、建设"全国领先、世界一流"的城市学智库。推进城市学"理论研究中心、学术交流中心、信息发布中心、人才培养中心"建设。

  研究理念：用系统科学的方法，科学系统地研究城市。中心坚持定性研究与定量研究相结合，问题导向与规律导向相结合，推进"历史城市景观保护联盟、世界遗产保护杭州研究中心、浙江省哲学社会科学重点研究基地浙江省城市治理研究中心、浙江大学城市学博士后研究基地"建设。

  研究路径：打造融"评选、论坛、平台、课题、人才、宣传、基金、咨询、培训"于一体的城市学研究链。举办"钱学森城市学金奖、西湖城市学金奖"征集评选活动，主办"中国城市学年会"，搭建"八大城市问题"研究平台，承揽国家级、省市级课题数十项，建设"中国城市网、城市怎么办官方微博"等城市学全媒体。

  研究机制：以治理的理念，开展"模块化研究、矩阵式管理"。推动城研中心发展"有人办事、有钱办事、有房办事、有章办事"，开展全方位战略合作，构建协同创新新模式，组织编纂《杭州全书》、《城市学文库》，已出版成果300多种，出版《城市学研究》、《历史城市景观研究》期刊。

承担多项国家级课题，推进城市学智库建设。图为国务院原副总理、中国国际经济交流中心理事长曾培炎出席中心承担课题开题报告会。

整合资源，协同创新，开展全方位战略合作。图为与联合国教科文组织签署战略合作协议（UNESCO文化助理总干事弗朗西斯科·班德林出席）。

开展"钱学森城市学金奖"、"西湖城市学金奖"征集评选活动。图为第三届钱学森城市学金奖颁奖仪式。

举办高层次城市学学术交流活动。图为中国城市学年会·2013在杭召开。

开展城市管理者培训服务。图为为中国浦东干部学院省部级干部专题研讨班授课。

为各地党委、政府提供决策咨询。图为在湖北省黄冈市东坡赤壁调研。

建设城市学全媒体。图为@城市怎么办微博上线仪式。

推进浙江省哲学社会科学重点研究基地浙江省城市治理研究中心建设。图为浙江省城市治理研究中心工作会报会。

与联合国教科文组织世界遗产中心共同建设世界遗产保护杭州研究中心，组建历史城市景观保护联盟，打造推进美丽城镇建设的智库。图为国际文化景观科学委员会主席莫妮卡·卢恩格为"世界遗产保护杭州研究中心"揭牌。

@城市怎么办
http://e.t.qq.com/urbanchina

中国城市网
http://www.urbanchina.org

地　　址：杭州市上城区粮道山 18 号
邮　　编：310002
电　　话：0571-85250985
网　　址：http://www.urbanchina.org
官方微博：http://e.t.qq.com/urbanchina